周易述

〔清〕惠栋 ◇ 撰　郑万耕 ◇ 点校

周易述

中华书局

目 录

前　言

　　惠栋(一六九七——一七五八年)字定宇,号松崖,元和(今江苏苏州)人。其曾祖父惠有声,以九经教授乡里;其祖父惠周惕、父惠士奇俱精于经学,著述颇丰。惠栋自幼笃志向学,日夜攻读。于经、史、诸子、稗官野乘及七经毖纬之学,乃至小学、六书,无不涉猎,撰著甚夥。所著皆发扬家学之风,笃守古学,其言并有依据,力矫空疏说经之弊。

　　惠栋于易学造诣尤为深邃。所撰周易述二十三卷,以荀爽、虞翻为主,而参以郑玄、宋咸、干宝诸家之说,自为注而疏之。一切唯汉易是从,不敢有所立异与创新。虽为未完之书,然汉儒之学绝千五百余年,至此而复明,于易亦不为无功。

　　此次点校,以文渊阁四库全书本(简称四库本)为底本,以皇清经解本(简称经解本)参校。校勘中凡改正错谬、删减衍文、增补文句,均出注予以说明;一般笔误、形误、避讳之字,以及不常见的异体字、图表中之错谬,则随手改正,不再予以说明。惠氏此书所征引之古籍甚多,其中有原文照录者,有中间删略者,有偶尔脱落一二文字者等等,此次点校时,引文(疏中小字注除外)均用引号标出,以清眉目;引文中脱落之文字,除个别与理解文义关系重大者补正,并出注说明外,一般不作校补。对引文中由于作者所用版本而造成与通行本之不同,则一仍其旧。书后择要附录了有关文献,以备参考。

郑万耕

周易述卷一

周易上经

☰八纯卦,象天,消息四月。

乾。元亨利贞。【注】元,始;亨,通;利,和;贞,正也。乾初为道本,故曰元。息至二,升坤五,乾坤交,故亨。乾六爻二、四、上匪正,坤六爻初、三、五匪正。"乾道变化,各正性命。保合大和,乃利贞。"传曰:利贞,刚柔正而位当也。**【疏】**系上曰:大衍之数五十,其用四十有九。分而为二以象两,挂一以象三,揲之以四以象四时,归奇于扐以象闰。又系下曰:易有太极,是生两仪。两仪生四象,四象生八卦。虞翻注云:两仪,乾坤也。庖羲幽赞于神明而生蓍,演三才五行而为大衍之数五十,其一太极,故用四十有九,即蓍之数也。太极生两仪,故分而为二以象两。又分天象为三才,故挂一以象三。播五行于四时,故揲之以四以象四时。乾坤之策当期之日,以闰月定四时成岁,故归奇于扐以象闰。所谓两仪生四象也。四营而成易,十有八变而成卦,是生八卦而小成。所谓四象生八卦也。引信三才至万有一千五百二十,而六十四卦备矣。此圣人作八卦之事也。乾坤阴阳之本,故首乾坤。元,始;亨,通;利,和;贞,正,子夏义也。元,始。释诂文。亨者,乾坤交也。乾天坤地,天地交为泰。序卦曰：泰者，通也。故知亨为通也。说文曰：利从刀，和然后利。从和省。文言曰：利者，义之和也。又曰：利物足以和义。故知利为和也。"贞，正也"者，师彖传文。乾初，谓初九也。初，始也；元亦始也。何休注公羊曰：元者，气也，天地之始。故传曰：大哉乾元，万物资始。说文曰：元从一。故春秋一年称元年。说文又曰：唯初太始，道立于一，造分天地，化生万物。董子对策曰：谓一为元者，视大始而欲正本。是乾初为道本，故曰元也。初九注云：大衍之数虚一不用，谓此爻。故谓之道本。乾坤，消息之卦，乾息坤消。息至二当升坤五，为天子，乾坤交通，故亨。经凡言亨者，皆谓乾坤交也。乾六爻二、四、上匪正，坤六爻初、三、五匪正，虞翻义也。二、四、上以阳居阴，初、三、五以阴居阳，故皆不正。乾变坤化，六爻皆正，故各正性命。乾为性，巽为命也。乾坤合德，六爻和会，故保合太和。正即贞，和即利，故乃利贞。传曰：利贞，刚柔正而位当也者，既济彖传文。六爻皆正，故刚柔正而位当。经凡言利贞者，皆爻当位，或变之正，或刚柔相易。经惟既济一卦六爻正而得位，故云刚柔正而位当。乾用九、坤用六成既济定。中庸所谓"致中和，天地位焉，万物育焉"是也。此圣人作易之事也。

初九，潜龙勿用。【注】易逆数也。气从下生，以下爻为始。乾为龙，阳藏在下，故曰潜龙。其初难知，故称勿用。大衍之数虚一不用，谓此爻也。**九二，见龙在田，利见大人。**【注】坤为田，大人谓天子。二升坤五，下体离，离为见，故曰见龙在田。群阴应之，故曰利见大人。**九三，君子终日乾乾，夕惕若夤，厉无咎。**【注】三于三才为人道，有乾德而在人道，君子之象。惕，惧；夤，敬；厉，危也。离为日，坤为夕。以乾接乾，故曰乾乾。四变坎为惕,乾为敬,故夕惕若夤。三多凶,故厉。因时而惕,故无咎。俗本脱"夤",今从古。**九四,或跃在渊,无咎。【注】**跃,上也。渊谓初。四失位,故上跃居五者,欲下居坤初,求阳之正,故无咎。**九五,飞龙在天,利见大人。【注】**五体离,离为飞,五在天,故曰飞龙在天。二变应之,故利见大人。虞氏谓:文王书经,系庖牺于乾五,造作八卦,备物致用,以利天下,天下之所利见是也。**上九,亢龙有悔。【注】**穷高曰亢。阳极于上,当下之坤三,失位无应,穷不知变,故有悔。**用九,【注】**九、六者,爻之变,坤为用,发挥于刚柔而生爻,立地之道,故称用也。**见群龙无首,吉。【注】**群龙,六龙也。时乘六龙以御天,故曰见群龙。乾为首,坤下承之,故无首,吉。象曰:"天德不可为首也。"**【疏】**易逆至爻也。　说卦云:易逆数也。注云:易气从下生,故云逆数。系上曰:错综其数。虞翻彼注云:逆上曰错。卦从下升,故曰错综其数。乾凿度曰:易气从下生。郑玄注云:易本无形,自微及著,故气从下生,以下爻为始是也。乾为龙,九家说卦文。乾之所以取象于龙者,管子曰:伏暗能存而能亡者,蓍龟与龙是也。龟生于水,发之于火,于是为万物先,为祸福正。龙生于水,被五色而游,故神。欲小则化如蚕蠋,欲大则藏于天下,欲上则陵于云气,欲下则入于深泉。变化无日,上下无时,谓之神。龟与龙,伏暗能存而能亡者也。若然,乾之取象于龙,以其能变化也。荀子曰:变化代兴谓之天德。天德,元也。天之元兼五色,故龙被五色。文言曰:潜龙勿用,下也。又曰:阳气潜藏。故曰潜龙。其初难知,下系文。初尚微,故难知。荀爽注"大衍之数五十"云:乾初九潜龙勿用,故用四十九。初九,元也,即太极也。太极函三为一,故大衍之数虚一不用耳。若然,用九之义,六龙皆御,而初独不用者,但易有六位,乾称六龙,六位之成,六龙之御,皆有其时,初当潜隐,故称勿用。然万物所资始,王位在德元,以一持万,以元用九,吾道之贯,天下之治,皆是物也。 坤为至大人。 此荀爽义也。与坤旁通,坤土称田。释言曰:土,田也。太玄曰:触地而田之。故曰坤为田也。许慎五经异义曰:易孟、京说有君人五号:帝,天称也;王,美称也;天子,爵号,三也;大君者,与上行异,四也;大人者,圣明德备,五也。其说本乾凿度。是大人与天子同在五号之中,故云大人谓天子。王肃谓圣人在位之目,义亦同也。九二阳不正,故当升坤五,五降二体离。说卦曰:相见乎离。故离为见。二升坤田,故见龙在田。坤群阴应之,故利见大人也。 三于至之象。 此郑玄义也。五爻皆有龙象,三独称君子者,以易有三才,三于三才为人道。文言曰:君子行此四德者,故曰乾元亨利贞。是君子为有乾德,而在人道者。经凡言君子,皆谓九三也。 惕惧至从古。 惕,惧。郑义也。说文曰:夤,敬惕也。文言曰:虽危无咎。故知厉为危也。离为日,坤为夕,虞翻义也。虞以阳息至三,二变成离,离为日。系上曰:刚柔者,昼夜之道也。荀彼注云:乾为昼,坤为夜。说文:夜从夕。襄十三年春秋传曰:窀夕之事。杜预注云:夕,夜也。是夕与夜同义,故知坤为夕也。三与外体接,以乾接乾,故曰乾乾。荀氏谓承乾行乾,义亦同也。坎为惕,乾为敬,亦虞义也。说卦曰:坎为加忧。故为惕。乾为天。周语曰:言敬必及天。又曰:象天能敬。韦昭注云:象天之敬,乾乾不息。故知乾为敬也。夤本训敬,今从夕,敬不衰于夕,夕惕之象。俗本皆脱“夤”字。说文夕部引易曰:夕惕若夤。案,许慎叙曰:其称易,孟氏古文也。是古文易有“夤”字。虞翻传其家五世孟氏之学,以乾有夤敬之义,故其注易以乾为敬。俗本脱“夤”,今从古增入也。 跃上至无咎。 此荀义也。跃,上,广雅文。荀以地下称渊,故谓渊为初。四本阴位,故非上跃居五者,即欲下居坤初。五与初皆阳之正位,故文言曰:上下无常,非为邪也。荀氏易例:乾在二者,当上升坤五;在四者,当下居坤初;在上者,居坤三。坤在五者,当下居乾二;在三者,居乾上;在初者,居乾四。如是则爻皆得位。乾四当居初,今以或跃为居五者。案,干宝注此经云:初九,复也;九二,临也;九三,泰也;九四,大壮也;九五,夬也;上九,乾也。坤初六,遘也;六二,遯也;六三,否也;六四,观也;六五,剥也;上六,坤也。消息十二卦,实乾坤十二爻。九四体大壮,经云:藩决不羸,壮于大舆之腹,谓居五也。是四亦有居五之义矣。　五体至是也。　说文释龙曰:春分而登天,秋分而潜渊。阳息至五体夬,夬三月卦,龙已登天,故有是象。四变五体离。说卦曰:离为雉。郭璞洞林曰:离为朱雀。是离有飞鸟之象。故曰飞。五于三才为天道,又天位也,故飞龙在天。此上虞义也。二已变,正应五,故利见大人。乾凿度曰:三画已下为地,四画已上为天。物感以动,类相应也。动于地之中则应于天之中,动于地之上则应于天之上。初以四,二以五,三以上,此之谓应。是言六爻相应之义也。易重当位,其次为应,故象传言应者十有七卦。六十四卦之中,有当位而应者,有当位而不应者,有不当位而应者。若皆阴皆阳,谓之敌应。艮象传所谓上下敌应,不相与也。今乾二五敌应,而称利见大人者,乾用九,坤用六,乾二升五而应坤,坤五降二而应乾,故皆云利见大人。例诸他卦,或两爻敌应,亦得变而相应也。虞氏以卦辞、爻辞皆文王所作,庖牺德合乾五,故系于九五。冠礼记曰:天下无生而贵者。天问曰:登立为帝,孰道尚之。王逸注云:言伏羲始作八卦,修行道德,万民登以为帝,谁开道而尚之。是伏羲亦自下升也。象曰:大人造也。文言曰:圣人作而万物睹。圣人作,是造作八卦也。万物睹,是利见大人也。　　穷高至有悔。　　穷高曰忼,王肃义也。忼,高也,极也。故曰穷高。阳极于上,当下之坤三,此九家义也。荀氏例亦如此。九居上为失位,应在三,三阳爻,故无应。系下曰:易穷则变。穷不知变,犹言知进而不知退也,故有悔。京房易积算曰:静为悔,发为贞。是有悔为不变之义也。　　九六至用也。　　乾凿度曰:阳动而进,变七之九;阴动而退,变八之六。是九六者,爻之变也。坤,阴消之卦,起遘终乾,万物成熟,成熟则给用,故坤为用。六画称爻,庖牺分天象为三才,以地两之为六画。爻有刚柔,故发挥于刚柔而生爻。立地之道曰柔与刚,刚柔地道,故称用也。　　群龙至首也。乾六爻皆龙,故曰群龙。是群龙即六龙也。荀注九二见龙云:见者,居其位。是见群龙亦谓六龙皆居天位也。但龙之潜、见、惕、跃、飞、忼,各有其时,是以象传、文言皆云:时乘六龙以御天。六龙乘时御天,即用九见群龙之义也。乾为首,说卦文。乾位天德,坤下承之,故无首,吉。汉书张竦曰:德无首者,褒不检。义与此同。引象传者,明坤不可为天德之首也。乐出于易,易之乾坤十二爻,即乐之十二律也。周语伶州鸠论六律六吕之义曰:为之六间,以扬沈伏,而黜散越也;元间大吕,助宣物也。韦昭注云:六间六吕在阳律之间。吕,阴律,所以似;间,阳律,成其功。十二月大吕,坤六四也。元,一也。阴系于阳,以黄钟为主,故曰元间以阳为首。不名其初,臣归功于上之义也。是言阴无首,以阳为首,与用九之义同也。

☷八纯卦,象地,消息十月。

坤。元亨。【注】乾流坤形,坤凝乾元,终亥出子,品物咸亨。故元亨。**利牝马之贞。君子有攸往。【注】**坤为牝,乾为马。阴顺于阳,故利牝马之贞。乾来据坤,故君子有攸往。**先迷后**

得主,利。【注】坤为迷。消剥艮为迷复,故先迷。震为主。反剥
为复体震,故后得主,利。**西南得朋,东北丧朋。安贞吉。**
【注】爻辰初在未,未西南阴位,故得朋。四在丑,丑东北阳位,故丧
朋。地辟于丑位在未,未冲丑为地正,承天之义也。故安贞吉。**虞**
氏说此经以纳甲云:此易道阴阳消息大要也。谓阳月三日变而成
震,出庚;至月八日成兑,见丁。庚西丁南,故西南得朋,谓二阳为
朋。故兑,君子以朋友讲习。彖曰:“乃与类行。”二十九日消乙入
坤,灭藏于癸。乙东癸北,故东北丧朋,谓之以坤灭乾,坤为丧也。
【疏】乾流至元亨。　　此虞义也。坤为形,乾之坤成坎,坎水流坤,
是乾流坤形也。坤消乾自初,初为元。坤初六传曰:阴始凝也。是
坤凝乾元也。坤终于亥,出乾初子,阴阳气通,品物咸亨,故元亨。
　坤为至攸往。　坤为牝,九家说卦文。乾为马,说卦文。坤,顺
也,故为牝。乾,健也,故为马。以阴顺阳。传曰:柔顺利贞。故利
牝马之贞也。凡卦辞、爻辞言利者,系下云:变动以利言,故乾坤变
动皆言利也。君子谓阳,阴顺于阳,阳来据坤初、三、五之位,故君子
有攸往也。　坤为至主利。　坤为迷,九家说卦文。剥上体艮,消
剥为坤。剥上九曰:小人剥庐。虞注云:上变灭艮,坤阴迷乱,故小
人剥庐。是消剥为迷复,先迷之象也。序卦曰:主器者莫若长子,故
受之以震。是震为主也。剥穷上反下为复,故反剥。复初体震,震
为主,故后得主,乃利也。　爻辰至故也。　此刘歆义。歆说详三
统历也。爻辰者,谓乾坤十二爻所值之辰。乾贞于十一月子,间时
而治六辰;坤贞于六月未,亦间时而治六辰。乾左行,坤右行。十一
月子,乾初九也;十二月丑,坤六四也;正月寅,乾九二也;二月卯,坤
六五也;三月辰,乾九三也;四月巳,坤上六也;五月午,乾九四也;六
月未,坤初六也;七月申,乾九五也;八月酉,坤六二也;九月戌,乾上

九也;十月亥,坤六三也。二卦十二爻而期一岁。郑氏说易专用爻辰十二律,取法于此焉。坤初六在未,未值西南,又坤之位,故得朋。六四在丑,丑值东北,阳位,故丧朋。汉书天文志曰:东北,地事天位是也。子为天正,丑为地正,初在未,四在丑,地正适其始,冲气相通也。冲,犹对也。淮南天文曰:其对为冲,天开于子,地辟于丑,承天之义。汉杨震疏曰:臣闻师言:坤者阴精,当安静承阳。象传注谓安于承天之正是也。注释得丧,正以坤之卦爻皆有承天之义,则此得朋、丧朋,当指坤之一卦而言,故用刘氏之说,独以爻辰释之。后世王弼、崔憬之徒,舍坤象之卦爻,广求之于方位,寻其归趣,虽强附于得丧,未见承天之象。今既刊落俗说,唯是易含万象,所托多涂。虞氏说经,独见其大,故兼采之以广其义。虞以易道在天,八卦三爻已括大要,故以得朋、丧朋为阴阳消息之义。谓月三日之暮,震象出于庚方,至月八日二阳成兑,见于丁方。生明于庚,上弦于丁,庚西丁南,故西南得朋。谓兑二阳同类为朋。又两口对,有朋友讲习之象。传曰乃与类行是也。十五日乾体盈甲,十六日旦,消乾成巽在辛,二十三日成艮在丙,二十九日消乙入坤,灭藏于癸。乙东癸北,故东北丧朋。坤消乾丧于乙,故坤为丧也。

初六,履霜,坚冰至。【注】初为履。霜者,乾之命也。初当之乾四,履乾命令,而成坚冰也。**六二,直方,大,不习,无不利。**【注】乾为直,坤为方,故曰直方。阳动直,而大生焉,故曰大。习,重也,与袭通。春秋传曰:“卜不袭,吉。”三动坎为习,坤善六二,故不习,无不利。**六三,含章,可贞。或从王事,无成有终。**【注】贞,正也。以阴包阳,故含章。三失位,发得正,故可贞。乾为王,坤为事,三之上,终乾事,故或从王事,无成有终,文言曰:“地道无成,而代有终也。"六四,括囊,无咎无誉。【注】括,结也。谓泰反成否,坤为囊,艮为手,巽为绳,故括囊。在外多咎,得位承五,系于包桑,故无咎。阴在二多誉,今在四,故无誉。六五,黄裳,元吉。【注】坤为裳。黄,中之色。裳,下之饰。五当之乾二,而居下中,故曰黄裳。降二承乾,阴阳位正,故元吉。上六,龙战于野,其血玄黄。【注】消息坤在亥,亥乾之位,为其兼于阳也,故称龙。战者,接也。说卦曰:"战乎乾。乾,西北之卦。"称野。阴阳相薄,故有是象。血,以喻阴也。玄黄,天地之杂,言乾坤合居也。用六,利永贞。【注】永,长也。阴利居正,承阳则永,故用六利永贞。京氏谓"六偶承奇"是也。【疏】初为至冰也。 爻例:初为足,为趾,为拇。履,践也。足所以践,故初为履。霜者,乾之命也已下,九家义也。乾居西北之地,为寒为冰,是霜与冰皆是乾气加坤而成者。故曰霜者,乾之命也。刘向鸿范五行传曰:九月阴,至五通于天位,其卦为剥,剥落万物,始大杀矣。明阴从阳命,臣受君令,而后杀也。若然,坤之消乾,皆顺乾命而成者。故文言曰:盖言顺也。君子疾其末则正其本,易系此爻正以示戒。 乾为至不利。 与乾旁通,乾为直,坤为方,九家说卦文。系上曰:乾,其动也直。故乾为直。文言曰:坤,至静而德方。虞氏云:阴开为方。故坤为方。阳动直而大生,阴动辟而广生。方有广义,故云直方大。习者,重袭,故与袭通。春秋传者,哀十年传文。礼表记曰:卜筮不相袭。郑注大司徒云:故书袭为习。是习为古文袭。习吉,犹重吉也。士丧礼曰:筮者三人。公羊传曰:求吉之道三,故经有初筮、原筮之文。不习者,言不烦再筮也。坎为习,虞义也。三可贞,动体坎,故坎为习。乾坤二卦唯九五、六二为天地之中,阴阳之正,故云坤善六二,不习,无不利也。　贞正至终也。　此虞义也。贞,正也。释见上。荀氏云:六三阳位,下有伏阳,故以阴包阳。以六居三为失位。象曰:以时发。故云发得正也。荀氏例:坤三当之乾上。盖六三、九四不中不正,故象象二传言不当位者,独详于此二爻,三凡十四卦,四凡八卦也。说卦曰:乾为君。又曰:乾以君之。故乾为王。坤致役,故为事。荀子曰:主道知人,臣道知事。坤臣道,故坤为事。京房曰:阴为事也。三为三公,得从王事。乾立于巳,爻辰上六亦在巳,故云三之上,终乾事。又引文言为证也。　括结至无誉。　此虞义也。括,结。广雅文。说文曰:括,絜也。絜与结古文通。故郑注大学曰:絜犹结也。礼经解曰:絜静精微,易教也。絜者,括絜。絜静,坤也。精微,乾也。坤元絜静,乾元精微,故云易教也。坤为囊,九家说卦文。坤文言曰:天地闭,贤人隐。虞彼注云:谓四。泰反成否,故贤人隐也〔一〕。艮为手,巽为绳,直故为绳。以手持绳,括絜囊口,故曰括囊。四近五,故多咎。五休否,系于包桑。四居阴得位,上承九五,存不忘亡,故无咎也。系下云:二与四同功,二多誉,四多惧。今在四,故无誉也。　坤为至元吉。　九家说卦曰:乾为衣,坤为裳。黄,中之色。裳,下之饰。昭十二年春秋传文。九家说卦曰:坤为黄。文言曰:天玄而地黄。案,坤为土。月令曰:中央土。郊特牲曰:黄者,中也。故云:黄,中之色。经凡言黄者,皆谓阴爻居中也。毛苌诗传曰:上曰衣,下曰裳。故云:裳,下之饰。五居下中,故取象于黄裳也。降二承乾,阴阳位正,故元吉,谓承阳之吉也。　消息至居也。　坤,消卦也。上六在亥,故曰消息在亥。乾凿度曰:阳始于亥,形于丑,乾位在西北,阳祖微据始。是以乾位在亥。文言曰:为

〔一〕"也",原作"否",据皇清经解本改。

其兼于阳也。乾为龙，故称龙。说文曰：壬位北方，阴极阳生。易曰：龙战于野。战者，接也。上六行至亥，与乾接。说卦战乎乾，谓阴阳相薄也。卦无伤象，王弼谓与阳战而相伤，失之。毛苌诗传曰：郊外曰野。乾位西北，故为野。血以喻阴已下，九家义也。文言曰：犹未离其类也。故称血焉。知血以喻阴也。乾凿度曰：乾坤气合戌亥。故曰合居。　永长至是也。　永，长。释诂文。文言曰：坤道其顺乎？承天而时行。是坤之六爻皆当居阴位而承乾也。阴承阳则可长，故用六利永贞。京氏者，京房律术文。案，律术一卷，虞翻为之注。其言曰：阳以圆为形，其性动；阴以方为节，其性静。动者数三，静者数二，皆参天两地、圆盖方覆、六偶承奇之道是也。礼易生人曰：偶以承奇。易家用九、用六，即律家合辰合声之法也。

䷂坎宫二世卦。消息内卦十一月，外卦十二月。

屯。元亨利贞。【注】坎二之初，六二乘刚五为上弇，故名屯。三动之正，成既济定，故元亨利贞。**勿用有攸往，利建侯。**

【注】震，一夫之行也。动而遇坎，小事不济，故勿用有攸往。震为侯，建侯应四，往吉，无不利矣。古诸侯不世，贤则建之。二之初，故云建。**【疏】**坎二至利贞。　卦自坎来，故云坎二之初。之卦之说本诸象传，详见于荀氏、虞氏、姚信、范长生、卢氏等注，而虞氏尤备。乾坤者，诸卦之祖。乾二五之坤成震、坎、艮，坤二五之乾成巽、离、兑，则六子皆自乾坤来也。复、临、泰、大壮、夬，乾息之卦；遘、遯、否、观、剥，坤消之卦。而临、观二阳四阴，大壮、遯四阳二阴，泰、否三阳三阴，又以例诸卦。自临来者四卦，明夷、解、升、震也。自遯来者五卦，讼、无妄、家人、革、巽也。自泰来者九卦，蛊、贲、恒、损、井、归妹、丰、节、既济也。自否来者九卦，随、噬嗑、咸、益、困、渐、旅、

涣、未济也。自大壮来者五卦,需、大畜、睽、鼎、兑也。自观来者四卦,晋、蹇、萃、艮也。自乾、坤来而再见者,从爻例也。卦无剥、复、夬、遘之例,故师、同人、大有、嗛[一]从六子例,亦自乾坤来。小畜,需上变也。履,讼初变也。豫自复来,乃两象易,非乾坤往来也。颐、小过,晋四之初、上之二也。大过、中孚,讼上之三、四之初也。此四卦与乾、坤、坎、离反复不衰,故不从临、观之例。师二升五成比;噬嗑上之三,折狱成丰;贲初之四,进退无恒,而成旅。皆据传为说,故亦从两象易之例。因系辞、彖传而复出者二,睽自无妄来,蹇自升来,皆二之五。此卦坎二之初,虞义也。案,当从四阴二阳临观之例。而云坎二之初者,因彖传刚柔始交,乃乾始交坤成坎,故知自坎来也。屯,难也,规固不相通之义。卦二五得正而名屯者,以二乘初,刚五弅于上,不能相应,故二有屯如之难,五有屯膏之凶,名之曰屯也。三变则六爻皆正,阴阳气通,成既济之世,故云元亨利贞。卦具四德者七,乾坤、屯、随、临、无妄、革,皆以既济言也。　震一至云建。　卦内震外坎,震为夫,故曰一夫,言微也。动而遇坎,坎险在前,一夫举事必不能成,故曰小事不济也。晋语司空季子说此卦云:小事不济,壅也。故曰勿用有攸往,一夫之行也。此注所据矣。震为侯,虞义也。后汉司徒丁恭曰:古帝王封诸侯不过百里,故利以建侯,取法于雷。逸礼王度记曰:诸侯封不过百里,象雷震百里。故震为侯。初正应四,建侯则贵,得正得民,故往吉,无不利矣。谓初往也。礼运:孔子曰:大道之行也,天下为公,选贤与能。天下为公,如二升五之类也。选贤与能,如利建侯之类也。是说古侯不世,贤

〔一〕"遘"、"逯"、"晋"、"蹇"、"嗛",通行本周易作"姤"、"遁"、"晋"、"蹇"、"谦",惠栋注易,试图恢复汉易原貌,故多用古文。下同。

则建之之义也。昭八年春秋传曰：嗣吉，何建？建非嗣也。今二之初，故云建。韩非子曰：树禾有曼根，有直根。根者，书之所谓柢也。柢也者，木之所以建生也。初在下，故云建，是其义也。

初九，般桓，利居贞，利建侯。【注】应在艮。艮为石，震为阪，故般桓。艮为居，二动居初，故利居贞。震为诸侯，居正应四，故利建侯。**六二，屯如邅如，乘马骝如，匪寇，昏冓。女子贞不字，十年乃字。**【注】乘马，乘初也。二乘刚，故屯如邅如。马重难行，故骝如。匪，非也。五体坎，坎为寇，二应五，故匪寇。阴阳得正，故昏冓。字，许嫁也。二乘初马，初非正应，故贞不字。坤数十，三动反正，阴阳气通，故十年乃字。象曰：反常也。**六三，即鹿无虞，惟入于林中。**【注】即，就也。虞，山虞也。艮为山，山足曰鹿。鹿，林也。三变体坎，坎为蒺木；山下，故称林中。坤为兕虎，震为麇鹿，艮为狐狼，三应上，上乘五马，故无虞。三变，禽入于林中，故即鹿无虞，惟入于林中矣。**君子机不如舍，往吝。**【注】君子，谓阳已正。机，虞机。舍，舍拔。上不应三，张机舍拔，言无所获，往必吝也。**六四，乘马班如，求昏冓，往吉，无不利。**【注】乘，初也。班，别也。求，初求四也。之外称往，四正应初，初建侯，故往吉，无不利。**九五，屯其膏，小贞吉，大贞凶。**【注】屯者，固也。坎雨称膏，二五贞也。而皆屯二之屯，女子之贞也。故小贞吉。五，阳也。阳主施，五之屯膏，泽不下于民，故大贞凶。**上六，乘马班如，泣血涟如。**【注】乘五也。上于五，非昏因之正。初虽乘马，终必泣血。三变体离，离为目，坎为血，艮为手，弇目流血，泣之象也。【疏】应在至建侯。　般桓，马融以为旋也。应在艮，四体艮，艮为石。说卦曰：震为阪生。阪，陵阪也。故震为阪。

古文尚书禹贡曰:织皮西倾,因桓是来。郑玄彼注云:桓是陇阪,名其道盘旋曲而上,故名曰桓。此经般桓亦谓陵阪旋曲,故云般桓也。二失位,动居初得正,故利居贞。震,诸侯象,得正应四,以贵下贱,大得民,故利建侯也。荀氏以为,般桓者,动而退也,谓阳从二动而退居初,义亦通也。　乘马至常也。　阴阳相求,有昏媾之道,二四上阴爻,故皆言乘马。虞氏亦谓:二乘初,故曰乘马也。郑箴膏肓曰:天子以至大夫,皆有留车反马之礼。又云:士昏礼云:主人爵弁,纁裳缁衣,乘车从车二乘,妇车亦如之。此妇车出于夫家,则士妻始嫁,乘夫家之车也。注以乘马为乘初者,亦是乘初之车,但二与初非昏因之正,故云屯如邅如,乘马班如。马氏云:邅如,不进之貌。说文曰:邅者,马重难行。震为马骔足,故邅如也。坎为寇,虞义也。说卦云:坎为盗。故为寇。匪,非。虞义也。匪与非古今字。应在坎,故匪寇。阴阳得正,故昏媾。虞氏又谓:字,妊娠。案,妊娠为已嫁,虞氏非也。曲礼曰:女子许嫁,笄而字。是字为许嫁,故易虞义也。二不许初,故贞不字。系上曰:天九地十。故云坤数十。三动成既济,故阴阳气通。虞氏曰:三动反正,故十年乃字。谓成既济定是也。即就至中矣。　此虞义也。论语曰:亦可以即戎矣。包咸注云:即,就也。仪礼乡饮酒礼曰:众宾序升即席。王制:必即天伦。郑氏皆训为就,故云:即,就也。周礼地官:有山虞掌山林之政令,及弊田植虞旗于中,致禽而珥焉。虞氏谓:虞,虞人,掌禽兽者,即山虞也。鹿,王肃本作麓,故云山足曰鹿。鹿、麓古今字。山足有林,故云鹿林也。三变下体成坎。九家说卦曰:坎为丛棘。故曰丛木。木在山足,故称林中。兕,野牛也。坤为牛为虎,故为兕虎。麋鹿善惊,震者震惊,故为麋鹿。京房易传曰:震遂泥厥咎,国多麋。九家说卦曰:艮为狐。狐狼皆黔喙之属,故为狐狼也。三体震互坤艮,艮为山；三变体坎，坎为丛木，艮象不见，故曰林中。又无震坤，禽皆走入于林中矣。 君子至吝也。 乾凿度：九三为君子。三变之正，故曰君子。此虞义也。机一作几。郑本作机，云：弩也。故曰：机，虞机。荀氏曰：震为动，故为机。缁衣引逸书太甲曰：若虞机张，往省括于厥度，则释。郑彼注云：虞人之射禽，弩已张，从机间视括与所射参相得，乃后释。释，古文作舍。故云：舍，舍拔。诗驷铁曰：舍拔则获。毛传云：拔，矢末也。上乘五马，故不应三。凡爻相应而相得者，称获称得。今君子张机不能获禽，不如舍者，舍拔而已，言无所获。无获而往，必困穷矣，故云往吝也。 乘初至不利。 四与初应，故乘初，谓乘初车也。马将行，其群分乃长鸣，故襄十八年春秋传曰：有班马之声。班犹分别也。昏礼：男先于女，初以贵下贱。故云：求，初求四也。之外称往，虞义也。许慎五经异义曰：春秋公羊说云：自天子至庶人，娶皆亲迎，所以重昏礼也。礼戴记：天子亲迎。初求四，行亲迎之礼，故往吉，无不利也。 屯者至贞凶。 闵元年春秋传曰：初毕万筮仕于晋，遇屯之比。辛廖占之曰：屯固比入，吉孰大焉。固者，规固。曲礼曰：毋固获。郑注云：欲专之曰固是也。卦之所以名屯者，以二五。二贞不字，五屯其膏，皆有规固之义，故云：屯者，固也。坎雨称膏，虞义也。又虞引诗曰：阴雨膏之。膏者膏润，雨以润之，故称膏也。二五得正，故云贞；而皆固，故云屯。阴称小，二乘初，守贞不字，女子之贞，故小贞吉。阳称大，天施地生，故阳主施。孟康释此爻曰：大贞，君也。遭屯难饥荒，君当开仓廪振百姓，而反吝，则凶。膏泽不下于民，屯膏之象也。 乘五至象也。 上乘五马，故云乘五。上体坎，说卦震坎皆有马象，故皆云乘马也。上不应三，而乘五马，故云非昏因之正。桓宽盐铁论曰：小人先合而后忤。初虽乘马，后必泣血。是其义也。说文曰：潓，泣下也。离为目以下,九家义也。虞氏曰:三变时,离为目,坎为血,震为出,血流出目,故泣血涟如。义略同也。

☲☲离宫四世卦,消息正月。

蒙。亨。【注】艮三之二,六五为童蒙,体艮,故云蒙。蒙,物之稚也。五应二,刚柔接,故亨。**匪我求童蒙,童蒙求我。**【注】我谓二,艮为求,五应二,故匪我求童蒙,童蒙求我。礼有来学,无往教,虞氏以二体师象,坎为经,谓二为经师也。**初筮告,再三渎,渎则不告。**【注】初筮谓初,再三谓三四。二之正,故不告。**利贞。**【注】二五失位,利变之正,故利贞。【疏】艮三至故亨。 卦自艮来,九三之二。此虞义也。此亦当从四阴二阳临观之例,而云艮三之二者,以六五童蒙,二以亨行时中,故知自艮来也。名蒙者,以六五童蒙体艮,艮为少男。郑氏云:蒙,幼小之貌。故名蒙。蒙,物之稚也者,序卦文。郑谓孩稚也。卦之所以亨者,有两义焉:当其为师则二刚五柔,以志相应;当其为妇则五刚二柔,以礼相接。皆有亨道,故云亨。传曰:以亨行时中。兼两义也。 我谓至师也。 二五相应,五求二,故我谓二。艮兑同气相求,故艮为求。以取女言,则阳求阴,咸彖传男下女是也。以发蒙言,则阴求阳,此经匪我求童蒙,童蒙求我是也。礼有来学,无往教,虞氏据曲礼释经也。二至五有师象,故二体师。乾凿度曰:坎离为经,震兑为纬。故坎为经。虞谓二为经师。经者,六经。师者,师长。六经取义于经纬,故周书谥法曰“经纬天地曰文”是也。周礼小司徒云:五旅为师,与易师卦同义。太宰九两:一曰牧,以地得民;二曰长,以贵得民;三曰师,以贤得民。师与牧长同称,教人以道,可为民长,亦犹师之文人,文有长义,故经师之师,亦得是称。汉时通经有家法,故五经皆有师,谓之经师。<u>虞氏</u>以二为经师,借汉法为况也。 初筮至不告。 三之二据初,初发成<u>兑</u>,<u>兑</u>为讲习,故告。再三谓三四,<u>荀</u>义也。五应二,有求之之道,故童蒙吉。二据初有告之之义,故初筮告。三四非应非据,故渎。渎,古文<u>黩</u>也。二之正,除师学之礼,故不告。详<u>彖</u>传疏也。 二五至利贞。 此<u>虞</u>义也,说见上。

初六,发蒙,利用刑人,用说桎梏,以往吝。【注】发蒙之正,体<u>兑</u>,<u>兑</u>为刑人,<u>坤</u>为用,故曰利用刑人。<u>坎</u>为桎梏,初发成<u>兑</u>,<u>坎</u>象毁坏,故曰用说桎梏。之应历险,故以往吝。**九二,包蒙,纳妇吉,子克家。【注】**九居二,据初应五,故包蒙。伏<u>巽</u>为妇,二本阴位,变之正,故纳妇吉。五体<u>艮</u>,<u>艮</u>为子,二称家,故子克家也。**六三,勿用娶女,见金夫不有躬,无攸利。【注】**诫上也。初发成<u>兑</u>,故三称女。<u>兑</u>为见,阳称金,<u>震</u>为夫,<u>坤</u>身称躬,五变<u>坤</u>体坏,故见金夫不有躬。失位多凶,故无攸利。**六四,困蒙,吝。【注】**远于阳,故困。困而不学,民斯为下,故吝。**六五,童蒙,吉。【注】**蒙以养正,故吉。**上九,击蒙,不利为寇,利御寇。【注】**击,三也。体<u>艮</u>为手,故击。谓五已变,上动成<u>坎</u>称寇,而逆乘阳,故不利为寇。御,止也。上应三,三体<u>坎</u>,行不顺,故利御寇。明堂月令曰:兵戎不起,不可从我始。**【疏】**发蒙至往吝。此<u>虞</u>义也。初,蒙也。文言曰:六爻发挥。说卦曰:发挥于刚柔。<u>虞</u>注云:发,动也。动之正,故曰初发成<u>兑</u>,二阳为<u>兑</u>也。<u>兑</u>,正秋。<u>周书小开武</u>曰:秋以纪杀。故为刑人。<u>坎</u>为桎梏,九家说卦文。<u>虞</u>氏谓:<u>震</u>足<u>艮</u>手,互与<u>坎</u>连,故称桎梏。<u>兑</u>成则<u>坎</u>毁,故云<u>坎</u>象毁坏,用说桎梏之义也。<u>坎</u>为险,初应四,四困蒙,故之应历险,则吝也。

九居至家也。　九居二，有师道。据初，故初发蒙；应五，故五童蒙，吉。包蒙之象也。巽伏震下，故伏巽为妇也。彖曰利贞，以二五失位，变之正则五刚二柔，故纳妇吉，子克家。妇谓二，子谓五也。文言称阴为妻道也，臣道也，盖言妻臣一例也。高诱注吕览曰：师道与天子，遭时见尊，不可常也。师道无常，故有臣而为师者，亦有师而为臣者。学记曰：君之所不臣于其臣者二：当其为师则弗臣也，是臣而为师也。孟子曰：汤之于伊尹，学焉而后臣之，是师而为臣也。二五之正，则蒙反为圣，师反为臣。妻臣一例，故五始求师，而继纳妇也。五体艮，艮少男，故称童，又称子，子与童皆未成君之称。二称家，虞义也。乾凿度曰：二为大夫。郑注礼记曰：大夫称家，又在内。杂卦曰：家人，内也。故二称家。五应二，故子克家也。　诫上至攸利。　三应上，三不正，故诫上。兑为少女，故称女。杂卦曰：兑见。虞注云：兑阳息二，故兑为见。阳称金者，兑之阳爻称金也。坤为身，荀子引逸诗云：妨其躬身。躬身同物，故又为躬。此皆虞义也。三体坤，五之正，坤体坏，故见金夫不有躬。三多凶，六居三为失位，故云失位多凶，无攸利也。　远于阳至故吝。　阳谓二，二包蒙，四独远之，故困。二之正，再三渎，故吝。困而不学，民斯为下，论语文。　蒙以至故吉。　二之正，五变应之，蒙以养正，优入圣域，故吉也。变应者，由不正而之正也。二五失位，二之正，五变应之，则各得其正。荀子不苟篇曰：诗曰：左之左之，君子宜之；右之右之，君子有之。此言君子能以义诎信变应故也。是变应之义矣，易之例也。

击三至我始。　上应三，三行不顺，故击三也。艮为手，说卦文。坎为寇，三体坎，五上变亦为坎，故爻辞有二寇，一谓上，一谓三也。五变，上动乘之，是乘阳也。乘阳为逆，故曰逆乘阳。韦注鲁语曰：御，止也。释诂曰：御，禁也。禁有止义。此上皆虞义也。御，御三也。上应

三,三行不顺,是寇也,非昏莠也,故利御之。引月令者,蒙于消息为正
月卦。月令孟春令曰:兵戎不起,不可从我始。是不利为寇,利御寇之
事也。

☷坤宫游魂卦,消息内卦正月,外卦二月。

需。有孚光。亨贞吉。利涉大川。【注】大壮四之五,
与比旁通。需,须也。乾阳在下,坎险在前,乾知险,故须。四之五,
坎为孚,离为光,故有孚光。坎为云,云须时欲降,乾须时当升,三阳
既上,二位天位,故亨贞吉。坎为大川。**【疏】**卦自大壮来,从四阳
二阴之例也。案,大壮九四:贞吉,悔亡。壮于大舆之腹。虞注云:
失位悔也。之五得中,故贞吉而悔亡矣。震四上处五则藩毁坏,故
决不羸。坤为大舆,为辏,四之五折坤,故壮于大舆之辏。是其事
也。需,须也,彖传文。京房易传曰:需者,待也。须亦待也。乾知
险,下系文。乾下坎上,乾当上升以知险,故需而不遽进。彖传所谓
刚健而不陷是也。卦气需当惊蛰,太玄准为爻。范望注云:是时阴
尚在上,万物滋生,犹以为难。是需之义也。大壮四之五,体坎互
离,坎信故有孚,离日故称光。坎在上为云,在下为雨,上下无常。
是以荀注乾彖传曰:乾升于坤曰云行,坤降于乾曰雨施。是坎有升
降之理。故此卦之义,坎当降,乾当升,升降有时,因名为需。需,须
也。云出自穴则入于穴,是须时欲降也。须道已终,阳当上升,是须
时当升也。以亨贞吉为二居五者,因象爻辞皆有贞吉之文而知之。
五为天位,故象传曰:位乎天位,以正中也。彖之正中,象之中正,皆
谓二居五矣。说卦曰:坎为沟渎。考工记匠人:为沟洫,专达于川。
故坎为大川。宣十二年春秋传曰:川壅为泽。杜预注云坎为川是
也。乾升涉坎,故利涉大川。此兼用荀、虞义也。寻用九、用六之

法，无两体升降之例，荀于需、泰、升三卦皆然。案，泰、升二卦，九二升五，不当言一体俱升，唯需之外卦为坎，取象于云之出入，坎当下降，乾当上升。上六不速之客三人，谓乾三爻也。乾升坎降，而一卦五爻皆失位，然乾升在上，君位以定，坎降在下，当循臣职，合于天尊地卑义。故传曰：虽不当位，未大失也。是需卦独取义于两体升降，至泰、升二卦，荀义虽然，今不用也。

初九，需于郊，利用恒，无咎。【注】乾为郊，初变体恒，故曰利用恒。需极上升，得位承五，故无咎。**九二，需于沚，小有言，终吉。**【注】沚谓坎五，水中之刚，故曰沚。二当升五，故需于沚。四体兑，兑为口为小，故小有言。二终居五，故终吉。**九三，需于泥，致寇至。**【注】亲与坎接，故称泥。须止不进，不取于四，不致寇害。**六四，需于血，出自穴。**【注】坎为血，故需于血。云从地出，上升于天。自地出者莫不由穴，故出自穴。**九五，需于酒食，贞吉。**【注】五互离坎，水在火上，酒食之象。需者，饮食之道，故坎在需家为酒食也。五以酒食需二，举坎以降，二上居正，故曰贞吉。**上六，入于穴，有不速之客三人来，敬之终吉。**【注】需道已终，云当入穴。三人谓下三阳也。不速犹不戒。须时当升，非有召者，故曰不速之客。乾往居上，故称客。坎为主人，故称来。乾升在上，君位以定，坎降在下，当循臣职，故敬之终吉。乾为敬也。【疏】乾为至无咎。　乾位西北之地，故称郊。需于郊，则不犯坎难。虞注九二曰：四之五，震象半见，故初变体恒。需时当升，初居四得位承五，故无咎。系下云：爻象动乎内，吉凶见乎外。虞彼注云：内初外上也。阳象动内则吉见外，阴爻动内则凶见外。初之无咎，二之终吉，皆据需道已成言之。是吉凶见外之例也。　沁谓至终吉。　沁,古文沙。说文:沁,沙或字。谭长说:沙或从止。当据古文易也。坎之中爻乃水中之刚者,故曰沁。沁谓五,二当升五,故需于沁。隔于六四,故小有言,知小有言为四者。京房易传曰:三阳务上而隔于六四,路之险也。盖四方出穴,故云路之险。兑为小,虞义也。上六入穴,三阳上升,二当居五,上为终,故终吉。此皆荀义。荀惟以小有言谓三,与注异也。　亲与至寇害。

此荀义也。坎为水,泥,水旁之地。三以乾接坎,故云亲与坎接。三知险,故须止不进。三当上升,故不取于四。虽有寇至,不为害也。　坎为至自穴。　说卦曰:坎为血卦,故为血。云从地出以下,九家义也。坎为坎窞,故为穴。坤为地,乾二五之坤为坎,上坎为云,故云云从地出,上升于天。公羊传曰:触石而出,肤寸而合。故云自地出者,莫不由穴也。　五互至贞吉。　此荀义也。昭二十年春秋传曰:水火醯醢盐梅,以烹鱼肉,燀之以薪,宰夫和之。故知水在火上,酒食之象。需者,饮食之道。序卦文。荀彼注曰:坎在乾上,中有离象,水火交和,故为饮食之道。以需有饮食之道,故知坎在需家为酒食也。需,须也。酒食者,享食之礼也。礼速客之辞曰:主人须矣。故知需于酒食,为五需二也。五为坎主,举坎以降,三阳上升,二正居五,故曰贞吉也。　需道至敬也。　此荀义也。爻终上六,故曰需道已终。云升极当降,故曰云当入穴。乾为人,故三人谓三阳也。仪礼乡饮酒曰:主人戒宾。士冠礼曰:乃宿宾。宿宾之法前期二日。亦作肃。故礼记祭统曰:先期旬有一日,宫宰宿夫人。郑注读宿为肃,云肃犹戒也。泰六四曰:不戒以孚。故知不速犹不戒也。速与肃通。五爻皆有需象,上不言需,称不速之客。北音读速为须,声之转也。易例内为主,外为客,内为来,外为往。今乾在内卦,称客、称来者,以乾往居上,故称客;客对主言,坎为主人,据主召客,故称来也。<u>乾</u>升在上,二位天位,故君位以定。<u>坎</u>降在下,二变体坤应五,坤为臣道,故当循臣职。<u>乾</u>为敬,<u>虞</u>义也。

☲ <u>离</u>宫游魂卦,消息三月。

讼。有孚。窒惕。中吉,终凶。【注】<u>遁</u>三之二,孚谓二。窒,塞,止也。惕,惧也。坎为悔、为惕。二失位,故不言贞。<u>遁</u>将成<u>否</u>,三来之二得中,故中吉。六爻不亲,故终凶。**利见大人,不利涉大川。【注】**大人谓五。二与四讼,利见于五,故利见大人。坎为大川,五爻失位,不变则入于渊,故不利涉大川。【疏】<u>遁</u>三至终凶。　此<u>虞</u>义也。卦自<u>遁</u>来,亦四阳二阴之例。九三来之二体坎,坎为孚。<u>虞</u>注<u>夬</u>卦曰:阳在二五称孚。坎阳在二五,故孚谓二。说文曰:窒,塞也。塞有止义,故云:塞,止也。坎心为悔,又为加忧,故为惕。九二阳不正,故不言贞。<u>遁</u>阴消二及三,故将成<u>否</u>。三来之二得中,有孚,窒惕,故中吉。卦惟九五中正,余皆失位,六爻不亲,故讼初不永所事。三四易位,则终吉,若终止不变,是谓终讼,故凶。传曰:讼不可成也。　大人至大川。　此<u>荀</u>义也。五为天子,故大人谓五。二四争三,故二与四讼。五阳中正,故利见于五。坎为大川以下,<u>虞</u>义也。卦中五爻失位,初为渊不变,自初始陷于坎险,故入于渊也。

初六,不永所事,小有言,终吉。【注】永,长也。坤为事,初失位而为讼始,变之正,故不永所事。体<u>兑</u>,故小有言。二动应五,三食旧德,故终吉。**九二,不克讼,归而逋其邑,人三百户,无眚。【注】**二与四讼,失位,故不克讼。坎为隐伏,故归而逋其邑。三百户,下大夫之禄。二本大夫,守至薄之禄,不与上讼,故无灾眚。六三，**食旧德，贞厉，终吉。【注】**乾为旧德，三动得位，四变食乾，故食旧德。体坎，故贞厉。得位，故终吉。**或从王事。无成。【注】**乾为王，坤为事，故或从王事。讼不可成，故无成也。**九四，不克讼，复即命。渝，安贞吉。【注】**二以恶德受服，九五中正，夺二与四，故不克讼，复即命。渝，变也。四变体巽为命，得位承五，故渝，安贞吉。坤为安。**九五，讼元吉。【注】**听讼得其中正，故元吉。**上九，或锡之鞶带，终朝三拖之。【注】**二四争三，三本下体，取之有缘，以三锡二，于义疑矣。争竞之世，分理未明，故或以锡之。终朝者君道明，三者阳功成也。拖，夺也。君明道盛，则夺二与四，故曰终朝三拖之也。鞶带，宗庙之服。拖二服者，五也。上为宗庙，故发其义于此爻耳。**【疏】**永长至终吉。永，长也。释诂文。坤为事，谓逐坤也。逐，阴消之卦，初六为讼始，利变之正，故云不永所事。此上虞义也。兑为小、为口，故小有言。二动应五，三食旧德，兑象毁坏，故终吉也。　二与至灾眚。　此荀、郑义也。爻例二为大夫，三为三公，四为诸侯。二失位，与四争三公之服，是无德而争，故不克讼，义弗克也。坎为隐伏，说卦文。九五中正，夺二服，故归而逋其邑。郑注云：下大夫采地方一成，其定税三百家，故三百户。一成九百夫，宫室涂巷山泽三分去一，余六百夫。地有不易、一易、再易，通率一家受二夫之地，故一成定税三百家，是下大夫之禄也。荀自藏隐，不与上争，故无灾眚。所以取象三百户者，虞注云：乾为百，坤为户，三爻故三百户。坎化为坤，故无眚。坎化为坤者，变之正也。　乾为至终吉。　乾为久、为德，故为旧德。四变食乾，读如日月有食之之食。四变乾体坏，如有食之者，故云食乾。此皆虞义也。许慎五经异义曰：爻位三为三公。曰食旧德,食父故禄也。乾为父,三失位,动而承乾,有食旧德之象。二四之正,三变体坎,虞氏谓正危贞厉是也。三为下卦之终,得位,故终吉。与初同占也。此亦虞义。　乾为王至无成也。　乾为王,坤为事,虞义也。讼不可成,变之正,不克讼,是无成之义也。　二以至为安。　缁衣曰:兑命曰爵,无及恶德。郑彼注云:言君祭祀,赐诸臣,无与恶德之人。古者赐爵服,必于太庙。二失位,上九或锡之鞶带。注谓锡二,是二以恶德受服也。五中正,故不克讼。夺二与四,故复即命。谓受鞶带之命服也。渝,变也。释言文。巽象传曰:重巽以申命。故巽为命。四变得位,安于承乾之正,故渝,安贞吉。坤为安,虞义也。　听讼至元吉。　卦惟九五一爻中正,是听讼得其中正者,故元吉。　二四至爻耳。　此荀义也。二与四争,争三公之服,故云二四争三。三与二比,故取之有缘,以三公之服而锡二之大夫,故云于义疑矣。在讼家,故云争竞之世。以大夫而受三公之服,非其分,故云分理未明。或以锡之,或之者,疑之也。尚书大传曰:岁之朝,月之朝,日之朝,则后王受之。郑彼注云:自正月尽四月为岁之朝,上旬为月之朝,平旦至食时为日之朝。故终朝为君道明。春秋元命包曰:阳成于三。故云三者阳功成也。拖,夺,郑义也。四为诸侯,诸侯入为三公,宜服三公之服,故君明道盛则夺二与四,阳道方长,故三拖之也。鞶带,大带,服以祭者,故曰宗庙之服。五拖二服,不发于二五爻者,以上与三应,三体巽,巽为要带,上为宗庙,故发义于宗庙。爻三变,巽体坏,有拖之象。拖俗作褫,今从古。

周易述卷二

周易上经

䷆坎宫归魂卦，消息四月。

师。贞丈人，吉，无咎。【注】乾二之坤，与同人旁通。丈之言长，丈人谓二，二体震为长子，故云丈人。二失位，当升五居正，故云：贞丈人，吉，无咎。【疏】乾二五之坤成坎，坤二五之乾成离，故师、同人、比、大有皆从乾坤来。蜀才谓师自剥来。案，虞氏论之卦，无一阳五阴之例。其注象传君子以容民畜众云：君子谓二，阳在二，宽以居之，故知是乾二之坤也。与同人旁通，虞义也。服虔左氏解谊说此卦曰：坎为水，坤为众，互体震，震为雷，雷鼓类，又为长子，长子帅众鸣鼓，巡水而行，师之象也。丈之言长，郑义也。大戴礼本命曰：丈者，长也，言长万物也。丈人，老人，年长者。震为长子，长丈同物，故云丈之言长。丈人谓二，荀、虞义也。象之丈人即爻之长子，故知丈人谓二。二中而不正，上升坤五则正矣。故云：贞丈人，吉，无咎也。

初六，师出以律，否臧凶。【注】震为出，坎为律。臧，善也。初失位，故不臧凶。九二，在师中，吉，无咎。王三锡命。【注】长子帅师，故在师中。以中行和，故吉无咎。王谓二。三者，阳德成也。德纯道盛，故能上居王位，而行锡命也。**六三，师或舆尸，凶。**【注】坤为尸，坎为车多眚。同人离为戈兵，为折首。失位乘刚，无应，尸在车上，故车尸，凶。一说：尸，主也。坤坎皆有舆象，师以舆为主也。**六四，师左次，无咎。**【注】震为左。次，舍也。二与四同功，四承五，五无阳，故呼二舍于五，四得承之，故无咎。**六五，田有禽，利执言，无咎。**【注】田，猎也。二欲猎五，五利度二之命，执行其言，故无咎。**长子帅师，弟子舆尸，贞凶。**【注】五已正而称长子，据五自二升也。长子帅师，而弟子主之，明使不当而贞凶。**上六，大君有命，开国承家，小人勿用。**【注】二升五为大君，坤为国，二称家，二之五，处坤之中，故曰开国。五降二，得位承五，故曰承家。小人谓三与初。【疏】震为至臧凶。　震为出，虞义也。初为出师之始，故云出。坎为律，九家说卦文。律者，同律也。周礼太师曰：大师执同律，以听军声而诏吉凶。郑注云：大师，大起军师。兵书曰：王者行师出军之日，太师吹律合音，商则战胜，军士强；角则军扰多变，失士心；宫则军和，士卒同心；徵则将急数怒，军士劳；羽则兵弱，少威明。史记律书曰：王者制事立法，壹禀于六律。六律为万事根本，其于兵械尤重，是师出以律之事也。臧，善。释诂文。爻例初九为善，初六为不善。宣十二年春秋传晋知庄子说此爻曰：执事顺成为臧，逆为否。初失位，故不臧，凶也。　长子至命也。　此荀、虞义也。长子帅师而居中，故云在师中。师克在和，二以中德而行和道，群阴顺从，故吉无咎。爻辞与象辞同占也。二当升五，故王谓二。阳成于三，故三者阳德成。二盛德也，五盛位也。德纯道盛，中和之行，应于盛位，故能上居王位,而行锡命。**乾凿度**说此爻曰:师者,众也。言有盛德,行中和,顺民心,天下归往之,莫不美命为王也。行师以除民害,赐命以长世德之盛。是其义也。　　坤为至主也。　　坤为身、为丧,身丧故为尸。坎为车多眚,说卦文。**虞**本舆为车,故云车也。与**同人**旁通,故**同人**离为戈兵。说卦曰:离为折上槁。**离上九**曰:有嘉,折首。离折乾首,故为折首。三以阴居阳,而乘二刚,又不与上应,故失位乘刚,无应。坤尸在坎车之上,故车尸,凶也。此上虞义也。一说:尸,主也。释诂文。**战国策**曰:宁为鸡尸。故知尸,主也。说卦:坤为大舆。坎,其于舆也为多眚,故坤坎皆有舆象。舉、舆古今字。师以舆为主者,师之进退以舆为主。凡帅师谓之帅赋舆,故曰舆尸。**楚**令尹南辕反旆,王用伍参之言,改辕而北,则师之进退在舆也。三失位,以弟子主师,故或之乘刚,无应。有帅不从,众所不与,故凶,义亦通也。　　震为至无咎。　　此**荀**义也。**管子**曰:春生于左,秋杀于右。**董子**曰:木居左,金居右。二体震,震为春、为木,故为左。**荀**氏谓阳称左,义亦同也。**少仪**曰:军尚左。故师左次。**庄三年春秋传**曰:凡师一宿为舍,再宿为信,过信为次。次虽多日,亦是舍义,故云:次,舍也。二与四同功,系下文。四近承五,五虚无阳,故四呼二舍于五,云师左次也。二既升五,四顺承之,以阴承阳,故无咎也。　　田猎至无咎。　　此**荀**义也。坤为田。田猎者,为田除害,猎之言获也。凡爻相比相应而相得者谓之获,获亦得也。又谓之田。二与五应,二当升五,故二欲获五;五当降二,故利度二之命,执行其言。所执之言,即王与大君之命也。在上谓之命,在下谓之言,尊卑之义也。二执五言,故无咎。　　五已至贞凶。　　卦中称王及大君者皆指二,而此独称长子者,明其自二升五,据震为长子而言也。二已正五位,任贤使能,当得其人,如长子帅师而弟子主之,是谓所使不当,虽贞亦凶。 二升至与初。 乾凿度曰:大君者,君人之盛者也。荀氏曰:大君谓二,故知二升五为大君也。坤为国,二称家,虞义也。二之五为比,五建国,故云开国。二为大夫,五降二承五,故曰承家。此宋衷义也。小人谓三与初者,但二之三锡以四二,四为国,而二为家也。五之执言以三初,三无功而初失律也。一以正功,一以示戒。用命赏于祖,故总其义于宗庙爻也。

☷ 坤宫归魂卦,消息四月。

比。吉。【注】师二上之五得位,众阴顺从,比而辅之,故吉。原筮元,永贞无咎。【注】原,再也。二为原筮,初九为元,坤为永。二升五得正,初在应外,终来有它,吉,故原筮元,永贞无咎。与萃五同义。不宁方来,后夫凶。【注】不宁,宁也。坤安为宁。一阳在上,众阴比之,故不宁方来,坤为方也。后夫谓上,在五后,故曰后夫。乘阳无应,故凶。周官大司马建太常,比军众,诛后至者,盖三代之法欤。【疏】师二至故吉。 此虞义也。凡一阴一阳之卦,皆自乾坤来,故九家易注坤六五曰:若五动为比,乃事业之盛。则比实自坤来。如乾五动之坤五,为大有也。此从两象易,故云师二上之五。九居二为失位,升五为得位,二正五位,众阴顺从。传曰:比,辅也,下顺从也。以五阴比一阳,故曰比。以五阴顺一阳,故曰吉也。 原再至无咎。 原,再也。释言文。周礼马质曰:禁原蚕者。文王世子云:末有原。郑彼注并云:原,再也。汉有原庙,亦谓再立庙。古训原皆为再。其原田之原古文作邍,原泉之原说文作驫,俗混为一,古学之亡久矣。蒙初筮谓初,故知比原筮谓二。僖三十一年公羊传曰:求吉之道三,故易有初筮、原筮之文。初九乾元,

故为元。坤利永贞,故为永。师二升五得正,初在应外,变之正,五
孚盈缶,终来有它,吉,故原筮元,永贞无咎。萃九五爻辞"元永贞",
亦谓初变之正,故同义也。　不宁至法欤。　不宁言宁,犹不显为
显。下体坤,坤为安,故为宁。圣人在上,万国咸宁,四方来同,故云
方来。坤为方,九家说卦文。荀氏云:后夫谓上六。虞氏云:后为
上,夫谓五也。上后于五,故称后夫。乘五,故曰乘阳。应在三,三
匪人,故曰无应。传曰:后夫凶,其道穷也。引周官而云三代之法
者,文王象爻辞皆据唐、虞、夏、商之法,嫌引周礼以为周法,故上推
之三代。鲁语:仲尼曰:昔禹致群神于会稽之山,防风氏后至,禹杀
而戮之。是知夏、商以前朝会师田,亦诛后至者也。

初六,有孚。比之无咎。【注】孚谓五,初失位,变得正,
故无咎。**有孚盈缶,终来有它,吉。**【注】坤器为缶,以喻中
国。初动屯为盈,故盈缶。孚既盈满中国,终来及初,非应,故曰它。
六二,比之自内,贞吉。【注】二比初,故自内。正应五,故贞
吉。**六三,比之匪人。**【注】六三乙卯,坤之鬼吏,故曰匪人。**六
四,外比之,贞吉。**【注】外谓五,四比五,故外比之。正应初,故贞
吉。**九五,显比,王用三驱,失前禽,邑人不戒,吉。**【注】五
贵多功,得位正中,初三已变,体重明,故显比,谓显诸仁也。坎五称
王,三驱谓驱下三阴。不及于初,故失前禽。初变成震,震为鹿、为
奔走,鹿斯之奔,失前禽也。坤为邑,师震为人,不戒犹不速也。师
时坤虚无君,使师二上居五中,故不戒,吉。**上六,比之无首,
凶。**【注】上为首,乘阳无首,故凶。【疏】孚谓至无咎。　此虞义
也。初与五比,故孚谓五。荀氏谓:初在应外,以喻殊俗也。六居初
为失位,变之正,故无咎。　坤器至曰它。　此荀、虞义也。系上

曰:形乃谓之器。又曰:形而下者谓之器。皆指坤,故知坤为器。坤为土、为器,缶者土器,故曰坤器为缶也。坤为国,故以缶喻中国。初动体屯。序卦曰:屯者,盈也。盈缶之象。九五之信,既盈满中国,初虽在殊俗,不与五应,而五之诚信足以及之,故云终来及初。穀梁传曰:来者,接内也。五来初,故曰终来。初正应四而远应五,故曰非应。子夏云:非应曰它。后汉书鲁恭传曰:和帝初立,议遣车骑将军窦宪击匈奴。恭上疏谏曰:夫人道义于下则阴阳和于上,祥风时雨覆被远方,夷狄重译而至矣。易曰:有孚盈缶,终来有它,吉。言甘雨满我之缶,诚来有它而吉已。亦是说远方为它,当有诚信以及之也。 二比至贞吉。 内谓初,故云比初。二正应五,故曰贞吉。所以别于它也。 六三至匪人。 此干宝义也。案,火珠林:坤六三乙卯木干。又云:比者,坤之归魂也。坤为土,土以木为官,故云坤之鬼吏。此与否六三同义,故二卦皆云匪人。虞氏注否之匪人云:谓三比坤灭乾,故为匪人,与比三同义。是也。坤六三不云匪人者,坤用六,三之上,终乾事,故不与比否同也。 外谓至贞吉。 五在四外,四与五比,故云外比之。又初变得位,四正应初,故云贞吉。二四皆以当位为贞也。 五贵至戒吉。 此虞义也。系上曰:卑高以陈,贵贱位矣。虞彼注云:乾高贵五,五多功,故五贵多功。初三失位当变,有两离象,故体重明也。说文毚字下云:案,微,炒也。从日中视丝。古文以为显字。卦自下升,微而之显,显从日,离为日,日中视丝。案,见微炒,故九五称显比。系上曰:显诸仁。亦谓重离也。乾为王,乾五之坤五成坎,坎五即乾五,故坎五称王。二升五,历三爻皆阴,故云三阴。五自二升,故不及初。三驱之法,三面驱禽,独开前面,故失前禽。初在二前,前禽之象。二升五,初变体震,震为鹿,故称禽。震为惊、为作足,故为奔走。鹿斯之奔,诗小弁文也。不戒犹不速者,需上六称不速之客,谓乾三爻升也。
今师二升五,故亦云不戒。凡主延宾,称戒称速,今师二升五,为比
之主,非宾客之比,故称不戒也。　　上为至故凶。　　爻例上为首。
乾用九曰:见群龙无首,吉。谓六龙皆见,六耦承之,故无首,吉。但
阴无首,以阳为首,上乘五,是阴不承阳,为无首也。故凶。阳为首
者,春秋保乾图曰:咮谓鸟阳,七星为颈。宋均注云:阳犹首也。柳
谓之咮。咮,鸟首也。故知阳为首也。

☰☰ 巽宫一世卦,消息四月。

小畜。亨。【注】需上变为巽,与豫旁通。阴称小。畜,敛
聚也。以阴畜阳,故曰小畜。一阴劣,不能固阳,四五合力,其志得
行,乃亨。**密云不雨,自我西郊。【注】**需坎为云,上变为阳,坎
象半见,故密云不雨。我谓四,四体兑,兑为西,乾为郊。云西行,则
雨自我西郊,畜道未成。传曰:"施未行也。"**【疏】**需上至乃亨。
此京、虞义也。凡一阴五阳、一阳五阴之卦,皆自乾坤来。故虞注嗛
卦云:乾上九来之坤。又注大有上九云:乾五动成大有是也。卦无
剥、复、夬、遘之例,此卦一阴五阳,故不云自夬遘来,而云需上变为
巽也。旁通者,卦之反,义见乾卦。小畜与豫相反,故云旁通。卦惟
一阴,阴称小,阴道敛聚,故云:畜,敛聚也。一阴畜五阳,故曰小畜。
京房易传曰:小畜之义在于六四,阴不能固三连同进。传曰:密云不
雨,尚往也。陆绩谓:一阴劣,不能固阳,是以往也。九五刚中,四与
合志畜乾,至上九而畜道成。陆绩谓:外巽积阴,能固阳道,成在上
九。传曰:刚中而志行,乃亨。谓柔道亨也。　　需坎至行也。　　需
时坎在上为云,上变坎象半见,四体兑,兑为密,故密云不雨。四为
卦主,故我谓四。兑正秋,消息兑在西,故兑为西。乾位西北之郊,

故为郊。吕氏春秋曰云气西行云云,然高诱云:云西行则雨。今自
我西郊而不雨者,由阴劣不能固阳,畜道未成,故象传谓施未行也。

初九,复自道,何其咎,吉。【注】谓从豫四之坤初,成复
卦,故复自道。出入无疾,朋来无咎。何其咎,吉。乾为道也。九
二,牵复,吉。【注】变至二,与初同复,故牵复。至五体需,二变
应之,故吉。九三,舆说腹。【注】腹读为輹。豫坤为舆、为輹,
至三成乾,坤象不见,故舆说輹。马君及俗儒皆以乾为车,非也。夫
妻反目。【注】豫震为夫、为反,巽为妻,离为目。今夫妻共在四,
离火动上,目象不正,巽多白眼,故反目。六四,有孚,血去惕
出,无咎。【注】孚谓五,血读为恤。豫坎为恤、为惕,震为出,变
成小畜,坎象不见,故恤去惕出。得位承五,故无咎。九五,有孚
挛如,富以其邻。【注】有孚,下三爻也。挛,连也。邻谓四。五
以四阴作财,与下三阳共之,故曰富以其邻。上九,既雨既处,
尚得载。妇贞厉。【注】畜道已成,故既雨既处,尚得载。四顺
故称妇,得位故言贞,上已正,坎成巽坏,故妇贞厉。月近望,君子
征凶。【注】近读为既。坎为月,十五日乾象盈甲,十六日巽象退
辛,故月近望。君子谓三,阴盛消阳,故君子征凶。【疏】谓从至道
也。 此虞义也。需与豫旁通,豫、复两象易也。故云:从豫四之坤
初,成复卦。两象易者,本诸系辞下传大壮、大过、夬三"盖取",与无
妄、中孚、履两象易。此汉法也。复象曰:出入无疾,崩[一]来无咎。
故云:何其咎,吉。乾初体震,震开门为大涂,故为道也。 变至至

———————

〔一〕"崩",皇清经解本作"朋"。

故吉。　变至二,谓从旁通变也。阳息至二,故与初同复,为牵复
也。二变失位,至五体需,五刚居正,二变应之,故吉。象曰:亦不自
失也。　豫坤至非也。　此虞义也。腹,古文輹,故读为輹。坤为
大舆,车輹同物。子夏曰:輹,车下伏菟。虞氏以为车之钩心夹轴之
物。故坤为大舆、为輹。从旁通变至三,则下体成乾,乾成坤毁,故
坤象不见。舆,所以载者,说輹则不能载也。马君及俗儒以三体乾,
而汉书王莽传有"乾文车,坤六马"之文,因谓乾为车。易无乾为车、
坤为马之例,故云非也。　豫震至反目。　此虞义也。晋语曰:震
一夫之行。故为夫。震为反生,故为反。巽妇为妻,四体离为目,豫
震为夫,小畜巽为妻,故同在四。豫变为小畜,故离火动上。又在
四,故目象不正。巽多白眼,说卦文。虞氏谓:巽为白,离目上向,故
多白眼。经曰反目,反目为贩,说文曰:多白眼也。　孚谓至无
咎。　此虞义也。五阳居中,故孚谓五。血读为恤,读从马氏,盖古
文恤作血也。坎为加忧,故为恤、为惕。万物出乎震,故震为出。四
以一阴乘乾,乾阳尚往,不为所畜,故为恤、为惕。旁通变至上成小
畜,坎象不见,故恤去惕出。四阴得位,上承九五,与五合志,故无咎
也。　有孚至其邻。　此九家义也。畜乾者四,五贵在上,与四合
志,五之孚及于下,故云:有孚,下三阳也。挛,连。马义也。连下三
阳,故挛如。释名曰:邻,连也,相接连也。四近五,故邻谓四。系下
曰:何以聚人曰财。彼注云:财爻与人同制之爻,故以聚人。火珠
林:巽属木,六四辛未土,巽之财也。故云:以四阴作财,与下三阳共
之,为富以其邻也。　畜道至贞厉。　以巽畜乾,至上而成,故云畜
道已成。昔之不雨者既雨矣,昔之尚往者既处矣,昔之说輹者得载
矣。上言妇,三言妻,皆指四。白虎通曰:妻者,齐也,与夫齐体。妇
者服也,服有顺义。昏义曰:明妇顺。故四顺称妇也。四得位,故言

贞。上变体坎,坎成巽坏,故妇贞厉。盖一阴畜众阳,虽正亦危也。 近读至贞凶。 近读为既,谓既望,孟喜以为十六日也。诗嵩高曰:往近王舅。郑氏读如"彼记之子"之记。毛传云:已也。近音近既,既有已义,故读从之。卦内乾外巽,十五日乾象盈甲,十六日巽象退辛,此纳甲法也。魏伯阳参同契曰:十五乾体就,盛满甲东方。蟾蜍与兔魄,日月气双明。七八道已讫,屈折低下降。十六转受统,巽辛见平明。是其义也。上应三,故君子谓三。以阴畜阳之卦,故畜道成则阴盛阳消,君子不可以有行也。

䷉艮宫五世卦,消息六月。

履虎尾,不咥人,亨。利贞。

【注】坤三之乾,与嗛旁通。以坤履乾,故曰履。彖曰:履,柔履刚也。坤之乾成兑,兑为虎,初为尾,以乾履兑,故履虎尾。咥,龁也。乾为人,兑说而应,虎口与上绝,故不咥人,亨。五刚中正,履危不疚,故利贞。王弼本脱利贞。

【疏】此荀、虞义也。荀注:嗛彖传曰:阴去为离,阳来成坎。阴去为离成履,阳来成坎为嗛,则履乃坤三之乾。虞于嗛卦引彭城蔡景君说:剥上来之三,此当自夬来。虞无一阴五阳之例,故不云自夬来也。虞用需上变巽为小畜之例,谓变讼初兑也。坤三之乾,以柔履刚,故名履,而引彖传以明之。郭璞洞林曰:朱雀西北,白虎东起。注云:离为朱雀,兑为白虎,白虎西方宿,兑正西,故云虎。洞林皆以兑为虎。虞注此经云:俗儒以兑为虎。盖汉儒相传,以兑为虎。虞氏斥为俗儒,非是。虞氏据旁通谓嗛、坤为虎,今不用也。爻例:近取诸身,则初为趾,上为首;远取诸物,则初为尾,上为角。今言虎尾,故知尾谓初。以卦言之,坤三之乾,以柔履刚,故名履;以爻言之,坤之乾体兑,兑为虎,初为尾,以乾履兑,故履虎尾。所以取义于虎尾者,序卦曰:履者,礼也。荀子大略曰:礼者,人之所履也。失所履,则颠蹶陷溺。所失微而其为乱大者,礼。是以取义于虎尾也。咥,龁。马义也。人象乾德而生,故乾为人。兑为和说而应乾刚,三为虎口与乾异体,故与上绝。三不当位,故咥人,凶;兑说而应,故不咥人,亨。九五贞厉,是履危也。以刚中正,故不疚。彖传刚中正以下,正以释利贞之义。王弼本脱利贞字,荀氏有之,今从古也。

初九,素履,往无咎。【注】初为履始,故云素。应在四,四失位,变得正,故往无咎。**九二,履道坦坦,幽人贞吉。【注】**二失位,变成震,为道、为大涂,故履道坦坦。虞氏谓履自讼来,讼时二在坎狱中,故称幽人。之正得位,震出兑说,故贞吉。**六三,眇而视,跛而履,履虎尾,咥人,凶。【注】**离目不正,兑为小,故眇而视。巽为股,讼坎为曳,故跛而履。位在虎口中,故咥人,凶。**武人为于大君。【注】**三失位,变成乾,乾为武人,应在上,乾为大君,故武人为于大君。外传曰:"武人不乱。"**九四,履虎尾,愬愬,终吉。【注】**愬愬,敬惧貌。体与下绝,乾为敬,四多惧,故愬愬。变体坎,得位承五应初,故终吉。**九五,夬履,贞厉。【注】**三上已变,体夬象,故夬履。四变五在坎中,故贞厉。**上九,视履考详,其旋元吉。【注】**考,稽;详,征也。应在三,以三之视履,稽其祸福之详,三上易位,故其旋元吉。**象曰:大有庆也。【疏】**初为至无咎。 乾凿度曰:太素者,质之始。郑注尚书大传曰:素犹始也。初为履始,故云素。素亦始也,故云素履。应在四以下,虞义也。初与四应,九四失位,愬愬,终吉,是变得正。初往应四,故往无咎也。二失位至贞吉。 此虞义也。二变体震,乾为道,震得乾之初,故为道、为大涂。仓颉篇曰:坦,著也。阳在二,大道著明,故履之坦坦。幽人,幽系之人。尸子曰:文王幽于羑里。荀子曰:公侯失礼则幽。讼时二体坎,坎为狱,二在坎狱中,故称幽人。俗谓高士为幽人,非也。二失位,变之正,故为得位。震出兑说,出狱而喜,贞吉之象。 离目至眇人凶。 此虞义也。离在二五称正,今在三,故不正。说文曰:眇,一目小也。兑为小,小目不正,故为眇。古而能通,故眇而视,谓视上也。巽为股,坎为曳,皆说卦文。行以股,而曳尪之象,故尪而履。虞氏据旁通,以嗛震为足,今不用也。兑三为口,故云位在虎口中。眇而视,非礼之视也;尪而履,非礼之履也。以位不当,故有是象。象曰:咥人之凶,位不当也。 三失至不乱。 兑三变成乾。楚语曰:天事武。韦昭云:乾称刚健,故武。乾为人、为武,故为武人。说卦曰:乾以君之。故乾为大君。应在上,是为于大君也。俗说谓三为大君,非是。武人不乱,晋语文。引之者,证武人非三也。 愬愬至终吉。 序卦曰:履者,礼也。白虎通曰:以履践而行,礼以敬为主,不敬则礼不行,故卦名为履。此卦之义,柔履刚则咥人,乾履兑则不咥人,敬与不敬之殊也。子夏曰:愬愬,恐惧貌。宣六年公羊传曰:灵公望见赵盾,愬而再拜。何休注云:知盾欲谏,以敬拒之。是愬愬者,恐惧行礼,兼有敬义,故云敬惧貌。乾与兑绝体,故云体与下绝。兑为虎,初为尾,四履兑初,敬惧愬愬,是履虎尾,不咥人之象。四失位,变体坎,上承九五,下应初九,故终吉。此兼虞义也。 三上至贞厉。 此虞义也。夬履,两象易也。故三上易位体夬。象曰:夬履。盖制礼之人也。四变五体坎,坎为疾、为灾,故贞厉。以乾履兑,五在乾体有中正之德,而又常存危厉之心,此其所以履帝位而不疾欤? 考稽至庆也。 此虞义也。考,稽。小尔雅文。广雅曰:稽,考问也。字本作卟。说文曰:卟以问疑也。从口卜,读与稽同。

书云:卟疑。**大戴四代**曰:天道以视,地道以履,人道以稽,所谓人与
天地相参也。详,古文祥。**吕氏春秋**曰:天必先见祥。**高诱**云:祥,
征应也。故谓详为征也。**中庸**曰:国家将兴,必有祯祥。是吉祥也。
圭上六象传曰:天际祥也。昭十八年春秋传曰:将有大祥。**尚书大
传**曰:时则有青眚、青祥。是凶祥也。则祥兼吉凶,故云:以三之视
履,稽其祸福之祥。旋,反也。三位不当,故视履皆非礼。上亦失
位,两爻易位,各反于正,故其旋元吉。二四已正,三上易位,成既
济,故传曰:大有庆也。

☷坤宫三世卦,消息正月。

泰。小往大来,吉亨。【注】阳息坤,反否也。坤阴诎外
为小往,乾阳信内称大来。天地交,万物通,故吉亨。**【疏】**此虞义
也。泰息卦,卦自坤来,故云阳息坤。杂卦曰:否、泰反其类也。虞
注云:否反成泰,泰反成否。故云反否。在他卦则云旁通是也。息
卦坤诎乾信,阴为小,阳为大。坤在外,故坤阴诎外为小往;乾在内,
故乾阳信内为大来。爻在外曰往,在内曰来也。二五失位,二升五,
五降二,天地交,万物通,成既济定,故吉亨。

初九,拔茅茹以其茦,征吉。【注】初在泰家,故称拔。
否巽为茅。茹,茅根。艮为手。茦,类也。二升五,故拔茅茹以其
茦。震为征,得位应四,故征吉。**九二,苞荒。【注】**荒,虚也。五
虚无阳,二上苞之。**用冯河,不遐遗。【注】**冯河,涉河。遐,远。
遗,亡也。失位变,得正体坎,坎为河,震为足,故用冯河。乾为远,
故不遐遗。**朋亡,得尚于中行。【注】**五降二,故朋亡。五为
中,震为行,朋亡而下,则二得上居五,而行中和矣。**九三,无平不**

陂,无往不复。【注】陂,倾也,应在上。平谓三,陂谓上。往谓消外,复为息内。从三至上,体复象,故无平不陂,无往不复。**艰贞无咎,勿恤其孚,于食有福。**【注】艰,险;贞,正。恤,忧;孚,信也。二之五,三体坎,为险、为恤、为孚,乾为福。三得位,故艰贞无咎,勿恤其孚,于食有福也。**六四,偏偏,不富以其邻。**【注】五不正,故云偏偏。坤虚无阳,故不富。邻谓四上。**不戒以孚。**【注】坤邑人不戒,故使二升五,信来孚邑,故不戒以孚。**六五,帝乙归妹以祉,元吉。**【注】震为帝,坤为乙。归,嫁也。震为兄,兑为妹,故归妹。祉,福也。五下嫁二,上承乾福,故以祉,元吉。**上六,城复于隍。**【注】否艮为城,坤虚称隍,泰反成否,乾坏为坤,故城复于隍。**勿用师,自邑告命。贞吝。**【注】二动体师,阴乘阳,故勿用师。邑,天子之居也。坤为邑,否巽为告、为命。政教不出于国门,故自邑告命,虽贞亦吝。【疏】初在至征吉。

初刚难拔,故文言于乾初九曰:确乎其不可拔,潜龙也。潜龙之志,不易世不成名,故难拔。泰二拔茅而连初,君子道长,故云初在泰家称拔也。卦称家者,易以道阴阳,阴阳五行皆称家。故刘向别录有阴阳家。后汉书有明帝五家要说章句,即为五行之家。盖汉学如此。否巽为茅以下,虞义也。泰反否,故云否巽。巽为草木,刚爻为木,柔爻为草,故巽为茅。爻例取象植物,则初为本,上为末,根本同义。故云:茹,茅根。根谓初也。艮为手,说卦文。据否艮,拔茅以手也。否泰反其类,三阳三阴为类,故云:茑,类也。今文作彙。九二拔茅而连初,故云拔茅茹。初与三,皆其类也,故云以其茑。二升五则六爻得位,阴阳气通,故有是象。非谓三阳俱升也。荀氏注九二不遐遗,谓三体俱上,失其义矣。震为行,释言曰:征,行也。初得位而应四,故征吉。　荒虚至苞之。　此翟玄义也。玄字子玄,名在九家,有易义注,不详何人。荒,郑读为康,云虚也。释诂曰:康,虚也。翟氏从郑所读,字故训为虚。诗桑柔云:具赘卒荒。毛传曰:荒,虚也。乾盈坤虚,故五虚无阳。二当升五,故上苞之。　冯河至遐遗。　此虞义也。释训曰:冯河,徒涉。故云涉河。遐,远。释诂文。诗谷风曰:弃予如遗。毛传训为遗亡,故云:遗,亡也。二变体坎,坎为河,九家说卦文。彼文作可,乃河字磨灭之余也。震为足,说卦文。二升五,历坎而上,故用冯河。荀氏谓"阳性欲升,阴性欲承,冯河而上,不用舟航"是也。天道远,故乾为远。荀氏谓"自地升天,道虽辽远,不能止之"是也。　五降至和矣。　此荀、虞义也。兑为用,坤丧为亡,虞氏谓:坤虚无君,欲使二上,故朋亡。盖五离其朋类而下,如坤之丧朋也。尚,上也。朋亡而下,故二上居五而行中和。中和谓六二、九五,合言之则二五为中,相应为和;分言之则五为中,二为和。故周礼大宗伯曰:以天产作阴德,以中礼防之;以地产作阳德,以和乐防之。天地者,二五也。天交乎地,天产作阴德也。五为中,故以中礼防之。地交乎天,以地产作阳德也。二为和,故以和乐防之。又曰:以礼乐合天地之化、百物之产。中庸所谓"致中和,天地位焉,万物育焉"是也。汉儒皆以二五为中和,故易乾凿度于师之九二曰"有盛德,行中和,顺民心",于临之九五曰"中和之盛,应于盛位,浸大之化,行于万民",扬子亦云"中和莫尚于五"是也。　陂倾至不复。　郑注乐记曰:陂,倾也。三应上,上者,泰之极而否之始也。平谓三,虞氏谓:天地分,故平也。陂谓上,上六城复于隍,陂之象也。往谓消外,坤为消也。复谓息内,乾为息也。三至上体复象,互体也。　艰险至福也。　此虞义也。艰,难也;险亦难也。故云艰险。恤,忧;孚,信。释诂文。坎象传曰:习坎,重险也。故为险。说卦曰:坎为加忧。故为恤。坎为信,故为孚。乾为积善,故为福。二变三体坎,故为艰、为恤。得位承上,故言贞、言无咎、言有孚。食读如"食旧德"之食。三二皆体乾,二之五,五以祉元吉,故三食乾福也。 五不至四上。 上体以五为主,故偏偏谓五。鸿范曰:毋偏毋颇,遵王之义。是不正为偏。京房易传曰:阳实阴虚。故坤虚无阳为不富。虞氏云:然也。四上同在坤体,故不富以其邻。邻谓爻之连比者也。 坤邑至以孚。 此虞义也。戒者,主召客之词。二升五为卦主,故称不戒。坤为邑,邑人不戒,故二升五。信行于坤,故云孚。虞云:与比邑人不戒同义。亦谓师二升五也。 震为至元吉。 此虞、九家义也。帝出乎震,故震为帝。坤纳乙,故坤为乙。隐二年公羊传曰:妇人谓嫁曰归。故云:归,嫁也。体震兑,震长男,故为兄;兑少女,故为妹。六阴爻,五贵位。阴之贵者莫如帝妹,贵而当降者亦莫如帝妹。坤,妻道也,臣道也,故六居五必降。素问谓:君位臣则顺,臣位君则逆,逆则其害速,顺则其害微。故君可居臣位,臣不可居君位。乐本乎易,五音宫,君也;商,臣也。宫可居商位,商不可居宫位。故周礼大司乐有四宫、四均而无商。非无商也,商不为均也。商不为均,犹六不居五。故圣人于坤、泰、归妹系黄裳、归妹之词,以明六五之当降。两汉经师皆如此说。魏晋以来,王弼、韩伯之辈始改师法,而易之大义乖矣。祉,福。释诂文。五下嫁二,二上升五,以阴承阳,故云上承乾福。与坤黄裳元吉同义也。帝乙,虞氏据左传以为纣父,秦汉先儒皆以为汤。故乾凿度曰:泰,正月之卦。阳气始通,阴道执顺,故因此见汤之嫁妹,能顺天地之道,敬戒之义。自成汤至帝乙,帝乙,汤之玄孙之孙也。此帝乙即汤也。殷录质以生日为名,顺天性也。玄孙之孙外恩绝矣,疏,可同名。汤以乙生,嫁妹本天地,正夫妇,夫妇正则王教兴矣,故曰易

之帝乙为成汤。书之帝乙六世王同名,不害以明功。疏犹所也。晋
贺循议曰:案,殷纪成汤已下至于帝乙,父子兄弟相继为君,合十二
世而正世唯六。故乾凿度曰:殷帝乙六世王,不数兄弟为正世也。
子夏、京房、荀爽皆同。易说、世本汤名天乙,故称帝乙。则先儒之
说不为无据。古人通经有家法,左氏传春秋,不如易家之审也。泰、
妇妹二卦皆言归妹者,归妹九月卦,泰正月卦。荀子曰:霜降逆女,
冰泮杀内。家语曰:霜降而妇功成,嫁娶者行焉;冰泮而农事起,婚
礼杀于此。自秋至春,辛壬癸甲,皆嫁娶之时。故易独举泰、妇妹二
卦以明之也。　否艮至于隍。　否互艮,故云否艮。艮为城,虞义
也。虞云:隍,城下沟。亦作隍。释言曰:隍,壑也。郭璞云:城池空
者为壑。释诂云:隍,虚也。是隍是土之虚者,故云坤虚称隍。上
六,泰之终,故云泰反为否。泰反为否,则乾坏为坤,城复于隍之象
也。　二动至亦夯。　二动体师,互体也。坤三阴乘阳,故勿用师。
人主所居谓之邑,故云:邑,天子之居也。逸书言西邑夏、大邑周,多
士言天邑商,皆谓天子之居。周公作周礼,始以四井为邑尔。坤为
邑,巽为告,皆虞义也。重巽以申命,故巽为命。泰反为否,政教陵
夷,一人仅亦守府,号令不出于国门,上六虽得位,亦为夯也。

☷☰乾宫三世卦,消息七月。

否之匪人,不利君子贞,大往小来。【注】阴消乾,又反
泰也。谓三比坤灭乾,以臣弑君,以子弑父,故曰匪人。君子谓五,
阴消阳,故不利君子贞,阳诎阴信,故大往小来。【疏】此虞义也。
否消卦,卦自乾来,故云阴消乾。泰反成否,故云反泰,与泰旁通也。
匪人谓三,阴消至三成坤,故云比坤灭乾。臣谓坤,子谓遂艮也。弑
父弑君,人道灭绝,故曰匪人。虞氏谓:与比三同义。寻比乃坤归魂

也。六三为鬼吏,故曰匪人。否,乾世以三为财,其谓匪人,以消乾也。义各有取,虞氏非是。外体三爻,唯五得正,故君子谓五。阴消至五,故不利君子贞,爻辞其亡其亡是也。五大人而称君子者,阴阳消息之际,君子小人之辩宜明,故称君子也。阳诎在外,故曰大往;阴信在内,故曰小来。

初六,拔茅茹以其汇,贞吉亨。【注】初恶未著,与二三同类承五,变之正,犹可亨,故曰贞吉亨。**六二,苞承,小人吉,大人否亨。**【注】二正承五,为五所苞,故曰苞承。小人谓初,二拔茅及初,初之正,故吉。大人谓五。否,不也。乾坤分体,天地否隔,故大人否亨。**六三,苞羞。**【注】否成于三,坤耻为羞,今以不正为上所苞,故曰苞羞。**九四,有命,无咎,畴离祉。**【注】畴,类。离,丽。祉,福也。巽为命,乾为福,四受五命,以据三阴,故无咎。四失位,变应初,与二同功,二离爻,故同类,皆丽乾福矣。**九五,休否,大人吉。**【注】阴欲消阳,五处和居正,以否绝之;乾坤异体,升降殊隔,卑不犯尊,故大人吉也。**其亡其亡,系于苞桑。**【注】消四及五,故其亡其亡。巽为桑,桑者丧也。坤为丧,以阳苞阴,故曰苞桑。系者,坤系于乾,不能消乾使亡也。荀氏谓:苞者,乾坤相苞也。桑者,上玄下黄。乾坤相苞以正,故不可亡。**上九,倾否,先否后喜。**【注】否终必倾,应在三,故先否。下反于初,成益体震,民说无疆,故后喜。【疏】初恶至吉亨。　坤为积恶,初尚微,故恶未著。二拔茅而及茹,茹谓初。以其汇,是初与二三同类承五也。初四失位,变之正,则犹可亨。故曰贞吉亨。否初言亨者,否阴消之卦,阴消成坤,坤至柔而动也刚,天地盈虚,与时消息,故否初

独言亨也。　二正至否亨。　二得位,故二正承五,五苞桑,故为五
所苞也。苞二承五,故曰苞承。乾凿度遘初为小人,观遘皆消卦,故
观初亦为小人。否之小人,指初也。荀氏以二为小人。案,二得位,
故乾凿度以遘二为君子。荀氏非也。或传写之讹耳。初恶未著,辨
之早,故吉。大人者,君人五号之一,故谓五。否,不。虞义也。否
亨,言不亨也。乾坤分体以下,荀义也。乾阳坤阴,分阴分阳,故云
分体。天地不交,故云否隔。凡乾与坤交,则称亨。否隔之世,三阴
虽同类承五,五不下应,故大人否亨。　否成至苞羞。　阴消至三
成否,故云否成于三。坤为耻,虞义也。广雅曰:羞,耻也。故云坤
耻为羞。三不正,为上所苞,以阳苞阴,是苞羞也。孟子曰:无羞恶
之心,非人也。故象以三为匪人。　畴类至福矣。　此九家义也。
说文云:畴,古文畴。虞书帝曰:畴咨。又郑氏尚书酒诰曰:若畴圻
父。今皆读为畴。汉书律历志曰:畴人子弟分散。李奇云:同类之
人。是畴为类也。坤象传曰:乃与类行。系上曰:方以类聚。此卦
曰菑、曰畴,皆以三阴为类矣。说卦曰:离者,丽也。故云:离,丽。
九家谓:离,附也。丽为附着,其义同也。四近五,受五命以据三阴,
故无咎。九家谓:无命而据,则有咎也。系下曰:二与四同功。谓同
是阴位。郑氏易例:乾四初震爻,五二坎爻,上三艮爻也;坤四初巽
爻,五二离爻,上三兑爻也。初与二三同类承五,四变应之,故与二
同功。二离爻,故同类。三爻皆丽乾福矣。　阴欲至吉也。　此九
家义也。否者消卦,故阴欲消阳。以九居五,故处和居正。休者,止
息;否者,闭隔。故以否绝之谓之休否。乾坤异体,犹分体也。乾上
升,坤下降,故云升降殊隔。否七月,万物已成,乾坤位定,卑不犯尊,
故大人吉也。盛明之世,小人当远,大人利见。今小人以志君为吉,大
人以休否为吉,此义唯施诸于否家。盖不如是,则君臣之道息矣。

消四至可亡。　荀氏曰:阴欲消阳,由四及五,故曰其亡其亡。巽为桑,虞义也。桑者,丧也。汉书五行志文。尚书大传曰:武丁时桑谷生于朝。祖乙曰:桑谷,野草也。野草生于朝,亡乎! 是桑者,丧亡之象。坤丧于乙,故为丧。否内坤外乾,故曰坤系于乾。凡言系者,皆阴系于阳,阴系于阳,为阳所苞,故曰系于苞桑。亡者,保其存者也。五为阳位,处和居正,坤系于乾,故不能消乾使亡也。荀氏谓:苞者,乾坤相苞者。参同契文。文言曰:天玄而地黄。考工记:画绘之事有五色,天曰玄,地曰黄。言桑之色象乾坤也。系上曰:天尊地卑,乾坤定矣。荀彼注云:谓否卦也。乾坤各得,其位定矣。是相苞以正,故不可亡也。　否终至后喜。　高诱注淮南曰:倾犹下也。上反初,故曰倾否。否终必倾,虞据传释经也。卦体下为先,上为后,应在三,否成于三,故先否。益自否来,故云下反于初,成益体震,民说无疆。说有喜意,故后喜。此虞义也。

☲离宫归魂卦,消息七月。

同人于野,亨。【注】坤五之乾,与师旁通。天在上,火炎上,是其性同也。巽为同,乾为人、为野。坤五之乾,柔得位得中,而应乎乾,故同人于野。同性则同德,同德则同心,同心则同志,故亨。传曰:同人,亲也。利涉大川。【注】四上失位,变而体坎,故利涉大川。利君子贞。【注】君子谓二五。【疏】坤五至亲也。　蜀才谓自夬来。案,无一阴五阳之例。当是坤六五降居乾二,成同人,如坤二变之乾成师也。与师旁通,虞义也。乾阳上升,火性炎上,故其性同。此郑氏、服虔义也。巽为同,乾为人、为野,皆虞义。巽风同声相应,故为同。乾西北之卦,故为野。坤五之乾,得位得中,而应乎乾,故云同人于野。同性则同德,同德则同心,同心则同志,晋

语文。彼文同性作同姓,古文通。天在上,火炎上,是性同也。文明以健,是德同也。中正而应,二人同心,是心同也。通天下之志,是志同也。经凡言亨,皆谓乾与坤交,同人之家以同德合义为亨,故引晋语以明之,义详见下也。传曰已下,杂卦传文,引之以证同姓之为亲也。 四上至大川。 此虞义也。坎为大川,四上变五体坎,二往应之,故利涉大川。 君子谓二五。 知君子谓二五者,乾为君子。系辞释九五爻义曰:君子之道,或出或处。二五得正,故称君子。象传曰:君子正也。

初九,同人于门,无咎。【注】乾为门,谓同于四。四变应初,故无咎。六二,同人于宗,吝。【注】乾为宗,二五同性,故为宗。合义不合姓,合姓吝也。故曰:同人于宗,吝。九三,伏戎于莽,升其高陵,三岁不兴。【注】巽为草莽,离为戎,谓四变时三在坎中,隐伏自藏,故伏戎于莽也。巽为高,震为陵,以巽股升其高陵。乾为岁。兴,起也。师震为兴,三至上历三爻,故三岁不兴也。九四,乘其庸,弗克攻,吉。【注】巽为庸,四在巽上,故乘其庸。与初敌应,变而承五应初,故弗克,攻吉。九五,同人先号咷而后笑,大师克,相遇。【注】应在二,巽为号咷,乾为先,故先号咷。师震在下,故后笑。乾为大,同人反师,故大师。二至五体遘遇,故相遇。上九,同人于郊,无悔。【注】乾为郊,失位无应,当有悔。同心之家,故无悔。【疏】乾为至无咎。 此虞义也。系下曰:乾坤其易之门邪。参同契曰:乾坤者,易之门户,众卦之父母。故云乾为门。四体乾,初应四,故同于四。四初敌刚,困而反则,故变应初,无咎也。 乾为至宗吝。 乾为宗,虞义也。二五同姓已下,许慎义也。慎字叔重,东汉汝南召陵人,太尉南阁祭酒。其所撰五经异义曰:易曰:同人于宗,吝。言同姓相取,吝道也。王逸楚辞注曰:同姓为宗。性与姓通。五阳二阴,二五相应,有昏冓之道,以在同人家,有同姓之义。故系上释九五曰:同心之言,其臭如兰。襄八年春秋传曰:季武子谓晋君曰:今辟于草木,寡君在君君之臭味也。又二十二年郑公孙侨曰:敝邑迩在晋国,辟诸草木,吾臭味也。皆谓同姓为臭味。是以晋语胥臣曰:异姓则异德,异德则异类,异类虽近,男女相及以生民也。同姓则同德,同德则同心,同心则同志,同志虽远,男女不相及,畏黩敬也。黩则生怨,怨乱毓灾,灾毓灭姓。是故取妻辟其同姓,畏乱灾也。故异德合姓,同德合义,必知同人为同姓者。杂卦曰:同人,亲也。同姓为亲。此卦象传云:君子以类族辨物。族,族姓。物,姓之同异。辨,别也。郊特牲曰:取于异姓,所以附远厚别。男女有别然后父子亲,父子亲然后义生。故异德合姓,同德合义。同姓故同德,同德故同心,故系上以二五为同心,比之臭味,犹同姓也。宗者,庙门内西墙也,主祭宗子取义焉。殷法在五世以后始通昏,二五同姓,在五宗之内,当合义而成事,不当合姓而成昏。若同德合姓,则有灾毓灭姓之事,故吝也。　巽为至兴也。　此虞义也。巽为草莽,亦虞义。虞此注谓震为草莽,义并通也。离为甲胄、为戈兵,故为戎。四上失位,当变之正,故四变三体坎,坎为隐伏,是伏戎于莽。应在上,上刚敌应,故有是象也。巽为高,说卦文。又说卦云:震为反生。虞作阪,云陵阪也。故震为陵。巽为股,故以巽股升其高陵。岁三百六十,合乾坤之策,阳统阴,故乾为岁。兴,起也。释诂文。杂卦曰:震,起也。兴起同义,故震为兴。三至上历三乾,师震在下,故三岁不兴,言上不应三,三亦不能兴也。　巽为至攻吉。　此虞义也。虞氏注易,广逸象二百二十八,皆说卦所无,如巽为庸之类。今仍其说,不敢强通。庙中之墙亦谓之庸。尚书大传曰：天子贲庸。郑彼注云：贲，大也。墙谓之庸。大墙，正直之墙。庸今作墉。尚书梓材曰：既勤垣墉。马融注云：卑曰垣，高曰墉。释宫曰：墙谓之墉。义并同也。巽为庸，四在巽上，故乘其庸，欲攻初也。四与初皆阳，故敌应。初得位，四无攻初之义，变而承五应初，故弗克攻，吉也。　应在至相遇。　此虞义也。五正应二，故应在二。巽申命行事，号告之象，故为号咷。乾阳先唱，故为先。震为后、为笑，故后笑。师震在下，谓旁通也。同人与师旁通，而称反师者，犹否泰反其类，故云反也。晋语胥臣曰：昔少典取于有蟜氏，生黄帝、炎帝，黄帝以姬水成，炎帝以姜水成，成而异德，故黄帝为姬，炎帝为姜，二帝用师以相济也。异德之故也。三与上敌，四欲攻初，是在同人家而异德，所谓同生而异性也。故五用师克之。五与二同性，故相遇也。遘象传及杂卦曰：遘，遇也。故云二至五体遘遇。据互体。　乾为至无悔。　此虞义也。乾位西北之郊，故为郊。九居上为失位，与三敌刚，故无应。虞氏谓：与乾上九同义，当有悔也。变而体坎，三得应上，利涉大川，在同心之家，故无悔也。

▤乾宫归魂卦，消息内卦四月，外卦五月。

大有。元亨。【注】乾五变之坤成大有，与比旁通。柔得尊位，大中应天而时行，故元亨。【疏】此虞义也。虞例无一阴五阳之例，故云乾五变之坤成大有。文王书经，系庖牺于乾五，五动之离，有天地日月之象，乾坤坎离反复不衰。天道助顺，人道助信，故自天右之，吉无不利。其义备于上九爻也。

初九，无交害匪咎，艰则无咎。【注】害谓四，初四敌应，故无交害。害在四，故匪咎。四变应初，故艰则无咎。**九二，大車**

以载,有攸往,无咎。【注】比坤为大舆,乾来积上,故大舆以载。往谓之五,二失位,得正应五,故有攸往,无咎。九三,公用亨于天子,小人弗克。【注】三,公位也。天子谓五,小人谓四。二变体鼎象,故公用亨于天子。四折鼎足,覆公𫗧,故小人弗克。九四,匪其尪,无咎。【注】尪,体行不正。四失位,折震足,故尪变而得正,故无咎。尪或作彭,旁声,字之误。六五,厥孚交如威如,吉。【注】孚,信也。发而孚二,故交如。乾称威,发得位,故威如,吉。上九,自天右之,吉无不利。【注】谓乾也。右,助也。大有通比,坤为自,乾为天,兑为右,故自天右之。比坤为顺,乾为信。天之所助者顺,人之所助者信,履信思顺,又以尚贤,故自天右之,吉无不利。【疏】害谓至无咎。 此虞义也。虞云:四离火为恶人,谓离九四为恶人。故害谓四。虞氏又谓:比坤为害。盖取义于四,取象于坤也。阴阳相应为交,初四敌应不相与,故无交害。虞据从旁通变,以比初动震为交,坤为害也。匪,非也。害始于四,非初之咎,故曰匪咎。艰,难也。虞以比初动成屯难,四变得位应初,故艰则无咎也。 比坤至无咎。 此虞义也。虞象传注云:比初动成震,至二成兑,至三成乾,故云乾来积上。乾积坤上,为坤所载也。自内称往,故往谓之五。二失位,故有咎。变之正应五,故有攸往,无咎矣。 三公至弗克。 此虞义也。爻例三为三公,故云:三,公位也。五为天子,故天子谓五。四不正,故曰小人。鼎象传曰:大亨以养圣贤。三贤人,二变体鼎,养贤之象,故云公用亨于天子。僖二十四年春秋传卜偃说此卦云:天子降心以逆公。五履信思顺,又以尚贤,故有降心逆公之事。三应上,上为宗庙,天子亨诸侯必于祖庙也。虞注鼎九四云:四变震为足,二折入兑,故鼎折足,覆公𫗧,是小

人不克当天子之亨也。　尫体至之误。　此虞义也。说文曰:尫,
跛曲胫也。从大,象偏曲之形。足尫,故体行不正。四失位体兑,折
震足,故足尫也。变而得正,故云:匪其尫,无咎。本今作彭,子夏作
旁。干宝云:彭,亨,骄满貌。姚信云:彭,旁。是皆读彭为旁。彭、
尫音相近,故云字之误。　孚信至如吉。　此虞义也。四变坎为
孚。孚,信也。释诂文。二五失位,二变应五,五发而孚二,故交如
也。乾阳刚武,故称威。五变体乾,发得位,故威如,吉。荀子强国
篇曰:威有三:有道德之威者,有暴察之威者,有狂妄之威者。此三
威者,不可不熟察也。吕刑曰“德威维畏”,及此经“威如之吉”,皆道
德之威也。　谓乾至不利。　此虞义也。乾五之坤,故谓乾也。天
之所助以下,上系文。贤谓三。天道助顺,人道助信,五履信思顺,
三亨于天子,故人以尚贤宜为天之所右,故吉且和也。

周易述卷三

周易上经

䷎兑宫五世卦,消息十二月。

谦。亨。【注】乾上九来之坤。谦,谦也。上九亢龙,盈不可久,亏之坤三,故为谦。天道下济,故亨。虞氏曰:彭城蔡景君说剥上来之三。君子有终。【注】君子谓三,艮终万物,故君子有终。【疏】乾上至之三。　乾上九来之坤,虞义也。用九之义,乾上九当之坤三。谦,谦也。子夏义也。卦名谦者,正以上九一爻亢极失位,天道盈而不溢,亏之坤三,致恭以存其位,故以谦名卦。盈者谦之,反上之三,盈为谦,在人为谦,故曰:谦,谦也。天道下济,故亨。虞义也。乾为天道,来之坤,故下济。以乾通坤,故亨。蔡景君传易先师。景君言剥上来之三,剥之上九,即乾也。以消息言之,故云剥上来之三。案,虞论之卦无剥、复、夬、遘之例。景君之说,虞所不用也。　君子至有终。　三于三才为人道,故君子谓三。说卦曰:终万物、始万物者莫盛乎艮。三体艮,故艮终万物。三秉劳谦,终当升五,故君子有终也。

初六,谦谦,君子用涉大川,吉。【注】变之正,在下,故谦谦。君子谓阳。三体坎为大川,历三应四,故用涉大川,吉。**六二,鸣谦,贞吉。**【注】三体震为善鸣,故鸣谦。三居五,二正应之,故贞吉。**九三,劳谦,君子有终,吉。**【注】体坎为劳,故曰劳谦。谦尊而光,卑而不可逾,君子之终,故吉也。**六四,无不利,撝谦。**【注】撝,举也。四得位处正,家性为谦,故无不利。阴欲撝三,使上居五,故曰撝谦。**六五,不富以其邻,利用侵伐,无不利。**【注】邻谓四上。自四以上,乘阳失实,故皆不富。五虚无君,利三来侵伐,无敢不利之者。**上六,鸣谦,利用行师征邑国。**【注】应在震,故鸣谦。体师象,震为行,坤为邑国,五之正,已得从征,故利用行师征邑国。【疏】变之至川吉。　初失位,故变之正。荀云:初最在下为谦,上之三,谦也。初之正而在下,又谦焉,故曰谦谦。初正阳位,故曰君子。坎为大川,历三应四,故利涉大川,吉也。　三体至贞吉。　说卦曰:震为善鸣。夏小正曰:雉震呴。传曰:震也者,鸣也。呴也者,鼓其翼也。是震为鸣也。卦凡言谦者,皆谓阳居下位。二以阴承阳,蒙三之义,故曰鸣谦。此姚信义也。三上居五,二正应之,中心相得,故贞吉也。　体坎至吉也。说卦曰:劳乎坎。三体坎,故曰劳谦。此荀义也。成卦之义在于九三。象辞"君子有终",正指三也。传言"谦尊而光,卑而不可逾",正谓三上升五。君子之终,故吉也。　撝举至撝谦。　此荀义也。撝以手举,亦从手,故云:撝,举也。太玄八十一家各有刚柔之性,故称家性。六十四卦亦然。以六居四,故得位处正,而在谦家,家性为谦,故无不利也。众阴皆欲三居五,而撝之者四,故曰撝谦。　邻谓至之者。　此荀义也。四上为五之邻,故邻谓四上。自四以上皆乘三阳,故曰乘阳。泰六四曰:偏偏不富,皆失实也。故知不富为失实。五离爻,离为甲胄、为戈兵,故云侵伐。五虚无君,三来侵伐坤之邑国,众阴同志承阳,故云无敢不利之者,坤为用也。　应在至邑国。　此虞义也。上应三,三体震,故曰鸣嗛。二至上有师象,师二居五,与嗛三同义。三来之五,上得从征,故利用行师征邑国也。

☳ 震宫一世卦,消息内卦二月,外卦三月。

豫。利建侯行师。【注】复初之四,与小畜旁通。豫,乐也。震为诸侯,初至五体比象,四利复初,故利建侯;三至上体师象,故行师。【疏】此虞、郑义也。一阴五阳、一阳五阴之卦,皆自乾坤来,师、嗛、大有、同人是也。此卦复四之初,乃从系辞两象易之例,非乾坤往来也。晋语司空季子解此经云:豫,乐也。故太玄准之以乐。郑氏谓喜豫悦乐是也。卦之取义于豫者,有三焉:汉书五行志云:雷以二月出,其卦曰豫,言万物随雷出地,皆逸豫,一也。取象制乐,乐者,乐也。荐之神祇祖考,与天地同和,二也。震上坤下,母老子强,居乐出威,三也。故曰:豫,乐也。震为诸侯,初至五体比象,比建万国亲诸侯,二欲四复初,初为建,故利建侯。卦体本坤四之初,坤象半见,故体师象,利行师也。虞注晋上九曰:动体师象。例与此同。半象之说,易例详矣。

初六,鸣豫,凶。【注】应震善鸣,失位,故鸣豫,凶。**六二,介于石,不终日,贞吉。**【注】介,纤也。与四为艮,艮为石,故介于石。应在五,终变成离,离为日。二得位,欲四急复初,已得休之,故不终日,贞吉。**六三,盱豫,悔,迟有悔。**【注】盱,睢盱。视上而不正,故有悔。变之正,迟则有悔也。**九四,由豫,大有得。勿疑朋盍簪。**【注】由,自也。大有得,得群阴也。坎为疑,据有五阴,坤以众顺,故勿疑。小畜兑为朋,坤为盍。盍,蔡合也。坎为蔡,坤为众,众阴并应,故朋盍戠。戠旧读作揩、作宗也。

六五,贞疾,恒不死。【注】恒,常也。坎为疾,应在坤,坤为死。震为反生,位在震中,与坤体绝,故贞疾,恒不死也。**上六,冥豫,成有渝。无咎。**【注】冥读为瞑。应在三,坤为冥。冥豫,渫也。渝,变也。三失位,无应多凶,变乃得正,体艮成,故成有渝,无咎。

【疏】应震至豫凶。　此虞义也。夏小正曰:震也者,鸣也。四体震,震为善鸣,初独应四,意得而鸣,失位不当,故凶也。　介纤至贞吉。　此虞义也。系上曰:忧悔吝者存乎介。谓纤介也。介谓初,石谓四,二在艮体,艮为石,故介于石。二应小畜五,伏阳,故应在五。豫体震,震特变,故终变成离,离为日。二以阴居阴,故得位。四复初体复,复六二曰:休复,吉。欲四复初,故已得休之也。二得位得中,上交不谄,下交不渎。欲四复初,是不谄也;已得休之,是不渎也。二五无应,四为卦主,故发其义于此爻也。　盱睢至悔也。

向秀注云:盱,睢盱,小人喜悦佞媚之貌。说文曰:盱,张目也。睢,仰目也。应在上三,张目仰视,视上之颜色为佞媚,所谓上交谄也。三位不正,故有是象。变之正则无悔,下经所云"成有渝,无咎"是也。爻之失位,犹人之有过,过以速改为善,故四不终日,贞吉。三迟有悔,迟速之间,吉凶判焉。孔子曰:不善不能改,是吾忧也。

由自至宗也。　此虞义也。由,自也。释诂文。卦唯一阳,五阴皆为阳所得,故云:大有得,得群阴也。坎为心、为加忧,故为疑也。乾九四文言曰:或之者,疑之也。豫四失位,与乾四同,故云疑。然一阳据五阴,坤以众而顺从,其志得行,故勿疑也。小畜兑为朋者,据旁通。兑两口相对,有似朋友讲习之象,故曰朋。盍与阖同。阖户谓之坤,故坤为盍。释诂云:盍,合也。九家说卦曰:坎为藂棘,故为藂。坤为合,故曰戬。藂,合也。戬犹填也。郑氏禹贡曰:厥土赤戬坟。今本作填。考工记:用土为瓦谓之抟埴之工。弓人云:凡昵之类不能方。先郑云:故书昵作樴。杜子春云:樴读为不义不昵之昵。或为剚,剚,黏也。郑氏谓:樴,脂膏败腼之腼。腼亦黏也。说文引春秋传曰不义不翱,翱犹昵也。故先郑读臘为昵。若然,樴读为戬,腼读为填,易作戬,书作填,考工作樴,训为腼,字异而音义皆同。易为王弼所乱,都无戬字。说文戬字下缺,郑氏古文尚书又亡,考工故书偏傍有异,故戬字之义,学者莫能详焉。以土合水为培,谓之抟埴。坤为土,坎为水,一阳倡而众阴应,若水土之相黏着,故云朋盍戬。京房作撍,荀氏作宗,故云旧读作撍、作宗。王弼从京氏之本,又讹为簪,后人不识,字训为固冠之簪。爻辞作于殷末,已有秦汉之制,异乎吾所闻也!　恒常至死也。　此虞义也。恒,常也。释诂文。坎为多眚、为心病,故为疾。下体坤,故应在坤。月灭藏于癸,为既死魄,故为死。震为反生,说卦文。一阳在下,故曰反生。五体震,故位在震中。坤体在下,故与坤体绝。震三日生魄,又于四正为春,春生于左,故贞疾,恒不死也。　冥读至无咎。　瞑,古眠字。说文冥从冖,故读为瞑。说文曰:翕目曰瞑。知瞑即今之眠〔一〕也。应在三,坤为冥,虞义也。释言曰:晦,冥也。坤三十日,故为晦也。说文:冥从日从六,冖声。日数十,十六日而月始亏幽也。纳甲之义,退辛消艮入坤,故坤为冥。上应在三,冥豫极乐,是下交渎也。"渝,变也"以下皆虞义也。渝,变。释言文。三失位,两阴无应,又多凶,故云:失位无应,多凶。三变之正,下体成艮,艮万物

〔一〕"眠",原作"瞑",据皇清经解本改。

之所成终而所成始,故云:变乃得正,体艮成也。三之正,上交不谄,下交不渎,故得无咎也。

䷐震宫归魂卦,消息二月。

随。元亨利贞。无咎。【注】否上之初,二系初,三系四,上系五,阴随阳,故名随。三四易位,成既济,故元亨利贞,无咎。【疏】卦自否来,从三阳三阴之例,否上爻之坤初。卦名随者,爻辞六二系小子,小子谓初,是二系初也。六三系丈夫,丈夫谓四,是三系四也。上六拘系之,乃从维之;乾凿度谓:上六欲待九五拘系之、维持之,是上系五也。三阴系于三阳。虞氏谓:随家阴随阳,故名随。太玄准为从,其辞曰日婉月随,亦阴随阳也。阴系阳,犹妇系夫。曲礼曰大夫、曰孺人,郑彼注云:孺之言属,言其系属人也。又曰:女子许嫁缨,亦谓妇人质弱,不能自固,必有系属,故许嫁时系缨也。故郑注内则云:妇人有缨,示系属也。杜预释例曰:妇人无外于礼,当系夫之谥,以明所属。皆是妇系夫之事。故初九、九四、九五比之小子、丈夫也。随家阴随阳,夫妇之道。故九五孚于嘉,吉。传曰:君子以向晦入宴息。夫妇之道而以既济言者,夫妇者,君臣父子之本,正家而天下定。故中庸曰:君子之道造端乎夫妇,及其至也,察乎天地。是言既济之事也。

初九,官有渝,贞吉。出门交有功。【注】水以土为官。渝,变也。阳来居初,以震变坤,故官有渝。上之初得正,故贞吉。震为出、为交、为开门,交谓乾坤交也。上系于五,五多功,阴往之上,亦不失正,故出门交有功。**六二,系小子,失丈夫。**【注】小子谓初;丈夫谓五,五体大过老夫,故称丈夫。**六三,系丈夫,失**

小子,随有求得,利居贞。【注】三之上无应,上系于四,失初小子,故系丈夫,失小子。艮为居为求,三随四,为四所求而得,故随有求得。三四失位,故利居贞。**九四,随有获,贞凶。有孚在道,以明何咎。**【注】获,获三也。失位相据,在大过死象,故贞凶。孚谓五,初震为道,三已之正,四变应初,得位在离,故有孚在道,以明何咎也。**九五,孚于嘉,吉。**【注】坎为孚,乾为嘉。嘉礼所以亲成,男女随之时义也。故云:孚于嘉,吉。**上六,拘系之,乃从维之。**【注】易说谓:二月之时,随德施行,藩决难解,万物随阳而出,故上六欲待九五拘系之、维持之,明被阳化而阴欲随之。是其义也。**王用亨于西山。**【注】否乾为王,谓五也。有观象,故亨。兑为西,艮为山,故王用亨于西山。礼器曰:"因名山升中于天。"既济告成之事也。【疏】水以至有功。 此九家、虞义也。官,官鬼也。参同契曰:水以土为鬼,土镇水不起。京房谓:世应、官鬼、福德之说,皆始于文王。火珠林亦云:故九家易曰"震为子,得土之位,故曰官"是也。卦自否来,震初庚子水,得否坤乙未土之位,水以土为官,以震易坤,故官有渝也。上来居初得正,故贞吉。九家之义亦然也。帝出乎震,故震为出。初爻交坤,故为交。震方伯之卦,当春分,春分在卯。说文曰:卯象开门之形。二月为天门,故震为开门。否天地不交,初上易位,是乾坤交。郑氏谓:震当春分,阴阳之所交。义亦通也。上六拘系之,是阴往之上,而系于五也。凡言功者皆指五,五多功,阴往居上,系于五而得位,故交有功也。 小子至丈夫。 阳大阴小,易之例也。今谓初阳为小者,系下云:复小而辩于物。虞彼注云:阳始见故小。是小子谓初也。二至上体大过,大过九二云:老夫得其女妻。虞彼注云:乾老,故称老夫。丈夫犹老

夫也。四五本乾，故称丈夫。二系于初，初阳尚小，故系小子。不兼
与五，故失丈夫也。　　三之至居贞。　　三上皆阴，故云无应。四在
三上，故上系于四。而不与初，故失初小子。艮为宫室，故为居。艮
兑同气相求，故为求。已上皆虞义也。三系于四，是三随四也。下
经云随有获，获犹得也，故知为四所求而得也。三虽系四而皆失位，
非阴阳之正，利变之正，故利居贞，内体为贞也。　　获谓至咎也。
此虞义也。阴为阳得称获、称禽。仪礼乡射礼曰：获者，坐而获。郑
彼注云：射者中则大言获，获，得也。射讲武田之类，是以中为获。
诗：舍拔则获，射中禽兽。亦曰获。比五田有禽，此经随有获，皆阴
为阳得，故云：获，获三也。郑氏谓：大过之象，上六在巳，巳当巽位，
巽又为木，二木在外，以夹四阳，四阳互体为二乾，乾为君、为父，二
木夹君父，棺椁之象，三四在大过中，故云死象，贞凶之义也。五孚
于嘉，故孚谓五。震为大涂，故为道。三利居贞，是已之正，四变则
与初应，得位体离，离为明，故有孚在道，以明何咎。五为卦主，三四
易位，成既济，故归其功于五也。　　坎为至嘉吉。　　坎为孚，虞义
也。乾为嘉，虞义也。嘉属五礼，周礼大宗伯以嘉礼亲万民，以昏冠
之礼亲成男女，随之时义，阴系于阳，合于嘉礼，故云：孚于嘉，吉。
五为卦主，故总论一卦之义也。文二年公羊传曰：娶者，大吉也，非
常吉也。娶必告庙，故云吉。孚于嘉吉，兼二礼也。唐虞三礼，至周
始有五礼。周公作周礼，其法于易乎？　　易说至义也。　　易说者，乾
凿度文也。随于消息为二月卦，故云二月之时。云随德施行，藩决
难解者，案，郑彼注云：大壮九三爻主正月，阴气犹在，故羝羊触藩而
羸其角也。至于九四主二月，故藩决不羸也。言二月之时，阳气已
壮，施生万物，而阴气渐微，不能为难以障闭阳气，故曰藩决难解也。
万物当二月之时，随阳而出，故上六欲待九五拘系之、维持之。言系

而又言维者,虞氏云:两系称维,三四易位,则五维二,初维四。六爻皆正,中和之化行,既济之功成矣。虞氏又谓:随家阴随阳,是被阳化而阴欲随之。彖传所云"大亨,贞无咎,而天下随之"是也。　否乾至事也。　王谓夏商之王,乾凿度谓文王,非也,详见升卦。卦自否来,否之九五本乾也。乾为君,故为王。二至五体观,观卦辞云:观盥而不观荐。虞彼注云:盥,沃盥。荐,羞牲。沃盥羞牲,皆亨帝亨亲之事,故云亨也。体兑互艮,兑为西,艮为山,故云西山。乾凿度曰:崇至德显,中和之美,当此之时,仁恩所加,靡不随从,咸说其德,得用道之王。故言王用亨于西山也。已上皆虞义也。礼器因名山升中于天,是言太平封禅之事。三四易位,成既济定,亦是太平功成,故云既济告成之事也。卢植注礼器云:封太山告太平,升中和之气于天。王者致中和,天地位,万物育。故升其气于天,亦是既济之事也。卢氏言封太山,太山在东,而经云西山者,礼器言名山,不言太山;周颂之般,班固亦以为封禅之诗。其诗云:于皇时周,陟其高山。毛传云:高山,四〔一〕岳也。是四岳名山皆可封禅,不必专指太山,且古大、太字无别,则大山犹名山也。封禅非常之典,其说自古莫能详。其言太山者,唯见管子、庄子诸书,经传无文,非义据也。

☰☴巽宫归魂卦,消息三月。

蛊。元亨。【注】泰初之上,与随旁通。蛊者,事也。尚书传曰:乃命五史以书五帝之蛊事。刚上柔下,乾坤交,故元亨。利涉大川。【注】二失位,动而之坎,故利涉大川。先甲三日,后

〔一〕"四",原作"曰",据皇清经解本改。

甲三日。【注】先甲三日,巽也。在乾之先,故曰先甲。后甲三日,
兑也。在乾之后,故曰后甲。虞氏谓:初变成乾,乾为甲;至三成离,
离为日。谓乾三爻在前,故先甲三日,贲时也。变三至四体离,至五
成乾,乾三爻在后,故后甲三日,无妄时也。【疏】泰初至元亨。
卦自泰来,亦从三阳三阴之例。初九之上,上六之初,与随旁通。此
虞义也。蛊者,事也,序卦文。尚书传者,伏生书大传文。上古结绳
而治,五帝以后时既渐浇,物情惑乱,事业因之而起。故昭元年春秋
传曰:于文皿虫为蛊。坤器为皿,之初成巽,巽为风,风动虫生,故为
蛊卦。二五不正,初上失位,以巽女而惑艮男,以巽风而落艮果。故
昭元年春秋传曰:女惑男,风落山,谓之蛊。皆同物也。刚上柔下以
下,虞义也。　二失至大川。　此虞义也。二失位,当之五,动成
坎,故云动而之坎,谓涉坎也。坎为大川,故利涉大川,言利之五而
得正位也。　先甲至后甲。　甲谓乾也。乾纳甲,泰内卦本乾,乾
三爻,故三日。先甲三日,辛也。巽纳辛,故云巽也。坤上之初成
巽,在乾之先,故先甲也。后甲三日,丁也。兑纳丁,故云兑也。四
体兑,在乾之后,故后甲也。虞以卦体巽,而互震,震雷巽风,雷风无
形,故卦特变,初变体乾,乾纳甲,变至三体离,离为日,成山火贲,内
卦为先,乾三爻在前,故先甲三日,贲时也。变三至四,有离象,至五
体乾成天雷无妄,外卦为后,故后甲三日,无妄时也。

　　初六,干父之蛊,有子考,无咎,厉终吉。【注】干,正。
蛊,事也。泰乾为父,坤为事,故干父之蛊。初上易位,艮为子,父死,
大过称考,故有子考。变而得正,故无咎,厉终吉也。九二,干母之
蛊,不可贞。【注】应在五,泰坤为母,故干母之蛊。失位,故不可
贞。九三,干父之蛊,小有悔,无大咎。【注】兑为小,无应,

故有悔；得位，故无大咎。**六四，裕父之蛊，往见吝。【注】**裕，不能争也。四阴体**大过**，本末弱，故裕父之蛊。**兑**为见，应在初，初变应四则吝，故往见吝。**六五，干父之蛊，用誉。【注】坤**为用，誉谓二也。二五失位，变而得正，故用誉。**上九，不事王侯，高尚其事。【注】泰乾**为王，**坤**为事，应在三，**震**为侯，亲老归养，故不事王侯。不得事君，君犹高尚其所为之事。**【疏】**干正至吉也。此虞义也。师彖传曰：贞，正也。文言传曰：贞者，事之干也。知干即正也。蛊自泰来，故泰乾为父。初之上体艮，艮为少男，故为子。曲礼曰：生曰父母，死曰考妣。初至四体大过，是父死，大过称考也。初本乾也，变而得正，故无咎，厉终吉也。　　应在至可贞。　　此虞义也。五本坤也，故曰泰坤为母，应在五，故干母之蛊。二五失位，故不可贞，言当变之正也。　　兑为至大咎。　　虞氏逸象曰：兑为小。兑为小女，故为小。三上皆阳，故无应而小有悔也。三得位，故虽在大过中，而无大咎也。　　裕不至见吝。　　此虞义也。虞注晋初六曰：坤弱为裕。孝经孔子曰：父有争子，则身不陷于不义。四阴柔弱，不能争父之过，故云：裕，不能争也。大过初上皆阴，故本末弱。杂卦曰兑见，故兑为见。初本乾也，四裕父蛊，阴弱不振，故初变应四则吝也。　　坤为至用誉。　　此虞义也。系下云二多誉，故誉谓二。二五皆失位，二升居五，五降居二，是变而得正，故用誉也。泰乾至之事。　　此虞、郑义也。泰乾为王，坤为事，应在三，三体震，震为侯，故有王侯之象。此上皆虞义。虞氏谓：坤象不见，故不事王侯也。郑氏云：上九艮爻，辰在戌，得乾气，父老之象。虞谓泰坤为父，与郑异也。诗四牡云：王事靡盬，不遑将父。又云：王事靡盬，不遑将母。蓼莪序云：刺幽王也，民人劳苦，孝子不得终养云云。若然,人臣事君,不以家事辞王事,故四牡有"不遑将父"、"不遑将母"之诗。至蓼莪之诗,不能终养,作诗刺王,是人臣亲老,人君有听其归养之义。故王制载三王养老之事云:八十者一子不从政,九十者其家不从政。是不事王侯之事也。小雅笙诗序云:南陔,孝子相戒以养也;白华,孝子之洁白也。是亲老归养,乃事之最高尚者。故臣不得事君,君犹高尚其所为之事也。此上皆郑义也。

☷坤宫二世卦,消息十二月。

临。元亨利贞。【注】阳息至二,与遁旁通。临者,大也。阳称大,二阳升五,临长群阴,故曰临。三动成既济,故元亨利贞。

至于八月有凶。【注】临消于遁,六月卦也,于周为八月。遁弑君父,故至于八月有凶。【疏】阳息至利贞。　临阳息之卦,息初为复,至二成临,故云:阳息至二,与遁旁通。此上虞义也。临者,大也。序卦文。阳息称大,坤虚无君,二当升五,以临群阴,卦之所以名临也。二升五,三动成既济,故云元亨利贞也。　临消至有凶。此虞义也。临与遁旁通,遁者,阴消之卦,于消息为六月,于殷为七月,于周为八月。故郑氏注云:临卦斗建丑而用事,殷之正月也。当文王之时,纣为无道,故于是卦为殷家著兴衰之戒,以见周改殷正之数。云临自周二月用事,讫其七月,至八月而遁卦受之,是其义也。若然,周后受命而建子,其法于此乎!阴消至遁,艮子弑父,至三成否,坤臣弑君,故云遁弑君父。遁于周为八月,故至于八月有凶也。临言八月,复言七日者,复阳息之卦,故言日;临之八月,遁也,阴消之卦,故言月。诗豳风"一之日"周正月也,"二之日"殷正月也,"三之日"夏正月也,"四之日"周四月也。皆称日。阴始于巳,故自夏四月建巳以下则称月,与易同也。

初九，咸临，贞吉。【注】咸，感也。得正应四，故贞吉。九二，咸临，吉，无不利。【注】阳感至二，当升居五，群阴相承，故无不利。六三，甘临，无攸利。既忧之，无咎。【注】甘谓二也。二升五临三，故曰甘临。三失位无应，故无攸利。坎为忧，动成泰，故既忧之，无咎。六四，至临，无咎。【注】至，下也，谓下至初应。当位有实，故无咎。六五，知临，大君之宜，吉。【注】坤为知，五者帝位，大君谓二也。宜升上居五位，吉。以乾通坤，故曰：知临，大君之宜，吉也。上六，敦临，吉，无咎。应在三，上欲因三升二，过应于阳，敦厚之意。故曰：敦临，吉，无咎。

【疏】咸感至贞吉。　此虞义也。咸，感也。咸象传文。感犹应也。卦惟初与四、二与五，二气感应，故谓之咸。初应四，故咸。临得位，故贞吉也。　阳感至不利。　此荀义也。二正应五，五虚无君，故云：阳感至二，当升居五也。二升五位，群阴承之，故无不利也。　甘谓至无咎。　董子曰：甘者，中央之味也。二居中行和，故甘谓二。二升五而临三，故曰甘临。三位不当，无应于上，故无攸利。五体坎，坎为加忧，故为忧。董子曰：凡人有忧而不知忧者凶，有忧而深忧之者吉。三知不正，息泰得正，忧释咎除，故无咎也。　至下至无咎。此虞义也。至从一，一，地也。初为地在下，故云：至，下也。四正应初，故谓下至初应。初阳为实而又当位，故云：当位有实，而无咎也。　坤为至吉也。　坤为知，虞义也。知读为智。中庸曰：唯天下至圣为能聪明睿知，足以有临。故曰：知，临也。五者帝位以下，荀义也。五为天子，故云帝位。乾凿度曰：临者，大也。阳气在内，中和之盛，应于盛位，浸大之化，行于万民，故言宜处王位，施大化，为大君矣。臣民欲被化之辞也。又曰：大君者，与上行异也。郑彼注云：临之九二，有中和美异之行，应于五位，故曰：百姓欲其与上为大君。皆言二升五之义，故云大君谓二也。以乾通坤，故曰知临。二居五位而施大化，成既济之功，是大君之宜，故曰吉也。　　应在至无咎。　　此荀义也。上本应三，两阴无应，二本阳也，上欲因三升二，故云过应于阳。升二而成既济之功，是土敦厚之意。郑注乐记云：敦，厚也。坤为厚，故曰：敦临，吉，无咎也。

䷓乾宫四世卦，消息八月。

　　观盥而不观荐。【注】观，反[一]临也。以五阳观示坤民，故称观。盥，沃盥。荐，羞牲也。坎为水，坤为器。艮手临坤，坎水沃之，盥之象也。故观盥而不观荐。马氏谓：盥者，进爵灌地以降神也。祭祀之盛，莫过于初盥，及神降荐牲，其礼简略，不足观也。故孔子曰：禘自既灌，而往者吾不欲观之矣。**有孚颙若。【注】**孚，信，谓五。颙颙，君德有威，容貌若顺也。**【疏】**观反至之矣。　　此虞、马义也。杂卦曰：否泰反其类也。卦有反类，故复象传曰：刚反动。虞彼注云：刚从艮入坤，从反震。是艮为反震也。观六二：窥观，利女贞。虞注云：临兑为女，兑女反成巽。是兑为反巽也。又虞注明夷曰：反晋也。注益曰：反损也。注渐曰：反归妹也。一说：复亨刚反，复为反剥，与此经观反临，皆卦之反也。若荀氏之义，其注系上“鼓之舞之以尽神”云：鼓者，动也；舞者，行也。谓三百八十四爻动行相反，其卦所以尽易之蕴。此谓六十四卦动行相反，乃乾坤、屯蒙之类，非仅反类之谓。又否泰之反类，则兼旁通。唯观反临，明

〔一〕“反”，原作“五”，据皇清经解本改。

夷反晋,益反损,渐反归妹,复反剥,艮反震,兑反巽,乃反卦,非旁通也。又虞注上系同人九五爻辞云:同人反师。又以旁通为反卦,所未详也。彖传曰:中正以观天下。中正为五,坤为民,故以五阳观示坤民,名为观也。郑氏谓:艮为鬼门,又为宫阙。地上有木而为鬼门宫阙者,天子宗庙之象。此取观象而言。释宫曰:观谓之阙。虞义或当然也。祭统曰:献之属莫重于裸。字亦作灌,义取于坤地之观。周礼:郁人掌裸器,凡裸事沃盥。故云:盥,沃盥。郊特牲曰:既灌然后迎牲,迎牲而后献荐。是荐在灌后,故云:荐,羞牲也。上之三,五体坎,故坎为水。形而下谓之器,故坤为器,谓沃盥器也。以艮手临坤器,而以坎水沃之,故云盥之象也。郁人裸事沃盥,故盥与灌通。观灌而不观荐,乃禘礼配天之祭,故马氏谓:盥者,进爵灌地以降神也。配天之禘,灌礼最盛。古文作裸。周监二代而制礼。大宗伯:以肆献裸享先王。典瑞:裸圭有瓒,以肆先王,以裸宾客。则裸一事有三节:肆者实而陈之,裸者将而行之,献者奉而进之。实以彝裸之陈,将以瓒裸之行,献以爵裸之成,故曰肆裸献。祭天无灌,而禘有灌者,宣三年公羊传说配天之义云:王者曷为,必以其祖配,自内出者无匹不行,自外至者无主不止。自内出者无匹不行,南郊配天也;自外至者无主不止,明堂配天也。明堂之配,天帝异馔,亦异其礼,故天无灌而祖有灌。以灌礼降神,推人道以接天,所谓自外至者无主不止。故云:祭祀之盛,莫过于初盥也。禘行于春夏,物未成孰,荐礼独略。故云:神降荐牲,其礼简略,不足观也。引孔子语者,论语文。穀梁传曰:常视曰视,非常曰观。灌礼非常,荐为常礼,故曰观盥而不观荐。吾不欲观,非不欲观也,所以明灌礼之特盛,与此经“观盥而不观荐”同义,故虞氏、王弼亦皆引以为证。孔安国谓鲁禘乱昭穆,圣人不欲观,失其义矣。　　孚信至顺

也。　此虞义也。坎为孚,故孚信谓五。虞彖注引诗云:颙颙卬
卬,如珪如璋。珪璋裸玉,君裸以圭瓒,亚裸以璋瓒。颙颙,温貌;
卬卬,盛貌。裸之仪也,郁人诏之,故谓:君德有威,容貌若顺也。
释诂文谓:观君子之德,容而顺其化也。马氏云:孚,信也。颙,敬
也。以下观上,见其至盛之礼,万民信敬,故有孚颙若。马以孚信、
颙敬为万民信敬,即下观而化之事。虞以孚与颙颙属君,若属民,
与马异也。

初六,童观,小人无咎,君子吝。【注】艮为童,以小观
上,故童观。初位贱,人阴爻,故小人无咎,君子则吝矣。马氏以为:
童,独也。**六二,窥观,利女贞。【注】**窃观称窥。二离爻,离为
目、为中女。互体艮,艮为宫室,坤为阖户。女目近户,窥观之象。
二阴得正应五,故利女贞,利不淫视也。**六三,观我生,进退。**
【注】我谓五。临震为生,巽为进退。观于五,故进;下于四,故退。
象曰:"未失道也。"**六四,观国之光,利用宾于王。【注】**坤为
国,上之三体离,离为光,故观国之光。王谓五,四阳称宾,变坤承
五,坤为用、为臣,故利用宾于王。**九五,观我生,君子无咎。**
【注】大观在上,为群阴所观,故观我生。五正位处中,故君子无咎。
上九,观其生,君子无咎。【注】应在三,三体临震,故观其生。
君子谓三,之三得正,故无咎。**【疏】**艮为至独也。　艮少男,故为
童。童观,观五也。吕氏春秋曰:上尊下卑,则不得以小观上。以小
观上,故曰童观。初为元士,故位贱。又阴爻为小人,故无咎。阳称君
子,故吝。此兼虞义。初称独,故马氏以为:童,独也。义亦通耳。
窃观至视也。　窃观称窥,虞义也。窃观非正视,故曰窥。方言曰:
窥,视也;凡相窃视,南楚谓之窥。故知窃观称窥。说文云:窥,闪

也。闪亦不正之义。六二离爻,离为目、为中女,皆说卦文。艮为宫室,坤为阖户,亦虞义也。二以离目窥坤户,窥观之象。二阴为女,居中得正,上应九五,故利女贞。曲礼曰:毋〔一〕淫视。邪视曰淫视。利女贞谓不淫视也。此兼虞义。 我谓至道也。 此荀、虞义也。五为卦主,爻辞与五同,故我谓五。虞氏谓坤为我,非也。震为反生,故为生。生犹性,故京氏谓"性,行"是也。巽为进退,说卦文。三阳位,阳主进;六阴爻,阴主退,故有进退之义。进观于五,进也;退居四下,退也,故曰观我生进退。进退皆合于道,故象曰:未失道也。 坤为至于王。 聘礼记归大礼之日,有请观之礼:吴季札聘鲁,请观于周乐;晋韩起聘鲁,观书于太史氏,皆其事。郑氏谓:聘于是国,欲见宗庙之好,百官之富,故曰观国之光。谓之观光者,礼、乐、诗、书光于千古,威仪辞气光在一身。盖以大观在上,故急欲观其盛焉。此观光谓朝也。上之三体离,离为日,故为光。五本乾也,乾为王,故王谓五。四阳,为否四也。阴在下,故四阳称宾,姤初六"不利宾"是也。阴消乾体坤,上承九五,故云消乾承五。坤为用、为臣,虞义也。观之言灌,大飨有裸宾之礼,故典瑞云:裸圭有瓒,以肆先王,以裸宾客。四为三公,上公王礼再裸。洛诰:裸于太室。太室者,明堂之中央室也。而称王宾,则宾于王者,惟裸礼为盛。故利用宾于王也。 大观至无咎。 五以阳居上,阳称大,故大观在上。四阴仰五阳,是为群阴所观,故云观我生也。观阴消之卦。乾凿度:剥五为小人,消观成剥,则有咎矣。今五正位处中,故君子无咎也。应在至无咎。 此虞义也。其谓三也,上应在三。三体临震,谓反临,三体震也。震为生,故观其生。君子谓三者,三失位,上之三得

〔一〕"毋",原作"母",据皇清经解本改。

正,故称君子无咎也。

䷔巽宫五世卦,消息十月。

噬嗑。亨。利用狱。【注】否五之初,颐中有物曰噬嗑。五之初,刚柔交,故亨。坎为狱,艮为手,离为明。四以不正而系于狱,上当之三,蔽四成丰,折狱致刑,故利用狱。坤为用也。【疏】卦自否来。九五之坤初,二阳四阴,外实中虚,颐象也。九四以不正间之,象颐中有物。象传曰:颐中有物曰噬嗑。物谓四也。噬,啮也。啮而合之,故曰噬嗑。乾刚坤柔,乾五之坤初,坤初之乾五,刚柔交,故亨也。九家说卦曰:坎为律、为丛棘。丛棘,狱也。故坎为狱。折狱从手,故艮为手。离为日,故为明。四体坎,以阳居阴,而在坎中,故系于狱。蔽,断也。虞注丰象曰:丰三从噬嗑上来,之三折四于坎狱中而成丰,故君子以折狱致刑。噬嗑所谓利用狱者,此卦之谓。是虞合两卦以发明折狱之义。坤为器,故为用。此兼虞义也。

初九,屦校灭止,无咎。【注】屦,贯;校,械;止,足也。坎为械,初为止,坤初消阳,五来灭初,故屦校灭止。震惧致福,故无咎。**六二,噬肤灭鼻,无咎。**【注】肤,胁革肉。艮为肤、为鼻,二无应于上,灭坎水中而乘初刚,故噬肤灭鼻。得正多誉,故无咎。**六三,噬昔肉遇毒,小吝,无咎。**【注】三在肤里,故称肉。离日爆之为昔,坎为毒,应在上,故噬昔肉遇毒。失位承四,故小吝。与上易位,利用狱成丰,故无咎。荀氏以昔肉谓四也。**九四,噬干肺得金矢,利艰贞,吉。**【注】肉有骨谓之肺。乾为金,离为矢,四恶人在坎狱中,上之三折四,故噬干肺得金矢。艰,险。贞,正也。坎为险,四失位,变之正,故利艰贞,吉。**六五,噬干肉得黄金,贞厉,无咎。**

【注】阴称肉,位当离日中烈,故干肉也。黄,中。厉,危也。变而得正,故无咎。**上九,何校灭耳,凶。**【注】为五所何,故曰何校。五体坎为耳,上据坎,故何校灭耳。上以不正,阴终消阳,故凶。【疏】屦贯至无咎。　干宝注云:屦校,贯械也。以械为屦,故曰屦校。汉谓之贯械,后汉书李固传云"渤海王调贯械上书"是也。止与趾同,故云足。以械为屦,足没械下,故云灭止。九家说卦曰:坎为桎梏。故为校,校即械也。伏羲始作八卦,近取诸身,故此卦之义,初为止,五为耳。卦本否也,故坤初消阳,乾五之初,是灭初。五来灭初体震,震彖传曰:震来虩虩,恐致福也。震为征,小征大诫,故无咎。　肤胁至无咎。　爻辞曰肤、曰昔肉、曰干肺、曰干肉,故知肤为胁革肉。案,少牢馈食礼曰:雍人伦肤九,实于一鼎。又云:肤九而俎亦横,载革顺是也。艮为肤、为鼻,九家说卦文。二五皆阴,故云无应。体艮而在坎下,故云灭坎水中。又乘初刚,噬肤灭鼻之象也。以阴居二,二多誉,故云:得正多誉,而无咎也。　三在至四也。　此虞义也。三体艮,艮为肤。三在肤里,谓肉在肤理,故称肉也。说文曰:昔,干肉也。从残肉,日以晞之。马氏曰:晞于阳而炀于火曰昔肉。故云离日煤之为昔。坎为多眚,故为毒。周语单子曰:厚味实腊毒。腊,籀文昔。肉久称昔,味厚者为毒久,故噬昔肉遇毒。乾凿度曰:阴阳失位,皆为不正,其应实而有之,皆失义。郑注云:阴有阳应,阳有阴应,实者也。既非其应,设使得而有之,皆为非义而得也。三阴上阳,此失义之应。上罪大恶极而三遇之,是遇毒也。四亦不正,而三承之,故小吝。上来之三,是易位也。折四成丰,明罚敕法,故无咎。荀氏以胬肉谓四者,谓三噬四,法当遇罪,故遇毒,义亦通也。　肉有至贞吉。　肉有骨谓之胏,马义也。离又为乾卦,故云干肺。乾为金,说卦文。离为矢,马、

王、虞义也。周礼大司寇:禁民讼入束矢,禁民狱入钧〔一〕金。矢取其直,不直者入束矢。金能见情,无情者入钧金。四离火,恶人,而体坎,故在坎狱中,而不服罪,若噬有骨之干胏。上来之三,折四成圭,故得金矢。四以阳居阴,故失位无应,于下而拿于五,故利艰贞,吉也。　阴称至无咎。　五,阴也。故阴称肉。五正离位,故云:位当离日中烈,为干肉也。五阴居中,故为黄。位不当,故厉。变而得正,故无咎。象曰:得当也。此兼虞义。　为五至故凶。　何读为荷。上据五,故为五所何,曰何校。此荀义也。上为首,故五为耳。又体坎,坎亦为耳。荀氏谓:据五灭坎,故何校灭耳也。卦本否也。五上不正,无德以休之,灭坎体剥,阴终消阳,恶积而不可拿,罪大而不可解,故凶。魏河南尹李胜以屦校灭趾为去足刖刑,若然,何校灭耳为大辟之刑,义或然也。

䷕艮宫一世卦,消息八月。

贲。亨。小利有攸往。【注】泰上之二。贲,黄白色,文章杂也。柔来文刚,阴阳交,故亨。小谓五四,分乾刚而上饰坤柔,兼据二阴,故小利有攸往。**【疏】**卦自泰来,上六之乾二,九二之坤上。贲,黄白色。王肃义也。太玄曰:黄不纯。范望注云:火色黄白,故不纯。引此经云:山下有火,黄白色也。傅氏曰:贲,故班字,文章貌。吕氏春秋曰:孔子卜得贲,曰不吉。子贡曰:夫贲亦好矣,何谓不吉乎?孔子曰:夫白而白,黑而黑,夫贲又何好乎?高诱注云:贲,色不纯也。物相杂谓之文。京房易传曰:五色不成谓之贲,文采杂也。其后孔子经论六经以垂后代万世,观人文之化成,其贲

〔一〕"钧",原作"钩",据皇清经解本改。下文"钧"字同。

之征乎？柔来文刚已下，<u>虞</u>义也。自内曰来。上之二，柔来文刚，<u>乾</u>阳<u>坤</u>阴，阴阳交，故亨也。五四皆阴，阳大阴小，故小谓五四。贲者，饰也。<u>象传</u>曰：分刚上而文柔。故云分<u>乾</u>刚而上饰<u>坤</u>柔也。兼据二阴，<u>荀</u>义也。五四二阴，利二上来文柔，故小利有攸往。

初九，贲其止，舍车而徒。【注】初为止，<u>坤</u>为车。应在<u>坤</u>，上之二，<u>坤</u>体坏，故舍车而徒。**六二，贲其须。**【注】须谓五。五变应二，二上贲之，故贲其须。**九三，贲如濡如，永贞吉。**【注】<u>离</u>文自饰，故贲如。<u>坎</u>水自润，故濡如。体刚履正，故永贞吉。**六四，贲如皤如，白马翰如，匪寇，昏媾。**【注】马作足横行曰皤，四乘刚，故贲如皤如。<u>震</u>为马，<u>巽</u>为白，故白马翰如。<u>坎</u>为寇，得位应初，故匪寇昏媾。**六五，贲于丘园，束帛戋戋，吝，终吉。**【注】五已正，应在二。<u>坎</u>为隐，<u>坤</u>土为丘，木果曰园。<u>艮</u>山<u>震</u>林，贲饰丘陵，以为园圃隐士之象。<u>坤</u>为帛，其数十，故束帛戋戋，委积貌。<u>艮</u>为多，故戋戋。失位，故吝。之正应二，尊道勤贤，故终吉。**上九，白贲，无咎。**【注】<u>巽</u>为白。上者，贲之成。功成于素，故曰白贲。变而得位，故无咎。【疏】初为至而徒。 <u>王肃</u>曰：在下故称止，义见<u>噬嗑</u>。<u>坤</u>为车，谓泰<u>坤</u>也。四体<u>坤</u>，故应在<u>坤</u>。上之二，<u>坤</u>体坏，故舍车。徒，徒步也。<u>王肃</u>曰：既舍其车，又饰其止，是徒步也。 须谓至其须。 <u>说文</u>曰：须，面毛也。爻位近取诸身，初为止，五当为须，故知须谓五。五失位，故变应二。二上贲五，是贲其须也。 离文至贞吉。 此<u>虞</u>义也。<u>象传</u>曰文明以止，故<u>离</u>为文。<u>离</u>文自饰，是贲如也。互体<u>坎</u>，<u>坎</u>水自润，是濡如也。三以阳居阳，是体刚履正，故永贞吉也。 马作至昏媾。 马作足横行曰皤，<u>董遇</u>义也。<u>董</u>读皤为鞶。<u>震</u>为马、为作足，应在初，而乘三刚，作足横行不前,故贲如皤如。郑氏谓:四欲饰以适初,进退未定,故皤如。义亦同也。檀弓曰:殷人尚白,戎事乘翰。郑彼注云:翰,白色马也。巽为白,故白马翰如。郑氏谓:六四,巽爻也。三体坎为寇,四既得位,初又正应,虽乘坎刚,终当应初,故云匪寇昏冓也。 五已至终吉。 此荀、虞、王义也。五失位无应,今已之正,故应在二。二在坎下,坎为隐伏,故为隐。尔雅释地曰:非人为之邱。郭璞云:地自然生。说文曰:邱,土之高也。故云坤土为邱。虞氏谓:艮为山,五半山,故称邱。扬子曰:邱陵学山而不至于山。半山为邱,义亦通也。艮为木果,园圃毓草木,故云木果为园。艮为山,震为林,隐士在山林,故云:贲饰邱陵,以为园圃隐士之象。坤为帛,九家说卦文。庄二十二年春秋传曰:庭实旅百,奉之以玉帛。杜注云"坤为布帛"是也。郑注聘礼曰:凡物十曰束。坤数十,故云束帛。吴、薛综解此经云:古招士必以束帛,加璧于上。戋戋,委积貌。薛、虞谓礼之多也。艮为多节,故为多。五失位,故吝。变而得正应二,荀氏谓"五为勤贤之主,尊道之君,故终吉而有喜"是也。 巽为至无咎。 五变体巽,故巽为白。卦成于上,故云:上者,贲之成。考工记曰:画绘之事后素功。论语曰:绘事后素。郑彼注云:素,白采也。后布之,为其易渍污。是功成于素之事也。失位不正,变而得位,故无咎也。

周易述卷四

周易上经

䷖乾宫五世卦,消息九月。

剥。不利有攸往。【注】阴消乾也。与夬旁通。以柔变刚,小人道长,上往成坤。迷复,故不利有攸往。【疏】剥本乾也。阴消至五成剥,故云阴消乾也。夬阳决阴,剥阴剥阳,故与夬旁通。柔变刚,象传文。小人道长,否象传文。此传亦云:小人长也。阴消之卦,大往小来。不利有攸往,谓上也。剥上反初为复,复刚长,故利有攸往。坤为迷,上往成坤,为迷复,小人道长,故不利有攸往也。此兼虞义。

初六,剥床以足,蔑贞凶。【注】动成巽,巽木为床,初为足,坤消初,故剥床以足。蔑,无。贞,正也。失位无应,故蔑贞凶。六二,剥床以辨,蔑贞凶。【注】指间称辨。剥二成艮,艮为指,二在指间,故剥床以辨。无应在剥,故蔑贞凶也。六三,剥,无咎。【注】众皆剥阳,三独应上,无剥害意,故无咎。六四,剥床以肤,凶。【注】辨上称肤。艮为肤,以阴变阳,至四乾毁,故剥床以肤,凶。六五,贯鱼以宫人宠,无不利。【注】剥消观五,巽为鱼、为绳，艮手持绳贯巽，故贯鱼也。艮为宫室，人谓乾五，以阴代阳，五贯乾为宠人，阴得丽之，故以宫人宠。动得正成观，故无不利。

上九，硕果不食。【注】艮为硕果，阳道不绝，故不食。**君子德车，小人剥庐。**【注】夬乾为君子、为德，坤为车。乾在坤上，故以德为车。小人谓坤，艮为庐，上变灭艮，坤阴迷乱，故小人剥庐也。

【疏】动成至贞凶。　说文曰：床，安身之坐者也。卦本乾也，初动成巽，巽为木。坤西南卦，设木于西南之奥，乾人借之，床之象也。初在下，故为足。坤消乾，自初始，故剥床以足。剥亦取象人身，初足、二辨、四肤，故参同契曰"剥烂肢体，消灭其形"是也。诗大雅板曰：丧乱蔑资。毛传云：蔑，无也。初阳在下为贞，为坤所灭，无应于上，故蔑贞凶也。此兼虞义。　指间至凶也。　此虞义也。辨本作采，说文曰：象兽指爪分别也。读若辨。古文作平。古文尚书：辨章辨秩。字皆作平。魏晋以后乱之，读为平也。采在指间，分别之象，故读为辨。辨亦别也。剥二成艮。艮为指，说卦文。二体艮在指间，故剥床以辨。郑氏谓足上称辨。近取诸身，初为足，二在足上，义亦通也。阴消至五，故无应。在剥五阳为正，消五，故蔑贞凶也。

众皆至无咎。　此荀义也。周语曰：人三为众。自三以上，皆曰众也。卦有五阴，故众皆剥阳。三虽不正，独与上应，故云三独应上。阴阳相应则和，故无剥害意，而言剥无咎也。　辨上至肤凶。此虞义也。辨在指间，不可言肤，四在上体，故云辨上称肤。阴消之卦，自遯至观体巽，故巽为床。至剥皆体艮，故艮为肤。消至四而乾之上体坏，故云：以阴变阳，至四乾毁也。乾为人，王肃曰：剥床尽以及人身，为败滋深。故曰：剥床以肤，凶也。　剥消至不利。　此虞义也。消观五为剥，故云剥消观五。巽谓观巽也。郭璞洞林曰：鱼者，震之废气也。巽王则震废，故巽为鱼。又巽多白眼，故为鱼也。巽为绳,说卦文。艮为手,消巽成艮,故云:艮手持绳贯巽,为贯鱼也。艮为门阙,门阙宫象,故为宫室。乾为人,故人谓乾五。观巽为床,床第不逾阈,宫人之象,故取义于宫人。阴消之卦,故以阴代阳,阴至于五,通于天位,故云五贯乾为宠人。承君之宠,阴得丽之,故以宫人宠。乾凿度所谓"阴贯鱼而欲承君子"是也。五失位,动得正成观,故无不利也。　艮为至不食。　硕与石同。艮为石、为果蓏,故为硕果。此虞义也。白虎通曰:阳道不绝,阴道有绝。十月纯坤谓之阳月。文言释坤上六曰:为其兼于阳。此阳道不绝之义也。卦本乾也。虞氏谓:三已复位,有颐象。颐中无物,故不食。此解食义也。乾为木果,谓上九也。艮之硕果,亦指上也。剥之上即复之初,穷上反下,故在上为木果,在下为萌牙。乾凿度曰:剥当九月之时,阳气衰消,而阴终不能尽阳,小人不能决君子。此硕果所以不食也。　夬乾至庐也。　此虞义也。夬乾谓旁通也。应在三,君子谓乾三。乾为德,故夬乾为君子、为德。坤为大舆,故为车。本或作轝也。礼运曰:天子以德为车。乾在坤上,乾德坤车,故以德为车。坤消乾,小人长,故小人谓坤。艮为舍,乾为野,舍在野外,庐之象;上变则艮灭,为纯坤,坤为迷、为乱,小人剥庐之象也。

☷☷ 坤宫一世卦,消息十一月。

复。亨。【注】阳息坤,与姤旁通。刚反交初,故亨。**出入无疾。**【注】谓出震成乾,入巽成坤。坎为疾,十二消息不见坎象,故出入无疾。**朋来无咎。反复其道。**【注】自上下者为朋,剥艮反初得正,故无咎。反复其道,有朋道也。虞氏作朋来,云:兑为朋,在内称来,五阴从初,初阳正,息而成兑,故朋来无咎。乾成坤,

反于震,阳为道,故复其道。**七日来复。**【注】阳称日,消乾六爻
为六日,至初为七日,故七日来复。郑氏谓:建亥之月纯阴用事,至
建子之月阳气始生,隔此纯阴一卦,卦主六日七分,举其成数言之,
而云七日也。**利有攸往。**【注】阳息临成乾,君子道长,故利有攸
往。荀氏谓:利往居五也。【疏】阳息至故亨。　此虞义也。复,阳
息之卦而自坤来,故云:阳息坤,与姤为旁通。一阳自上而反,而交
于坤初,乾坤气通,故亨。　谓出至无疾。　此虞义也。阳出于震,
至巳而乾体就,故出震成乾,至午入巽,至亥成坤出震。震也息,至
二体兑,至三成乾入巽。巽也消,至二体艮,至三成坤。十二消息谓
乾坤十二画,有震、有兑、有乾、有巽、有艮、有坤,独无坎离,故纳甲
之法,坎戊离己,居中央,王四方。参同契曰:坎离者,乾坤之二用,
二用无爻位,周流行六虚。又云:故推消息,坎离灭亡。是其义也。
坎为疾,十二消息不见坎象,故出入无疾也。　自上至其道。　自
上下者为崩,京房义也。京剥传曰:小人剥庐,厥妖山崩。复传曰:
崩来无咎,自上下者为崩,厥应大山之石颠而下。阳极于艮,艮为
石、为山,剥之上九,消艮入坤,山崩之象。春秋僖十四年:沙鹿崩。
穀梁传曰:高曰崩。故知崩自上而下也。自上而下者,非爻自上反
初,乃消艮入坤出震耳。故虞于象传注云:阳不从上来反初,故不言
刚自外来。知非爻自上反初也。若然,序卦言剥穷上反下,亦云消
艮入坤出震也。正阳在下为圣人,故云剥艮反初得正。穀梁传曰:
沙鹿崩,无崩道而崩,故志之。复卦,乾息坤,乾为道,故云:反复其
道,有崩道也。虞氏作朋来。兑二阳同类,故为朋。在外曰往,在内
曰来。初为卦主,故五阴从初。初得正,阳息在二成兑,故云:初阳
息正而成兑,朋来无咎也。乾成于上,坤消自初,故云乾成坤。灭藏
于坤,从下反出体震,故反出于震。乾为道,阳即乾也。出震成乾,

故复于道。虞以朋来为阳息兑,今知不然者。下云七日来复,则方及初阳,何得先言息二成兑?至利有攸往,乃可云息临成乾。虞氏非是,当从京氏作崩来也。 阳称至日也。 七日,七月也。阳称日,阴称月。诗七月云:一之日觱发,二之日栗烈。又云:三之日于耜,四之日举趾。毛传曰:一之日周正月也,二之日殷正月也,三之日夏正月也,四之日周四月也。此皆阳息之月,故谓之日。又曰:四月秀葽,五月鸣蜩。五月已下阴消之月,故称月。四月亦称月者,以夏四月建巳,阴生于巳故也。消乾自午,至亥为六月,故云消乾六爻为六日。至初建子,首尾七月,故云七日来复。郑氏据六日七分,谓建亥之月纯阴用事,乃坤卦也。至建子之月阳气始生,谓复卦也。隔此纯阴一卦,谓中孚也。是以易稽览图曰:甲子卦气起中孚,六日八十分日之七。郑彼注云:六以候也。八十分为一日,日之七者,一卦六日七分也。又易是类谋曰:冬至日在坎,春分日在震,夏至日在离,秋分日在兑,四正之卦,卦有六爻,爻主一气。余六十卦,卦主六七分,八十分日之七。岁有十二月三百六十五日四分日之一,六十而一周。寻易纬之义,坎、离、震、兑各主一方,爻主一气,二十四爻主二十四气。其余六十卦,卦有六爻,爻主一日,凡主三百六十日。余有五日四分日之一者,以八十分为日法,五日分为四百分,四分日之一又分为二十分,是四百二十分。六十卦分之,六七四十二,卦别各得七分,是每卦六日七分也。中孚至复六日七分,已在七日之限,故云:举其成数言之,而云七日也。易之剥,太玄准之以割,其辞曰:阴气割物,阳形县杀,七日几绝。七日谓中孚一卦。是子云亦用卦气六日七分之说。 阳息至攸往。 此虞义也。阳息二成临,至泰成乾,泰小往大来,故君子道长,谓往成乾,故利有攸往也。荀氏至五也。 利往居五,亦谓阳息至五得位得中,则君子道长,小人道消,非谓初居五也。阳息至五成<u>夬</u>,杂卦曰:<u>夬</u>,决也,刚决柔也。君子道长,小人道消也。知义与<u>虞</u>同也。

初九,不远复,无祗悔,元吉。【注】有不善未尝不知,知之未尝复行,故不远复。祗,辞也。震无咎者存乎悔,故无祗悔。得位应四,故元吉。**六二,休复,吉。**【注】休,美也。<u>乾</u>为美,比初为休复,得中下仁,故吉。**六三,频复,厉,无咎。**【注】频,颦也。三失位,故频复,厉。动而之正,故无咎。一曰:频,比也。**六四,中行独复。**【注】中谓初。<u>震</u>为行,初一阳爻,故称独。四得位应初,故曰中行独复,以从道也。俗说以四位在五阴之中,而独应复,非也。四在外体,又非内象,不在二五,何得称中行?**六五,敦复,无悔。**【注】过应于初,故曰敦复。五失位,变之正,故无悔。**上六,迷复,凶,有灾眚。**【注】<u>坤</u>为迷,高而无应,故凶。五变正,时<u>坎</u>为灾,故有灾眚。**用行师,终有大败,以其国君凶。**【注】三复位体<u>师</u>,故用行师。上行师而距于初,阳息上升,必消群阴,故终有大败。国君谓初也。受命复道,当从下升,今上六行师,王诛必加,故以其国君凶也。**至于十年不克征。**【注】<u>坤</u>为至、为十年。<u>坤</u>反君道,故不克征。【疏】有不至元吉。　有不善未尝不知,知之未尝复行,<u>下系</u>文。震无咎者存乎悔,<u>上系</u>文。<u>虞</u>彼注云:震,动也。初动得正,故无祗悔。正应在四,中行独复,故元吉。　休美至故吉。　休,美。<u>释诂</u>文。<u>乾</u>以美利利天下,故<u>乾</u>为美。初阳在下为圣人,二无应于上,而比于初,故为休复。以柔居中,故曰得中。象曰:休复之吉,以下仁也。得中下仁,故吉也。　频颦至无咎。　此<u>虞</u>义也。频古作濒,说文曰:濒,水厓,人所宾附,濒颦不前而止。从页从涉。三以阴居阳，故失位。无应于上，濒颠而复，故厉。动正成乾，故无咎。郑作𩕳，义亦同也。　一曰：频，比也。频字古有两义，一见上。广雅曰：频，比也。三与初二相比而复，失位故厉，之正故无咎，义亦得通。故曰：频，比也。载一说者，所以广字义，明二义之外皆俗训也。　中谓至中行。　此虞义也。二五，一卦之中也；姤复，天地之中也。故象传曰：复，其见天地之心。董子以二至为天地之中，云：中者，天地之太极。三统历曰：太极元气，函三为一。一，元也。极，中也。即复之初也。元为仁，故二云以下仁也。极为中，故四云中行独复。皆指初也。圣人以复之初九喻颜子，颜子择乎中庸，得一善则拳拳服膺，一善即复初也。初不远复，择乎中庸之谓也，故谓中为初。初体震，故震为行。初微谓之独，初即一也，一犹独也。故云：初一阳爻称独。四得位应初，故曰中行独复。象曰以从道也，谓从初。俗说已下，郑氏义也。郑氏谓：爻处五阴之中，度中而行，四独应初，故云：四位在五阴之中，而独应复。复当作初也。虞氏以其说非是，而驳之曰：四在外体，外体中者五，又非内象，内象中者二。卦唯二五称中行，既不在二五，何得称中行？明易无是例也。寻郑氏注释五经，为东汉诸儒之冠，而于易独疏者。案，郑自序曰：党锢事解，注古文尚书、毛诗、论语。为袁谭所逼，来至元城，乃注周易。在军旅之中，匆匆结撰。故其注易独疏于诸经，时使之也。　过应至无悔。　初为卦主，五在复家而非其应，故曰过应。敦厚于〔一〕阳，故曰敦复。与临艮上九同义也。五以阴居阳，故曰失位，变之正，故无悔也。　坤为至灾眚。　此虞义也。坤为迷，九家说卦文。虞氏谓：坤冥为迷也。剥消艮入坤，为先迷，故为迷，五爻

〔一〕"于"，皇清经解本作"干"。

皆复,上往不反。襄二十八年春秋传曰"复归无所,是为迷复"是也。居上故曰高。三上皆阴,故无应。五之正,上体坎,坎为灾,故有灾眚也。 三复至凶也。 三复位互体师,坤为用,震为行,故用行师。此虞义也。上行师已下,荀义也。荀以坤为众,故用行师。行师自上,而为初所距,故距于初。初乾息坤,故阳息上升。阳长则阴消,故必消群阴。上为终,故终有大败也。震为诸侯,国君之象,故国君谓初。虞氏本作邦君。君谓妒乾,与荀异也。震受乾命,而复自道,易气从下生,自下升上,故云:受命复道,当从下升。今上六专君命,而擅用师,王诛之所必加。春秋五十凡,曰"凡师,能左右之曰以",臣擅君命,是以其国君凶也。 坤为至克征。 说文曰:至,从高下至地,从一,一犹地也。坤象传曰至哉坤元,故坤为至也。系上曰天九地十,故为十年。此上虞义也。行师当奉君命,上反君道,故十年不克征。不克者,义弗克也。

☶☷ 巽宫四世卦,消息九月。

无妄。元亨利贞。其匪正有眚,不利有攸往。【注】遂上之初。妄读为望,言无所望也。四已之正成益,利用大作。三上易位成既济,云行雨施,品物流形,故曰元亨利贞。其谓三。三失位,故匪正。上动成坎,故有眚。体屯难,故不利有攸往。灾及邑人,天命不右,卦之所以为无望也。杂卦曰:无妄,灾也。【疏】卦自遂来,遂上九一爻来反于初,与后世卦变之例不同。此虞义也。妄读为望,马、郑义也。九四可贞,故云四已之正。四之正成益,益初九利用为大作。虞彼注云:大作谓耕播耒耨之利,盖取诸此。三上易位成既济,乾升为云行,坤降为雨施,品物流形,群生畅遂,此神农既济之时也,故曰元亨利贞。卦有既济之道而名无妄者,以三上二爻耳。其谓三。三以阴居阳，失位不正，故云其匪正。四之正，上动成坎，<u>坎为多眚</u>，故有眚。体屯，<u>说文</u>曰：屯，难也。象草木之生，屯然而难。<u>易</u>曰：屯，刚柔始交而难生。故曰体屯难。不利有攸往，<u>屯卦辞</u>。屯指初，此指上也。灾成于三，穷于上，三曰邑人之灾，上曰行有眚，<u>象传云</u>：天命不右，行矣哉？故云：灾及邑人，天命不右。卦之取义于无妄者，此也。引杂卦者，证无妄为灾之义也。<u>王充论衡</u>曰：<u>易</u>无妄之应，水旱之至，自有期节。充云易无妄者，谓<u>易</u>之无妄传也。<u>刘逵吴都赋</u>注引<u>易</u>无妄曰：灾气有九，阳厄五，阴厄四，合为九。一元之中四千六百一十七岁，各以数至。<u>汉书律历志</u>云：易九厄曰：初入元，百六阳九。<u>孟康</u>注云：<u>易传</u>也。所谓阳九之厄，百六之会。寻九厄当作无妄，即<u>易</u>无妄。故<u>孟康</u>以为易传。篆无妄与九厄相似，故误从之。易无妄传疑七十子之门人所撰，如<u>魏文侯</u>之孝经传也。<u>律历志</u>又云：经岁四千五百六十，灾岁五十七。故一元之中四千六百一十七岁，所谓易无妄之应也。

初九，无妄往，吉。【注】谓应四也。四变得位，承五应初，故往吉。在外称往。**六二，不耕获，不菑畲，凶。则利有攸往。【注】**有益耕象，遭无妄之世，故不耕获，不菑畲，凶。应五则利，故则利有攸往。**六三，无妄之灾，或系之牛，行人之得，邑人之灾。【注】**应在上，上动体坎，故称灾。坤为牛，乾为行人，坤为邑人。牛所以资耕菑也，系而弗用，为行人所得，故灾。天子所居曰邑，邑人灾，天下皆灾矣。**九四，可贞，无咎。【注】**动则正，故可贞。承五应初，故无咎。**九五，无妄之疾，勿药有喜。【注】**坎为疾，君以民为体，邑人灾，君之疾也，故曰无妄之疾。巽为木，艮为石，故称药。得位得正，故勿药有喜。阳称喜也。**上九，无**

妄行,有眚,无攸利。【注】动成坎,故行有眚。乘刚逆命,故无攸利。天命不右,行矣哉?【疏】谓应至称往。　此虞义也。初正应四,两阳敌应,四变之正,故得位。上承五,下应初,初往则吉,故往吉。四在外,故云在外称往。在外曰往,在内曰来,易之例也。有益至攸往。　有益耕象,虞义也。谓四之正体益,故云有益耕象。义见上也。释地曰:一岁曰菑,二岁曰新田,三岁曰畬。孙炎注云:菑,始灾,杀其草木也。新田,新成柔田也。畬,和也,田舒缓也。凶,凶年也。遭无妄之世,天下雷行,物与无妄,不能耕而获,不能菑而畬,故凶也。旧脱凶字,故卦义不明。礼记坊记有之,盖七十子所传,当得其实也。二正应五,故应五则利。在外曰往,故则利有攸往,谓往五也。　应在至灾矣。　三与上应,故应在上。上动体坎,坎为灾,故称灾。坤为牛,说卦文。乾为人,故为行人。坤为邑,故为邑人。已上皆虞义也。海内经曰:后稷是播百谷,稷之孙叔均是始作牛耕。郭璞注云:始用牛犁。故云:牛所以资耕菑也。孔子弟子冉伯牛名耕。新书邹穆公曰:百姓饱牛而耕。则牛耕始于三代矣。无妄之世,故系而弗用,为行人所得,不耕不菑,故灾也。夏商天子之居名邑。诗殷武曰:商邑翼翼,四方之极。毛传曰:商邑,京师也。是以白虎通曰:夏曰夏邑,殷曰商邑,周曰京师。尚书曰率割夏邑,谓桀也;在商邑,谓殷也。文王演易,据夏商之礼,故以天子所居为邑。举邑以概天下,故云:邑人灾,天下皆灾矣。　动则至无咎。　此虞义也。　坎为至喜也。　坎折坤体,故为疾。汉书武帝纪曰:君者,心也。民犹支体,支体伤则心憯怛,故云君以民为体。邑人灾则支体伤,故云君之疾也。巽为木,艮为石,故称药,虞义也。说卦曰:巽为木,艮为小石。草木所以治病,春秋襄二十三年传曰:美疢不如恶石。服虔注云:砭石也。故知木石为药。九居五,故得位得正;五乾为先王以茂对时育万物,故勿药有喜。阳称喜,亦虞义也。 动成至矣哉。 此虞义也。四已正,故上动成坎。坎为多眚,故行有眚。上柔乘刚,逆巽之命,故无攸利。彖传:天命不右行矣哉。正谓上也。故引以释行有眚,而无妄之义亦可见矣。

☶☶艮宫二世卦,消息八月。

大畜。利贞。【注】大壮初之上,与萃旁通。阳称大,谓艮上也。以艮畜乾,故曰大畜。二五失位,故利贞,**不家食吉。【注】**二称家,体颐养居外,是不家食吉而养贤。**利涉大川。【注】**二变体坎,故利涉大川。**【疏】**大壮至利贞。 卦自大壮来,初九之上,传谓其德刚上也。与萃为旁通。此上虞义也。卦有小畜、大畜,阴称小,阳称大。小畜谓四,四阴故小。大畜谓上,上阳故大。上体艮,艮为止。畜者,敛聚,有止义。以艮畜乾,谓之大畜也。又有畜养之义,故取义于畜德养贤。二五失位,故利贞。亦虞义也。 二称至养贤。 二称家,虞义也。义见蒙卦。体颐养已下,郑义也。三至上体颐,颐者养也,而在外卦,是不家食吉而养贤。言人君有大畜积,不唯与家人食之而已,当与贤者共之,故得吉也。 二变至大川。 此京义也。二变有坎象,坎为大川。涉坎居五,故利涉大川。

初九,有厉,利已。【注】厉,危。已,止也。二变四体坎,故有厉。应在艮,艮为止,故利已。**九二,舆说腹。【注】**萃坤为舆、为腹,坤消乾成,故舆说腹。腹或作輹也。**九三,良马逐,利艰贞,曰闲舆卫,利有攸往。【注】**乾为良马。逐,进也。二已变,三在坎中,故利艰贞。曰读为日。离为日,坎为闲习,坎为车舆,乾人在上,震为惊卫,讲武闲兵,故日闲舆卫也。往,往应上。六四,童牛之告,元吉。【注】艮为童,萃坤为牛,告谓以木辐其角。大畜,畜物之家,恶其触害。巽为木,施木于牛角,故曰童牛之告。得位承五,故元吉。**六五,豮豕之牙,吉。**【注】豕子曰豮。二变坎为豕。牙,杙也。以杙系豕,故豮豕之牙。动而得位,故吉。

上九,何天之衢,亨。【注】乾为首,首肩之间,荷物处。乾为天,艮为径路,天衢象,故何天之衢。亨,上变坎为亨也。【疏】厉危至利已。　厉,危。义见乾卦。赵岐注孟子曰:已,止也。应在四,二变,故四体坎。坎为疾、为灾,故厉。四体艮,故应在艮。说卦曰:艮,止也。故艮为止。以艮畜乾而又在初,故利已,乾为利也。　萃坤至辍也。　此虞义也。旁通萃,故萃坤为舋、为腹。变从旁通,故坤消乾成。为舋说腹,与小畜同义也。腹读为辍,腹古文,辍今文,故云腹或为辍也。　乾为至应上。　乾为良马,说卦文。乾善故良,又为马,故为良马。此虞义也。逐,进。京义也。应在上,上尚贤,故三进,良马逐之象也。二已变以下,虞义也。二变三体坎,坎为艰,三得正,故利艰贞。曰读为日,虞、郑读也。离为日,说卦文。马、郑皆云:闲,习也。坎称习坎,故为闲习。尚书大传曰"战斗不可不习,故于搜狩以闲之"是也。坤为大舋,故为车舆。二居五,故乾人在上。震惊百里,故为惊卫。晋语曰:车有震武。震为讲论,故讲武闲兵。郑氏谓"日习车徒"是也。三正应上,故云:往,往应上。艮为至元吉。　此虞义也。蒙六五体艮为童蒙,故知艮为童。旁通萃,故萃坤为牛。说文曰:告,从口从牛。牛触人,角着横木,所以告。故云:告谓以木辐其角也。周礼封人曰:凡祭祀饰其牛牲,设其辐衡。郑彼注云:辐设于角。诗阋宫曰:夏而辐衡。毛传云:辐衡,设牛角以辐之。所谓木辐其角也。告俗作牿,今从古。大畜之家,

取象牛豕,义取畜养。豕交兽畜,亦有畜义,故云畜物之家。牛触骶
人,故恶其触害。巽为木,郑义也。五之正,四体巽,故施木于牛角,
防其触害也。四得位,上承九五,故元吉。初利已,故不言应初也。

　　豕子至故吉。　　释兽曰:豕子,猪、豵、豶。幺,幼。郭璞云:俗呼
小豵猪为豵子。最后生者为幺豚。故云豕子为豶。豶豕犹童牛也。
坎为豕,虞义也。牙者,畜豕之杙,故云:牙,杙也。东齐海岱之间以
杙系豕,防其唐突,与童牛之告同义也。动而得位故吉,虞义也。五
失正,动得位,故吉。　　乾为至亨也。　　此郑、虞义也。乾为首,说
卦文。何读为荷。首之下,肩之上,荷物之处。六爻初为足,上为
首,故取象于何也。乾为天,艮为径路,皆说卦文。衢者,九交之道。
天有九道,天衢之象,故云何天之衢也。坎为通,唯心亨,上变体坎,
故坎为亨。象曰:道大行也。

目目目 巽宫游魂卦,消息十一月。

　　颐。贞吉。【注】晋四之初,与大过旁通。卦互两坤,万物
致养,故名颐。三之正,五上易位,故颐贞吉,养正则吉也。反复不
衰,与乾、坤、坎、离、大过、小过、中孚同义。故不从临、观四阴二阳
之例。或以临二之上。**观颐,自求口实。**【注】离为目,故观颐,
观其所养。或以卦自观来,故观颐。大过兑为口,或以临兑为口。
口实,颐中物,谓其自养。【疏】晋四至之上。　　知晋四之初者,初
九舍尔灵龟,虞彼注云:晋离为龟,四之初,故舍尔灵龟。是知卦自
晋来,与大过旁通也。此上虞义也。卦自二至五,有二坤,京氏谓
“地之气萃在其中”是也。说卦曰:坤也者,地也。万物皆致养焉,颐
者养也,故名颐。此郑义也。六爻三五上失正,三之正,五上易位,
则六爻皆正,故曰颐贞吉。传曰:养正则吉也。须养乃正,故不言元

亨利贞,而六爻之象亦不皆以正言也。卦有反复,如泰反为否,否反
为泰,故杂卦曰:否泰反其类也。反复不衰,谓反复皆此卦也。故系
上曰:古之聪明睿知神武而不杀者夫。杀读为衰。虞彼注云:在坎
则聪,在离则明。神武谓乾,睿知谓坤。乾、坤、坎、离反复不衰,故
而不杀者夫。四卦之外,又有颐、大过、小过、中孚,故云:反复不衰,
与乾、坤、坎、离、大过、小过、中孚同义。颐与七卦同义,故不从临观
四阴二阳之例。临观二卦,皆四阴二阳也。又载或说曰:若从是例,
则自临二之上成颐也。此上皆虞义也。　离为至自养。　离为目,
晋离也。观颐,观其所养,象传文。此上虞义也。颐而言观,故或以
卦自观来,亦从四阴二阳之例。大过兑为口已下,亦虞义也。颐
与大过旁通,大过体兑,故兑为口。临兑亦为口,故并著或说也。口
中之实如颐中有物,故云:口实,颐中物。传曰:自求口实,观其自养
也。义详彖传。

初九,舍尔灵龟,观我朵颐,凶。【注】晋离为龟,四之
初,故舍尔灵龟。我谓上。颐下垂为朵。上由颐,故观我朵颐。求
养于上,失所养也,故凶。或说颐本末皆刚,象物外骨,故云龟。**六
二,颠颐,拂经于丘。颐,征凶。【注】**颠谓上。拂,违也。坎
为经,邱谓五。二宜应五,过五而养于上,故曰颠颐。违常于五,故
拂经于邱。往上则凶,故颐征凶。**六三,拂颐,贞凶。十年勿
用,无攸利。【注】**三失位体剥,故拂颐。不正相应,弑父弑君,故
贞凶。坤为十年,动无所应,故十年勿用,无攸利也。**六四,颠颐,
吉。虎视眈眈,其欲逐逐,无咎。【注】**四得位而养于上,故
颠颐,吉。坤为虎,离目为视,坎为欲。虎视,视上也。眈眈,视之专
也。逐逐,求而遂也。上施而得其欲,故无咎。**六五,拂经,居贞**

吉,不可涉大川。【注】失位无应,故拂经。艮为居,与上易位,故居贞吉。坎为大川,养道成于上,故不可涉大川。**上九,由颐,厉,吉。利涉大川。**【注】由,自也。上为卦主,众阴顺承,故由颐。失位,故厉。变之正,故吉。之应历五,故利涉大川。【疏】晋离至云龟。　卦自晋来,故曰晋离。离为龟,说卦文。四体离,离为龟,四之初,故舍尔灵龟。龟称灵者,蓍神为阳,龟灵为阴,故褚先生据传曰:上有捣蓍,下有神龟。管子曰:伏暗能存能亡者,蓍龟与龙是也。龟生于水,发之于火,于是为万物先,为祸福正,故谓之灵龟也。此上虞义也。上为卦主,故我谓上。朵,下垂貌。震为动,观我朵颐,动于欲也。龟养于内者,初舍之而求养于上,失自养之义,故凶。或说以下,广异义也。说卦离为龟,取外刚内柔,颐初上两阳而包四阴,故云本末皆刚。考工记:外骨龟属。故取象于龟。损二至上,益初至五,皆有颐象,故损之六五、益之六二皆言龟,义或然也。然汉学无有及此者。　颠谓至征凶。　释言曰:颠,顶也。郭璞注云:头上。广雅曰:颠,末也。上为顶、为末,故颠谓上。拂,违。王肃义也。字本作咈,与拂通。坎为经,虞义也。虞注贲六五曰:五体艮,艮为山,五半山故称邱。王肃亦以邱为六五也。二正应五,今过五而求养于上,故曰颠颐。经,常也。过应于上,则违常于五,故云拂经于邱矣。征,行也。震为行,求养而往则凶,故颐征凶也。　三失至利也。　此虞义也。三阴不正,故失位。二至上体剥,违于养道,故拂颐。三既失正,上亦不正,故不正相应。阴消至二,艮子弑父,至三成否,坤臣弑君,故贞凶。易凡言贞吉者,皆得位,或变之正,故吉。其言贞凶者,皆谓不正而凶。故荀注巽上九贞凶云:正如其故则凶。亦谓上失正,不变而凶也。俗说虽正亦凶,失其义矣。

坤数十,故为十年。动而与上敌应,故动无所应。坤为用,故十年勿
用,无攸利也。　四得至无咎。　四得位而养于上,故颠颐,吉。不
言违常于初者,五为天位,以阴居之,故拂经。与上易位,则养道之
成成于上,实成于五,二正应五,而养于上,故亦曰拂经。初亦求养
于上,故四不以不应初为违常也。至养道既成,六爻皆正,各得其应
矣。故象传云:养正则吉。象传云:大有庆也。坤为虎,离目为视,
坎为欲,皆虞义也。京房易传曰:坤为虎刑。高诱注淮南曰:虎,土
物也。坤为土,故为虎。虎视视上者,初远于上,故曰观;四近于上,
故曰视。浟浟,虞喜曰:浟当为逐。是浟为古文逐也。虎养于外者,
眈眈,视之专,言求养之专。浟浟,求而遂,言得所欲也。四养于上,
上施之而得其欲,故无咎。象曰:上施光也。　失位至大川。　五
失位,与二无应,故拂经。艮为宫室,故为居。此上虞义也。五上易
位,谓养正也,故居贞吉。五之正体坎,坎为大川。上由颐,故养道
成于上。四阴皆养于上,五虽之正,养道未成,故不可涉大川。　由
自至大川。　此虞义也。由,自也。释诂文。与豫九四同义。众
阴,四阴也。四阴互两坤,有致养之义,而主之者上也,故为卦主。
坤为顺,众阴承上,故由颐也。上失位,故厉。与五易位,变之正,故
吉。三五已正,五正应二,上正应三,故利涉大川。盖养道至是而始
成也。

☳ 震宫游魂卦,消息十月。

大过。栋桡。【注】大壮五之初,或兑三之初,与颐旁通。

大谓阳。大过,阳爻过也。栋桡谓三。巽为长木,称栋。初上阴柔,
本末弱,巽桡万物,故栋桡。**利有攸往,亨。【注】**谓二也。刚过
而中,失位无应,利变应五,之外称往,故利有攸往,乃亨。**【疏】**大

壮至栋桡。　卦自大壮来,六五之初,又与乾、坤、坎、离同义,反复不衰,不从四阳二阴之例,故云:或兑三之初,旁通颐也。此上虞义也。阳大阴小,故大谓阳。大过,阳爻过,郑义也。谓二取初,五取上,三栋桡,四有它吝,四阳爻皆失之过,故名大过。虞氏谓大谓二,二失位,故大者过,与郑异也。栋桡谓三已下,虞义也。九三栋桡,故知栋桡谓三。巽为长为木,故为长木。栋屋稳以长木为之,故巽为长木称栋。初上阴柔,初为本,上为末,故本末弱。说卦曰:桡万物者莫疾乎风。是巽桡万物者,故云栋桡。桡,曲折也。　谓二至乃亨。　此虞义也。二失位,故利有攸往谓二。刚过而中,彖传文。二失位而与五敌应,故失位无应。变与五应则利,故利变应五。之外曰往,在内曰来,二之五是之外,故利有攸往,乃亨。

初六,藉用白茅,无咎。【注】 位在下称藉,巽柔白为茅,故藉用白茅。失位,咎也。与四易位,故无咎。**九二,枯杨生梯,老夫得其女妻,无不利。【注】** 梯,谓初发孚也。巽为杨,乾为老,老杨故枯。二体乾老,称老夫。巽长女,生梯为女妻。老夫得其女妻,得初也。过以相与,故无不利。虞氏以兑上为女,谓二过五应上。**九三,栋桡,凶。【注】** 应在上,末弱;过应初,本弱。故栋桡,凶。**九四栋隆,吉。有它吝。【注】** 巽高为隆,故栋隆。初四易位,故吉。应上非正,故有它吝。**九五,枯杨生华,老妇得其士夫,无咎无誉。【注】** 兑反巽为枯杨,柔在上,故生华。巽为妇,乾为老,故称老妇。士夫谓五。大壮震为夫,兑为少,故为士夫。老妇得其士夫,谓上得五也。五得位,故无咎。阴在二多誉,今在上,故无誉。虞氏以巽初为老妇,谓五过二应初。**上六,过涉灭顶,凶,无咎。【注】** 一为过,再为涉,三而弗改,故灭顶,凶。上为顶也。乘刚,咎也。得位,故无咎。【疏】位在至无咎。　周礼乡师云:大祭祀共茅藉。郑兴注云:祭前藉,藉在下。故云位在下称藉,以象初也。巽之柔爻为草,又为白,故云巽柔白为茅。此上虞义也。初失位,当有咎也。与四易位得正,故无咎也。　梯谓至应上。梯,郑氏作荑,云木更生。梯、荑古文通。而在下,故梯谓初。夏小正曰:梯,发孚也。巽为杨,九家说卦文。兑为泽,巽之刚爻为木。泽木,杨也。四月乾已老,故乾为老。方言曰:乾,老也。义出易。郭璞音干,失之。虞氏谓:阳在二,临十二月,时周之二月,兑为雨泽,枯杨得泽复生梯也。二体乾,故老夫谓二。巽为长女而生梯,故为女妻。二与初比而得初,故云:老夫得其女妻,谓得初也。大过之家,过以相与,女妻有子,继世承祀,故无不利。虞氏谓:大过之爻得过其应,以兑上为少女,故曰女妻。二过五应上,而取上之女妻。义亦通也。　应在至桡凶。　三应在上,上柔爻,故末弱;过上应初,初亦柔爻,故本弱。传曰本末弱,正指三所应之爻。所应皆弱,故凶也。　巽高至它吝。　隆,高也。巽为高,故云巽高为隆,栋隆之象。初四二爻皆失位,易位则吉,故栋隆,吉。过应上则桡,故有它吝。非应称它也。　兑反至应初。　虞注观六二曰:临兑为女,兑女反成巽,是兑为反巽也。故荀注中孚云:两巽对合。大过者,中孚两象易,亦得有两巽也。二五体巽乾,故皆取象于枯杨。柔在初为本,故称梯;柔在上为末,故称华。巽为妇已下,皆虞义。虞唯初为老妇为异也。二五两爻之义,马氏、荀氏与虞不同。马取一卦之义,以初为女妻,上为老妇;荀以初阴失正,当变数六为女妻,二阳失正数九为老夫,以五阳得正位不变数七为士夫,上阴得正数八为老妇。寻六为老阴而称女妻,八为少阴而称老妇,荀氏之说于理有乖。故虞氏同之俗说。虞以上为梯,初为华,于卦义亦不足。今兼取三家之说,而折中焉。 一为至无咎。 风俗通曰:涉始于足,足率长十寸,十寸则尺,一跃三尺,法天地人,再跃则涉。所谓一为过,再为涉,三而弗改,谓至上也。案,涉从水从步,步长六尺,以长为深则涉深六尺,过涉则水益深,故灭顶,凶。兑泽称灭者,周语太子晋曰:泽,水之锺也。象传曰:泽灭木。木尚可灭,则有灭顶之义也。此上汉赵温义也。顶,首也。释言曰:颠,顶也。故知上为顶。上乘四刚,故有咎。以阴居阴得位,故无咎。此上虞义也。虞注过涉灭顶云:大壮震为足,兑为水泽,震足没水,故过涉也。乾为顶,顶没兑水中,故灭顶,凶。虞以五乾为顶,而没上兑水中,故灭顶。不以上为顶,于卦义稍阙也。

䷝八纯卦象水,消息冬至。

习坎。有孚。【注】乾二五之坤,与离旁通,于爻观上之二。习,重也。孚,信,谓二五。**维心,亨。**【注】坎为心,乾二五旁行流坤,阴阳会合,故亨。**行有尚。**【注】行谓二,尚谓五。二体震为行,动得正,故行有尚,往有功也。【疏】乾二至二五。 此虞义也。坎离自乾坤来。乾二五之坤成坎,与离旁通。若从四阴二阳之例,则观之上爻之二,故云于爻观上之二。习坎,重险,故云:习,重也。虞谓习为常,于象义不协,故易之也。孚,信。释诂文。二五刚中,故孚,信,谓二五。虞氏谓水行往来,朝宗于海,不失其时,如月行天,故习坎有孚也。 坎为至故亨。 此虞义也。说卦:坎为极心。故为心。乾二五之坤成坎,坎水流坤,故旁行流坤。乾交于坤,阴阳会合,故亨也。 行谓至功也。 此虞义也。行谓二,尚与上通,二上与五,故尚谓五。二体震为行,谓互震也。二失位,动得正应五。行有尚,往有功也,彖传文。

初六,**习坎,入于坎窞,凶。【注】**在重坎之家,故曰习坎。坎为入,坎中小穴称窞。初以阴居下,故入于坎窞,凶。**九二,坎有险,求小得。【注】**阳陷阴中,故有险。阴称小,二据初阴,故求小得。**六三,来之坎坎,险且枕,入于坎窞,勿用。【注】**在内曰来,往来皆坎,故来之坎坎。枕,止也。艮为止,三失位,乘二则险,承五隔四,故险且枕。居上坎之下,故入于坎窞。勿用者,诫上也。**六四,尊酒簋贰用缶,内约自牖,终无咎。【注】**震主祭器,故有尊簋。坎为酒。贰,副也。礼有副尊,坤为缶,故贰用缶。内,入也。坎信为约,艮为牖,荐信于鬼神,奠于牖下,故内约自牖。得位承五,故无咎。**九五,坎不盈,祗既平,无咎。【注】**盈,溢也。艮为止,谓水流而不盈。坎为平,艮止坤安,故祗既平。得位正中,故无咎。**上六,系用徽缠,寘于丛棘,三岁不得,凶。【注】**系,拘也。巽为绳,坤为黑,故为徽缠。寘,示也。坎为丛棘,艮为门阙。门阙之内有丛木,是天子外朝,左右九棘之象也。应在三,三体比匪人,故缚以徽缠,示于丛棘,而使公卿以下议之。害人者加明刑,任之以事,上罪三年而舍,中罪二年而舍,下罪一年而舍。不得者,谓不能改而不得出狱。艮止坎狱,乾为岁,历三爻,故三岁不得,凶。**【疏】**在重至窞凶。　卦名习坎,故云在重坎之家。坎为入,坎中小穴称窞,皆虞义也。字林曰:窞,坎中小坎也。初本阴爻,而又在下,阴称小,入于坎窞之象。失位无应,故凶也。

阳陷至小得。　此虞义也。说卦曰:坎,陷也。乾二之坤,二是阳陷阴中,故有险。阳大阴小,故阴称小。初,阴也。二据初阴,故求小得,谓得初。　在内至上也。　在外曰往,在内曰来,易例也。言内则有外之辞。往来皆坎,故来之坎坎。人卧以枕荐首则止,故云:枕,止也。互艮,艮为止,三以阴居阳,故失位。二坎有险,故乘二则险。陆绩云:枕有阂碍之貌。三上承五,隔于六四,故险且枕。此上虞义也。以坎接坎,三居上坎之下,故入于坎窞。乾凿度:坤三不正为小人。小人勿用,应在上,故诫上勿用也。 震主至无咎。 此虞义也。序卦曰:主器者莫若长子。谓主祭器。故震主祭器,尊、篹、缶皆祭器也。祭尚玄水,坎水为酒。贰,副也。注酒于尊中曰副。周礼酒正云:大祭三贰,中祭再贰,小祭壹贰。郑彼注云:贰,副益之也。弟子职曰:周旋而贰。故云礼有副尊。坤器为缶,义见比卦。坎为入,入内同物,故云:内,入也。坎为信,约者,约信也。故坎信为约。虞以四阴小,故约非其义,故易之也。隐三年春秋传曰:苟有明信,涧溪沼沚之毛,蘋蘩蕴藻之菜,可荐于鬼神。是荐信于鬼神之事。坤为鬼,乾为神也。诗采蘋曰:于以奠之,宗室牖下。毛传云“奠于牖下”,是内约自牖之义也。四得位,上承九五,故有是象而无咎也。 盈溢至无咎。 此虞义也。水泛溢为盈,故云:盈,溢也。体坎互艮,坎流艮止,故流而不盈。水性平,故坎为平。京房、许慎皆云:禔,安也。坤卦辞云安贞吉,故艮止坤安。既安且平,水之德也。五得位得中,故其象虽不盈而有安平之德,为无咎也。

系拘至得凶。 此郑、虞、九家义也。随上六曰:拘系之。故云:系,拘也。巽为绳,观巽也。坤为黑,说卦文。虞云:徽纆,黑索也。巽绳坤黑,故云徽纆。示,实也者,诗鹿鸣曰:示我周行。郑笺云:示当为实。礼记中庸曰:治国,其如示诸掌乎?郑注云:示读如“寘之河之干”之寘。是示、实、寘三字同物。故刘表、张璠或作示,或作寘也。坎为丛棘,九家说卦文。艮为门阙,说卦文。周礼秋官朝士:掌建邦外朝之法,左九棘孤卿大夫位焉,右九棘公侯伯子男位焉。外

朝在罪门之内,故云:门阙之内有丛木,是天子外朝,左右九棘之象
也。朝士又云:左嘉石平罢民焉,右肺石达穷民焉。郑氏谓:罢民,
邪恶之民也。上应在三,二动三体比匪人,有邪恶之罪,故缚以徽
缧,示于丛棘。郑氏谓:外朝者,所以询事之处。故使公卿以下议
之。刘表亦云:众议于九棘之下也。害人者加明刑已下,至下罪一
年而舍,皆秋官司圜文也。郑彼注云:明刑书其罪恶于大方版,著其
背,任之以事,若今时罚作。舍,释之也。司圜又云:其不能改而出
圜土者杀。故不得者,谓不能改而不得出狱。艮止坎狱,言止于狱
也。乾为天,天数十二,岁有十二月,故乾为岁。二[一]之上,历三爻
为三岁,三岁不改,则不得出狱,出狱则杀,故凶也。

☲八纯卦象火,消息夏至。

离。利贞,亨。畜牝牛,吉。【注】坤二五之乾,与坎旁
通,于爻遁初之五。四五上失正,利出离为坎,故利贞,亨。畜,养
也。坤为牝牛,乾二五之坤成坎,体颐养,故畜牝牛,吉。**【疏】**此
虞、荀义也。离自坤来,坤二五之乾成离,与坎旁通。若从四阳二阴
之例,则遁初爻之五,故云于爻遁初之五。离外三爻失位,利变之
正。与坎旁通,出离为坎,则成既济,故利贞,亨。坤为牝,九家说卦
文。又说卦:坤为子母牛。故为牝牛。与坎旁通,乾二五之坤成坎,
二至上体颐养象,故畜牝牛。出离为坎,重明以丽乎正,乃化成天
下,故吉也。

初九,履错然,敬之无咎。【注】初为履,履,礼也。错,

〔一〕"二",皇清经解本作"三"。

置也。初得正,故履错然。乾为敬,与四敌应,四炎如,故敬之无咎。

六二,黄离,元吉。【注】二在下中,故曰黄离。五动应二,故元吉。与坤五同义。**九三,日昃之离,不击缶而歌,则大耋之嗟。【注】**三不中,故曰日昃。艮手为击,坤为缶,震为音声,兑为口,故不击缶而歌。乾老为耋,体大过,故大耋之嗟。**九四,炎如,其来如。焚如,死如,弃如。【注】**炎,不顺忽出也。四震爻失正,故炎如。与初敌应,故来如。离焰宣扬,故焚如。体大过死象,故死如。火息灰损,故弃如。不孝之罪,五刑莫大,烧杀弃之,不入于兆也。**六五,出涕沱若,戚嗟若,吉。【注】**五失位,出离为坎,震为出,离为目,坎涕出目,故出涕沱若。坎忧为戚,震为声,兑为口,故戚嗟若。动得正,尊丽阳,故吉也。**上九,王用出征,有嘉折首,获匪其丑,无咎。【注】**五已正,乾为王,坤众为师,震为出,故王用出征。乾上为首,兑为折,上变体兑折乾,应在三,故有嘉折首。丑,类也。获,获四也。以上获四,故匪其丑。爻皆得正,故无咎。**【疏】**初为至无咎。 郑礼记序曰:礼者,体也,履也。统之于心曰体,践而行之曰履。初为足,故为履。此经错字,马氏音七路反。序卦曰:履者,礼也。又曰:有上下然后礼义有所错。故云:错,置也。离为火,火行礼,初得正,履有所错,故履错然。乾为敬,义见乾卦。坤二五之乾,初本乾也,故乾为敬。初四皆阳,故敌应。四炎如,其来如,与初相犯,故敬之无咎。礼以敬为主也。 二在至同义。 九家说卦曰:坤为黄。黄者中之色,而在二,为下中,故曰黄离。应在五,五失位,动应二,故元吉。坤黄裳元吉,亦是降乾二而上承五,与离二同义也。 三不至之差。 荀云:初为日出,二为日中,三为日昃。三不中故云昃,谓过中也。艮,坎艮也。艮为手,故艮手为击。坤器为缶。震,坎震也。震善鸣,故为音声。兑上开似口,故不击缶而歌。乾为老,释言曰:耋,老也。僖九年春秋传曰:以伯舅耋老。故知乾老为耋。二至五体大过,大过死象,故云大耋之差。差,古文嗟,释诂云:嗟也。三为下体之终,又艮爻,艮终万物,故有是象。俗本差下有凶字者,衍文也。　　炗不至兆也。　　此郑、荀、许慎、如淳义也。说文曰:炗〔一〕,不顺忽出也。从倒子。或从炗,即古文易突字。突犹冲也。太玄曰:冲冲儿遇,不肖子也。四震爻,郑氏谓震为长子,爻失正辔之倒子,故云炗。又云四为巽,巽为进退,不知其如,故炗如也。自内曰来,与初敌应,故来如。离为火,离焰宣扬,故焚如。体大过死象,故死如。火息则灰损,当弃之,故弃如。孝经曰:五刑之属三千,而罪莫大于不孝。故云:不孝之罪,五刑莫大焉。如淳曰:焚如、死如、弃如者,谓不孝子也。不畜于父母,不容于朋友,故烧杀弃之。周礼秋官掌戮曰:凡杀其亲者焚之。故郑氏谓:焚如,杀其亲之刑。刑人之丧,不居兆域,不序昭穆,故烧杀弃之,不入于兆也。说文曰:弃,捐也。从炗。炗,逆子也。此仓颉制字之义也。四所以取义于子者,火有养母之法。白虎通曰:子养父母何法,法夏养长木。是以荀爽对策曰:离在地为火,在天为日;在天者用其精,在地者用其形。夏则火王,其精在天,温暖之气养生百木,是其孝也。冬时则废,其形在地,酷烈之气焚烧山林,是其不孝也。盖其义矣。　　五失至吉也。　　此荀、虞义也。象传曰:柔丽乎中正,故亨。虞彼注云:柔谓五阴,中正为五,伏阳出在坤中,故出离为坎,谓离化为坎也。帝出乎震,故震为出。郑氏云:自目曰涕。坎水为涕,坎从离出,故坎涕出目。罷,古文若。若,词也。郑注尚书金縢云:戚,忧

〔一〕"炗",皇清经解本作"厺",说文作"厺"。

也。坎为加忧,故为戚。震声兑口,戚差之象。五失位,动得正,柔丽乎中正,尊丽阳,故吉也。　五已至无咎。　五已出离,坎五本乾,故云五已正。乾为王,坤为众,说卦文。师,众也,故坤众为师。震为出,故王用出征。爻例上为首,五正上体乾,故云乾上为首。兑为毁折,故为折。上变体兑,正应在三,为嘉。以兑折乾,故有嘉折首。学记曰:比物丑类。周语曰:况尔小丑。韦昭云:丑,类也。四不顺,故云:获,获四也。爻相应者曰类,上非四应,故获非其丑。出离为坎,爻皆得正,故无咎也。

周易述卷五

周易下经

兑宫三世卦，消息五月。咸至遘六日七分。

咸。亨，利贞，取女吉。【注】咸，感也。坤三之上成女，乾上之三成男，乾坤气交以相与，止而说，男下女，故通，利贞，取女吉。【疏】此虞义也。咸，感也。彖传文。卦自否来，否三之上。三本坤也，故云坤三之上成女，成兑女也；上本乾也，故云乾上之三成男，成艮男也。否三之上，乾坤气交以相与，止艮说兑，艮男下兑女，故通，利贞，取女吉。谓五取上，三取二，初四易位，初取四也。

初六，咸其拇。【注】拇读为拇，足大指也。初足为拇，坤亦为母，四感初，故咸其拇。六二，咸其腓，凶，居吉。【注】腓，腨肠也。二为腓，三感二，故咸其腓。失五正应，故凶。艮为居，得位居中，故居吉。九三，咸其股，执其随，往吝。【注】三为股，巽亦为股，二感三，故咸其股。巽为随，艮手称执，故执其随。初四变，三历险，故往吝。九四，贞吉，悔亡。憧憧往来，朋从尔思。【注】失位，悔也。应初，动得正，故贞吉而悔亡矣。憧憧，往来貌。四之初为来，初之四为往，故憧憧往来矣。兑为朋，四于位为

心,故云思。初之四体坎,亦为思,故朋从尔思也。**九五,咸其**
脢,无悔。【注】脢,心之上,口之下也。五为脢,上感五,故咸其
脢。五夐于上,宜有悔矣。得正,故无悔。**上六,咸其辅颊舌。**
【注】辅颊舌,谓上也。兑为辅颊、为口舌,五与上比,上不之三,故
咸其辅颊舌。象曰:"滕口说也。"**【疏】**母读至其母。　母,古文拇,
子夏作踇,与拇同,马、郑、虞皆云:足大指也。伏羲作易,近取诸身。
下经人事首咸,故一卦立爻,皆取象于人身。初为足,二为腓,三为
股,四为心,五为脢,上为辅颊舌是也。虞云:坤为拇。说卦:坤为
母。母、拇同物,故云坤亦为母。初与四应,四感初,初为足,故咸其
母也。　腓膊至居吉。　腓,膊肠。郑义也。脚膊次于母上,二之
象,故二为腓。三据二,故咸其腓。二正应五,而比于三,失五正应,
故凶。以阴居二,得位居中,故居吉也。　三为至往吝。　股胫而
次于腓上,三之象,故三为股。巽为股,说卦文。三体巽,故巽亦为
股。二感三,故感其股。二感三而三亦感二,彖传所云:二气感应以
相与也。足行而股随,故巽为随。女随男,亦为随也。艮为手,以手
执物,故为执。初四易位,四体坎,三历险应上,故往吝。又三已据
二,不兼与上也。此兼虞义。　失位至思也。　四失位,宜有悔,与
初易位,故应初,动得正,贞吉而悔亡矣。广雅曰:憧憧,往来也。之
内曰来,故四之初为来;之外曰往,故初之四为往。憧憧,往来之象
也。咸至姤六日七分,阴消之卦,与时消息,故取义于往来耳。兑二
口相对为朋,四于爻位为心,故云思。初之四体坎,坎亦为思,故朋
从尔思也。此兼虞义。　脢心至无悔。　脢,心之上,口之下。王
弼义也。四为心,上为口,五在其中,故云:心之上,口之下。五与上
比,上感五,故咸其脢。五阳上阴,故五夐于上,宜有悔矣。得正得

中,故无悔也。　辅颊至说也。　虞云:耳目之间称辅颊。又说文曰:辅,颊也。寻辅近口在颊前,故淮南子曰"靥辅在颊前则好"是也。耳目之间为权,权在辅上,故曹植洛神赋云:靥辅承权。夬九三壮于頄,頄即权也。颊所以含物,辅所以持口。辅颊舌三者并言,明各为一物,是辅近颊而非颊。虞以权为辅,说文以辅为颊,皆非也。上为首,故辅颊舌谓上也。兑为辅颊,九家说卦文。五与上比,上不之三,故咸其辅颊舌,徒以言语相感而已。传曰:滕口说也。言徒送口说。

䷟震宫三世卦,消息内卦六月,外卦七月。

恒。亨。无咎。利贞。利有攸往。【注】泰初之四,与益旁通。恒,震世也。巽来承之,长男在上,长女在下,阴阳会合,故通,无咎。初四二五失位,利变之正,故利贞。之外曰往。【疏】泰初之四,与益旁通,虞义也。恒,震宫三世卦,故云震世。一世豫,二世解,三世而下体巽,故云巽来承之。内巽外震,震长男,巽长女,故云:长男在上,长女在下,男女会合。天地交而万物通,故通无咎。此上荀义也。初四二五四爻失位,利变之正,故利贞。初利往之四,二利往之五,四五皆在外卦,故云之外曰往。彖传曰:恒,久也。寻恒体震巽,八卦诸爻,唯震巽变,故虞注六五及象传曰"终变成益"是也。六爻皆变,不可为恒而名恒者,其义有三焉:夫妇之道,不可以不久。恒震夫巽妇,阴阳会合,杂而不厌。一也。卦唯三上得正,上震恒,凶,则守正者唯九三一爻耳。故象传曰:君子以立不易方。二也。终变成益,则初四二五皆得位。系下曰:易穷则变,变则通,通则久。恒者,久也。故都其义于五曰:恒其德。三也。有此三义,故名恒也。

初六,濬恒,贞凶,无攸利。【注】阴在初称濬。濬,深也。四之初,故濬恒,贞凶,无攸利。九二,悔亡。【注】失位,悔也。动而得正,处中多誉。故悔亡。九三,不恒其德,或承之羞,贞吝。【注】三体乾为德,变失位,故不恒其德。坤耻为羞,变至四体坤,故或承之羞。三多凶,变失位,与上敌应,故贞吝。九四,田无禽。【注】田,猎也。五坤为田,四欲猎五,五已之正,故田无禽。六五,恒其德,贞,妇人吉,夫子凶。【注】动正成乾,故恒其德。妇人谓巽初,终变成益,震四复初,妇得归阳,从一而终,故贞,妇人吉也。震乾之子而为巽夫,故曰夫子。震四从巽,死于坤中,故夫子凶也。上六,震恒,凶。【注】在震上,故震恒。五动乘阳,故凶。【疏】阴在至攸利。 阳在初为潜、为渊,皆深也,故虞注上系曰:深,阳也。濬与浚通。庄九年公羊传曰:浚之者何?深之也。故云阴在初称濬。濬,深也。释言文。深为阳,本体四阴之初,濬而后深,故濬恒,贞凶,无攸利也。 失位至悔亡。 此虞义也。二多誉,故处中多誉。 三体至贞吝。 三本乾也,又互乾,乾为德、为久,变失位,故不恒其德。爻例无有得位而变者,以巽于诸爻特变,故云变失位耳。羞者耻辱,坤为耻,故云坤耻为羞。终变成益,变之四则三体坤,故或承之羞。三多凶,下系文。变至三,与上敌应,立心勿恒,为上所击,故贞吝也。 田猎至无禽。 田者田猎,故曰:田,猎也。坤土为田,五本坤也,故五坤为田。阴阳相比相应,阴为阳得,称获、称得、称禽。四与五比而欲猎五,二五易位,五已之正,故田无禽,言无所得也。 动正至凶也。 此虞义也。益自否来,五本否乾,故云动正成乾。又凡五之正,皆为乾也。乾为德、为久,故恒其德。初体巽,巽为妇,故妇人谓巽初。终变成益,初四得正，震四复初。初为一，巽四从阳，故从一而终。穀梁传曰：妇人以贞为行者。故贞，妇人吉也。震为长子，又为夫，故云：震乾之子为巽夫，曰夫子也。终变成益，则震为巽，互乾为坤，坤为死，震四从巽妇而死于坤中，故夫子凶也。　在震至故凶。　此虞义也。虞注说卦曰：震内体为专，外体为躁，震动也。在震上，处动极，故震恒。五之正，则上乘阳，故五动乘阳，乘阳不敬，故凶也。震亦作振。古文震、振、祇三字同物同音。祇有耆音，故说文引易作"榰，恒也"。

䷠乾宫二世卦，消息六月。

遯。亨。【注】阴消遘二也。艮为山，巽为入，乾为远，远山入藏，故遯，五阳当位，正应在二，故亨。**小利贞。**【注】阴称小，利正居二，与五相应。【疏】阴消至故亨。　遯，阴消之卦，消遘及二，故云阴消遘二也。艮为山，巽为入，乾为远，远山入藏，故遯。皆虞义也。阳长为进，阴消为退。遯有退义，故序卦曰：遯者，退也。以阳居五，故五阳当位，与二正应。乾坤交通，故亨。消至三则天地否隔，不能通矣。故二利居正，与五相应。此荀义也。

初六，遯尾，厉，勿用有攸往。【注】初为尾，尾，微也，故遯尾。初失位，故危。之应成坎为灾，故勿用有攸往。**六二，执之用黄牛之革，莫之胜说。**【注】艮手称执，坤为黄牛，艮为皮，故执之用黄牛之革。莫，无；胜，能；说，解也。二得中应五，固志守正，故莫之胜说。**九三，系遯，有疾厉，畜臣妾吉。**【注】二系三，故系遯。三多凶，四变三体坎为疾，故有疾厉。遯阴剥阳，三消成坤，与上易位。坤为臣，兑为妾，上来之三，据坤应兑，故畜臣妾吉。**九四好遯，君子吉，小人否。**【注】乾为好，阴得位为君子，失位为小人,动之初,故君子吉;消遯成否,故小人否。**九五,嘉遯,贞吉。**【注】阴阳相应为嘉,刚当位应二,故嘉遯,贞吉。**上九,飞遯,无不利。**【注】应在三,四变三体离为飞,上失位,变之正,故飞遯。九师道训曰:遯而能飞,吉孰大焉。故无不利。乾为利也。

【疏】初为至攸往。 爻例初为尾,上为角。说文曰:尾,微也。古文通。尚书"鸟兽孳尾",史记作"字微"。论语有微生高,庄子作尾生。微犹隐也。阳伏遯初,故云遯尾。六居初为失位,故危。应在四,初之四体坎,坎为灾,故勿用有攸往也。 艮手至胜说。 二体艮,艮为手,故艮手称执。坤为黄,九家说卦文。又为子母牛,故为黄牛。艮为皮,虞义也。九家说卦曰:艮为肤。皮、肤同义,故执之用黄牛之革。考工记:攻皮之工五,函鲍韗韦裘。始拆谓之皮,已干谓之革,既熟谓之韦,其实一物也。莫,无;胜,能;说,解。皆虞义也。二得位得中,正应在五,固志守正,无能解说,故莫之胜说。象辞小利贞,正此义也。 二系至妾吉。 遯成于二,二阴三阳,二系于三,故系遯。遘初系二,亦是阴系于阳也。三多凶,故危。四变三体坎以下,虞义也。坎多眚为疾,故有疾厉。遯,阴消之卦,故遯阴剥阳。三消成坤,与上易位者,三互巽,特变,故从家人、渐之例。三动上反三,故三消成坤,与上易位也。三消成坤,坤为臣,与上易位,上体兑,兑为妾,上来之三,据下之坤,应上之兑,故畜臣妾吉。荀氏谓:潜遯之世,但可居家畜养臣妾也。 乾为至人否。 乾为好,虞义也。贾逵左传注曰:好生于阳。故乾为好。乾凿度:观四为君子,否三为小人。故知阴得位为君子,失位为小人。四失正,动之,四得位承五,故君子吉;消遯及否,三失位为小人,故小人否。郑氏读否为否卦之否也。 阴阳至贞吉。 文言曰:亨者,嘉之会也。昏礼为嘉,阴阳相应,义同昏冓,故为嘉。五刚当位,正应在二,故嘉遯,贞吉也。　应在至利也。　三已变,上之三,故应在三。四之初,故四变三体离,离有飞鸟之象,故为飞。六居上为失位,变之正,故飞遯,谓去而迁也。九师道训,淮南王聘明易者九人所作。遯微则厉,系则疾,飞则吉。荀注乾九五曰:飞者,喻无所拘也。上体乾,故乾为利也。

☷坤宫四世卦,消息二月。

大壮。利贞。【注】阳息泰也。壮,伤也。大谓四,失位为阴所乘,兑为毁折,故伤。与五易位,乃得正,故利贞也。【疏】此虞义也。阳息泰成大壮。马氏亦云:壮,伤也。方言曰:凡草木刺人,北燕朝鲜之间谓之策,或谓之壮。郭璞注云"今淮南亦呼壮为伤"是也。阳大阴小,故大谓四。以九居四为失位,五阴乘之,阴气贼害,又体兑,兑为毁折,故名大壮。太玄准之以夷,夷亦伤也。四当升五,与五易位,则各得其正,故利贞也。

初九,壮于止,征凶,有孚。【注】初为止,应在四,震足亦为止、为征。初四敌应,故壮于止,征凶。四上之五成坎,已得应四,故有孚。九二,贞吉。【注】变得位,故贞吉。九三,小人用壮,君子用罔,贞厉。【注】应在上也。三阳君子,小人谓上。二变三体离,离为罔,上乘五,故用壮。三据二,故用罔。体乾夕惕,故贞厉。羝羊触藩,羸其角。【注】兑为羊,阳息之卦,故云羝。藩谓四也。羸读为累。三欲触四,而应上,故羸其角。角谓上也。

九四,贞吉,悔亡。藩决不羸,壮于大舆之腹。【注】失位,悔也。之五得中,故贞吉而悔亡矣。体夬象,故藩决。震四上处五,则藩毁坏,故藩决不嬴。腹读为辏。坤为大舆、为腹,四之五折坤,故壮于大舆之腹。**六五,丧羊于易,无悔。【注】**四动成泰,坤为丧也。乾为易,四上之五,兑还属乾,故丧羊于易。动各得正,而处中和,故无悔。**上六,羝羊触藩,不能退,不能遂,无攸利,艰则吉。【注】**应在三,故羝羊触藩。遂,进也。变之巽,巽为进退,故不能退,不能遂。五动上乘刚,故无攸利。坎为艰,藩决难解,得位应三,故艰则吉。**【疏】**初为至有孚。 爻例初为止。应在四,四体震,震为足、为行,故震足为止、为征。初四皆阳,敌应无与,故壮于止,征凶。四之五成坎,坎为孚,初正应四,故有孚也。此兼虞义。 变得至贞吉。 此虞义也。 三阳至贞厉。 此虞义也。三正应上,三阳君子,谓乾三也。小人谓上者,上得位,不得为小人,以大壮阳息之卦,息至五体夬,夬上为小人,故杂卦曰:夬,决也,刚决柔也。君子道长,小人道消也。是上为小人也。二变三体离,包牺作结绳以为罔罟,盖取诸离,故离为罔。五已正,上逆乘阳,故用壮。三得位据二,故用罔。三多凶,体乾三夕惕,有危象,故贞厉也。

兑为至上也。 三体兑,息至五上,亦体兑,兑为羊,故三五上皆有羊象。说文曰:羝,牡羊也。阳息之卦,故曰羝。马氏云:藩,篱落也。四体震,震为萑苇、为竹木,故为藩也。嬴读为累,读从郑、虞,故马氏云:大索也。四之五,上变体巽,巽为绳,故嬴。四为藩,三欲触四而应上,故嬴其角。爻例上为角也。此兼荀义。荀唯以角谓五为异也。 失位至之腹。 此虞义也。四失位,宜有悔,之五得正得中,故贞吉而悔亡矣。初至五体夬,夬者决也,故藩决。四体震,之五则震体坏,故藩决不嬴。古腹、辏、復字止作复,而此经辏字或又作腹,故云腹读为辏。五本坤也,坤为大舆、为辏,四之五体坎,坎折坤体,故壮于大舆之腹也。　四动至无悔。　此虞义也。四失位,动成泰,外体坤,坤丧于乙,故为丧也。乾以易知,故乾为易。郑氏谓:易,佼易也。四上之五体坎,坎五乾也,故兑还属乾,丧羊于易也。四五易位,动各得正,五处中应和,故无悔矣。　应在至则吉。

此虞义也。上应在三,而隔于四,四为藩,故羝羊触藩。遂有进往之义,故云进也。五已正,上变体巽,震、巽特变,故云变也。巽为进退,说卦文。应三隔四,故不能退。进穷于上,故不能遂。羸其角之象也。乾为利,五动正位,上乘五刚,故无攸利。五正上体,坎为艰,藩决难解,乾凿度文。四之五,故藩决难解。不变之巽,得位应三,故艰则吉也。

䷢乾宫游魂卦,消息二月。

䷢。康侯用锡马蕃庶,昼日三接。【注】观四之五。晉,进也。康读如“康周公”之康,广也。坤为广,四为诸侯,观四宾王。四五失位,五之正,以四锡初,初动体屯,震为诸侯,故康侯。坎为马,坤为用,故用锡马。艮为多,坤为众,故蕃庶。离日在上,故昼日。三阴在下,故三接矣。**【疏】**卦自观来,从四阴二阳之例。观六四进居五,故曰:晉,进也。康读如祭统“康周公”之康,郑氏注礼引此为证,故读从之。又郑注“康侯”云:康,广也,谓褒广其车服之赐也。坤广生,故曰广。爻例四为诸侯。观之六四,利用宾于王,故观四宾王。四之五而皆失位,五之正,以四锡初,谓初四易位也。初动体屯,谓初至五体屯也。屯下体震,震为侯,卦辞曰:利建侯。四为诸侯,以四锡初,初震亦为侯,康侯之象也。坎为马美脊,坤为用,故用锡马。锡读纳锡、锡贡之锡。侯享王之礼,觐礼“匹马卓上,九马随之”,是其事也。蕃,多也;庶,众也。艮为多,坤为众,故蕃庶。杂

卦曰：晋，昼也。离日在地上，故昼日。坤三阴在下，故三接。周礼
大行人曰：上公之礼，庙中将币三享，出入三问三劳；诸侯三享，再问
再劳；诸子三享，壹问壹劳。是天子三接诸侯之礼也。此兼虞、郑
义。一说：三接，王接诸侯之礼，观礼："延升，一也；觐毕致享，升致
命，二也；享毕王劳之，升成拜，三也。"

初六，晋如摧如，贞吉。罔孚，裕无咎。【注】晋，进。
摧，退也。初进居四，故晋如。四退居初，故摧如。动得位，故贞吉。
罔，无也。四坎称孚，坤弱为裕，五之正成巽，初受其命，故无咎也。
六二，晋如愁如，贞吉。【注】坎忧为愁，应在坎上，故愁如。五
变应之，故贞吉。**受兹介福于其王母。**【注】乾为介福，艮为
手，坤为虚，故称受，谓五已正中。乾为王，坤为母，故受兹介福于其
王母。**六三，众允，悔亡。**【注】坤为众，土性信，故众允。三失
正，与上易位，故悔亡。**九四，晋如硕鼠，贞厉。**【注】四体坎
艮，艮为硕鼠，在坎穴中，故晋如硕鼠。失位，故贞厉。**六五，悔
亡，矢得，勿恤，往吉，无不利。**【注】失位，悔也。动之正，故
悔亡。矢，古誓字，信也。勿，无。恤，忧也。五变得正，坎象不见，
故誓得勿恤。五正二，受介福，故往吉，无不利。**上九，晋其角，
维用伐邑，厉吉，无咎，贞吝。**【注】上为角，坤为邑，动体豫，
利行师，故维用伐邑。失位，故危。变之正，故厉吉，无咎。动入冥
豫，故贞吝。【疏】晋进至咎也。　晋，进。象传文。何妥曰：摧，退
也。初四失位，初之四为进，故晋如。四之初为退，故摧如。二爻得
位，故贞吉。罔，无。马义也。四体坎为孚，四之初，故罔孚。中互
两坤，坤弱为裕，五之正成巽，巽为命，初受其命，故无咎。此兼虞
义。　坎忧至贞吉。　二正应五，故晋如。坎为加忧。说文曰：愁

忧也。五在坎上，二五敌应，故愁如。五失位，变之正，与二相应，故
贞吉。此兼虞义。　　乾为至王母。　　此虞、九家义也。马氏云：介，
大也。乾为大、为福，故为介福。艮为手，坤阴为虚，手虚能受，故称
受。五已正体，乾为王，坤为母，二受五福，故受兹介福于其王母矣。
　　坤为至悔亡。　　此虞义也。释诂曰：允，信也。坤为众、为土，土
性信，故众允。以六居三为失正，与上易位，各得其正，故悔亡也。
　　四体至贞厉。　　四体坎互艮，艮为硕、为鼠，故为硕鼠。诗硕鼠序
曰：贪而畏人若大鼠。四本三公之位，以阳居阴，而据坤田，有似硕
鼠。坎窞为坎，四体坎。虞注说卦曰：鼠似狗而小，在坎穴中，晋九
四是也。四失位不正而危，故贞厉也。　　失位至不利。　　六居五为
失位，宜有悔也。五之正，故悔亡。论语：夫子矢之。孔安国注云：
矢，誓也。矢、誓同物同音，故知矢为古誓字。誓以著信，故云信。
五体坎为忧，变得正，坎象不见，故誓得勿恤。五已之正，二往应五，
受介福，故往吉，无不利。乾为利也。此兼虞义。　　上为至贞吝。
爻例上为角。虞氏谓：五已变，之乾为首，位在首上，故称角。义
亦通也。坤土为邑，上动体豫，豫象曰：利建侯行师。行师侵伐，故
维用伐邑也。动入冥豫，荀义也。豫上六曰冥豫，故云动入冥豫。
两阴无应，故贞吝也。

坎宫游魂卦，消息九月。

明夷。【注】临二之三而反晋也。夷，伤也。明入地中，故
伤。**利艰贞。**【注】谓三也。三得正体坎为艰，故利艰贞。【疏】
临二至故伤。　　此虞义也。卦自临来，亦从四阴二阳之例。临九二
之三而反晋者，易例有卦之反、爻之反。卦之反，反卦也，艮反震、兑
反巽、明夷反晋之类是也；爻之反，旁通也，比大有之类是也。否泰

则旁通,而兼反卦者也。此不用旁通而用反卦者,以上六初登于天为晋时,后入于地为明夷时,故用反卦,与否泰反其类为一例也。夷,伤也。序卦文。离灭坤下,六五失则九三升五,不可疾正,故明伤也。 谓三至艰贞。 彖传谓文王、箕子以正人蒙难,故利艰贞谓三。三阳得正为君子,而在坎狱中,坎为艰,文王蒙难而得身全,箕子内难而正其志,利艰贞之义也。此兼虞义。虞唯指五为异也。

初九,明夷于飞,垂其翼。君子于行,三日不食。

【注】离为飞鸟,故曰于飞。为坤所抑,故垂其翼。阳为君子,三者阳德成也。震为行,离为日,晋初动体噬嗑食,明夷反晋,故曰:君子于行,三日不食。**有攸往,主人有言。**【注】应在四,故有攸往。四体震为主人、为言,故主人有言。**六二,明夷睇于左股,用拯马壮,吉。**【注】旁视为睇,离为目。阳称左,谓九三也。三在辰得巽气为股,二承三,故睇于左股。震为马,二正应五,三与五同功,二以中和应天合众,欲升三以壮于五,故曰:用拯马壮,吉。**九三,明夷于南守,得其大首,不可疾贞。**【注】守,猎也。离南方卦,故曰南守。三上猎五,乾为大首,故得其大首。自暗复明,当以渐次,不可卒正,故曰不可疾贞。**六四,入于左腹,获明夷之心,于出门庭。**【注】左谓三。坤为腹,四欲上三居五,故入于左腹。三获五体坎为心,故获明夷之心。震为出,晋艮为门庭,故于出门庭,言三当出门庭,升五君位。**六五,其子之明夷,利贞。**【注】其读为亥。坤终于亥,乾出于子,故其子之明夷。三升五得正,故利贞。马君:俗儒读为箕子,涉彖传而讹耳。**上六,不明,晦,初登于天,后入于地。**【注】应在三,离灭坤下,故不明,

晦。晋时在上丽乾,故登于天;今反在下,故后入于地。【疏】离为至不食。　此荀、虞义也。说卦曰:离为雉。郭璞洞林曰:离为朱雀。故为飞鸟。明入地中,为坤所抑,故垂其翼。昭五年春秋传曰:日之谦,当鸟飞不翔,垂不峻,翼不广。初体离而在坤下,故有是象也。泰彖传曰:君子道长。君子谓三阳。春秋传曰:象日之动,故曰君子于行。是知阳为君子。阳成于三,故云三者阳德成也。晋初动体噬嗑。杂卦曰:噬嗑,食也。明夷反晋,故不食。荀氏谓:不食者,不得食君禄也。阳未居五,阴暗在上,初有明德,耻食其禄,故曰:君子于行,三日不食。是其义也。　应在至有言。　初正应四,自内曰往,故有攸往。震主器,故为主人。四互震而在坤体,躁人之辞多,故主人有言也。　旁视至壮吉。　此郑、九家义也。夏小正曰:来降燕乃睇。传曰:睇者,眄也。说文:眄,邪视也。秦语。故郑注内则亦曰:睇,倾视也。离为目,故为睇。管子宙合曰:君立于左,臣立于右。此君臣之分,是左阳右阴,故阳称左。周书武顺曰:天道尚左。九三阳爻,故为左也。爻辰三在辰,孝经援神契曰:清明后十五日斗指辰为谷雨,后十五日斗指巽为立夏。是辰近巽,巽为股,故云得巽气为股。三为左股,二承三,故睇于左股。三体震为马,三升五,二正应之,故云二正应五。三与五同功,下系文。三五同功,故得升五。若然,临泰诸卦二升五,以其应也。大壮四升五,以阳息之卦也。义各有取,皆以五虚无君而得升也。二执中含和,上应九五,以合众爻,故云二以中和应天合众。拯之言升,三升五则二得其应,故欲升三,以壮于五,而曰用拯马壮。五变之正,故吉也。坎折坤体,故曰壮。　守猎至疾贞。　九家曰:岁终田猎名曰守。故曰:守,猎也。离南方卦,说卦文。三体离,离南方之卦,故曰南守。三阳五阴,五虚无君,阴为阳得,故三上猎五。九五为乾,乾阳为大、为首,三上猎五,故得其大首。**明夷**之世用晦,而明当以渐决,不可卒正。言不可卒正五位,故曰不可疾贞。此兼九家义也。　**左谓至君位。**　二爻辞"左股"谓三,故知此左亦谓三。坤为腹,**说卦**文。**荀氏**谓:四得位比三,处于顺首,欲上三居五,五体坤为腹,故入于左腹。三南守获五体坎,坎为心,故获明夷之心。**说卦**曰帝出乎**震**,故**震**为出。又曰**艮**为门阙,**庄二十五年春秋传**曰庭实旅百,**杜预**注云"艮为门庭"是也。三居五,出在应门之内,立于门内之中庭南面,故云"于出门庭,升五君位"也。此兼**荀氏**及**九家**义。　**其读至讹耳。**

蜀才从古文作其子,今从之。其,古音亥,故读为亥。亦作萁。**刘向**曰:今易其子作荄兹。**荀爽**据以为说,盖读其子为荄兹。古文作其子,其与亥、子与兹,字异而音义同。**淮南子**曰:爨萁燧火。**高诱**注云:其音"该备"之该。该、荄同物,故**三统历**曰"该阂于亥,孳萌于子"是也。五本坤也。坤终于亥,乾出于子,用晦而明,明不可息,故曰其子之明夷。**明夷反晋。晋,昼也。明夷,晦也。**以十二辰言之,七日来复则当子;以十日言之,自暗复明则当旦。故**昭五年春秋传**卜楚邱论此卦,以为明夷当旦,亦此义也。五失位,三之五得正,故利贞。**马融**俗儒不识七十子传**易**之大义,以**象传**有**箕子**之文,遂以**箕子**当五。寻五为天位,**箕子**臣也,而当君位,乖于**易**例,逆孰大焉。谬说流传,兆于**西汉**。**西汉**博士**施雠**读其为箕,时有**孟喜**之高弟**蜀**人**赵宾**述**孟氏**之学,斥言其谬,以为箕子明夷,阴阳气无箕子;其子者,万物方荄兹也。**宾**据古义以难诸儒,诸儒皆屈于是,**施雠**、**梁丘贺**咸共嫉之。**雠**、**贺**与**喜**同事**田王孙**,而**贺**先贵。又传子临从**雠**问,荐**雠**为博士。**喜**未贵而学独高,**施**、**梁丘**皆不及。**喜**所传卦气及**易**家侯阴阳灾异书,皆传自**王孙**,以授**梁**人**焦延寿**者。而**梁丘**恶之,谓无此事,引**雠**为证,且以此语闻于上,于是**宣帝**以**喜**为改师法,不用为博士,中梁丘之潜也。雠、贺嫉喜而并及宾。班固不通易,其作喜传亦用雠、贺之单词,皆非实录。刘向别录犹循孟学,故马融俗说,荀爽独知其非,复宾古义,读其子为荄兹。而晋人邹湛以为漫衍无经,致讥荀氏。但魏晋已后,经师道丧,王肃诋郑氏而禘郊之义乖,袁准毁蔡服而明堂之制亡,邹湛讥荀谓而周易之学晦。郢书燕说,一倡百和,何尤乎后世之纷纭矣。　应在至于地。　此虞义也。三体离,上正应三,故云应在三。坤灭藏于癸,坤上离下,故离灭坤下。坤冥为晦,故不明而晦也。日月丽乎天,晋时在上丽乾,故登于天。明夷反晋,故反在下,后入于地也。

☰☵ 巽宫二世卦,消息五月。

家人。利女贞。【注】遁四之初。女谓离巽,二四得正,故利女贞。【疏】此虞义也。卦自遁来,九四之初。二称家,离二正内,应在乾,乾为人,故名家人。马氏谓木生火,火以木为家,故曰家人,义亦通也。离中女,巽长女,故女谓离巽。二体离,四体巽,二四得正,故利女贞。马氏云:家人以女为奥主,长女中女各得其正,故特曰:利女贞矣。

初九,闲有家,悔亡。【注】闲,阑也,防也。阴消至二,艮子弑父,四来闲初,故闲有家,悔亡。六二,无攸遂,在中馈,贞吉。【注】遂读如“大夫无遂事”之遂。妇道无成,故无攸遂。馈,馈祭也。二在下中,故在中馈。正应五,故贞吉。九三,家人熇熇,悔厉吉。妇子喜喜,终吝。【注】熇熇,盛烈也。乾盛故熇熇。三多凶,故悔厉。得位故吉。喜喜,喜笑也。巽为妇,动体艮子,家人毁坏,故妇子喜喜,终吝。六四,富家,大吉。【注】三动坤为富,四得位,应初顺五乘三,比据三阳,故富家大吉。**九五,王假有家,勿恤,吉。【注】**乾为王。假,大也。三变受上,五体坎,坎为恤,五得尊位,据四应二,以天下为家,故王假有家。天下正之,故勿恤,吉。**上九,有孚威如,终吉。【注】**坎为孚,故有孚。乾为威,自上之坤,故威如。易而得位,故终吉。**【疏】**闲阑至悔亡。

闲,阑也,防也。此马义也。卦自遁来,遁阴消二体艮,故艮子弑父。四来闲初,弑逆不行,故闲有家,悔亡也。案,虞注讼象曰:遁三之二,遁将成否,则子弑父,臣弑君。三来之二得中,弑不得行,故中吉。义与此同也。 遂读至贞吉。 大夫无遂事,读从桓八年公羊传文。彼文云:遂者何? 生事也。何休注云:生犹造也,专事之辞。夫子制义,妇道无成,故无攸遂。古文论语曰:咏而馈。旧注云:咏,歌。馈,祭也。周礼笾人有馈食,仪礼有特牲、少牢馈食之礼,皆谓荐孰。故云:馈,馈祭也。二居下中,而有妇道。昏礼云:昏者,将合二姓之好,上以事宗庙。是馈祭为妇职。二居下体之中,故在中馈。执中含和,正应九五,故贞吉也。 熇熇至终吝。 犍为舍人注尔雅曰:熇熇,盛烈也。乾道威严,故熇熇。三处多凶之地,而过于严,故悔厉。以其得位,故吉。喜喜,喜笑,郑义也。喜读为嬉。巽为妇,动体艮为子,故妇子喜喜。此虞义也。动失位,家人毁坏,故终吝。上之三,则终吉也。易例爻得位者不言变。今三动受上者,象传曰:正家而天下定,谓既济也。此卦五爻得位,所较上爻耳,三动受上成既济,则六爻皆正,所谓正家而天下定也。故虞注渐上九曰:三变受成既济,与家人象同义。又云:三已得位,又变受上,权也。桓十一年公羊传曰:权者,反于经然后有善者也。三得位而动,反于经也。动受上而成既济,所谓反于经然后有善者也。是易之变例矣。　三动至大吉。　三动体坤,坤为富者,礼运曰:天生时而地生财。造志曰:地作富。坤为地,故富也。六以阴居四,故得位。应在初,上承五而在三上,故云应初顺五乘三。初、三、五皆阳,故比据三阳。阳称大、称吉,故大吉也。此兼虞义。　乾为至恤吉。　此虞、陆义也。乾为五,谓遂乾也。假,大也。释诂文。诗商颂那曰:汤孙奏假。毛传云“假,大”是也。三变受上则五体坎,坎为加忧。马氏云:恤,忧也。故坎忧为恤。五为天子,故得尊位。据四应二,群阴顺从,王者以天下为家,故王大有家。正家而天下定,故无所忧而吉也。　坎为至终吉。　此虞义也。虞氏谓:三已变,与上易位成坎,坎信为孚,故有孚。乾为君,君德威严,故威如。自上之坤,三上易位,而皆得正,故终吉也。

☶ 艮宫四世卦,消息十二月。

睽。小事吉。【注】大壮上之三,在系“盖取”,无妄二之五也。小谓五,阴称小,得中应刚,故小事吉。【疏】此虞义也。卦自大壮来,上六之三,此从四阳二阴之例也。云在系“盖取”者,系,系词也;盖取,谓十三“盖取”也。系下曰:弦木为弧,剡木为矢,弧矢之利,以威天下,盖取诸睽。虞彼注云:无妄五之二也。象传谓:柔进上行。故据系辞“盖取”以明之。六五阴爻,故小谓五。阳大阴小,故阴称小。五得中而应乾五之伏阳,得中应刚,故小事吉。

初九,悔亡。丧马勿逐自复,见恶人无咎。【注】无应,悔也。四动得位,故悔亡。应在坎,坎为马,四失位,之正入坤,坤为丧,坎象不见,故丧马。震为逐,艮为止,故勿逐。坤为自,二至五体复,象二动震马来,故勿逐自复也。离为见,恶人谓四,动入坤初,四复正,故见恶人无咎也。九二,遇主于巷,无咎。【注】二动体震,震为主,艮为宫、为径路,宫中有径路,故称巷。二动五变应之,故遇主于巷。变得正,故无咎。**六三,见舆曳,其牛掣。**【注】离为见,坎为舆、为曳,故见舆曳。四动坤为牛,牛角一俯一卬曰掣。离上而坎下,故其牛掣也。**其人天且劓,无初有终。**【注】其人谓四,恶人也。黥额为天,割鼻为劓。无妄乾为天,震二之乾五,以阴墨其天,乾五之震二毁艮,割其鼻也。兑为刑人,故其人天且劓。失位动得正,故无初有终。**九四,睽孤遇元夫。交孚,厉,无咎。**【注】孤,顾也。在两阴间,睽五顾三,故曰睽孤。震为元夫,谓二已变,动而应震,故遇元夫也。震为交,坎为孚,动得正,故交孚,厉,无咎。**六五,悔亡。厥宗噬肤,往何咎。**【注】失位,悔也。变之正,故悔亡。乾为宗,二动体噬嗑,故曰噬。四变时艮为肤,故厥宗噬肤,言与二合也。二往应之,故往何咎。**上九,睽孤见豕负涂,载鬼一车。**【注】睽三顾五,故曰睽孤。离为见,坎为豕、为雨,四变时坤为土,土得雨为泥涂,四动艮为背,豕背有泥,故见豕负涂矣。坤为鬼,坎为舆,变在坎上,故载鬼一车也。**先张之弧,后说之壶。**【注】谓五已变,乾为先,应在三。坎为弓,离为矢,张弧之象也,故先张之弧。四动震为后,说犹置也。兑为口,离为大腹,坤为器。大腹有口,坎酒在中壶之象也,故后说之壶。**匪寇,昏冓。往遇雨则吉。**【注】坎为寇,之三历险,故匪寇。阴阳相应,故昏冓。三在坎下,故遇雨。与上易位,坎象不见,各得其正,故则吉也。【疏】无应至咎也。　此虞义也。初四皆阳,故曰无应。四失正,动得位,故悔亡。四体坎,故应在坎。说卦曰:坎于马也为美脊。故为马。四变入坤,坤为丧,坎化为坤,故丧

马。震为奔走,故为逐。艮为止,故勿逐。坤为自,四已变,故二至
五体复。二动初体震,故震马来,勿逐自复之象也。丧马勿逐自复,
此商法也。周监二代而因之,故周礼朝士职曰:凡获得货贿人民六
畜者,委于朝,告于士。郑彼注云:委于朝,待来识之。尚书费誓曰:
马牛其风,臣妾逋逃,勿敢越逐,祗复之。是其事也。说卦曰相见乎
离,故离为见。四离火不正,兖如来如,故恶人谓四。四当居坤初,
故动入坤初,此易例也。坤初来居四复正,故见恶人无咎也。　　二
动至无咎。　此虞义也。震主器,二动体震,震为主,故遇主。谓五
遇二也。释宫曰:宫中巷谓之壶。艮为宫、为径路,宫中有径路,故
称巷。巷亦作衖。巷、衖同物,故又作衖。离骚经曰:五子用失夫家
巷。巷读为衖也。隐四年穀梁传曰:遇者,志相得也。二五相应,而
皆失位,二动五变应之,故遇主于巷。而皆得正,故无咎。虞唯以震
为大涂,为异耳。俗说以五为主,此谬也。大夫称主君,故昭廿九年
春秋传曰:齐侯使高张来唁公,称主君。子家子曰:齐卑君矣,君祗
辱焉。知五非主也。　　离为至觷也。　此虞义也。说文曰:曳,臾
曳也。束缚捽曳为臾。坎为舆多眚,故见舆曳。卦互离坎,牛角有
俯有仰,离上为仰,坎下为俯,故其牛觷。三不正,故有曳觷之形象,
曰位不当也。　　其人至有终。　此虞义也。恶人当蒙罪,故其人指
四,恶人。马氏云:剠凿其额曰天。剠与黥同,故曰黥额为天。郑氏
注周礼司刑曰:劓,截其鼻也。故曰割鼻为劓。夏之黥即周之墨。
乾五为天,二阴之五,故以阴墨其天。无妄二体艮,艮为鼻,五之二,
故毁艮,割其鼻也。兑为刑人,五刑有黥劓之法,加于四之恶人,故
其人天且劓也。三四失位,动得正,故无初有终。易例爻初失位为
无初,变得位为有终也。　　孤顾至无咎矣。　此虞义也。孤,顾。
刘熙释名文,谓顾望也。两阴谓三五,五乘四故睽五,四据三故顾

三。说文云：顾，还视也。震初为元为夫，二变初体震，四动而应之，故遇元夫。遇者，志相得。初四正应，故亦云遇也。震初阳始交于坤，故为交。坎信为孚，四交于初，故云交孚。二爻得正，故虽危无咎也。　失位至何咎。　此虞义也。五动体乾。宗，尊也。乾为天，天尊，故为宗。厥宗者，二之宗也。二动体噬嗑，噬嗑者，合也。四变二体艮，艮为肤，五来合二，故厥宗噬肤。二艮为巷，五乾为宗；巷者宫中之道，宗者庙内之墙。二五易位，五君二臣，君为元首，臣为股肱，本一体之亲，有肌肤之爱，故曰噬肤也。二往合五，故往何咎。自外曰往也。　睽三至车也。　此虞义也。三失位，故睽三。上据五，故顾五。坎为豕、为雨，坤为土，土得雨为泥涂。诗角弓曰如涂涂附，毛传云"涂，泥"是也。艮象曰艮其背，故为背。豕背有泥，故负涂。坤为鬼，坎为车，四变在坎上，坤为载，故载鬼一车。于礼为魂车，既夕荐车。郑彼注云：今之魂车，载而往迎，而归如慕如。疑乖违之家，有是象也。　谓五至之壶。　此虞义也。释诂曰：说，舍也。郭注云：舍，放。置、说、舍同义，故云说犹置也。壶俗作弧，今从古。阮谌三礼图曰：方壶受一斛，腹圜足口方；圜壶受一斛，腹方足口圜。若然，壶有口有腹，故云：兑为口，离为大腹。昏礼：设尊是为壶尊。扬子太玄曰：家无壶，妇承之姑。测曰：家无壶，无以相承也。若然，说壶者，妇承姑之礼与？壶器大腹有口，盛坎酒于中，故后说之壶也。　坎为至吉也。　此虞义也。坎为寇。初失位，之三历险，故云寇。由后言之，故云匪寇也。变之正，阴阳相应，故昏冓。始则拒之如外寇，终则礼之如内宾，始睽终合之象也。三在坎下而应上，故遇雨。三上易位，坎象不见，阴阳和会而得其正，故则吉也。

周易述卷六

周易下经

䷦兑宫四世卦,消息十一月。

䷦**蹇**。利西南,不利东北。【注】升二之五,或说观上反三,与睽旁通。西南谓坤,东北艮也。二往居坤,故利西南。卦有两坎,坎为险,下坎在前,直艮东北之地,故不利东北。虞氏谓:五在坤中,坎为月,月生西南,故利西南。往得中,谓西南得朋也。东北谓三也。月消于艮,丧乙灭癸,故不利东北,其道穷矣。则东北丧朋矣。**利见大人。贞吉。**【注】大人谓五,二得位应五,故利见大人。五当位正邦,故贞吉。【疏】升二至朋矣。 卦自升来,升六五:贞吉,升阶。虞氏谓:二之五,故云升。此卦二之五,与师二上之五成比同义也。或说观上反三,虞义也。此从四阴二阳之例矣。坤西南卦,故西南谓坤。艮东北之卦,故东北艮也。二往居坤,得位得中,故利西南。卦有两坎,兼互体也。坎陷为险,下坎在前,艮东北卦,正直其地,故不利东北。象曰:其道穷也。此荀义也。虞氏据纳甲谓五在坤中,故曰西南。体坎为月,出庚见丁,故月生西南。五往得中,故利西南。往得中,睽、兑为朋,故西南得朋也。三体艮,故东北谓三。退辛消丙,故月消于艮。乙东癸北,丧乙灭癸,当月之晦,天

道之终,故不利东北,其道穷也。东北丧朋,谓五六三十也。 大人
至贞吉。 此虞义也。大人,天子,故谓五。五居尊位,二正应之,
故利见大人。五当位居正,群阴顺从,故贞吉也。

初六,往蹇来誉。【注】誉谓二。初失位应阴,往历坎险,
故往蹇。变得位比二,故来誉。**六二,王臣蹇蹇,匪躬之故。**
【注】五为王,坤为臣、为躬,坎为蹇,之应涉坤,二五俱坎,故王臣蹇
蹇。二上折坤,得正相应,故匪躬之故。**九三,往蹇来反。【注】**
应正历险,故往蹇。反身据二,故来反。**六四,往蹇来连。【注】**
连,辇;蹇,难也。在两坎间,进则无应,故往蹇。退初介三,故来连
也。**九五,大蹇朋来。【注】**当位正邦,故大蹇。睽兑为朋,故朋
来。**上六,往蹇来硕,吉。利见大人。【注】**阴在险上,变失
位,故往蹇。硕谓三,艮为硕,退来之三,故来硕。得位有应,故吉
也。离为见,大人谓五,故利见大人矣。**【疏】**誉谓至来誉。 此虞
义也。二多誉,故誉谓二。三体坎,坎为蹇,初失位而应六四之阴,
往历坎险,故往蹇。变之正而与二比,故来誉也。 五为至之故。
此虞义也。九五,乾也,故为王。坤,臣道也,故为臣;又为身,故
为躬。坎,难也,蹇亦难也,故坎为蹇。五本坤也,故之应涉坤。三
五体坎,故王臣蹇蹇。二升五折坤之躬,得正相应,公耳忘私,故匪
躬之故。虞唯上反三折坤体,为异耳。 应正至来反。 此虞义
也。三正应上而历五险,故往蹇。反身据二,舍应从比,故来反。即
象传所云"反身修德"也。虞唯以观上反三为反身,异耳。 连辇至
连也。 此虞义也。马云:连,难也。连古音辇,辇亦难也。故云:
连,辇;蹇,难也。四在两坎之间,应在初,故进则无应。介,间也。
退应初而间于三,故退初介三。往来皆难,故云往蹇来连。终得初

应,故象曰:当位实也。　当位至朋来。　此虞义也。五在蹇家,处
中得正,当位正邦,故大蹇。旁通睽,故睽兑为朋。干氏谓:比上据
四应二,众阴并至,故朋来也。　阴在至大人。　此虞义也。五坎
为险,故阴在险上。自外曰往,故上变称往。变失正,故往蹇。诸爻
以遇坎为蹇,此爻以失位为蹇也。三体艮,艮为硕,故硕谓三。退应
三,故来硕。蹇终则解,得位有应,故吉也。大人谓五,之三历五,故
利见大人,言应三则吉,比五则利也。

☳☵震宫二世卦,消息二月。

解。利西南。【注】临初之四,坤西南卦,初之四得坤众,故
利西南,往得众也。无所往,其来复吉。【注】谓四本从初之
四,失位于外而无所应,故无所往。宜来反初,复得正位,故其来复
吉。二往之五,四来之初,成屯体复象,故云复也。有攸往,夙
吉。【注】谓二也。夙,早也。离为日、为甲,日出甲上,故早也。二
失位,早往之五则吉,故有攸往,夙吉,往有功也。【疏】临初至众
也。　此虞义也。卦自临来,初九之四。乾凿度曰坤位在西南,故
坤西南卦。四体坤,坤为众,初之四得坤众,象传曰"利西南,往得
众"是也。　谓四至复吉。　此虞义也。四以阳居阴而在外卦,故
失位于外。进则无应,故无所应。失位无应,故无所往。宜来反初
而复正阳之位,故其来复吉也。二已往之五,故四来之初而成屯,屯
初至四体复象,故云复。　谓二至功也。　此虞义也。之外曰往,
故往谓二。夙,早。释诂文。离为日、为甲。古文早作皂,说文曰
"皂,晨也。从日在甲上"是也。二既失正,早往之五则吉。解者,缓
也,故言夙。五多功,二据五解难,故有功也。

初六,无咎。【注】二已之五,四来复初,故无咎。九二,田获三狐,得黄矢,贞吉。【注】临坤为田,田,猎也。变之正,艮为狐,坎为弓,离为黄矢,矢贯狐体,二之五历三爻,故田获三狐,得黄矢。之正得中,故贞吉。或说坎为狐。六三,负且乘。【注】负,倍也。二变时艮为背,谓三以四艮倍五也。五来寇三,时坤为车,三在坤上,故负且乘。致寇至,贞吝。【注】五之二成坎,坎为寇盗,上嫚五,下暴二,嫚藏诲盗,故致寇至。失位,故贞吝。九四,解而母,朋至斯孚。【注】初为四母,与初易位,故解而母。临兑为朋,谓二也。二已之五成坎,坎为孚,故朋至斯孚。六五,君子维有解,吉,有孚于小人。【注】阴得位为君子,失位为小人。两系称维,谓五与初也。五之二,初之四,故君子维有解。变之正,故吉。小人谓三,二四正,三出为坎,胡有孚于小人。上六,公用射隼于高庸之上,获之,无不利。【注】上应在三,公谓三伏阳也。离为隼,三失位,动出成乾,贯隼入大过死象,巽为高庸,故公用射隼于高庸之上,获之,无不利也。【疏】二已至无咎。 二夙吉,故云二已之正。四来之初成复,复“朋来无咎”,义并同也。 临坤至为狐。 临五本坤,二上猎五,故称田。田者田猎,故云:田,猎也。二之五,四体艮,艮为狐,九家说卦文。坎为弓轮,故为弓。离二黄离,故为黄。马、王注易皆云:离为矢。三体离,四体艮,故矢贯狐体。二之五,历艮三爻为三狐,故田获三狐。二猎五,离体坏,故得黄矢。五得正得中,故贞吉。此兼虞义。九家说卦坎亦为狐。卦有两坎,二四正,三出又为坎,故田获三狐,义亦通也。 负倍至且乘。 此虞义也。负读为倍,与倍同物同音。汉书载禹贡倍尾山,史记作负尾。俗作倍,字随读变。礼记明堂位负斧依,负又作倍。

故云:负,倍也。二变体艮,艮为背,背读为倍,又通于负,故郑注明堂位曰:负之言背。古人训诂,音义相兼也。三四不正,四为艮背,五在其后,故三以四背五。五来寇三者,案,系上子曰:为易者其知盗乎? 虞彼注云:否上之二成困,三暴嫚,以阴乘阳,二变入宫为萃,五之二而夺三成解,故云五来寇三。时坤为车,谓萃坤也。若然,此注不言自萃来者,注从四阴二阳之例,故不言自萃来也。三不正而乘坤车,故负且乘,谓小人而乘君子之器也。 五之至贞吝。 此虞义也。萃五之二成坎,坎为寇、为盗。系上曰:上嫚下暴。又曰:嫚藏悔盗。坎为暴,三上嫚五,下暴于二,坎心为悔,坤为藏,嫚藏悔盗,故致寇至。失位不变,故贞吝也。 初为至斯孚。 母,古文拇而女也。初上应四,四之母也,故云初为四母。初系于二,四解初系,与初易位,故解而母也。知初系于二者,五爻辞言"君子维有解",两系称维,故知初系二,五亦系四也。二阳同类,故朋谓二。二之五,两系皆解。坎信为孚,故朋至斯孚也。 阴得至小人。 郑注乾凿度曰:三十二君之率,阳得正为圣人,失正为庸人;阴失正为小人,得正为君子。故知此君子谓五与初也。虞注随上六曰:两系称维。五系四,初系二,五之二,初之四,两系皆解,故君子维有解。阴系阳而得言解者,以在解家故也。虞本维作惟,读为思惟之惟,今不用也。六三负且乘,系上释此爻云:负也者,小人之事也。故知小人谓三。二四已正,三出为坎,坎为孚,故有孚于小人。 上应至利也。 此虞义也。三失位,当变之正,上应在三,故发其义于上爻。三为三公,六三阳位,下有伏阳,故谓三伏阳也。释鸟曰:鹰,隼丑,其飞也翚。离为飞鸟,故为隼。五之二成坎弓离矢,三动成乾,贯离隼体大过,故入大过死。庸,墙也。三动下体成巽,巽为高、为庸,故公用射隼于高庸之上。虞氏谓:三阴小人乘君子器,故上观三出,射去隼,两坎象坏,故无不利也。

☶ 艮宫三世卦,消息七月。

损。有孚。元吉,无咎。可贞。利有攸往。【注】泰
初之上,损下益上,其道上行,而失位,故名损。二坎爻,坎为孚,故
有孚。与五易位,故元吉,无咎。上之正,故可贞。三往之上,故利
有攸往。曷之用,二簋可用享。【注】坤为用,二体震,震为木,
乾为圆。木器而圆,簋象也。震主祭器,故为簋。二簋者,黍与稷
也。五离爻,离为火,火数二,故二簋。上为宗庙,谓二升五为益,耒
耜之利既成,用二簋盛稻粱以享于上,上右五益三而成既济,故云二
簋可用享也。【疏】泰初至攸往。 卦自泰来,泰初九之上,乾道上
行而失位。序卦曰:缓必有所失,损者,失也。故名损。二坎爻,坎
信为孚,二失位,咎也。与五易位,各得其正,故元吉,无咎也。上当
益三之正,故可贞。三往居上,故利有攸往。上爻辞利有攸往,正指
三也。 坤为至享也。 坤为用,虞义也。二〔一〕体震,震春为木。
说卦曰:乾为圆。木器而圆,簋象,郑义也。三礼图曰:簋受斗二升,
足高一寸,中圆外圆,挫其四角,漆赤中,其饰如簠。盖簋以木为之,
内外皆圆,故知木器而圆,簋象也。荀氏曰:簋者,宗庙之器。震长
子主祭器,故为簋。明堂位曰:周之八簋。祭义曰:八簋之实。郑注
云:天子之祭八簋。簋有八而称二者,三礼图:簠盛稻粱,簋盛黍稷。
故知二簋者,举黍与稷也。五离爻,故又取象火数,以释二簋。上为
宗庙,二升五成益。益者,神农盖取以兴耒耜之利,而成既济者也。

─────────

〔一〕"二",原作"三",据皇清经解本改。

故云:耒耜之利既成,用二簋盛稻与粱以享于上。五,象传曰:六五
元吉,自上右也。五为一卦之主,上之三成既济,则五之功成,故知
上右五益三而成既济也。

初九,已事遄往,无咎。酌损之。【注】已读为祀,祀谓
祭祀。坤为事,谓二也。遄,速。酌,取也。二失正,初利二速往合
志于五,已得之应,故遄往,无咎。二居五,酌上之刚以益三,故酌损
之。九二,利贞。征凶,弗损,益之。【注】失位当之正,故利
贞。征,行也。震为征,失正毁折,故不征,之五则凶。二之五成益,
小损大益,故弗损,益之。六三,三人行,则损一人。【注】泰
乾三爻为三人,震为行,故三人行。损初之上,故则损一人。一人
行,则得其友。【注】一人,爻不旅行也。兑为友,损二之五,益
上之三,各得其应,故一人行,则得其友。天地壹壹,万物化醇,言致
一也。六四,损其疾,使遄有喜,无咎。【注】四,谓二也。四
得位,远应初,二速上五,已得承之,谓二之五,三上复坎为疾也。阳
在五称喜,故损其疾,使遄有喜。得正承五,故无咎。六五,或益
之十朋之龟,弗克违,元吉。【注】二五已变成益,故或益之。
坤为十,兑为朋,三上失位,三动离为龟,十谓神、灵、摄、宝、文、筮、
山、泽、水、火之龟,故云十朋。弗克违,不违龟筮也。三上易位成既
济,故弗克违,元吉矣。或说:二至五有颐象,故云龟。上九,弗
损,益之,无咎,贞吉。【注】损极则益,故弗损。益之,谓损上
益三也。上失正,之三得位,故无咎,贞吉。利有攸往,得臣无
家。【注】谓三往之上,故利有攸往。二五已动成益,坤为臣,三变
据坤成家人,故得臣。上动应三成既济,则家人坏,故曰无家。

【疏】已读至损之。 已读为祀者,古文省。故郑诗谱云:孟仲子,子思弟子。子思论诗"於穆不已",孟仲子曰:於穆不祀。知已与祀通,故读为祀。祀,祭祀。已下虞义也。释诂曰:祀,祭也。上为宗庙,经曰二簋可用享,谓二居五体观,以二簋享于宗庙。故祀谓祭祀。遄,速。释诂文。酌与勺同。说文曰:挹,取也。坊记曰:上酌民言。郑注云:酌犹取也。春秋僖八年郑伯乞盟,公羊传曰:盖酌之也。训与说文、郑氏同。故云:酌,取也。初与四应,初利二速往合五,已得应四,初曰遄往,四曰遄喜,皆谓二速往五而喜也。阴阳得正,故无咎。二居五,取上益三,故二与上皆云弗损益之,谓益三〔一〕也。酌损上以益三,故曰酌损之也。 失位至益之。 此虞义也。二失位,当之五得正,故利贞。征,行。释言文。震为行,故为征。二失正体兑,兑为毁折,故云失正毁折。二当之五,故云:不征,之五则凶。不征言征,犹不如言如,郭璞所谓诂训义有反覆旁通者也。二之五体益,五辞"或益之"是也。初之上为小损,上之三为大益,故弗损益之,谓成既济也。 泰乾至一人。 此虞义也。乾为人,故泰乾三爻为三人。震为行,泰阳息之卦,三阳并进,故三人行。损初九而之坤上,故损一人。 一人至一也。 一爻为一人,三则疑谓旅行也。爻不旅行,故称一人,非谓止一爻也。兑朋友讲习,故为友。损二之五,益上之三,则六爻各得其应。故云:一人行,则得其友也。天地壹壹已下,系下文。天地谓泰,乾坤也。乾坤交而成既济,故万物化醇。一者,天地合也,故云言致一也。 四谓至无咎。 此虞义也。二五为卦主,故四谓二。四以阴居阴,得位应初,二祀事遄往,故云二速上五。四近于五,故已得承之,二之五,三上

〔一〕"三",皇清经解本作"二"。

复体坎,坎为疾,阳在五称喜,六爻皆正则坎不为害,故损其疾,使遄有喜也。四得正承五,故无咎。　二五至云龟。　此虞义也。在损家而称益者,以二之五成益,故云或益之也。坤数十,兑为朋,故云十朋。三动体离,离为龟。马、郑释十朋之龟,据尔雅释鱼曰:一曰神龟,二曰灵龟,三曰摄龟,四曰宝龟,五曰文龟,六曰筮龟,七曰山龟,八曰泽龟,九曰水龟,十曰火龟。故云:十谓神、灵、摄、宝、文、筮、山、泽、水、火之龟。尔雅之文盖以释易,故引之。一说:两贝曰朋,朋直二百一十六。汉书食货志曰:元龟岠冉长尺二寸,直二千一百六十,为大贝十朋。易十朋者,元龟之直。义亦通也。弗克违,不违龟筮者,此增虞义。不违龟筮,表记文。二五之正,三上易位成既济,人谋既协,龟墨又顺,故弗克违,元吉也。或说已下,义详颐卦。益初至五亦有颐象,卦辞皆云龟,汉儒无说,疑不能明也。　损极至贞吉。　损极则益,王肃义也。上者,损之极,损极则益,故弗损益之。序卦所云“损而不已则益”是也。损上益三已下,虞义也。上失正为损,咎也。之三得位,故无咎,贞吉。　谓三至无家。　此虞义也。自内曰往,三之上,故利有攸往。二五已动成益,中互坤,故坤为臣。三变则据坤而体家人,是得臣也。上动应三,六爻皆正,故成既济。家人体坏,故曰无家。谷永释此经云:言王者臣天下,无私家也。王肃谓:得臣则万方一轨,故无家也。

䷩巽宫三世卦,消息正月。

益。利有攸往。【注】否上之初,与恒旁通。损上益下,其道大光。二利往应五,故利有攸往,中正有庆也。**利涉大川**,【注】谓三失正,动成坎体涣,坎为大川,故利涉大川。涣舟楫象,木道乃行也。【疏】否上至庆也。　此虞义也。否上爻之初成益,虞注否上九曰"否终必倾,下反于初成益"是也。与恒旁通,又两象易也。上之初,故损上益下。乾为大明,以乾照坤,故其道大光。五乾中正,二利往应之,故利有攸往。乾为庆,故中正有庆也。 谓三至行也。此虞义也。三阴失位,动而成坎,有涣象,坎水为大川,乾为利,故利涉大川。舟楫之利以济不通,盖取诸涣,故涣舟楫象。巽木得水,故木道乃行也。

初九,利用为大作,元吉,无咎。【注】大作谓耕播。耒耜之利,盖取诸此也。坤为用,乾为大,震为作,故利用为大作。体复初得正,故元吉,无咎。震三月卦,日中星鸟,敬授民时,故以耕播也。**六二,或益之十朋之龟,弗克违。永贞吉。【注】**谓上从外来益初也,故或益之。二得正远应,利三之正,已得承。坤数十,损兑为朋,谓三变离为龟,故十朋之龟。坤为永,上之三得正,故永贞吉。**王用亨于帝,吉。【注】**震称帝,王谓五,否乾为王,体观象祭祀。益正月卦,王用以郊天,故亨于帝。得位,故吉。**六三,益之用凶事,无咎。【注】**坤为事,三多凶,上来益三得正,故益用凶事,无咎。**有孚。中行告公用圭。【注】**公谓三,三动体坎,故有孚。震为行,初至四体复,故曰中行。震为告,坤为用,乾为圭,上之三,故告公用圭。礼:含者执璧将命,赗者执圭将命,皆西面坐,委之宰,举璧与圭。此凶事用圭之礼。**六四,中行告公,从。【注】**体复四,故亦云中行。三为公,震为从,三上失位,四利三之正,已得从初,故告公,从。**利用为依迁邦。【注】**坤为邦。迁,徙也。三动坤徙,故利用为依迁邦。春秋传曰:我周之东迁,晋郑焉依。**九五,有孚惠心,勿问,元吉。【注】**谓三上也。震为问,三上易位,三五体坎,已成既济,坎为心,故有孚惠心,勿问,元吉。

象曰："勿问之矣。"**有孚，惠我德。**【注】坤为我，乾为德，三之上体坎为孚，故惠我德。象曰："**大德志也。**"**上九，莫益之。**【注】莫，无也。自非上无益初者，故莫益之。**或击之。**【注】上不益初，则以剥灭乾，艮为手，故或击之。**立心勿恒，凶。**【注】旁通恒。益初体复心，上不益初，故立心勿恒。伤之者至，故凶。【疏】大作至播也。　此虞义也。尚书尧典曰：平秩东作。周语虢文公曰：民之大事在农。故云：大作谓耕播。系下曰：斫木为耜，揉木为耒，耒耨之利，以教天下，盖取诸益。故云：耒耨之利，取诸此也。九家易曰：阴者起巽终坤，万物成孰。成孰则给用，故坤为用。震作足，故为作。乾为利，故利用为大作。乾凿度曰：坤变初六复，曰正阳在下为圣人。故体复初得正。复崩来无咎，初九无祗悔元吉，故元吉，无咎。震四正方伯卦。郑注易通卦验云：春分于震直初九，清明于震直六二，谷雨于震直六三。故震三月卦。日中星鸟，敬授民时，皆尚书尧典文，所以证大作耕播之时也。　谓上至贞吉。　此虞义也。象曰：或益之，自外来也。故云：谓上从外来益初也。二远于五，而得位正应，故得正远应。三失位，故利三之正。阴利承阳，故已得承之。系上云：天九地十，故坤数十。益不通损而云损兑者，案，损六五爻辞与益二略同，虞氏彼注云：谓二五已变成益。故或益之。损而不已必益，故兼损象言也。兑二阳息坤，故为朋。三变体离，离为龟，故十朋之龟。十朋，义见损卦也。坤用六，利永贞，故为永。上之三，六爻皆正，故永贞。损六五，乾也。故云元吉。益六二，坤也，阴承阳则永，故云永贞吉也。　震称至故吉。　帝出乎震，故震称帝。否乾为王，故王谓五。乾以君之，故为王也。观，禘祭天神之卦，二至上有观象，故体观象祭祀。此上虞义也。孟喜卦

图：益，正月之卦。易乾凿度曰：孔子曰：益者，正月之卦也。天气下施，万物皆盛，言王者法天地、施政教，而天下被阳德、蒙王化，如美宝莫能违害，永贞其道，咸受吉化，德施四海，能继天道也。王用亨于帝者，言祭天也。三王之郊一用夏正，天气三微而成一著，三著而成一体，方此之时，天地交，万物通，故泰益之卦皆夏之正也。此四时之正，不易之道也。若然，王用亨于帝，乃郊天之祭，故蔡邕明堂月令论曰：易正月之卦曰泰，其经曰：王用亨于帝，吉。孟春令曰：乃择元日，祈谷于上帝。是郊天享帝之事也。爻辞文王所作，所云王者，乃夏、商之王。三王郊用夏正故也。后儒据此，谓文王郊天事。此误以周公作爻辞而附会其说也。案，虞溥江表传曰：嘉禾元年冬，群臣奏议，宜修郊祀。权曰：郊祀当于土中，今非其所，于何施此？重奏曰：王者以天下为家，昔周文王郊于酆镐，非必土中。权曰：武王伐纣，即阼于镐京而郊其所也。文王未为天子，立郊于酆，见何经典？复奏曰：伏见汉书郊祀志，匡衡奏从甘泉、河东，郊于酆。权曰：文王性谦让，处诸侯之位，明未郊也。经传无明文，匡衡俗儒意说，非典籍正义，不可用也。是言无文王郊天之事，而此经王用亨于帝，为夏、商之王明矣。得位故吉，亦虞义也。享帝而称吉者，不敢以其私亵事上帝之义也。　坤为至无咎。　此虞义也。坤致役，故为事。三多凶，下系文。彼文又云：其柔危，其刚胜邪。上来益三得正，是以刚称其位，故益用凶事，无咎。凶事谓丧事，丧事有进无退，而云益者，以丧礼哀死亡，是益之之义也。　公谓至之礼。　乾凿度曰三为三公，故知公为三。坎为孚，三动体坎，故有孚。震为作足，故为行。复"中行独复"，中行谓初，初至四体复，故曰中行。震善鸣，故为告。乾为玉，故为圭。三为公，上之三，故告公用圭。此上虞义也。"礼：含者执璧将命，赗者执圭将命，皆西面坐，委之宰，

举璧与圭"者,皆杂记文。此诸侯相含且赗,经云凶事。此凶事用圭之礼,故引以为证也。　体复至公从。　此虞义也。复六四"中行独复",四体复,故云中行。闵二年春秋传曰:太子奉冢祀,故曰冢子。君行则守,有守则从。震长子主器,故为从。三上失位,四利三之正,复四象曰:中行独复,以从道也。故云已得从四。三为公,故告公从也。　坤为至是依。　坤为土、为民,民以土服,故为邦。迁,徙。释诂文,谓迁国也。三体坤,三动坤徙,故利用为依迁邦也。此上虞义也。春秋传曰"我周之东迁,晋郑焉依"者,隐六年传文。外传曰:晋郑是依。引之以证依迁邦之义也。四为诸侯,犹周之晋郑。若然,告公从犹周之七姓从王也。此迁邦当指商书序云"般庚五迁",是有迁邦之事也。　谓三至之矣。　此虞义也。五为卦主,爻象动内,吉凶见外,三上易位,成既济之功,故九五爻辞谓三上也。问言而以言,震为言,故为问。周书谥法曰:爱民好与曰惠。损上益下,故曰惠。三上易位体坎,成既济,坎为孚,在益之家,故有孚惠心。卜不习吉,故勿问,元吉。象曰勿问之矣,所以著元吉之义也。

坤为至志也。　此虞义也。坤为身,释诂曰:身,我也。故为我。乾阳为德,民说无疆,故有孚惠我德。象曰大德志也。此著既济之功成也。　莫无至益之。　此虞义也。爻义不言上益三,而云益初者,据系辞专论益自否来也。诗殷其雷云:莫敢或皇。郑笺云:无敢或闲暇时。故知:莫,无也。损益盛衰之始,益自否来,否终则倾,故上必益初。所谓安其身而后动,易其心而后语,定其交而后求。自上下下,民说无疆。君子修此三者,故全也。倾否之道,自非上无益初者,故莫益之。否之上九,先否后喜,所以基益之盛。益之上九,立心勿恒,所以极否之衰。损益盈虚,与时偕行之义也。　上不至击之。　此虞义也。上不益初,则消四及五成剥,故以剥灭乾,剥艮为手,故或击之。　旁通至故凶。　益初至四体复,复其见天地之心,故体复心。恒体震巽,震巽特变,终变成益,九三立不易方,变而失位,或承之羞,故立心勿恒。勿,网也。上不益初,民莫之与,伤之者至,故凶也。

☳ 坤宫五世卦,消息三月。

夬。扬于王庭。【注】阳决阴,息卦也。刚决柔,与剥旁通。扬,越也。乾为王,剥艮为庭,阴爻越其上,故扬于王庭矣。**孚号,有厉。【注】**阳在二五称孚,孚谓五也。二失位,动体巽,巽为号。决上者,五也。危去上六,故孚号,有厉。**告自邑,不利即戎。【注】**阳息动复,刚长成夬,夬从复升,坤逆在上,民众消灭。震为告,坤为自邑,故告自邑。二变离为戎,故不利即戎,所尚乃穷也。**利有攸往。【注】**阳息阴消,君子道长,故利有攸往,刚长乃终也。**【疏】**阳决至庭矣。　此虞、郑义也。五阳决一阴,兑为附决,故阳决阴。复、临、泰、大壮、夬、乾皆阳息之卦,故云息卦也。阳息坤,坤为柔,乾为刚,故刚决柔。释言曰:越,扬也。诗公刘曰:干戈戚扬。毛传云:扬,戉也。古越、钺皆作戉。故云:扬,越也。乾君为王,夬旁通剥,故云剥艮为庭。上六一阴爻逾于五阳之上,故扬于王庭矣。阳在至有厉。　此虞、荀义也。阳在二五称孚,易例也。坎为信,故称孚,此孚指五也。二以阳居阴,故失位。动体巽,巽申命为号,阴爻越其上,五阳皆决上,而五为主,五息成乾,故云:决上者,五也。危去上六,不为所弃,故孚号有厉。象曰:其危乃光也。　阳息至穷也。　此虞义也。阳息初,“复亨,刚反”,故阳息动复。复“利有攸往,刚长也”,故刚长成夬。震善鸣为告,坤为自、为邑,故为自邑。

阳息自复,故夬从复升。阴逆不顺而乘阳,故坤逆在上。复时坤有民众,乾来消坤,故民众消灭。二变体离,离甲胄戈兵,故为戎。复上六用行师,终有大败,故不利即戎。卦穷于上,故所尚乃穷也。阳息至终也。　　此虞义也。夬阳息阴消之卦,阳为君子,君子道长,故利有攸往。刚长成乾,上为终,故刚长乃终也。

初九,壮于前止,往不胜,为咎。【注】初为止,夬变大壮,位在前,故壮于前止。初欲四变,已往应之,四闻言不信,故往不胜,为咎。九二,惕号,莫夜有戎,勿恤。【注】惕,惧。莫,晚也。二失位,故惕。变成巽,故号。剥坤为莫夜,二动成离,离为戎,变而得正,故有戎。无坎象,故勿恤。九三,壮于頄,有凶。【注】頄,面也。谓上。三往壮上,故有凶。君子夬夬,独行遇雨,若濡有愠,无咎。【注】乾为君子,三五同功,俱欲决上,故君子夬夬。阳息自复,震为独行,息至三与上应,为阴所施,故遇雨。虽为阴所濡,能愠不说,得无咎也。九四,臀无肤,其行次且。【注】上体之下,故曰臀。剥艮为肤,毁灭不见,故臀无肤。大壮震为行,失位不正,不变应初,兑为毁折,故其行次且。牵羊悔亡,闻言不信。【注】四体兑为羊,初欲牵之,故牵羊。变应初,故悔亡。四变坎为闻,震为言,今四不变,故闻言不信。坎孚为信也。九五,苋陆夬夬,中行无咎。【注】苋,说也,读如"夫子苋尔而笑"之苋。陆读为睦,和睦也。震为笑言,兑为说,故苋陆。三夬决上,故夬夬。大壮震为行,五在上中,故中行。动而得正,故中行无咎。上六,无号,终有凶。【注】遘时巽为号,复亨刚反,巽象伏藏,故无号。至夬而乾成,刚长乃终,故终有凶。或说:二动三体巽为号,三不应上,内外体绝,故无号。位极乘阳,故终有凶。【疏】初为至为咎。　爻例初为足。足,止也。故初为止。夬变大壮,位在前,故壮于前止者,虞义也。大壮阳息阴而成夬,故夬变大壮。易气从下生,以下为前,上为后,初位在前,故壮于前止。初四敌刚,初欲四变,已往应之,四不知变,闻言不信,初往不胜,故有咎也。　惕惧至勿恤。　此虞义也。惕,惧。广雅释诂文。诗蟋蟀曰:岁聿其莫。薛君章句:莫,晚也。二以阳居阴,失位,故惕。二变成巽,巽为申令,故号。坤丧于乙,灭藏于癸,故为暮夜。二动体离,离为甲胄、为戈兵,故为戎。二变得正,故有戎。恤,忧也。坎为加忧,九四不变,卦无坎象,故勿恤也。　頄面至有凶。　此翟玄义也。翟云:面颧颊间骨。故云面也。爻例上为首,故頄谓上。众阳决阴,三独壮上,故有凶也。　乾为至咎也。　此荀义也。乾阳为君子,三佐五,故同功;三应上,故有壮頄之象。其实三与五俱欲决上者,故君子夬夬也。阳息自复,复初体震,震为行,初一称独,故为独行。息至三与上应,上体兑,兑为雨泽,为兑所施,故遇雨。广雅沾、濡同训。为阴所施,故濡。韩诗车辖曰:以愠我心。薛君章句云:愠,恚也。虽为阴所施,能愠不说,不与上应,得无咎也。　上体至次且。　爻例初在下体之下,故象止;四在上体之下,故象臀。艮为肤,九家说卦文。艮灭兑下,故臀无肤。大壮四体震,震为行,四以阳居阴,故失位不正,不变应初。四体兑,兑为毁折,故其行次且。王肃以为行止之碍也。　四体至信也。　四在兑体,兑为羊,四应初,故初欲牵之。虞氏谓:二变巽为绳,剥艮为手,故牵羊。四变应初得位,故悔亡。四变体坎,坎耳为闻,震为言,故闻言。四失位不变,更无坎象,故闻言不信。坎孚为信,无坎象,故不信也。　苋说至无咎。　此虞义也。传曰健而说,故云:苋,说也。论语夫子莞尔而笑,亦是说子游之以礼乐治民。故读从之。今本论语芫作莞，字之误也。易亦有作莞陆者，陆读为睦，古文通。汉唐扶颂严举碑皆以陆为睦。传云决而和，故云：陆，和睦也。震为笑言，兑为说，芫睦之象，故云芫睦。三五同心决上，故夬夬。大壮震为行，五在上中，故曰中行。大壮五动得正，故无咎也。　　二动至有凶。　　夬，倒遘也。遘下体巽，巽为号，至复而一阳生，故复亨刚反。巽阴在下伏藏，故无号也。阳息夬而乾体大成，坤阴消尽，上为终，刚长乃终，故终有凶也。所以取义于夬者，若阴阳消息之道，倒夬为遘，遘九三夬时为九四，其词皆曰：臀无肤，其行次且。四变体坎为豕，故遘之初六云：羸豕孚蹢躅。是二卦相因之义也。或说者，以此卦二五相应，二动巽为号，故一惕号，五孚号。二动三亦体巽，三愠不说，故不应上。内乾外兑，别体体异，家气不相通，故无号也。位乘乘阳，故终有凶。虞义位极于上而乘五刚，故终有凶也。

☰☴　乾宫一世卦，消息五月。

遘。女壮。【注】 消卦也，与复旁通。巽长女，女壮，伤也。阴伤阳，柔消刚，故女壮也。**勿用取女。【注】** 一阴承五阳，一女当五男，苟相遇耳，故勿用取女。妇人以婉娩为其德也。**【疏】** 消卦至壮也。　　此虞义也。遘始消乾，故云消卦也。下体巽，巽为长女。壮，伤也。故云：女壮，伤也。阴伤阳，柔消刚，是伤之义，故女壮也。　　一阴至德也。　　此郑义也。卦唯一阴在下，故一阴承五阳。初六巽为女，九二、九五坎爻，坎为中男；九三、上九艮爻，艮为少男；九四震爻，震为长男，故一女当五男。桓八年榖梁传曰：不期而会曰遇。传曰：遘，遇也。故苟相遇耳。不以义交，乃淫女也，故勿用取女。内则曰：女子十年不出，姆教，婉娩听从。郑彼注云：婉谓言语也,婉之言媚也,媚谓容貌。又郑注周礼九嫔四德妇容云:妇容谓婉娩。故妇人以婉娩为其德也。

初六,系于金鑈,贞吉。【注】鑈谓二。乾为金,巽木入金,鑈之象。阴系阳,故称系,言初宜系二也。初四失位,易位乃吉,故贞吉。有攸往,见凶。【注】以阴消阳,往谓成坤,逐子弑父,否臣弑君,夬时三动,离为见,故有攸往,见凶。羸豕孚蹢躅。【注】三夬之四,在夬动而体坎,坎为豕、为孚,巽绳操之,故称羸。巽为舞、为进退,操而舞,故羸豕孚蹢躅。以喻遘女望于五阳,如豕蹢躅也。九二,苞有鱼,无咎,不利宾。【注】巽为鱼,二下苞之,故苞有鱼。二虽失位,阴阳相承,故无咎。一阴在下,五阳为宾,遘阴消阳,故不利宾。九三,臀无肤,其行次且,厉,无大咎。【注】夬时三在四为臀,艮为肤,二折艮体,故臀无肤。复震为行,其象不正,故其行次且。三得正位,虽则危厉,无大咎也。九四,苞无鱼,起凶。【注】鱼谓初,四欲应初,为二所苞,故无鱼。复震为起,四失位,故起凶。九五,以杞苞瓜,含章,有陨自天。【注】巽为杞,在中称苞,乾圜为瓜,四变体巽,故以杞苞瓜。含章谓五,五欲使初四易位,以阴含阳,己得据之,故曰含章。初之四体兑口,故称含。陨,落也。乾为天,谓四陨之初,初上承五,故有陨自天。上九,遘其角,吝,无咎。【注】上称角,失位无应,故吝。动得正,故无咎。【疏】鑈谓至贞吉。 此虞、九家义也。鑈,说文作欙,古文通络、丝,跱也。跱与跗同。跱当谓初,而云鑈谓二者,经云金鑈,乾为金,二体乾,故鑈谓二。其跱其上为木,巽木入金,故曰金欙。九家易曰:丝系于欙,犹女系于男。遘卦三阴三阳,阴皆系阳,故称系。系于金鑈,言初系二也。此卦初四失位,二爻相易,各得其正,故贞吉也。　以阴至见凶。　此虞义也。阴消阳之卦,故云以阴消阳。阴消至遯成艮,至三成否,下体为坤,故往谓成坤。遯艮为乾子,乾为父,遯阴消乾,故艮子弑父;坤臣道,乾为君,否坤消乾,故坤臣弑君。姤九四即夬九三,故夬时三动成离,相见乎离,故离为见。往成坤遯,故有攸往,见凶矣。上云贞吉,此云见凶者,言易位则吉,消乾则凶也。　三夬至蹢也。　此虞义也。夬,倒姤也。姤三夬时为四,故云三夬之四。夬四闻言不信,则不知变,而云动而体坎者,初欲四变,牵羊悔亡,是四有当变之义。故云:动体坎,坎为豕,坎信为孚,姤巽为绳,巽绳操之,故为羸。羸,索也。阴消巽为舞,文为进退,舞有进退之容,故羸豕孚蹢躅。蹢躅,不静也。阴阳相求,故姤女望于五阳,如豕蹢躅也。　巽为至利宾。　巽为鱼,虞义也。鱼谓初,二下苞之,故苞有鱼。初二失位,以阳苞阴,以阴承阳,阴阳相承,故无咎。此亦虞义也。一阴在下为主,故五阳为宾。乐本于易,五月之律名蕤宾。高氏注月令云:仲夏阴气萋萋,在下象主人,阳气在上象宾客。故参同契曰:姤始纪序,履霜最先,井底寒泉,午为蕤宾,宾服于阴,阴为主人。是其义也。姤阴消阳成坤遯,故不利宾。此初所以宜系于二也。　夬时至咎也。　此虞义也。易例三无臀象,而云臀者,据夬时三在四而为臀也。初消二成艮,艮为肤,二折艮体,故臀无肤。复震为行,三在夬时失位,故其象不正,其行次且也。姤三得正,三多凶,虽危厉,以其得正,故无大咎也。　鱼谓至起凶。　初体巽,巽为鱼,四与初虽不当位,刚柔相应,四欲应初,初为二所苞,故四无鱼也。杂卦曰:震,起也。故震为起。四失位无鱼,故起凶也。　巽为至自天。　此虞义也。杞,杞柳,木名。巽木为杞,二五在中,故皆称苞。乾为圜,故乾圜称瓜。四变五体巽,故以杞苞瓜。以阴苞阳为含章。含章谓五者,以五欲使初四易位,四阴含五,故以阴含阳。四阴承五,故五得据之。初之四体兑,兑为口,有含象也。陨,落。释诂文。庄七年榖梁传曰:著于下不见于上,谓之陨。四在乾体,乾为天,四陨之初,嫌不见于上,故云自天也。 上称至无咎。 爻例上为角,上失位,无应于下,故吝。动而得正,故无咎。此兼虞义也。

☱ 兑宫二世卦,消息八月。

萃。王假有庙。【注】观上之四也。观乾为王。假,至也。艮为庙,体观享祀,上之四,故假有庙,致孝享也。利见大人。亨利贞。【注】大人谓五。三四失位,利之正,变成离,离为见,故利见大人。亨利贞,聚以正也。初未变,故不言元。用大牲吉。利有攸往。【注】坤为牛,故曰大牲。四之三,折坤得正,故用大牲吉。三往之四,故利有攸往,顺天命也。【疏】观上至享也。 此下皆虞义也。观上九来之四,观者乾世,故观乾为王。假,至。释诂文。郑氏谓艮为鬼门,又为宫阙。鬼门宫阙,天子宗庙之象,故为庙。五至初体观象,观盥而不荐,乃明堂配天之禘,故体观享祀。上之四,四体艮,故假有庙。传曰:致孝享也。陆氏谓王五庙上,乾凿度曰上为宗庙,义亦通也。 大人至言元。 乾五为大人,故大人谓五。六三、九四失位,利变之正,三四易位体离,相见乎离,故离为见。三五同功,四上承五,故利见大人。三四之五,故利贞也。传曰聚以正也,正以释利贞之义。此上虞义也。初为元,三四已正,初变成既济,当言元亨利贞,今初未变,故不言元,而言亨利贞也。 坤为至命也。 下体坤为牛。说文曰:牛,大牲也。四之三,坤体坏,离为折,故折坤得正。坤为用,故用大牲吉。三往之四,自外曰往,故利有攸往。传曰:顺天命也。

初六,有孚不终,乃乱乃萃。【注】孚谓五也。初四易位,五坎中,故有孚。失正当变,坤为终,故不终。萃,聚也。坤为聚、为乱,故乃乱乃萃。失位不变,则相聚为乱,故象曰:"其志乱也。"若号,一握为笑,勿恤,往无咎。【注】握当读为"夫三为屋"之屋。巽为号,初称一,初动成震,震为笑,坤三爻称一屋,二引坤众,顺说应五,故一屋为笑。四动成坎,坎为恤,初之四得正,故勿恤,往无咎。六二,引吉,无咎。【注】巽为绳,艮为手,二引坤众应五,故引吉。初三失位,二中未变,故无咎。孚乃利用禴。【注】孚谓五。禴,夏祭也。体观象,离为夏,故利用禴。二孚于五,得用薄祭,以祀其先,不用大牲降于天子也。六三,萃如嗟如,无攸利。往无咎,小吝。【注】坤为聚,故萃。巽为号,无应,故嗟如。失正,故无攸利。动得位,故往无咎。小吝,谓往之四。九四,大吉无咎。【注】以阳居阴,宜有咎矣。动而得正,承五应初,故大吉而无咎矣。九五,萃有位,无咎。匪孚,元永贞,悔亡。【注】五得位居中,上下皆聚而归之,故萃有位,无咎。匪孚,谓初也。四五易位,初变之正,则六体皆正,初为元,坤永贞,故元永贞,悔亡。与比象同义。上六,赍咨涕洟,无咎。【注】自目曰涕,自鼻曰洟,两阴无应,故赍咨。三之四体离坎,离为目,艮为鼻,乘阳不敬,坎水流鼻目,故涕洟。三变应上,故无咎。【疏】孚谓至乱也。

此虞义也。阳在二五称孚,故孚谓五。初失正,应在四,与四易位体坎,故五在坎中。坎为孚,故有孚。初以阴居阳,故失正当变。坤

代终,故为终。代终者,初当之四。今失位不变,故不终。初在五应
外,故有是象也。坤众为聚,又为乱,不变则乃乱乃萃。坎为志,故
象曰:其志乱也。　握当至无咎。　握当读为"夫三为屋"之屋,此
郑读也。案,周礼小司徒曰:考夫屋。郑彼注云:夫三为屋,屋三为
井。又郑注考工匠人云:三夫为屋,屋具一井之地,三屋九夫,三三
相具,以出赋税。战国策曰:尧无三夫之分。三夫为一屋也,一屋谓
坤三爻。若然,益六三云"三人行",虞彼注云:泰乾三爻为三人。此
不称三人而称一屋者,乾为人,故三爻为三人;坤阴,无称人之例,故
云一屋也。巽申命为号,故若号。初爻称一,初失位,动成震,震春
喜乐,为笑。六二引吉,故二引坤众顺说应五。坤利永贞,初三变之
正,故一屋为笑。四动体坎,坎加忧为恤,初四得正,故勿恤,往无咎
矣。此皆虞义。虞唯读一握如字,与郑异也。　巽为至无咎。　巽
为绳,艮为手,虞义释引字也。二在坤体,坤为众,二引坤众应五,故
引吉也。初三失位,二居中未变,一屋为笑,故无咎也。　孚谓至子
也。　五坎中,故孚谓五。尔雅祭名曰:夏祭曰礿。故云:禴,夏祭
也。上至初体观象,观祭祀之卦,四之三体离,离于四正为夏,故利
用禴。二正应五,故孚于五。既济九五曰:东邻杀牛,不如西邻之禴
祭。故知禴为薄祭。二为大夫,故不用大牲降于天子也。　坤为至
之四。　此虞义也。三体坤,坤为众,故萃如。巽为号,两阴无应,故
嗟如。以阴居阳,故无攸利。动得位应上,故往无咎。悔吝者,言乎其
小疵也。三不正而之正,故小吝,谓往之四,阴称小也。　以阳至咎
矣。　此虞义也。无咎者,善补过也。以阳居阴,宜有咎,动而得
正,上承五,下应初,是补过之义,故大吉而无咎。四承五阳,下应初
阳,故称大吉也。　五得至同义。　乾上九文言曰:贵而无位。易
例以阴居阴、以阳居阳为有位,五得位居中,上下五爻聚而归之,故

萃有位。五拿于上,宜有咎矣,以其得中,故无咎也。初失位,五为孚,初在应外,故匪孚谓初。初九为元,卦辞云亨利贞,不言元,则初犹未变也。坤利永贞,四五易位,初变之正,则六体皆正,故元永贞。震无咎者存乎悔,故悔亡也。**比**卦辞:原筮,元永贞。亦谓初在应外,失位之正,五孚及之,故原筮,元永贞。与**萃**五同义也。　自目至无咎。　自目曰涕,自鼻曰洟,**虞**、**郑**义也。郑云:赍咨,嗟叹之辞。两阴无应,故三嗟如,上赍咨。案,**履**六三:眇而视。**虞**彼注云:视,上应也。上九:视履考详。**虞**彼注云:三先视上,故上亦视三。亦谓三上有相应之义,故其辞同也。三之四有**离**、**坎**象,**离**目**艮**鼻,上六乘五阳为不敬,**坎**水流鼻目,**离**目为涕,**艮**鼻为洟也。三变应上,故无咎。三爻辞亦云往无咎也。

䷭**震**宫四世卦,消息十二月。

升。元亨。【注】临初之三,又有临象,刚中而应,故元亨。**用见大人,勿恤。【注】**二当之五,为大人,离为见,坎为恤,二之五得正,故用见大人,勿恤,有庆也。**南征吉。【注】**离南方,二之五成离,故南征吉,志行也。**【疏】**临初至元亨。　此以下皆**虞**义也。升从四阴二阳之例,故云临初之三。二至上体临,故又有临象。临卦辞曰:元亨。象传云:刚中而应,是以大亨。与升象略同,故亦云元亨也。　二当至庆也。　坤虚无君,故二当之五为大人,二之五体离坎,故离为见,坎为恤。二之五得正,坤为用,故用见大人,勿恤。有庆,阳称庆也。　离南至行也。　离方伯,南方之卦,二之五体离,自二升五,故南征吉。坎为志,震为行,故志行也。**荀**氏之义,以为此本升卦,巽当升坤上,故六四与众阴退避。当升者,苟于**需**、泰二卦言:乾体上升坎,坤下降。寻升、需、泰三卦,唯需有乾升坎上之象,余所不用也。

初六,<u>兊</u>升,大吉。【注】<u>兊</u>,进也。初变之正,进应四,故<u>兊</u>升。二之五,初与四合志承五,故大吉。九二,孚乃利用<u>禴</u>,无咎。【注】<u>禴</u>,夏祭也。孚,谓二之五成坎为孚。离为夏,故乃利用<u>禴</u>。二升五得位,故无咎也。九三,升虚邑。【注】坤称邑,五虚无君,利二上居之,故升虚邑,无所疑也。六四,王用亨于<u>岐山</u>,吉,无咎。【注】王谓二升五也。巽为岐,艮为山,故王用亨于<u>岐山</u>。阳称吉,四顺承五,故吉无咎也。以人事明之,此王谓<u>夏后氏</u>也。<u>岐山</u>,<u>冀州</u>之望。亨者,二升五,受命告祭也。六五,贞吉,升阶。【注】二升五,故贞吉。坤为阶,阴为阳作阶,使升居五,故升阶也。上六,冥升,利于不息之贞。【注】坤性暗昧,今升在上,故曰冥升也。二升五,积小以成高大,故曰不息。阳道不息,阴之所利,故曰利于不息之贞。【疏】<u>兊</u>进至大吉。   <u>说文</u>曰:<u>兊</u>,进也。从夲。夲,进趣也。初失位,变之正,进与四应,故<u>兊</u>升。阳称大、称吉,二之五,初与四合志承五,故大吉。象曰:上合志也。   <u>禴</u>夏至咎也。   此<u>虞</u>义也。阳在二五称孚,故孚谓二之五成坎为孚,坎阳在二五也。离直夏,夏祭曰<u>禴</u>,故孚乃利用<u>禴</u>。二失位,宜有咎,升五得位,故无咎也。   坤称至疑也。   此<u>荀</u>义也。坤土称邑,阳实阴虚,故五虚无君,三利二阳,上居五位,故升虚邑,谓升坤邑也。升五得正,故象曰:无所疑也。   王谓至无咎。   乾为王,二升五即乾五也,故云王谓二升五也。巽为股,股下岐,故为岐。二升五,下体成艮,故艮为山。二受命告祭,四顺承之,故吉无咎。象曰:顺事也。<u>荀氏</u>之义以巽升坤上体观享祀,上巽为岐,下艮为山,故王用享于岐山也。　以人至祭也。　孟喜易章句曰：易本乎气，而后以人事明之。文王爻辞皆据夏商之制，故云此王谓夏后氏也。必知为夏后氏者，哀六年春秋传仲尼曰：夏书曰：惟彼陶唐，帅彼天常，有此冀方。服虔解谊云：尧居冀州，虞夏因之。皇甫谧帝王世纪曰：夏与尧舜同在河北冀州之城，不在河南也。故五子歌曰：惟彼陶唐，有此冀方。今失厥道，乱其纪纲，乃底灭亡。言禹至太康与唐虞，不易都城也。谧据伪尚书以为太康若杜预之义，灭亡谓夏桀。知夏后氏咸都冀州，与唐虞同也。禹贡曰：冀州既载。又云：壶口治梁及岐。尔雅释山曰：梁山，晋望也。诸侯三望天子，四望梁山为晋望。明梁山、岐山皆冀州之望。故僖三十一年公羊传曰：天子有方望之事，无所不通。知冀州之望得有梁、岐，故云：岐山，冀州之望也。诗时迈序曰：巡守告祭，柴望也。郑笺云：巡守告祭者，天子巡行邦国，至于方岳之下而封禅也。彼言封禅，此云受命者，王者受命亦有告祭山川之事，今二升五，故云受命告祭也。　二升至阶也。　此虞、荀义也。二失正，升五得正，故贞吉。虞注上系节初九曰：坤为阶。寻坤为土，古者土阶，故坤为阶也。阶所以升者，五阴为二阳作阶，使升居五，故有升阶之象也。　坤性至之贞。　上体坤，坤丧乙灭癸，故性暗昧。居上体而在升家，故冥升。此上荀义。案，中庸言"至诚无息"，而先言"积如天之昭昭，地之撮土，山之卷石，水之一勺，所谓积也"；继之云"维天之命，於穆不已"。又云"於乎不显，文王之德之纯"，纯亦不已。不已即不息。二升五，积小以成高大，有不息之义，升五得正，故云不息之贞。上比于五，五阳不息，阴之所利，故利于不息之贞也。

周易述卷七

周易下经

䷮坎宫四世卦,消息九月。

困。亨。【注】否上之二,刚为阴弇,故困。上之二,乾坤交,故亨。传曰:困穷而通也。贞大人吉,无咎。【注】大人谓五。在困无应,宜静则无咎,故贞大人吉,无咎。有言不信。【注】乾为信,震为言,折入兑,故有言不信,尚口乃穷也。荀氏谓:阴从二升上,成兑为有言,失中为不信。【疏】否上至通也。 卦自否来,上九之二,二五之刚为阴所弇,故困。否天地不变不能通气,上之二,乾坤交,故亨。传曰困穷而通者,系下文。谓阳穷否上变之二成坎,坎为通,故穷而通也。此兼虞义。若郑氏之义,谓坎为月,互体离,离为日,兑为暗昧,日所入。今上弇日月之明,犹君子处乱世,为小人所不容,故谓之困。云兑为暗昧,日所入者,案,古文尚书尧典曰:分命和叔,宅西,曰昧谷。郑彼注云:西者,陇西之西。今人谓之兑山,兑西方卦,故云日所入。寻象传云:困,刚弇也。今郑谓上体之兑弇下体之坎、离,以释困字,违象传刚弇之义,故不用也。 大人至无咎。 此虞义也。乾五为大人,故大人谓五。五在困家,与二敌应,故无应。正居其所则吉,故云宜静则无咎也。案,<u>京房易积算</u>曰:静为悔,发为贞。故凡卦爻辞言贞者,皆谓变之正。今以贞大人为宜静则无咎者,<u>师象传</u>曰:贞,正也。九五处困之家,近无所据,远无所应,以其体刚得中,宜正居五位则吉无咎。若师之贞丈人者,谓当升坤五为贞,是已正而守正,与未正而当正皆谓之贞。<u>荀氏</u>之义亦与<u>虞</u>同。　乾为至穷也。　此<u>虞</u>义也。震息成兑,故折入兑,兑为毁折也。乾为信,上之二,乾体坏,故有言不信。象曰:尚口乃穷也。　<u>荀氏</u>至不信。　<u>荀氏</u>据卦自否来,坤阴从二升上体兑。说卦曰:说言乎兑。故成兑为有言。二五为中,二之上失中为不信,故有言不信。<u>虞氏</u>以震为言,与<u>荀</u>异也。

初六,臀困于株木。【注】臀谓四。乾为老,巽为木,故为株木。初失位,应在四,四困于三,故臀困于株木。九家谓:三体为木,泽中无水,兑金伤木,故枯为株也。**入于幽谷,三岁不觌。**【注】初动体兑,坎水半见,出于口,故为谷。坎为入、为三岁,坎阳入阴,为阴所弇,故入于幽谷,三岁不觌。**九二,困于酒食,朱绂方来。**【注】坎为酒食,二为大夫,坤为采地,上之二,坤为坎,故为酒食。初变坎体坏,故困于酒食。以喻采地薄,不足己用也。乾为朱,坤为绂,朱绂谓五,二变应五,故朱绂方来。**利用享祀。征凶。无咎。**【注】二变体观享祀,故利用享祀。二失位无应,故征凶。变之正,与五应,故无咎。象曰:中有庆也。<u>荀氏</u>谓:二升在庙,五亲奉之,故利用享祀。**六三,困于石,据于蒺藜。**【注】三承四,二变体艮为石,故困于石。春秋传曰:往不济也。下乘二刚,二体坎为蒺藜,非所据而据,故据于蒺藜。春秋传曰:所恃伤也。**入于其宫,不见其妻,凶。**【注】巽为入,二动艮为宫,兑为妻,三上无应,离象毁坏,隐在坤中,死其将至,故不见其妻,凶也。**九四,来徐徐,困于金車,吝有终。**【注】来,欲之初。徐徐,舒迟也。见险,故来徐徐。否坤为車,之应历险,故困于金車。各易得位,故吝有终矣。**九五,劓刖,困于赤绂。**【注】劓刖当为倪仉,不安也。赤绂谓二。否乾为赤,二未变应五,故倪仉,困于赤绂。**乃徐有说,利用祭祀。**【注】兑为说,坤为徐,二动应己,故乃徐有说。陆氏谓:二言享祀,此言祭祀,经互言耳。**上六,困于葛藟,于倪仉。**【注】巽为草莽,称葛藟,谓三也。三不应上,故困于葛藟,于倪仉。**曰动悔有悔,征吉。**【注】乘阳,故动悔;变而失正,故有悔。三已变正,己得应之,故征吉。【疏】臀谓至株也。 臀谓四,九家据易例也。否乾为老,巽为木,木老故为株也。初以阴居阳,故失位。初应在四,四困于三,故臀困于株木。亦九家义也。九家亦以三体巽为木,上体兑为金,兑金伤木,故枯为株。义亦通也。 初动至不觌。 初动体兑,坎水半见,谓坎半象也。说文谷字下云:泉水出,通川为谷,从水半见出于口。与坎半象同义。故亦取象于谷也。坎为入、为三岁,皆虞义也。上之二成坎,坎阳入阴,而弇于三,故入于幽谷,三岁不觌也。 坎为至方来。 需九五需于酒食,谓坎也。故坎为酒食。二为大夫,爻例也。坤田为采地,二之上,坤变为坎,故为酒食。古者分田制禄,采地禄所入,故乾凿度曰:困于酒食者,困于禄也。郑彼注云:因其禄薄,故无以为酒食。云初变坎体坏,故困于酒食。以喻采地薄,不足己用也者。此兼用郑义。郑说本乾凿度,唯释酒食以初辰在未,未上值天厨酒食象。此据爻辰二十八宿所值而言,今不用也。乾为大赤,故为朱,坤为绂,皆虞义也。九家说卦曰:坤为帛,故为绂。乾凿度曰:天子、三公、九卿朱绂。故朱绂谓五。二五敌应,二变则与五相应,故朱绂方来,自外曰来也。

二变至享祀。　二变有观象,观享祀之卦,故利用享祀。二失位无应,故征行则凶。变之正,与五应,则五有庆,二受福,故无咎也。荀氏据卦自否来,六二升上,上为宗庙,故二升在庙。五以上为宗庙,故亲奉之。若然,利用享祀谓五也。　三承至伤也。　阴当承阳,故三承四。石谓四,二变四体艮,艮为石,三为四所困,故困于石。云春秋传曰往不济也者,襄廿五年传文。自内曰往,谓三往承四,为四所困,故往不济也。若然,臀困于株木,四为三所困。今三又困于石者,陆氏所谓"六爻迭困"是也。蒺藜谓二。三下乘九二之刚,易例阴乘阳,阳据阴,今三乘刚而云据,失其义。故系下云:非所据而据焉。阴当承阳,而反据之,必为阳所伤,故春秋传曰:所恃伤也。　巽为至凶也。　此虞义也。坎巽皆有入象,初体坎,故爻辞入于幽谷,坎也。三体巽,故此象入于其宫,巽也。九家云:艮为门阙,宫之象也。故二动艮为宫,应在上,上体兑,兑少女为艮妻,故兑为妻。三上皆阴,故无应。二动,故离象毁坏。三又体坤,故隐在坤中。坤丧于乙为既死霸,故死其将至也。　来欲至终矣。　此虞义也。应在初,故来欲之初。徐、舒同物同音,故云:徐徐,舒迟也。初体坎,坎为险,见险故来徐徐也。兑为金,否坤为舆,故为金车。四之初,历坎险,故困于金车。昏礼:诸侯亲迎,乘金车。四与初有昏因之道,故以金车为喻。二爻失位,故吝。各易得正,故有终矣。

劓刖至赤绂。　劓刖当为倪仉,从郑读也。荀、陆、王肃本皆作鼿㐳,云不安貌。倪与鼿、仉与㐳古今字。故云:倪仉,不安也。九五人君,不当有劓刖之象,故从郑读为倪仉也。四为诸侯,诸侯赤绂,而云赤绂谓二者,乾凿度曰:其位在二,故以大夫言之。乾为大赤,故为赤。二未变应五,五无据无应,故倪仉不安。为二所困,故困于赤绂也。

兑为至有说。　此虞义也。五体兑,兑为说,坤安舒泰,故为徐。二动与五应,故乃徐有说,所谓贞大人也。　陆氏至言耳。　九五利用享祀,荀氏谓:二升在庙,五亲奉之,则二之享祀,即五之祭祀。故陆绩云:互言耳。　巽为至倪仉。　此虞义也。巽刚爻为木,柔爻为草,故巽为草莽。葛藟,延蔓之草,故巽为草莽,称葛藟。三体巽,故谓三也。三上皆阴,故三不应上。上为三困,故困于葛藟于倪仉也。　乘阳至征吉。　此虞义也。二之上,乘五阳,故动悔。上变应三,则失正,故有悔。三变应上,则各得其正,故云三已变正,已得应之,谓往应三则吉,故征吉也。

☳☴ 震宫五世卦,消息五月。

井。【注】泰初之五,与噬嗑旁通。坎为水,巽木为桔橰,离为瓶,兑为泉口。桔橰引瓶下入泉口,汲水而出,井之象。**改邑不改井。**【注】坤为邑,乾初之五折坤,故改邑。初为旧井,四应甃之,故不改井。**无丧无得,往来井井。**【注】初之五,坤象毁坏,故无丧。五之初,失位无应,故无得。坎为通,故往来井井。往谓之五,来谓之初。**汽至,亦未繘井。**【注】汽,几,谓二也。巽绳为繘,几至初而未及泉,故未繘井。**累其瓶,凶。**【注】瓶谓初。初欲应五,为二拘累,故凶。虞氏谓:累,钩罗也。艮为手,巽为繘,离为瓶,手繘折其中,故累其瓶。体兑毁缺,故凶矣。【疏】泰初至之象。此虞、郑义也。卦自泰来,初九升五,六五降初。所以取象于井者,以坎为水,巽木为桔橰。桔橰者,庄子所谓“凿木为机,后重前轻,挈水若抽数如洪汤,其名为橰”是也。互体离兑,离外坚中虚,瓶也;兑为暗泽,泉口也。云桔橰引瓶下入泉口,汲水而出者,是言取象于井之义,故云井之象也。　坤为至改井。　此虞义也。泰坤为邑,乾初之五折坤体,故改邑。初本乾也,乾为旧,故初为旧井。四井甃,故四应甃之。四来修初,故不改井也。　初之至之初。　此虞义也。坤为丧,故云初之五。坤象毁坏,故无丧。五以阴居,初与四敌应,故失位无应。无应,故无得也。初之五成坎,坎为通,往来不穷谓之通,故往来井井。自内曰往,故往谓之五。自内曰来,故来谓之初也。　汔几至繘井。　此虞义也。诗民劳曰:汔可小康。郑笺云:汔,几也。释诂云:鑦,汔也。孙炎注云:汔,近也。几音期,训为近。郑云:繘,绠也。方言曰:关西谓绠为繘。郭璞注云:汲水索也。巽为绳,故巽绳为繘。五坎为泉,初六井泥,本不及泉,二几至初,亦未及泉,故未繘井。　瓶谓至故凶。　此荀义也。初二易位,初体离为瓶,故瓶谓初。初二易位,故初欲应五。五井冽寒泉食,有引瓶汲水之象。今二不变,初为二拘累,上不能应五,故累其瓶,凶也。　虞氏至凶矣。　虞氏本累作羸,云:羸,钩罗也。噬嗑艮为手,巽为繘,艮折巽体,故手繘折其中,则钩罗其瓶也。互体离兑,兑为毁折,瓶缺漏,故凶,九二“雍敝漏”是也。

初六,井泥不食,旧井无禽。【注】食,用也。四坎为泥,巽为木果,乾为旧,在下无应,故井泥不食,旧井无禽。**九二,井谷射鲋,雍敝漏。**【注】兑为谷,巽为鲋。鲋,虾蟆也。离为雍,雍瓶毁缺,羸其瓶,凶,故雍敝漏也。**九三,井渫不食,为我心恻。**【注】乾为清,三得正,故井渫。二累其瓶,故不食。坤为我,坎心为恻,故为我心恻。**可用汲,王明并受其福。**【注】乾为王、为福,离为明,初二易位,成既济定,五来汲三,故王明并受其福。**六四,井甃,无咎。**【注】以瓦甓垒井称甃。坤为土,初之五成离,离火烧土为瓦,故井甃。初已正,四为修之,故无咎。**九五,井洌寒泉,食。**【注】洌,水清也。五坎为泉,五月阴气在下,乾为寒,故曰寒泉。通噬嗑食,故洌寒泉,食矣。**上六,井收勿幕。有孚元吉。**【注】幕,盖也。收,谓以鹿卢收繘也。坎为车,应巽绳为繘,故井收勿幕,有孚谓五。坎初、二已变,五正应二,故有孚元吉。

【疏】食用至无禽。　井为人用,故云:食,用也。坎折坤体,虞氏坤土得水为泥,故需九三需于泥,震九四震遂泥,皆谓坎初,应在四,故四坎为泥。古者井树木果,故孟子:井上有李,禽来食之。故云巽为木果。初不应四,故不食。初本乾也,故乾为旧。在下无应,四不汲初,故旧井无禽。井坏不治,故无木果树于侧,亦无禽鸟来也。若四来修初,旁植树果,禽鸟来食矣。此兼虞义。寻井与噬嗑旁通,噬嗑,食也,故初、三、五皆言食。初、二不变,故初、三皆云不食。初、二易位,王明受福,故五洌寒泉,食矣。　兑为至漏也。　此子夏、虞氏义也。兑有坎半象,故为谷。巽虫为鲋。鲋,虾蟆。子夏义。井五月卦,故有虾蟆。郑云:雍,停水器也。说文曰:汲瓶也。二不变应五,故雍瓶毁缺,卦辞所谓累其瓶是也。水下注不汲,故雍敝漏也。郑氏之义,以鲋为小鲜,云:九三艮爻也,艮为山,山下有井,必因谷水,水所生无大鱼,但多鲋鱼耳。夫感动天地,此鱼之至大;射鲋井谷,此鱼之至小。故以相况。郑据六日七分,谓中孚十一月卦,卦辞豚鱼吉,巽为鱼,巽以风动天,故云感动天地,此鱼之至大;井五月卦,九二失位,不与五应,故射鲋井谷,言微阴尚未应卦,不能动天地,故云此鱼之至小也。　乾为至心恻。　乾为天,天清明无形,故为清。三五得正,故三称井渫,五称井洌。三井虽渫,二不变应五,而累其瓶,故不食。恻,伤悼也。张璠谓:恻然伤道未行也。　乾为

至其福。　此虞、荀义也。五乾为王、为福德,离向明,故为明。可
用汲,谓五可用汲三也。初二失位,各易得正,成既济定,则五来汲
三,故王明并受其福,谓诸爻受五福也。　以瓦至无咎。　此虞义
也。马融云:甃为瓦,裹下达上,是以瓦甓垒井也。甃以瓦甓,故云离
火烧土为瓦。初旧井无禽,变之正,与四应,四来修初,故无咎也。
洌水至食矣。　说文曰:洌,水清也。五体坎,故坎为泉。初井泥,
二井谷,三渫井,四修井,至五而后水清可食。井五月卦,故五月阴
气在下。参同契曰:遘始纪序,履霜最先,井底寒泉,五乾为寒。故曰
寒泉。井与噬嗑旁通,噬嗑,食也,故洌寒泉食矣。此兼虞义。虞唯以
初二变,体噬嗑食,故洌寒泉。此取震半象,不取旁通,今不用也。
幕盖至元吉。　此虞义也。幕以覆井,故云盖也。马融云:收,汲
也。鹿卢,圆转木,所以汲水。以鹿卢收繘而汲水,故云收也。取象
坎车,故坎为车。五应在二,故应巽绳为繘。鹿卢收繘,泉自下出,
故井收勿幕。阳在二五称孚,故有孚谓五。坎初二已变成既济,二
五相孚,故有孚元吉。象曰:大成也。

☷坎宫四世卦,消息三月。

革。【注】遘上之初,与蒙旁通。革,改也。水火相息,而更用
事,故谓之革。**巳日乃孚,元亨利贞。悔亡。**【注】二体离,离
象就巳为巳日。孚谓五,三以言就五。乃者,难也。故巳日乃孚。
悔亡,谓四也。四失正,动得位,故悔亡。已成既济,乾道变化,各正
性命,保合大和,乃利贞,故元亨利贞,悔亡矣。与乾象同义。【疏】遘
上至之革。　此虞、郑义也。卦自遘来,遘上九来之初,旁通蒙也。
九四有孚改命吉。此卦以四变改命为吉,故云:革,改也。息,长也。
谓水火相长,而更用事也。此卦之取义有四焉:水火相息,四时更

代,彖辞天地革而四时成,象辞治历明时,一也。王者受命,改正朔,易服色,亦谓之革,彖辞汤武革命,二也。鸿范曰:从革作辛。马融彼注云:金之性从火而更,可销铄也。兑金离火,兑从离而革,三也。鸟兽之毛,四时更易,故说文解革字义云:兽皮治去其毛。初巩用黄牛之革,五上虎变、豹变,四也。卦象兼此四义,故云革也。　二体至同义。　此虞义也。二体离为日,晦夕朔旦,坎象就戊;日中则离,离象就巳,故为巳日。阳在二五称孚,故孚谓五。三革言三就有孚,故以言就五,二正应五,三孚于五,故巳日乃孚。六爻唯四当革。初巩用黄牛之革,象曰:不可以有为也。二巳日乃革之,乃者,难也。宣八年公羊传文。难者,重难,言尚未可以革也。三以言就五,人事应而天命未必,必至四而后改命吉,成既济定也。乾道变化,乾坤元也;变化,亨也。各正性命,贞也;保合大和,利也。四革之正,故元亨利贞,悔亡矣。乾文言曰:乾道乃革。谓四体革,乾元用九,故云同义也。

初九,巩用黄牛之革。【注】巩,固也。蒙坤为黄牛,艮皮为革,得位无应,未可以动,故巩用黄牛之革。**六二,巳日乃革之,征吉。无咎。**【注】二体离为巳,故巳日乃革之。四动二应五,故征吉,无咎。**九三,征凶。贞厉。**【注】应在上而隔于四,故征凶。动而失正,故贞厉。**革言三就。有孚。**【注】蒙震为言,历三爻,故革言三就。五坎为孚,故有孚。**九四,悔亡。有孚改命吉。**【注】革而当,其悔乃亡。巽为命,四动五坎改巽,故改命吉。**九五,大人虎变,未占有孚。**【注】乾为大人,谓五也。蒙坤为虎变,四已之正,故未占有孚。陆氏谓:兑为虎。**上六,君子豹变。**【注】阴得位为君子,蒙艮为豹,从乾而更,故君子豹变。陆氏谓：兑之阳爻称虎，阴爻称豹。**小人革面，征凶，居贞吉。**
【注】面谓上。遂初为小人，之上得正，顺以从五，故革面。应在三，四未变，故征凶。上得位，故居贞吉。蒙艮为居也。【疏】巩固至之革。　巩，固。释诂文。坤为黄，又为子母牛，故为黄牛。艮为肤，故艮皮为革。九居初得位，与四敌应，故无应。六爻唯四当革，所谓革而当，其悔乃亡。四不变，故初未可以动，守之宜固，故巩用黄牛之革也。此兼虞、干义。　二体至无咎。　二体离，离象就巳，故离为巳。乃者，难也。故巳日乃革之。四革之正，二正应五，故征吉，无咎。象曰：巳日革之，行有嘉也。明四巳正，二得往应五也。　应在至贞厉。　三正应上，为四所隔，四在离为恶人，故征凶。三逼于四，动而失正，故贞厉也。　蒙震至有孚。　革道成于四，自初至三历三爻，故革言三就，谓就五也。阳在二五称孚，五坎为孚，故有孚。寻六二巳日乃革之，二正应五，五为天，顺乎天也。九三革言三就，三于三才为人道，应乎人也。二天应至而人事未尽，三人事至而天命未改，故象曰：革言三就，又何之矣。言尚未可以革也。　革而至命吉。　此虞义也。彖传革而当，其悔乃亡，谓四也。有孚谓五。四体巽，四动成坎，巽体坏，故五坎改巽。巽为命，故改命吉。　乾为至为虎。　乾二五称大人，五为大人，二升坤五，亦为大人，故乾为大人谓五也。坤为虎刑，故蒙坤为虎变。变谓毛希，革而易新。四动改命，其命维新。故五虎变也。五本坎也，四动坎为孚，故未占有孚。此兼虞义。陆绩以兑西方为白虎，五体兑，故虎变，与虞异也。　阴得至称豹。　乾凿度曰：一圣，二庸，三君子，四庸，五圣，六庸，七小人，八君子，九小人，十君子，十一小人，十二君子。郑彼注云：阳得正为圣人，失正为庸人；阴失正为小人，得正为君子。若然，一圣，复也，得正，故曰圣人。乾凿度云"正阳在下为圣人"是也。

二庸,临也,失正,故曰庸人。三君子,泰也,当云圣人而称君子者,三正而不中,故称君子。泰君子道长,谓三也。四庸,大壮也,失正,故曰庸人。五圣,夬也,得正,故曰圣人。六庸,乾也,失正,故曰庸人也。七小人,遘也,失正,曰小人。八君子,遁也,得正,故曰君子。九小人,否也,失正,故曰小人。否小人道长,谓三也。十君子,观也,得正,故曰君子。十一小人,剥也,失正,故曰小人。十二君子,坤也,得正,故曰君子。革上六阴得正,故为君子。蒙艮为豹,从乾而更,故君子豹变。此虞义也。艮为黔喙之属,故为豹。蒙体艮,革互乾,故从乾而更,豹变之象。陆绩以虎豹皆为兑,阳大称虎,阴小称豹,云豹虎类而小者也。五阳爻故为虎,上阴爻故为豹。君子小于大人,故五称虎,上称豹也。　面谓至居也。　面为上,易例也。卦自遁来,遁初失正,故为小人。初之上得正,阴顺于阳,故顺以从五。遁上变,故革面也。上应在三,三爻辞征凶,谓四未变也。六以阴居上,故居贞吉。若然,三得正而贞厉者,近于四而不相得也。上得正而吉者,四已之正,革道至上而成,故称吉也。

䷰离宫二世卦,消息内卦五月,外卦六月。

缺。

周易述卷八

全卷阙。

周易述卷九

彖上传

大哉乾"元",万物资始,乃统天。【注】阳称大。资,取。统,始也。大衍之数五十,其用四十有九,其一,元也。故六十四卦万一千五百二十策,皆取始于乾元。乾为天,天地之始,故乃统天。一说:统,本也。策受始于乾,犹万物之生本乎天。云行雨施,品物流形。【注】乾二五之坤成坎,上坎为云,下坎为雨,故云行雨施。乾以云雨流坤之形,万物化成,故品物流形。大明终始,【注】乾为大明,坤二五之乾成离,离为日,坎为月,日月之道,阴阳之经,所以终始万物,故曰大明终始。六位时成,【注】九六之变,登降于六体,乾息坤消,以时而成。时乘六龙以御天。【注】乾六爻称六龙。时乘者,六龙乘时也。御,进也。言六龙皆当进居天位,升降以时,不失其正。乾道变化,各正性命。保合大和,乃"利贞"。【注】乾为性,巽为命,乾变坤化,成既济定,刚柔位当,故各正性命。阴阳合德,故保合大和,是利贞大义矣,故曰乃利贞。首出庶物,万国咸宁。【注】乾为首,震为出,坤为万国。帝出乎震,万物亦出乎震,故首出庶物。震,元也。谓乾元用九,而天下治,故万国咸宁。【疏】阳称至乎天。 阳大阴小,故泰否二卦称大小往来。资,取。郑义也。小尔雅曰:资,取也。孝经曰:资于事父以事君。孟子曰:居之安则资之深。资皆训为取。隐元年公羊传曰:何言乎王正月?大一统也。何休注云:统者,始也。元亦始也。王者所以通三统,故云:统,始也。大衍之数五十,谓日十、辰十二、星二十八,三辰之数凡五十也。三辰合于三统,三统会于一元,故三统历曰:太极元气,函三为一。一即天地人之始,所谓元也。乾凿度曰:易始于一,谓太极也。分于二,谓两仪也。通于三,谓三才也。故三才之道,兼之为六画,衍之为大衍,合之为太极。太极函三为一,故一不用,其用四十有九也。六十四卦万一千五百二十策,皆取始于乾元,荀义也。二篇六十四卦万一千五百二十策,当万物之数。象传所称万物,即二篇之策也。说文曰:道立于一,化生万物。故万一千五百二十策,皆取始于乾元。吕氏春秋曰:凡彼万形,得一后成。董子以元为万物之本,又以天地人为万物之本,亦此义也。何休注公羊曰:元者,天地之始,故乾坤皆言元。春秋正月、二月、三月,三代称元,是统天之义。一说已下,郑、荀义也。荀子君道篇曰:四统者俱,而天下归之;四统者亡,而天下去之。又议兵篇曰:未有本统。统皆训为本。郊特牲曰:万物本乎天。故策受始于乾,犹万物之生本乎天也。 乾二至流形。 此虞义也。乾二五之坤成两坎,坎在上为云,云雷屯是也;在下为雨,雷雨解是也。说文曰:品,众庶也。坤为形,乾流坤形,万物成形,皆出于坤,故品物流形也。

乾为至终始。 乾为大明,虞义也。离丽乾,离为明,阳称大,故为大明。上云乾二五之坤成坎,此云坤二五之乾成离,则有日月象。离为日已下,乾凿度文。彼谓上经,始乾、坤,终坎、离。乾始坎而终于离,坤始离而终于坎。故曰:日月之道,阴阳之经,所以终始万物,日月谓坎、离,坎、离为经,故曰阴阳之经也。 九六至而成。 九六之变,登降于六体,三统历文。六位,六爻之位,又谓之六体。九六,爻也。乾坤十二爻登降于六体。乾息于子,成于巳,坤消于午,成于亥,故云以时而成也。 乾六至其正。 经曰:见群龙,郑氏注云:六爻皆体乾,群龙之象。故知六龙为乾六爻。尚书大传:龙属王极。王,君也。乾亦君也。说卦曰:乾以君之。又曰:乾为君。故九家曰:乾者,君卦也。六爻皆当为君,是乾六爻有君象,皆当进居天位,故曰时乘六龙以御天。六龙是君,非君所乘,故以时乘为六龙乘时,合于见群龙之义。许慎五经异义曰:易孟京说天子驾六,易时乘六龙以驭天。谨案,王度记云:天子驾六。与易同。郑氏驳云:玄之闻也,易经时乘六龙者,谓阴阳六爻上下耳,岂故为礼制。王度记云今天子驾六者,自是汉制,与古异。汉世天子驾六,非常法。是郑以时乘六龙为六爻乘时上下,非乘六龙也。班固幽通赋曰:登孔颢而上下兮,纬群龙之所经。孔为匹夫,隐在乾初,故下;颢为天子,系乾九五,故上。是群龙上下之事也。蔡邕独断曰:御,进也。升降,谓乾升坤降也。乾升曰御天,坤降曰承天。升降以时,不失其正,所以释乘时之义。 乾为至利贞。 性命于天,故乾为性。重巽以申命,故巽为命。巽者坤初,乾伏于下,命禀于生初,故巽为命也。一阴一阳之谓道,言乾道者兼坤也。虞注上系云:在天为变,在地为化,故乾言变,坤言化。乾变坤化,成既济定,六爻皆正,故刚柔位当,是各正性命。六爻皆合,故阴阳合德,是保合大和,和即利也,乾不言利,故谓之大和。皆释利贞之义,故曰乃利贞者也。 乾为至咸宁。 虞注比象曰:坤为万国。坤为地,地有九州,故曰万国。乾初九,震也。震为帝,故帝出乎震。初九乾元,万物资始,故万物亦出乎震。晋语曰:震,雷长也。故曰元。是震为元,帝出乎震,即乾元也。乾元用九而天下治,是万国咸宁之象也。

至哉坤"元"，万物资生，乃顺承天。【注】坤为地，至从一，一亦地也，故曰至哉。乾坤相并俱生，合于一元，故万一千五百二十策皆受始于乾，由坤而生也。天地既分，阳升阴降，坤为顺，故顺承天。**坤厚载物，德合无疆。**【注】坤为大舆，故为载。疆，竟也。乾为德，坤为无疆，坤顺承天，乾德合坤，故德合无疆。**含弘光大，品物咸亨。**【注】弘，含容之大也。光大，谓乾坤含光大。凝乾之元，终于坤亥，出乾初子，天地交万物通，故品物咸亨。**"牝马"地类，行地无疆。**【注】地用莫如马，故曰地类。顺而健，故曰行地无疆。**柔顺"利贞"，君子攸行。**【注】谓坤爻本在柔顺阴位，利正之乾，则阳爻来据之，故曰君子攸行。**"先迷"失道，"后"顺"得"常。"西南得朋"，乃与类行。"东北丧朋"，乃终有庆，**【注】乾为道，坤为常，未西南，阴类，故乃与类行。丧朋从阳，故乃终有庆，阳称庆也。<u>虞氏</u>谓：阳得其类，月朔至望从震至乾，与时偕行，故乃与类行。阳丧灭坤，坤终复生，谓月三日震象出庚，故乃终有庆。**安贞之吉，应地无疆。**【注】坤道至静，安于承天之正。阳出初震，震为应，故应地无疆。【疏】坤为至承天。　地称一者，亦谓天地皆始于一。<u>说文</u>曰：至，从高下至地，从一，一犹地也。故乾称大，坤称至。乾坤相并俱生，<u>乾凿度</u>文。易有太极，极即一也。是生两仪，两仪，天地也。故云相并俱生。<u>何休公羊注</u>云：元者，气也，天地之始也。故云合于一元。<u>素问</u>曰：天气始于甲，地气始于子。甲子初九为<u>乾</u>之元，即坤之元也。<u>三统历</u>曰：阴阳合德，气锺于子，化生万物，故万一千五百二十策皆受始于乾，由坤而生也。天地既分而下，亦约<u>乾凿度</u>而为言。彼文云：太极分而为二，故生天地。轻清者上为天，浊重者下为地。是天地既分之

初,即具升降之理,坤之所以顺承天也。　坤为至无疆。　坤为大
舆,说卦文。舆所以载物,坤主载,故取义于此。疆,竟。小尔雅文。
昭元年公羊传曰:疆运田者何? 与莒为竟也。何休注亦云:疆,竟
也。坤为无疆,虞义也。上云乃顺承天,坤承乾而乾与之合德,故德
合无疆也。　弘含至咸亨。　此虞、荀义也。释诂曰:弘,大也。弘
有容仪,又有广义,故曰含容之大也。凝乾之元,终于坤亥,皆谓坤
含乾也。出乾初子,始交于坤,化生万物,万物棣通,故品物咸亨。

　地用至无疆。　地用莫如马,汉书食货志文。马,行于地者,故曰
地类。坤为牝,乾为马,牝马顺而健,乾坤合德之象,故行地无疆。

　谓坤至攸行。　此九家义也。虞注下系云:乾六爻二、四、上非
正,坤六爻初、三、五非正,故言坤爻本当在柔顺阴位,利居乾之二、
四、上则得正,故曰利正之乾。乾来居坤初、三、五之位,则六爻皆正
矣。君子谓阳爻,乾来据坤,故君子有攸往也。　乾为至有庆。
乾为道,虞义也。坤为常,荀义也。坤消乾毁,故先迷失道。后顺于
主,合于常道,故后顺得常。未本坤之正位,故曰阴类。郊特牲曰:
天地合而后万物兴焉。冲丑承乾,以合于子,则十二爻皆和会,历家
以之合辰,乐家以之合声,中和之道行,化育之功茂,故乃终有庆。
阳称庆,亦虞义。丧朋从阳,故称庆也。虞氏以下据纳甲为言。阳
得其类,谓一阳以至三阳成也。月朔至望,乾体已就,终日乾乾,与时
偕行,故乃与类行。阳丧灭坤,谓乙癸也。坤终复生,五六三十,终竟
复始,三日而震象出庚,乾之余庆,故乃终有庆也。　坤道至无疆。
坤静,故安。又坤道以承天为正,故安于承天之正。阳出初震,震同
声相应,故为应。坤为地,初爻交坤,故应地无疆也。

**屯,刚柔始交而难生。动乎险中,大"亨贞"。雷雨
之动满形。【注】**乾刚坤柔,乾二五之坤,是刚柔始交也。成坎

险,故难生。九二降初,动乎险中,三之正,故大亨贞。屯者,盈也,故称满。坤为形,雷动雨施,品物流形,故满形。俗讹为盈。**天造草昧。宜"建侯"而不宁。【注】**造,造生也。草,草创物也。乾始交坤,坤冥为昧,故天造草昧。震位承乾,建侯扶屯,三反正,成既济定,故曰不宁,言宁也。**【疏】**乾刚至为盈。 乾刚坤柔,杂卦文。乾二五之坤,是乾始交坤,故云刚柔始交也。成两坎,天险地险,故云坎险。坎者,陷也。阳陷阴中,故云难生。春秋说题辞曰:易者,气之节,上经象天,下经计历,文言立符象出期节,彖言变化,系设类迹。彖言变化,故彖传皆言之卦。下放此。卦自坎九二降初,坎险震动,故动乎险中。中谓二也。三变之正,成既济,故大亨贞。屯者,盈也。序卦文。盈天地之间者唯万物,故云盈也。坤为形已下,虞义也。俗讹为盈。盈、满同义,满下不合叠盈字,今从虞氏本改为形也。 造造至宁也。 此荀、虞义也。屯者,物之始生,故云:造,造生也。阳造阴化,王砅玄珠密语曰"阳为造生,阴为化源"是也。序卦曰:屯,物之始生。乾始交坤,故云草创物。坤纳乙癸,月三十日晦。释言曰:晦,冥也。晦、冥同义,故云坤冥为昧。昧亦冥也。震长子继世,故承乾。得正得民,是建侯扶屯之事。三已正,六爻得位,万国咸宁,故曰不宁。不宁为宁,犹言不显为显,此古训也。

　　蒙,山下有险,险而止,蒙。蒙"亨",以亨行时中也。【注】险坎止艮,卦自艮来,三之二为刚中,变之正为柔中,故以亨行时中。中庸曰:"君子而时中。"**"匪我求童蒙,童蒙求我",志应也。**五变上动体坎,坎为志,故曰志应。应,谓五应二。**"初筮告",以刚中也。"再三渎,渎则不告",渎蒙也。【注】**二以刚居中,故告。变之正,除师礼,故不告。**蒙以养正,圣功也。【注】**体颐,故养。二志应五,五之正,反蒙为圣,故曰圣功。五多功也。【疏】险坎至时中。 说卦曰:坎,险也。艮,止也。注云险坎止艮,先言险而后言止者,易气从下生也。象传例皆然。下放此。时者,变动不居之义。二有师道,刚中谓九居二也。又有妇道,变之正,故曰柔中也。二刚则五柔,二柔则五刚,二五应,刚柔接,故以亨行时中也。引中庸者,言执中有权也。 五变至应二。 坎为志,虞义也。二体坎,五变上动亦体坎,坎为志,故云志应。嫌二求五,故云五应二。 二以至不告。 二刚中有师道,故告。变之正,与阴同类,当除师学之礼,故不告也。尚书大传曰:散宜生、闳夭、南宫适三子者,相与学讼于太公。太公见三子,知三子之为贤人,遂酌酒切脯,除师学之礼,约为朋友。是除师礼之事也。 体颐至功也。 此释利贞也。二至上有颐象,颐者,养也。序卦曰:颐,养正也。虞彼注云:谓养三五。五之正为功,三出坎为圣,故由颐养正。虞谓:与蒙养正圣功同义也。洪范:休征曰圣,时风若。咎征曰蒙,恒风若。是蒙与圣反也。乾凿度:九五为圣人,阴反为阳,犹蒙反为圣,故曰圣功。吕氏春秋曰"学者师达而有材,吾未知其不为圣人"是也。五多功,下系文。不言二之正者,二养正也。

需,峙也。险在前也。【注】险在前,故不进。**刚健而不陷,其义不困穷矣。**【注】刚健,乾也。坎为陷,乾知险,需时而升,故不陷。阳陷为困。**"需,有孚光,亨贞吉",位乎天位,以正中也。"利涉大川",往有功也。**【注】五多功,故往有功。【疏】险在至不进。 杂卦曰:需,不进也。虞注云:险在前也,故不进。 刚健至为困。 大哉乾元[一],刚健中正,内体乾,

────────────────

〔一〕"元",皇清经解本作"乎"。

故知刚健为乾。说卦:坎,陷也。故知坎为陷。系下云:乾,天下之至健也,德行恒易以知险。险在前,需时而升,故不困穷也。太玄<u>㓕</u>准需也,其词曰"阳气能刚能柔,能作能休,见难而缩"是也。　五多至有功。　<u>五多功,下系文。二往居五,故往有功。</u>

讼,上刚下险,险而健,讼。【注】险而健,谓二四。"讼,有孚,咥惕,中吉",刚来而得中也。【注】三之二。"终凶",讼不可成也。【注】失位不变,故讼成。"利见大人",尚中正也。【注】中正谓五。"不利涉大川",入于渊也。【注】坎在下为渊。【疏】<u>险而至二四。　所以致讼,二四也。二体坎,故险。四体乾,故健。　三之二。　卦自遁三之二,在内曰来。　失位至讼成。　讼成,谓狱讼成也。九家曰:初、二、三、四皆不正,以不正,故讼。初变不永所事,二变无眚,三变食旧德,四变安贞吉,以讼不可成,利变之正,不变则终凶也。　中正谓五。　五象传曰:讼元吉,以中正也。故知中正谓五。　坎在下为渊。　此荀义也。</u>

师,众也。"贞",正也。能以众正,可以王矣。【注】坤,众也。坎亦为众。故云:师,众也。二失位,变之五为比,故能以众正,可以王矣。刚中而应,行险而顺。【注】据卦变。以此毒天下,而民从之,"吉"又何"咎"矣。【注】谓二也。坎为毒。毒,治也。用师以毒天下,群阴顺从,吉又何咎也。【疏】<u>坤众至王矣。　坤,众也。说卦文。晋语曰:坎,水也,众也。故知坎亦为众也。二失位已下,虞义也。象曰:贞丈人。二中而不正,故失位。上之五体比,得正得中,征之为言正也。以师正天下,故云:能以众正,可以王矣。　据卦变。　蜀才注曰:此本剥卦,上九降二,六二升上,是刚中而应,行险而顺也。　谓二至咎也。　长子帅师,</u>

故毒天下,谓二。坎为毒,虞义也。毒,治。马义也。凡药之攻疾者,谓之毒药,周礼"医师聚毒药"是也。用师旅以除暴,犹用药石以除疾,故吕氏春秋论兵曰:若用药者,得良药则活人,得恶药则杀人。义兵之为天下,良药也,亦大矣。是毒天下为治疾之义也。上云:能以众正,可以王矣。王者,天下所归往。二以长子帅师,五阴顺从,故毒天下而民从之,吉又何咎矣。

比,"吉"也。比,辅也,下顺从也。【注】下谓五阴。"原筮元永贞无咎",以刚中也。【注】刚中谓师二。"不宁方来",上下应也。【注】上谓三、四、五,下谓初。"后夫凶",其道穷也。【注】上为穷。【疏】下谓五阴。　卦有五阴,一在上,四在下,而皆谓之下者,师上体坤,系上曰:天尊地卑,乾坤定矣。是则天尊为上,地卑为下。故翼奉封事曰:上方之情乐也,下方之情哀也。孟康注"谓阳为上,阴为下"是也。此总卦义,故谓五阴为下。下传分言之,则有上下后夫之殊也。　刚中谓师二。　蜀才注云:此本师卦,六五降二,九二升五。案,九二刚中而不正,故原筮元永贞,乃得无咎也。　上谓至谓初。　据二升五,时三、四、五在上,初在下,二正五位,故上下应也。　上为穷。　虞氏云:迷失道,故其道穷。

小畜,柔得位而上下应之,曰小畜。【注】柔谓四。四为卦主,少者为多之所宗,故上下应之。健而巽,刚中而志行,乃"亨"。【注】刚中谓五。坎为志。乃者,难也。"密云不雨",尚往也。"自我西郊",施未行也。【注】尚往谓初二。不雨,故施未行。【疏】柔谓至应之。　卦惟一阴,故为卦主。京氏谓"成卦之主"是也。少者为多之所宗,京房易传文。宗,主也。一阴五阳,阴少阳多,故阴为阳主。<u>王氏</u>谓"体无二阴,以分其应,故上下应之"是也。寻初二尚往而言上下应之者,畜道至上而成,五阳终为阴畜,卦所以名<u>小畜</u>也。 刚中至难也。 一阴劣,不能固阳,九五刚中,四与合志,同力畜乾,至上而成,其志得行,乃始亨也。坎为志,<u>虞</u>义也。上变体<u>坎</u>,故<u>坎</u>为志。乃者难也者,<u>宣</u>八年<u>公羊传</u>曰:乃者何? 难也。难犹重难,言非刚中而志行,不能亨也。 尚往至未行。 卦自<u>需</u>来。<u>需</u>者,乾升坎降,今上变为<u>巽</u>,则一阴为主,而众阳同应之,故能以小畜大。然初二体<u>乾</u>,初复自道,二牵复,故有尚往之象。云行雨施,今不雨,故施未行也。

履,柔履刚也。【注】柔谓三,刚谓二。<u>兑象传</u>曰:刚中而柔外。说而应乎乾,是以"履虎尾,不咥人,亨"。【注】<u>乾</u>履<u>兑</u>,<u>兑</u>说应之,故不咥人。刚中正,履帝位而不疚,光明也。【注】刚中正谓五。五帝位,离为光明,以<u>乾</u>履<u>兑</u>,五刚中正,故履帝位而不疚,光明也。【疏】柔谓至柔外。 <u>虞氏</u>据旁通,坤柔乾刚,嗛坤籍乾,故柔履刚。且云:<u>兑</u>为刚卤非柔,以柔为<u>兑</u>三者非是。寻<u>兑</u>之二阳为刚,非指三也。<u>兑象传</u>明言刚中柔外,则柔履刚,为<u>兑</u>三之柔、履二之刚明矣。<u>虞氏</u>非也。 乾履至咥人。 义具<u>履</u>卦。刚中至明也。 此一节释利贞之义。二五皆刚中而称刚中正,故知谓五。以阳居五,故履帝位。以上<u>虞</u>义也。三体离,离为日,故云光明。以<u>乾</u>履<u>兑</u>,<u>兑</u>为虎,五在<u>乾</u>体,履危之象,故云疚。以其刚中得正,故履帝位而不疚,光明也。

"泰,小往大来,吉,亨。"则是天地交而万物通也。【注】<u>乾</u>二之<u>坤</u>五,<u>坤</u>五降<u>乾</u>二,是天地交;云行雨施,品物咸亨,故万物通。上下交而其志同也。【注】二上交,五下交,坎为志,否巽为同，故上下交而其志同。**内阳而外阴，内健而外顺，**【注】乾阳息内，坤阴消外，故内阳而外阴。乾健居正，坤顺承天，故内健而外顺。**内君子而外小人。**【注】君子谓三，小人谓五。**君子道长，小人道消也。**【注】阳息至三，故君子道长。至五成夬，故小人道消。【疏】乾二至物通。　卦乾下坤上，乾天坤地，乾之坤五，坤五降乾二，成坎、离，天地以离、坎交阴阳，故天地交。乾升曰云行，坤降曰雨施，云雨泽物，品物咸亨，故万物通，谓已成既济也。月令孟春曰：天气下降，地气上腾。亦说天地交事。彼据二五易位之后而言，义并通也。俗儒谓三阳在下为下降，三阴在上为上腾，非也。　二上至志同。　上下交有二义：二升五为上交，五降二为下交，此一义；二升五，五降二，二五相应，亦是上下交，此又一义。二义并通，以后义为正解也。坎为志，否巽为同，皆虞义。二五易位体坎，故其志同。　乾阳至外顺。　九家易曰：阳称息者，长也。起复成巽，万物盛长也。阴言消者，起姤终乾，万物成熟。成熟则给用，给用则分散，故阴用特言消也。乾阳息内，故内阳；坤阴消外，故外阴。九二升五，是乾健居正；六五降二，是坤顺承天。二在内，故内健；五在外，故外顺。　君子至谓五。　乾凿度以泰三为君子，谓阳得位也；剥五为小人，以阴失位也。泰五失位，与剥五同，故亦为小人。　阳息至道消。　阳息至三，故君子道长；至五成夬，故小人道消。杂卦曰：夬，决也，刚决柔也，君子道长，小人道消。义并同也。

"否之匪人，不利君子贞，大往小来。"则是天地不交，而万物不通也；【注】乾上升，坤下降，故天地不交。独阴不生，独阳不生，故万物不通也。**上下不交，而天下无邦也。**

【注】三苞羞,五休否,故上下不交。坤为邦,坤反君道,故无邦。**内阴而外阳,内柔而外刚,**【注】立地之道曰柔与刚,坤成乾毁,故变健顺言柔刚矣。**内小人而外君子。小人道长,君子道消也。**【注】小人谓三,君子谓五。【疏】乾上至通也。 宋衷象传注曰:天气上升不下降,地气沈下不上升,二气特隔,故云否。是天地不交之义也。月令曰:天气上腾,地气下降,天地不通。亦此义耳。月令举于孟冬者,终言之耳。独阳不生,独阴不生,庄二年穀梁传文。乾凿度曰:天地不变,不能通气。郑彼注云:否卦是也。天地之气合则能生物,不变则不能生物,故万物不通也。 三苞至无邦。 否成于三,故三苞羞,为下不上交;五休否,为上不下交,是上下不交也。坤为邦,虞义也。坤反君道,以其国君凶,故无邦也。立地至刚矣。 立地之道曰柔与刚,说卦文。泰象传曰:内健而外顺。顺者,顺乎乾。今坤消乾,坤成则乾毁,柔刚属坤,故变健顺言柔刚矣。 小人至谓五。 乾凿度以否三为小人,共五为圣人,故小人谓三,君子谓五,对小人,且承泰传而言,故不言大人也。阴消至三,故小人道长;至五成剥,故君子道消也。否、泰反其类,故君子小人互为消长。荀子曰"君子小人之反"是也。

同人,柔得位得中,而应乎乾,曰同人。【注】五之二,得位得中,而与乾应,故曰同人。**同人曰:"同人于野,亨,利涉大川。"乾行也。**【注】四上变乾为坎,故曰乾行。**文明以健,中正而应,"君子"正也。**【注】谓二五。**唯君子为能通天下之志。**【注】唯,独也。四变成坎,坎为通、为志,故能通天下之志。【疏】五之至同人。 坤六五失位,降居乾二,是柔得位得中而应乎乾,故曰同人。乾为人,二与五应,五体乾,故应乎乾。二同于五,同性同德,故曰同人也。 四上至乾行。 同人于野,乾为野,四上变体坎,坎从乾来,故曰乾行。 谓二五。 二体离,离为文明;五体乾,乾为健,故曰文明以健。二下中,五上中,故曰中正而应。阴阳得位为君子,故曰君子正也。 唯独至之志。 此虞义也。大学曰:此谓唯仁人能爱人。郑注云:独仁人能之。是唯为独也。坎为通,说卦文。坎为心,故为志。四上变,成既济定,六爻位正,故能通天下之志。

大有,柔得尊位大中,而上下应之,曰大有。【注】柔谓五。五为尊位,阳称大,五为上中,故曰大中。比初成震,震为应,乾五变之坤成**大**有。天道助顺,人道助信,故上下应之,曰大有。**其德刚健而文明,应乎天而时行,是以"元亨"。【注】**谓五以日应乾,而行于天也。时谓四时也。比初动,成震为春,至二成兑为秋,至三离为夏,坎为冬,故曰时行。以乾亨坤,是以元亨。**【疏】**柔谓大有。 庖牺位乾五,五动见离,离丽乾,故柔得尊位。天道助顺,是上应也;人道助信,是下应也。 谓五至元亨。 此虞义也。五动见离,故五以日应乾,而行于天也。大有与比旁通,比变历四时,故曰时行。乾五之坤,故以乾亨坤也。

嗛,"亨"。天道下济而光明,地道卑而上行。【注】乾上之三,故下济而光明。坤三之上,故卑而上行。**天道亏盈而益嗛,地道变盈而流嗛,鬼神害盈而福嗛,人道恶盈而好嗛。【注】**盈者,嗛之反。**嗛,尊而光,卑而不可逾,"君子"之"终"也。【注】**德成而上。**【疏】**乾上至上行。 乾上九之坤三,以乾照坤,故下济而光明。坤六三之乾上,天尊地卑,故卑而上行也。 盈者,嗛之反。 嗛,虚也。盈嗛犹盈虚。盈,满也。荀子仲尼篇曰：满则虑嗛，平则虑险，安则虑危。满与嗛、平与险、安与危，皆义之相反者，故云：盈者，嗛之反。古文谦皆作嗛。昭元年春秋传曰：谦不足。则嗛与谦同物也。虞注云：乾盈于上，亏之坤三，故亏盈。贵处贱位，故云益嗛。嗛三以坤变乾盈坎，动而润下，水流湿，故流嗛。鬼谓四，神为三，坤为鬼害，乾为神福，故鬼神害盈而福嗛。乾为好、为人，坤为恶，故人道恶盈而好嗛。是其义也。　德成而上。　乐记文。韩婴易传曰：五帝官天下。又曰：官以传贤。三有嗛德以升五，故尊而光，卑而不可逾。是德成而上之事，故云君子之终也。

　　豫，刚应而志行，顺以动，豫。【注】刚谓四，四为卦主，五阴应之，其志大行，故刚应而志行。坎为志也。**豫顺以动，故天地如之，而况"建侯行师"乎！【注】**小畜乾为天，坤为地，如之者，谓天地亦动以成四时，而况建侯行师。言其皆应而豫也。**天地以顺动，故日月不过，而四时不忒。【注】**豫变通小畜，坤为地，动初至三成乾，故天地以顺动。过，失度。忒，差也。谓变初至需，离为日，坎为月，皆得其正，故日月不过。动初时震为春，至四兑为秋，至五坎为冬，离为夏，四时为正，故四时不忒。通变之为事，盖此之类。**圣人以顺动，则刑罚清而民服。【注】**复初为圣人。清犹明也。动初至四，兑为刑，至坎为罚，坎兑体正，故刑罚清。坤为民，乾为清，以乾据坤，故民服。**豫之时义大矣哉。【注】**顺动天地，使日月四时皆不过差，刑罚清而民服，故义大。**【疏】**刚谓至志也。　卦唯一阳，故知刚谓四。又为卦主，统制五阴，同心应之，象传所云：由豫大有得，志大行也。故云刚应而志行。坤顺震动，母老子强，居乐出威，故为豫也。　小畜至豫也。　此虞义也。说文

曰:如,从随也。豫与小畜旁通。小畜乾为天,豫坤为地,卦有中和
之德,故豫顺以动。中和者,天地也。故天地如之,谓天地亦动以成
四时,如下文所云是也。建侯行师,群阴皆应而说乐,故云皆应而豫
也。　豫变至之类。　此虞义也。豫旁通小畜体巽,豫体震,震巽
特变,终变成小畜也。坤为地,谓豫坤也。动初至三,下体成乾,乾
为天,故天地以顺动。续汉书律历志曰:两仪既定,日月始离,初行
生分,积分成度。又曰:察日月俱发度端,日行十九周,月行二百五
十四周,复会于端,无失度之事。故云:过,失度也。月令孟春曰:宿
离不贷。郑注云:离读如俪偶之俪。宿俪谓相与宿偶,当审候伺,不
待过差。故云:忒,差也。忒与贷通。变初至需,谓至五也。需离为
日,豫坎为月,日月皆得其正,故不过也。初动体震,震为春;至四体
兑,兑为秋;至五体坎,坎为冬;离为夏。此覆述上文也。忒者,参同
契所谓:“纤介不正,悔吝为贼。二至改度,乖错委曲。隆冬大暑,盛
夏霜雪。二分纵横,不应漏刻。”今四时皆正,故不忒也。通变之谓
事,上系文。虞彼注云:事谓变通趋时以尽利也。不过、不忒,皆以
时言,故云盖此之类。　复初至民服。　乾凿度曰:孔子曰:坤变初
六曰复,正阳在下为圣人。四利之初,复初龙德而隐,故为圣人。清
犹明也以下,皆虞义也。说文云:清,朗也。释言云:明,朗也。清、
明同训,故云清犹明也。兑正秋,秋杀于右,故为刑。晋语以蓐收为
天之刑人,亦此义也。坎为法,罚者,施法之罪名,故为罚。五体坎,
四体兑,而皆得其正,故刑罚清。楚语曰:命火正黎司地以属民。故坤
为民。乾为天,乾凿度曰轻清者上为天,故乾为清。豫下体坤,动初
至三成乾,是乾据坤之象,坤为民,故民服也。　顺动至义大。　法
象莫大乎天地,今天地顺动矣。县象著明莫大乎日月,今日月不过
矣。变通莫大乎四时,今四时不忒矣。备物致用莫大乎圣人,今圣

人以顺动,刑罚清而民服矣。皆义之大者,故云义大。此上皆虞义也。

随,刚来而下柔,动而说,随。【注】否乾上来之坤初,故刚来而下柔。动,震;说,兑也。**大"亨贞无咎",而天下随之。**【注】阳降阴升,嫌于有咎,三四易位,成既济,故天下随之。**随之时义大矣哉。**【注】用九、用六之法,阳唱而阴和,男行而女随,故义大。【疏】否乾至兑也。 此虞义也。乾刚坤柔,卦自否来,否乾上九来之坤初,是刚来下柔。动震说兑,故名随也。 阳降至随之。

乾凿度曰:形变之始,清轻者上为天,浊重者下为地,是阳升阴降,易之理也。今阳来降初,阴往升上,阳降阴升,非理之常,故嫌于有咎。而云大亨贞无咎者,以三、四易位,六爻皆正,成既济定,云行雨施而天下平,是天下随之也。此兼荀义。 用九至义大。 用九者,用乾之六爻,而居五、三、初之位。用六者,用坤之六爻,而居二、四、上之位。故虞氏注文言曰"乾坤六爻成两既济"是也。阳唱而阴和,男行而女随,乾凿度文。乾为阳,坤为阴,乾成男,坤成女。既济六爻,阴皆承阳,女皆随男。随家有此义,故云:随之时义大矣哉。

蛊,刚上而柔下,巽而止,蛊。【注】泰初之上,故刚上。坤上之初,故柔下。上艮下巽,故巽而止,蛊也。**蛊"元亨",而天下治也。**【注】以乾交坤,故元亨。爻多失正,故不言利贞。而诸爻皆有干正之事,故天下治也。**"利涉大川",往有事也。**【注】二往干五,故有事。**"先甲三日,后甲三日",终则有始,天行也。**【注】乾为始,坤为终,故终则有始。乾为天,震为行,故天行也。【疏】泰初至蛊也。 此虞义也。 以乾至治也。 刚上柔下,是以乾交坤,故元亨也。爻之二、五、初、上皆失正,故象不言利贞。而初、二、三、五皆有干正父母之事,亦是利贞之义。孝经:子曰:先王有至德要道,以顺天下,民用和睦,上下无怨。至德要道出于孝,故殷仲文注云:穷理之至,以一管众为要。然则,至德要道即乾元也。乾元用九,故天下治也。　乾为至行也。　此虞义也。乾纳甲,故为始;坤纳癸,故为终。先甲者,在甲前,故云终;后甲者,在甲后,故云始。甲者,乾也。乾为天,互震为行,故天行也。因是而知圣人事天之道,本乎易也。白虎通曰:春秋传曰:以正月上辛。尚书曰:丁巳用牲于郊。先甲三日,辛也;后甲三日,丁也。皆接事昊天之日,故传曰:大行也。

　　临,刚浸而长。【注】刚谓二。浸,渐也。阳息阴,故浸而长。**说而顺,刚中而应。**【注】说,兑;顺,坤也。刚中谓二。四阴皆应之,故曰而应。**大"亨"以正,天之道也。**【注】二升五,三动成既济,乾元用九,乃见天则,故曰天之道。**"至于八月有凶",消不久也。**【注】阳息则消,故消不久。【疏】刚谓至而长。阳长阴消,皆以积渐而成。文言曰:其所由来者渐矣。故云:浸,渐也。阴符经曰:天地之道浸,故阴阳胜。遁彖传曰:小利贞,浸而长也。此谓阴浸而长也。　说兑至而应。　说卦曰:坤,顺也。兑,说也。故云:说,兑;顺,坤也。二以刚居中,故知刚中谓二。二当升五,群阴应之,故刚中而应也。　二升至之道。　此释元亨利贞之义。凡卦具四德者,皆以既济言之,二升五,三动成既济,则六爻皆正。乾元用九,谓用九而居五、三、初之位,天以中和育万物,易以中和赞化育,天之道犹天之则,故引文言以明之。　阳息至不久。　阳息不久则消,故云消不久。天地盈虚,与时消息。故临言凶,遂言亨也。

　　大观在上，顺而巽，中正以观天下。【注】阳称大，九居五，故大观在上。顺，坤也。中正谓五。五以天之神道观示天下，咸服其化，宾于王庭。"观盥而不观荐，有孚颙若"，下观而化也。【注】巽为进退，容止可观，进退可度，则下观其德，而顺其化。观天之神道，而四时不忒。【注】忒，差也。神道谓五。临震、兑为春秋，三上易位，坎冬离夏，日月象正，故四时不忒。圣人以神道设教，而天下服矣。【注】圣人谓乾。退藏于密，而齐于巽，以神明其德教，故圣人设教，坤民顺从，而天下服矣。【疏】阳称至王庭。　阳大阴小，故阳称大。大谓九，上谓五，以九居五，故大观在上。顺，坤也。中正谓五，虞义也。不赏而民劝，不怒而民威于铁钺，是天下咸服其化。六四宾王，是宾于王庭也。　巽为至其化。　此虞义也。巽为进退，说卦文。容止可观，进退可度，襄三十一年春秋传文。说文引易曰：地可观者莫可观于木。汉书五行志曰：说曰：木，东方也。于易地上之木为观；其于王事，威仪容貌亦可观者也。九五有人君之德，实貌相应，其下畏而爱之，则而象之，故下观其德，而顺其化也。　忒差至不忒。　此虞义也。忒，差也。释见豫彖传。五本乾也，乾为神、为道，故神道谓五。临体震兑，震为春，兑为秋，故云临震、兑为春秋。三上易位，体坎、离，坎为冬，离为夏，约象为既济，日月象正，故四时不忒也。　圣人至服矣。　乾凿度：乾九五为圣人。故圣人谓乾。退藏于密，系上文。齐于巽，说卦文。阳动入巽，巽为退伏，坤为闭户，故退藏于密。齐者，齐戒之义。圣人以此齐戒，以神明其德。形德于己，而设教于民。下体坤，坤民顺从，故天下服矣。寻神道设教，谓祭祀也。祭义曰：宰我曰：吾闻鬼神之名，不知其所谓。子曰：气也者，神之盛也；魄也者，鬼之

盛也。合鬼与神,教之至也。因物之精,制为之极;明命鬼神,以为
黔首,则百众以畏,万民以服。郑注云:合鬼神而祭之,圣人之教致
也。是其义也。

　　颐中有物曰噬嗑。【注】物谓四。噬嗑而"亨",刚柔
分。【注】据自否来。动而明,雷电合而章。【注】动,震;明,
离;章,明也。雷动而威,电照而明,故雷电合而章。柔得中而上
行。【注】柔谓初,中谓五。虽不当位,"利用狱"也。【注】
初之五,故不当位。上之三,故利用狱也。【疏】物谓四。　此虞义
也。虞谓:所噬干胏也。　据自否来。　乾刚坤柔,否乾五降初,坤
初升五,故刚柔分也。　动震至而章。　下震上离,故动,震;明,
离。古文尚书尧典曰:辨章百姓。郑注云:章,明也。说卦曰:震为
雷,离为电。晋语司空季子曰:车有震武也。韦昭云:震,威也。又
云:居乐出威。故知震为威也。震动而威,电动而明,宋衷义也。电
有光明,故云电照。宋氏又谓:用刑之道,威明相兼,故须雷电并合,
而噬嗑备。尚书吕刑曰:德威维畏,德明维明。是用刑在乎威明也。
　　柔谓至谓五。　初本坤柔,故柔谓初。初之五,故中谓五。自下
而上,故上行也。　初之至狱也。　初之五,以阴居阳,故不当位。
上之三成丰折狱,故刑用狱也。

　　贲"亨",柔来而文刚,故"亨"。分刚上而文柔,故
"小利有攸往"。【注】自外曰来。坤柔从上来,居乾之中,文饰
刚道,交于中和,故亨也。分乾之二,居坤之上,上饰柔道,故小利有
攸往。天文也[一]。【注】谓五。利变之正,成巽体离。艮为星,离

〔一〕通行本周易"天文"上有"刚柔交错"句。

日坎月,巽为高,五天位,离为文明。日月星辰高丽于上,故称天之文也。**文明以止,人文也。【注】**人谓三,泰乾为人。文明,离。止,艮也。震动离明,五变据四,二五分则止文三,故以三为人文也。**观乎天文,以察时变。【注】**日月星辰为天文也。泰震春、兑秋,贲坎冬、离夏,巽为进退。日月星辰进退盈缩谓朓侧朒也。历象在天成变,故以察时变矣。**观乎人文,以化成天下。【注】**乾为人。五上动体既济,贲离象重明丽正,故以化成天下。**【疏】**自外至攸往。 自外曰来,虞义也。坤柔已下,苟义也。贲者,饰也。泰坤上下居乾二,文饰乾刚之道,居二得中,故云交于中和。乾坤交,故亨也。分者,刚柔分也。分乾之九二居坤之上,上饰坤柔之道。小者,五、四、二阴,利上来饰坤,故小利有攸往。 谓五至文也。此虞义也。五失位,故利变之正。兼有巽离,故成巽体离。艮主斗,斗建十二辰,艮为人,斗合于人统,星主斗,故艮为星。互坎体离,离日坎月。巽为高,说卦文。五虚无君,故为天位。下云文明以止,文明谓离。日月星辰皆丽于天,故为天之文也。 人谓至文也。 三于三才为人道,故人谓三。卦自泰来,故云泰乾。人象乾德而生,故乾为人。互有震,故云震动离明。五变为阳,故据四。二五分体,五据四,二文三,故云则止文三,以三为人文之象也。 日月至变矣。此虞义也。体离艮,互坎,离日坎月艮星,故云日月星辰为天文也。时,四时也。泰互震、兑,故震春兑秋。贲有坎、离,故坎冬离夏。巽阳已进,而阴初退,故为进退。日月星辰有进退盈缩,汉书天文志曰:阳用事则进,阴用事则退;早出为盈,晚出为缩也。朓侧朒,朒当作匿,字之误也。尚书大传曰:晦而月见西方谓之朓,朔而月见东方谓之侧匿。郑彼注云:朓,条也,条达行疾貌;侧匿犹缩缩,行迟貌。所谓时变也,历数也,象法也,考工记曰:天时变,故云历象;在天成变,所以察时变也。 乾为至天下。 此虞义也。五上体乾,故云乾为人。二爻皆不正,动谓变之正也。动成既济定,则贲互两离,离象传云:重明以丽乎正,乃化成天下。虞彼注云:两象故重明,正谓五阳。阳变之坤,来化乾,以成万物,谓离日化成天下。彼以正为五阳变坤来化乾,此以既济互离,则正谓五阳无变坤来化乾之事也。

剥,剥也,柔变刚也。【注】阴外变五,五者至尊,为阴所变,故曰剥。**"不利有攸往",小人长也。**【注】小人谓群阴。**顺而止之,观象也。**【注】坤顺艮止,谓五。消观成剥,故观象也。**君子尚消息盈虚,天行也。**【注】乾为君子,乾息为盈,坤消为虚,故君子尚消息盈虚,天行也。【疏】阴外至曰剥。 此荀义也。阴消乾,至外卦而及五,故曰阴外变五。丧服传曰:君至尊也。五为天子,故曰至尊。五为阴所变,乾凿度云:剥之六五言盛杀,万物皆剥堕落,故云剥也。 小人谓群阴。 群阴在内,一阳在外,阳往则阴来,故不利有攸往,谓小人长也。 乾为至行也。 此虞义也。消息者,乾坤也。先儒据易曰:伏羲作十言之教,曰乾、坤、震、巽、坎、离、艮、兑、消、息。若然,自有八卦,便有消息。史记历书谓黄帝起消息,义或然也。卦有十二,实乾坤十二画也。复、临、泰、大壮、夬、乾皆息卦也,而皆乾,故乾为息;姤、遁、否、观、剥、坤皆消卦也,而皆坤,故坤为消。乾盈于甲,故乾为盈;阳实阴虚,故坤为虚。观消为剥,剥消为坤,观不得不变为剥,剥不得不变为坤。天之道即消息盈虚之道,故曰天行也。

复"亨",刚反动,而以顺行。【注】刚从艮入坤,从反震,故曰反动。坤顺震行，故而以顺行。阳不从上来反初，故不言刚自外来，是以明不远之复，入坤出震义也。是以"出入无疾，朋来无咎"。"反复其道，七日来复"，天行也。【注】天行，谓自午至子。"利有攸往"，刚长也。【注】刚道浸长。复，其见天地之心乎？【注】冬至复加坎，坎为极心，乾坤合于一元，故见天地之心。心犹中也。董子以二至为天地之中是也。【疏】刚从至义也。 此虞义也。刚谓剥上九，上九体艮，消艮入坤，故云刚从艮入坤。灭出复震，故从反震。艮者，震之反也。坤为顺，震为行，故而以顺行。象传多言适变，而此言消息，故云阳不从上来反初。若上来反初，则当云刚自外来；今不云来，明不从适变之例也。若然，泰之小往大来，亦据消息而云来者。否、泰反其类，彼对否大往小来亦是消息，非适变也。从上反初则远，今入坤出震，七日来复，正明复之不远，故云：是以明不远之复，入坤出震义也。 天行至至子。 天行谓消息。坤消自午，阳息于子，故云自午至子，谓七日也。 冬至至是也。 易纬是类谋曰：冬至日在坎，春分日在震，夏至日在离，秋分日在兑。魏书律历志推四正卦术曰：因冬至大小余即坎卦用事日，求次卦加坎，大余六，小余五。千五百二十九小分，十四微分，满五从小分，小分满气法从小余，小余满蔀法从大余。命以纪算外，即复卦用事日。大壮加震，姤加离，观加兑，如复加坎。冬至复加坎，是其义也。荀氏说卦曰：坎为极心。注云：极，中也。系上曰：易有太极，是生两仪。虞氏注云：两仪谓乾坤也。太极生两仪，故乾凿度曰乾坤相并俱生，象传曰大哉乾元，又曰至哉坤元，故云乾坤合于一元。乾为天，坤为地，冬至天地之中，故云天地之心，心即中也。知天地之心即天地之中者，以成十三年春秋传曰：民受天地之中以生,所谓命也。天地之中即乾坤之元。万物资始乾元,资生坤元,所谓民受之以生。故知天地之心即天地之中。不曰中而曰心者,阳尚潜藏,故曰心也。董子谓二至为天地之中者,见春秋繁露。其文曰:阳之行始于北方之中,而止于南方之中;阴之行始于南方之中,而止于北方之中。阴阳之道不同,至于盛而皆止于中,其所始皆必于中。中者,天地之太极,是以二至为天地之中也。荀氏注此云:复者,冬至之卦,阳起初九为天地心,万物所始,吉凶之先,故曰见天地之心。义亦同也。

无妄,刚自外来而为主于内,动而健,刚中而应。【注】上之初,故自外来。震为主,故为主于内。刚中谓五。应,应二。大"亨"以正,天之命也。【注】乾为天,巽为命,三上易位,乾坤交而成既济,故大亨以正。合于天地之中,故曰天之命也。"其匪正有眚,不利有攸往",无妄之往何之矣?天命不右,行矣哉?【注】体屯难,故无所之。右,助也。灾成于三,穷于上,故天命不右。马氏谓天命不右行,非也。【疏】上之至应二。上在外卦,故自外来。震主器,上之初,二在内,故为主于内。动,震;健,乾。五以刚居中,故知刚中谓五。二利有攸往,五之正应也,故应谓应二。　乾为至命也。　此言既济之事。四已正,三上易位,乾坤交,故大亨。六爻皆正,故以正也。五为天中,二为地中。天地之中,民所受以生者,所谓命也,故曰天之命也。　体屯至非也。　四已正,上动成坎,故体屯难。屯卦辞曰不利有攸往,故无所之。右,助。郑义也。三匪正,故灾成于三。上,传曰穷之灾也,故云穷于上。乾为天,巽为命,虞氏谓上动逆巽命,故天命不右,行矣哉,言不可行也。马氏已下,虞驳马义也。右读为佑,马如字,属下读,云:天左旋,不右行。非传义,故虞驳之。寻马氏之义,谓天左旋,不右行,右行为反天命,故灾,义亦得通也。

大畜,刚健笃实,辉光日新。【注】刚健谓乾,笃实谓艮。二之五体离,离为日,故辉光日新。**其德刚上而尚贤。**【注】乾为德,初之上,故其德刚上。贤谓三,上变合三,故尚贤。**能健止,大正也。**【注】健,乾;止,艮也。二五易位,故大正。旧读言能止健,误也。**"不家食吉",养贤也。**【注】贤谓二,三至上有颐象,二升五,故养贤。**"利涉大川",应乎天也。**【注】五天位,故应乎天。【疏】刚健至日新。 此虞义也。刚健笃实,谓两象也。故刚健谓乾,笃实谓艮。辉光日新,谓二五易也。离为日、为光,故辉光日新。管辂曰:朝旦为辉,日中为光也。日新俗读属下,失之。

乾为至尚贤。 乾为龙德,故为德。初之上,故其德刚上,虞义也。初刚居上,故其德刚上。乾为贤人,上应三,故贤谓三。三上敌应,故上变合三而尚贤。传曰:上合志也。 健乾至误也。 此虞义也。易气从下生,故象传之例先下而上。传曰能健止,故知健谓乾,止谓艮。二五失正,上下易位,故大正。旧读言能止健,不合象例,故云误也。 贤谓至养贤。 乾为贤人,二称家,故知贤谓二。二不正而称贤者,中和为圣贤,二不正,升五为圣贤。又三至上体颐,颐者,养也。二升五,故养贤。孟子所谓"王公之尊贤"是也。

五天至乎天。 此京义也。二升五,五降二而应之,五为天位,故云应乎天。俗谓六五应九二,非也。

颐"贞吉",养正则吉也。【注】爻不正,故养正则吉。**"观颐",观其所养也。**【注】所养谓三、五、上。**"自求口实",观其自养也。**【注】自养,谓三之正,五、上易位。**天地养**

万物。【注】天地位，万物育，故天地养万物。**圣人养贤以及万**

民。【注】乾为圣人，坤阴为民。养成贤能，使长治万民，是养贤以

及万民也。**颐之时，大矣哉。**【注】养正则吉，成既济定，故颐之

时，大矣哉。【疏】爻不至则吉。　爻不正以归于正，谓之养正。蒙

二、五"蒙以养正"及颐"养正则吉"是也。　所养至五上。　三、五、

上不正，所当养者，故云所养谓三、五、上。虞注杂卦：颐，养正也。

下云：谓养三、五而不及上，以上"由颐"故也。但五、上易位，言三、

五则上可知已。　自养至易位。　颐者，养也。自养则吉，求养则

凶。三、五、上不正，故以自养为义，所谓养正则吉也。养正则为圣

贤，故蒙言圣功，颐言养贤。周礼乡大夫：三年大比，考其德行道蓺。

是观其自养之事。　天地至万物。　天地位，谓爻得正也。万物

育，谓既济定也。　乾为至民也。　乾为圣人，谓大过乾也。坤阴

为民。此上虞义。周礼乡大夫：使民兴贤，出使长之；使民兴能，入

使治之。是养成贤能，使长治万民，所谓养贤以及万民也。　养正

至矣哉。　三、五、上养正，则六爻皆正，成既济定，是养之大者，故

云大矣哉。

　　大过，大者过也。【注】谓四阳爻皆失之过。**"栋桡"，**

本末弱也。【注】本末谓初、上。**刚过而中，巽而说，行。"利**

有攸往"，乃"亨"。【注】二失位，过也。处二，中也。说，兑也。

震为行。大壮五之初，故巽而说行。**大过之时大矣哉。**【注】丧

事取诸大过，送死当大事，故大矣哉。【疏】谓四至之过。　四阳爻

皆失之过，故名大过。若然，初六过慎，上六过涉，亦有过义而不言

者，阴以阳为主也。　本末至初、上。　系下曰：其初难知，其上易

知，本末也。初、上皆柔，故知本末谓初、上。所以取义于本末者，说

文曰：木下曰本，从木，一在其下；木上曰末，从木，一在其上。故取义于本末也。　二失至说行。　二刚失位，故云过。而在下中，故云中。巽，巽也。说，兑也。卦自**大壮**来，**大壮**体震，震为行，故云：巽而说，行也。　丧事至矣哉。　系下曰：古之葬者，厚衣之以薪，藏之中野，不封不树，丧期无数。后世圣人易之以棺椁，盖取诸**大过**。盖后世圣人易古葬丧之礼，有衣衾，有棺椁，有封有树，有丧期，是丧事取诸**大过**也。孟子曰：养生者不足以当大事，唯送死可以当大事。赵岐注云：送终如礼，则为能奉大事。丧事取诸**大过**，故大矣哉。**虞氏**谓：国之大事在祀与戎，借用白茅，女妻有子，继世承祀，故大矣哉。义亦通也。

　　习坎，重险也。【注】两象也。天险地险，故曰重险。**水流而不盈**。【注】谓五也。**行险而不失其信**。【注】谓二也。震为行，谓阳来为阴，而不失中，中称信也。**"维心亨"，乃以刚中也**。【注】刚中谓二、五。**"行有尚"，往有功也**。【注】功谓五。二动应五，故往有功。**天险，不可升也**。【注】五为天位，五从乾来，体屯难，故天险，不可升也。**地险，山川丘陵也**。【注】坤为地，乾二之坤，故曰地险。艮为山，坎为川，半山称邱，邱下称陵，故曰：地险，山川邱陵。**王公设险，以守其邦**。【注】王公谓二、五。坤为邦，乾二五之坤成坎险，震为守，有屯难象，故王公设险，以守其邦。**险之时用大矣哉**。【注】用险以时，故曰时用。

【疏】两象至重险。　此虞义也。习，重也。重险，谓内外两象。乾凿度曰：三画以下为地，四画以上为天，天险地险，故曰重险也。谓五也。　乾五之坤五，故水流，谓流坤也。阳陷阴中，故不盈，九五坎不盈。**虞氏**谓：水流而不盈，故知谓五也。　谓二至信也。

此虞、荀义也。九二坎有险,故知行谓二。二体震为行,乾二之坤,阳来为险,而在二,故而不失中。卦有中孚,孚信在中,故云中称信也。　刚中谓二五。　义见本卦。　功谓至有功。　此虞义也。五多功,故功谓五。　五为至升也。　此虞义也。需象传曰:位乎天位。大壮四之五,位乎天位,故知五为天位。乾凿度曰:五为天子也。乾五之坤五,故五从乾来。乾又为天。二至上体屯,说文曰:屯,难也。故体屯难。震为足,艮为止,震足止于下,故不可升也。　坤为至陵也。　此虞义也。坤为地,说卦文。乾二之坤成坎险,故曰地险。互艮体坎,故为山川。邱高半于山,故曰半山称邱。大阜曰陵。尔雅:溴梁河坟备八陵之数。知陵又下于邱,故曰邱下称陵。皆地之险,故曰:地险,山川邱陵也。　王公至其邦。　此虞义也。五乾为王,二大夫而称公者,二体屯,初建侯扶屯。古者王室多故,诸侯入为三公,共和王室,故二得称公也。爻例三为三公。公不谓三者,三失正,系于徽缡故也。坤为土、为民,民以土服,故坤为邦。乾二五之坤成坎险,故王公设险。震守宗庙社稷,故为守。守其邦,邦旧作国。寻邦与升、陵韵,汉避讳改为国。虞氏本正作邦也。　用险至时用。　艮为时,坤为用,王弼谓:非用之常,用有时也。言险有时,而用不可为常。故吴起曰:在德不在险。坎当合离为既济也。

离,丽也。【注】阴丽于阳,故曰丽也。**日月丽乎天。**【注】乾五之坤成坎为月,离为日,日月丽天也。**百谷草木丽乎地。**【注】震为百谷,巽为草木,坤为地。乾二五之坤成坎震体屯。屯者,盈。盈天地之间唯万物。万物出震,故百谷草木丽乎地。**重明以丽乎正,乃化成天下。**【注】两象故重明。丽乎正谓旁通坎也。坎上离下,向明而治,故乃化成天下,坤为化也。**柔丽乎**

中正，故"亨"。是以"畜牝牛吉"也。【注】柔谓五阴，中正谓五伏阳。出在坤中，故亨。【疏】阴丽至丽也。　此荀义也。丽者，附丽。坤二五之乾，故阴丽乎阳也。　震为至乎地。　此虞义也。震为百、为稼，故为百谷。巽刚爻为木，柔爻为草。卦自坤来，故坤为地。与坎旁通，乾二五之坤成坎震，坎互震也。云雷屯，故体屯。屯者，盈也；盈天地之间唯万物，皆序卦文。雷雨之动满形，故屯者盈也。万，盈数也，故盈天地之间唯万物。万物出震，说卦文。举天地者，坎离为乾坤二用，所以明既济之功，下乃言化成天下也。

　　两象至化也。　两象故重明，虞义也。说卦曰：离也者，明也。两象皆离，故曰重明。离外三爻不正，故丽乎正，谓旁通坎也。出离为坎，坎上离下，成既济定。说卦曰：圣人南面而听天下，向明而治。圣人谓坎五。离南方之卦，故南面而听天下。向明而治，谓行明堂月令之法，而天下治，故乃化成天下。坤化成物，故坤为化也。　柔谓至故亨。　此虞义也。六五阴不正，故柔谓五阴。坎伏离下，故中正谓五伏阳，坎外三爻皆正也。六五为坤中，出离为坎，故出在坤中。乾坤交，故亨。虞氏谓：出在坤中，畜牝牛，是以畜牝牛吉也。

周易述卷十

彖下传

咸,感也。【注】阴始感阳。柔上而刚下,二气感应以相与。【注】三之上,故柔上。上之三,故刚下。二气谓乾坤,乾坤交而成咸,故感应以相与,与犹亲也。止而说,男下女,是以"亨利贞,取女吉"也。【注】止,艮;说,兑。艮男兑女,男先于女,故男下女。天地感,而万物化生。【注】有天地然后有万物,故天地感而万物化生。圣人感人心,而天下和平。【注】乾为圣人,初四易位,成既济,坎为心、为平,故圣人感人心而天下和平。此保合太和,品物流形也。观其所感,而天地万物之情可见矣。【注】谓四之初,以离日见天,坎月见地,县象著明,万物见离,故天地万物之情可见矣。【疏】阴始感阳。 咸至姤六日七分当夏至,阴始生,故云阴始感阳。卦之名咸以此,故云:咸,感也。咸、感古今字耳。 三之至亲也。 据自否来,乾刚坤柔,坤三之上,故柔上;乾上之三,故刚下。太极分而为二,故二气谓乾坤。乾坤交而成咸,故感应以相与,以起下取女吉也。与犹亲,郑义也。止艮至下女。 艮少男,兑少女,故云艮男兑女。案,士昏礼:婿御妇车,授绥,御轮三周,先候于门外。皆男下女之事。郊特牲曰:男子亲迎,男先于女,刚柔之义也。天先乎地,君先乎臣。卦例下为先,上为后。比九五失前禽,前禽谓初,是下为先也;卦辞云后夫凶,后夫谓上,是上为后也。易气从下生,故以下为先,上为后。今艮男在下,兑女在上,男先于女,故曰男下女也。 有天至化生。 有天地然后有万物,序卦文。虞彼注云:谓天地否也。谓否反成泰,天地壹壹,万物化醇,故有万物,是其义也。乾为至形也。 此虞义也。乾为圣人,谓否五也。初四易位,六爻皆正,故成既济。既济有两坎象,坎为心、为平,圣人以礼乐化民,移风易俗,天下皆宁。故感人心而天下和平。保合太和,品物流形,皆既济之事,故引以证天下和平之义也。 谓四至见也。 此虞义也。四之初体离坎,故云离日坎月。乾天也,坤地也。坤之乾成离,故以离日见天。乾之坤成坎,故坎月见地。此天地之情可见也。县象著明莫大于日月。离者,明也。万物皆相见,故万物见离。此万物之情可见也。

恒,久也。刚上而柔下,雷风相与,巽而动,刚柔皆应,恒。【注】初九升四,故刚上。六四降初,故柔下。震雷巽风,同声相应,故相与。动,震也。刚柔皆应,杂而不厌,故可久。**恒“亨无咎利贞”,久于其道也。**【注】变之正,故久于其道。乾为道、为久也。**天地之道恒久而不已也。**【注】泰乾、坤为天地。**“利有攸往”,终则有始也。**【注】终变成益,益上为终。初变成乾,乾为始,故终则有始。**日月得天而能久照。**【注】动初成乾为天,至二离为日,至三坎为月,故日月得天而能久照。**四时变化而能久成。**【注】春夏为变,秋冬为化。变至二离夏,至三兑秋,至四震春,至五坎冬至,故四时变化而能久成。谓乾坤成物也。圣人久于其道,而天下化成。【注】圣人谓乾,乾为道。初二已正,四五复位,成既济定,乾道变化,各正性命,有两离象,重明丽正,化成天下也。观其所恒,而天地万物之情可见矣。【注】与咸同义。【疏】初九至可久。 乾刚坤柔,乾初九升四,是刚上也;坤六四降初,是柔下也。此蜀才义。说卦曰:震为雷,巽为风。故云震雷巽风。文言曰:同声相应。虞彼注云:谓震、巽也。相应犹相与,与犹亲也。巽而动,动,震也。九家谓:初四、二五虽不正,而刚柔皆应。系下曰:恒,杂而不厌。杂,错杂也。荀氏谓:夫妇虽错居不厌之道,卦之所以名恒也。 变之至久也。 久于其道,正以释利贞之义。四爻失正,变之正,故久于其道,亦恒义也。 泰坤至天地。 此虞义也。即天地以明卦义。 终变至有始。 震、巽卦特变,故终变成益,在益上,上为终;初变成乾,乾为始,变至四体复,复初亦为始。故终则有始也。 动初至久照。 此虞义也。诸卦旁通,则从旁通卦变。故虞注小畜初九复自道云:从豫四之初成复卦。九三云:至三成乾。注大有象传云:比初动成震为春,至二兑为秋,至三离为夏,坎为冬,故曰时行是也。恒与益旁通,则从恒变,以震、巽卦特变故也。动初成乾,乾为天,大壮时也。至二体离,离为日,丰时也。至三成坎,坎为月,震时也。以乾照坤,故日月得天而能久照也。 春夏至物也。 此虞义也。阳变阴化,春夏阳也,故为变;秋冬阴也,故为化。四时谓四正。易是类谋曰:夏至日在离,故变至二离夏至。秋分日在兑,故至三兑秋。春分日在震,故至四震春。冬至日在坎,故至五坎冬至。两仪生四象,四时乃乾坤所生,乾知大始,坤化成物,故乾坤成物也。 圣人至下也。 此虞义也。圣人谓乾,指乾五也。乾道变化,故乾为道。初二已正,四五复位,则六爻皆正,故成既济定。乾道变化,各正性命,所谓久于其道也。

既济互两离,重明丽正,化成天下,亦是既济之事,明天下化成为既济也。 与咸同义。 此虞义也。虞谓:以离日照乾,坎月照坤,万物出震,故天地万物之情可见矣。是与咸同义也。

遯"亨",遯而亨也。刚当位而应,与时行也。【注】刚谓五,而应二,艮为时,故与时行矣。"小利贞",浸而长也。【注】浸而长则将消阳,故利贞。遯之时义大矣哉。【注】唯圣者能之,故时义大。【疏】刚谓至行矣。 此虞义也。以九居五为当,故刚谓五。五正应二,故而应二。艮动静不失其时,故为时。浸而至利贞。 此荀义也。浸而长则将消阳,谓消遯及否也。二固志守正,遯不为否,利贞之义也。 唯圣至义大。 中庸曰:君子依乎中庸,遯世不见知而不悔,唯圣者能之。过则素隐行怪,不及则半涂而废,故曰唯圣者能之。古唯伊尹、太公之流乃足当之。艮为时,坤为义,故时义大。

大壮,大者壮也。刚以动,故壮。【注】刚乾动震。大壮"利贞",大者正也。【注】谓四进之五,乃得正,故大者正也。正大,而天地之情可见矣。【注】正大,谓四之五成需。以离日见天,坎月见地,故天地之情可见也矣。【疏】刚乾动震。 以乾之刚加震之动,而为阴所奔,又体兑毁折,宜其伤也。故壮,释所以伤之故。 谓四至正也。 此虞义也。 正大至也矣。 此虞义也。正谓五,大谓阳,四之五,以阳居正成需,需自大壮来也。需体离、坎,故离日见天,坎月见地。利贞者情性,故正大,而天地之情可见也矣。

晉,进也。明出地上,顺而丽乎大明。【注】离为明。顺,坤;丽,离也。乾为大明,离丽乾,故丽乎大明。柔进而上行,是以"康侯用锡马蕃庶，昼日三接"也。【注】柔谓四。观四之五，故进而上行。【疏】离为至大明。　说卦曰：离也者，明也。虞彼注云：离为日、为火，故明。坤丽乾为丽〔一〕，乾藏坤为坎，离日坎月，日月得天而能久照，日月之明，皆天之明也。阳称大，故乾为大明。县象著明莫大乎日月，故日月亦为大明。观五本乾，观四之五，离丽乾，故丽乎大明。　柔谓至上行。　四阴为柔，四之五，故柔进而上行。四之五，以阴居阳，故不言进得位。利变之正，以四锡初，故有康侯用锡马蕃庶，昼日三接之象也。

　　明入地中，明夷。内文明而外柔顺，以蒙大难，文王以之。【注】文明，离也。柔顺，坤也。三喻文王，大难谓坤。三幽坎中，故蒙大难，似文王之拘羑里。**"利艰贞"，晦其明也，内难而能正其志，箕子以之。**【注】坤为晦，离为明，应在坤，而在内卦，故云内难。坎为志，三得正体坎，故能正其志，似箕子为奴。【疏】文明至羑里。　坤为文，坤二五之乾成离为日，故文明谓离。杂卦曰：乾刚坤柔。序卦曰：坤，顺也。故柔顺谓坤。三喻文王已下，虞义也。三为三公，故喻文王。坤为死，故大难谓坤。郑氏云：蒙犹遭也。三体坎，坎为狱，三幽坎狱中，故遭大难。以从郑、荀读为似。三在狱中，似文王为纣所囚拘于羑里，故曰文王以之也。坤为至为奴。　坤为晦，虞义也。坤既死魄，故为晦。离为明，而灭坤下，故晦其明。三应坤而在内卦，坤为大难，故云内难。三体坎，坎为志，以阳居三得正，故能正其志。似箕子仁人，而为纣所奴，故云箕子以之。虞氏从俗说，谓箕子为五。臣居天位，失其义矣。

_____

〔一〕"丽"，皇清经解本作"离"。

家人，女正位乎内，男正位乎外。【注】内谓二，外谓五。男女正，天地之大义也。【注】遯乾为天，三动坤为地，男得天正于五，女得地正于二，故天地之大义也。家人有严君焉，父母之谓也。【注】严犹尊也。父母谓乾坤，乾为严、为君，坤为后，后亦君也，故曰父母之谓。孝经曰："亲生之膝下，以养父母日严。"父父子子，兄兄弟弟，夫夫妇妇，而家道正。正家，而天下定矣。【注】遯乾为父，艮为子，三五位正，故父父子子。三动时，震为兄，艮为弟，初位正，故兄兄弟弟。震又为夫，巽四为妇，初四位正，故夫夫妇妇。传曰：有天地然后有万物，有万物然后有男女。天地，父母也。女正位乎内，男正位乎外，男女也。有男女然后有夫妇，夫夫妇妇也。有夫妇然后有父子，父父子子也。有父子然后有君臣，严君之谓也。三动而兄弟具，上之三成既济定，故家道正。九五王假有家，交相爱也，谓父子、兄弟、夫妇各得其正，故正家而天下定矣。【疏】内谓至谓五。　此王弼义也。王氏谓：家人之义，以内为本，故先说女。此望文为义耳。易气从下生，是以象传之例皆先内而后外，亦以卦名家人，故先女而后男，如王氏之旨也。二五皆得正，故云正位。此男女亦是乾坤所成，故下云：男女正，天地之大义也。　遯乾至义也。　此虞义也。卦自遯来，故据遯乾。三动体坤，故坤为地。五于三才为天道，故男得天正于五。二于三才为地道，故女得地正于二。乾天坤地，故天地之大义也。　严犹至曰严。　郑注大传曰：严犹尊也。说卦曰：乾，天也，故称乎父；坤，地也，故称乎母。故父母谓乾坤。君道威严，故乾为严。说卦曰乾以君之，故乾为君。泰象传曰：后以裁成天地之道。复象传曰：后不省方。后皆指坤。释诂曰：后，君也。乾父坤母，乾坤皆严君之义,故曰父母之谓。孟喜卦图有十二辟卦,即乾坤十二画。辟,君也。知乾坤皆为君也。孝经者,"圣治"章文。引之者,证母有严义,不特父也。 **逐乾至定矣。** 覆述逐乾者,见一卦备有六戚也。五乾为父,三艮为子,亦谓逐艮也。父子得正,故父父子子。三动体震,震一索故为兄,艮三索故为弟。震初得正,故兄兄弟弟。震一夫之行,故为夫,四体巽为妇。夫妇位正,故夫夫妇妇。若然,上文男女指二五,此夫妇指初四者,上言天地,此言家道,义各有取也。以上皆虞义。传曰者,序卦文。汉儒以乾至离为上经,天道,咸至未济为下经,人道也。故序卦自咸恒而下皆叙人事。有天地然后有万物,虞彼注云:谓天地否也。谓否反成泰,天地壹壹,万物化醇,故有万物。有万物然后有男女,注云:谓泰已有否,否三之上,反正成咸,艮为男,兑为女,故有男女。家人有严君焉,父母之谓,故曰:天地,父母也。女正位乎内,男正位乎外,故曰男女也。有男女然后有夫妇,注云:咸反为恒,震为夫,巽为妇,故有夫妇也。有夫妇然后有父子,注云:谓咸上复乾成逐,乾为父,艮为子,故有父子。家人之父父子子是也。有父子然后有君臣,家人之严君是也。三动体震为兄,艮为弟,故兄弟具,所谓兄兄弟弟也。是以系下云:天地之大德曰生,注云:天地爻也。圣人之大保曰位,注云:福德爻也。所谓父父子子也。何以守位曰人,注云:专爻也。助福德者,故曰守位,所谓兄兄弟弟也。何以聚人曰财,注云:财爻也。与人同制之爻,故曰聚人,所谓夫夫妇妇也。理财正辞、禁民为非曰义,注云:系爻也。财所生者,谓之鬼吏,制于福德,与福德为君臣,所谓严君也。一卦六爻备有六戚,家人卦具,故详言之。三动受上,上之三,六爻位正,故成既济定。所谓父父子子,兄兄弟弟,夫夫妇妇,而家道正也。而其义在九五一爻,九五王假有家,王者以天下为家,而父子、兄弟、夫妇各得其正,正家而天下定,是言既济之事也。

睽,火动而上,泽动而下;【注】二动之五体离,故火动而上;五动之二体兑,故泽动而下。二女同居,其志不同行。【注】二女,离、兑也。坎为志,无妄震为行,巽为同,艮为居。二五易位,震巽象坏,故二女同居,其志不同行也。说而丽乎明,柔进而上行,得中而应乎刚,是以"小事吉"。【注】说,兑;丽,离也。明谓乾。柔谓五,无妄巽为进,从二之五,故上行。刚谓应乾五伏阳,非应二也。与鼎五同义。天地睽而其事同也。【注】五动乾为天,四动坤为地,故天地睽。坤为事,五动体同人,故其事同也。男女睽而其志通也。【注】四动,艮为男,兑为女,故男女睽。坎为志、为通,故其志通也。万物睽而其事类也。【注】四动,万物出乎震,故万物睽。坤为事、为类,故其事类也。睽之时用大矣哉。【注】非义之常,故曰时用。【疏】二动至而下。 卦自无妄来,二上之五体离,离为火,故火动而上也;五下之二体兑,兑为泽,故泽动而下也。 二女至行也。 此虞义也。二五易位,无妄为睽,震为行,巽为同,震巽体坏,故二女同居,其志不同行也。说兑至同义。 此虞义也。乾为大明,故明谓乾。晋彖传曰:顺而丽乎大明。此不言大明者,虞氏谓:丽于晋,故不言大明也。柔谓五,五本二也。卦从无妄来,二之五,故上行。乾伏五下,六五得中,而应乾五之伏阳,故云得中而应乎刚。必知应乾五伏阳者,卦之二五皆失位,例变之正,若五柔应二刚,非法也。故云应乾五伏阳。五动之乾,二变应之,阴利承阳,故小事吉也。 五动至类也。 此皆虞义也。五动体乾,故乾为天,四动互坤,故坤为地。乾上坤下,象天地否,故曰天地睽。否终则倾,故其事同也。四动,艮为男,兑为女,咸两象易,故男女睽。异德合姓,故其志通也。五动乾为天,四动万物出乎震,象无妄万物皆死,故万物睽。时育万物,故其事类也。俗说天地睽为天高地下,男女睽为男外女内,万物睽为殊形各象,乃理之常,非睽之时用也。 非义至时用。 天地、男女、万物皆有乖违之象,非义之常。惟尽性之圣人能用以尽人性、尽物性,而赞化育,故曰大也。

蹇,难也,险在前也。见险而能止,知矣哉。【注】前谓三。离为见,艮为止,故见险而能止。知谓坤也,坤知阻,故知矣哉。蹇,"利西南",往得中也。【注】二动往居坤五,故得中。"不利东北",其道穷也。【注】天道穷于东北。"利见大人",往有功也。【注】二往应五,五多功,故往有功。当位"贞吉",以正邦也。【注】坤为邦,五当尊位正吉,群阴顺从,故以正邦。蹇之时用大矣哉。【注】用当其时则济,故大。虞氏谓:坎月生西南而终东北,终而复始,以生万物,故用大矣。【疏】前谓至矣哉。 三在五前,又体坎,坎为险,故险在前。乾仁坤知,故知谓坤也。卦有坎、艮,地险山川丘陵,艮为山陵,坎为水,坤德行恒简以知阻,故知矣哉。寻六爻皆有蹇象,唯九五当位正邦,余皆利止,见险而止之义也。 二动至得中。 此荀义也。自内为往,二往居中,五为上中,故得中。 天道至东北。 消息艮在亥,又东北之卦,万物成终,故天道穷于东北。 二往至有功。 此虞义也。坤为至正邦。 坤为邦,虞义也。已下荀义也。 用当至大矣。初象传曰:宜待时也。亦以在蹇家,宜待时而动。释言曰:济,成也。用当其时则成,如二有功而五正邦,故大。虞氏已下,亦据纳甲。参同契曰:五六三十度,度竟复更始。故云终而复始也。

解,险以动,动而免乎险,解。【注】险,坎;动,震。震出险上,故动而免乎险。解"利西南",往得众也。【注】坤为众。无所往。"其来复吉",乃得中也。【注】中谓二五。"有攸往夙吉",往有功也。【注】五多功,据五解难,故往有功。天地解而雷雨作,雷雨作而百果草木皆甲宅。【注】解二月,雷以动之,雨以润之,故雷雨作。木实曰果,皮曰甲,根曰宅。乾为百果,震为草木,离为甲,艮为宅。万物出震,故百果草木皆甲宅。荀氏谓:解者,震世,仲春之月,草木萌牙,故甲宅也。俗作甲坼,古文宅坼字。解之时大矣哉。【注】天地解之时,故大。【疏】险坎至乎险。 此虞义也。震为出,震动而出坎上,故动而免乎险,解之义也。 坤为众。 谓临坤也。 中谓二五。 二已之五得中,故四来成复也。 五多至有功。 此荀义也。荀氏谓:五位无君,二阳又卑,往据之者则吉。五多功,二据五而解坎难,故有功也。一说,解反蹇也,二据五而解蹇难,义亦通也。 解二至坼字。 解消息在二月。汉书五行志曰:雷以二月出,雷动而雨随之,故雷雨作。此虞义也。说文曰:果,木实也。宋衷注说卦曰:木实谓之果,草实谓之蓏。马融谓桃李之属是也。皮在外,故云甲。根在下,故云宅。宅,居也。此上郑义也。乾为百、为木果,故乾为百果。震者,木德,又为草莽,故为草木。甲者,孚甲,月令:孟春其日甲乙。郑注云:时万物皆孚甲,因以为日名。三统历曰:出甲于甲。说文曰:甲,东方之孟,阳气萌动,从木,戴孚甲之象。是其义也。离刚在外,故为甲。艮为居,故为宅。万物出乎震,百果草木甲宅之象也。解,震宫二世卦,故荀氏谓:解者,震世。雷以二月出,万物随之而出,故仲春之月,草木萌牙也。俗本甲宅作甲坼。案,说文云:宅,古文作宅。故

云古文宅坏字。犹郑氏注檀弓云：衣为斋坏字也。宅字坏而为坼，
作坼者讹也。　　天地至故大。　　解二月卦，天地解缓，万物甲宅，故
云大也。

损，损下益上，其道上行。【注】乾道上行。损而"有
孚，元吉，无咎，可贞，利有攸往。曷之用，二簋可用
享"，二簋应有时。【注】时谓春秋也。损二之五，震二月，益正
月，春也；损七月，兑八月，秋也。谓春秋祭祀以时思之。艮为时，震
为应，故应有时也。损刚益柔有时。【注】谓冬夏也。二五已易
成益，坤为柔，损上之刚、益三之柔成既济，坎冬离夏，故损刚益柔有
时。损益盈虚，与时偕行。【注】乾为盈，坤为虚，损刚益柔，故
损益盈虚。谓泰初之上，损二之五，益上之三，变通趣时，故与时偕
行。【疏】乾道上行。　乾谓泰乾也。泰初之上，乾为道，故乾道上
行。　时谓至时也。　此虞义也。时谓四时，春禘秋尝，故谓春秋
也。损二之五，以二簋享，上卦体震，兑二之五成益，故震二月，益正
月，春也；损七月，兑八月，秋也。震、兑四正也，益、损消息也。春秋
祭祀以时思之，孝经文。祭义曰：春禘秋尝。霜露既降，君子履之，
必有凄怆之心；春雨露既濡，君子履之，必有怵惕之心，如将见之。
此以时思之之事。艮动静不失其时，故为时。震同声相应，故为应。
谓上之三，六爻相应也。　谓冬至有时。　此虞义也。冬夏谓既济
也。二五已易成益，中互坤，故坤为柔，损上九之刚，以益六三之柔，
而成既济，坎、离四正卦，既济坎上离下，坎冬时，离夏时，故损刚益
柔有时。损先难而后易，故经言遄。传又言时疾贞者，其义有待者，
其时也。　乾为至偕行。　此虞义也。十五乾盈甲，故乾为盈。月
虚为晦，坤丧乙灭癸，故坤为虚。损乾刚以益坤柔，故损益盈虚。泰

初之上成损,损二之五成益,益上之三成既济,变通趣时,故与时偕
行也。

益,损上益下,民说无疆。【注】上之初,坤为无疆,震为
喜笑,以贵下贱,大得民,故说无疆矣。**自上下下,其道大光。**
【注】乾为大明,以乾照坤,故其道大光。或以上之初,离为大光矣。
"利有攸往",中正有庆。【注】中正谓五,而二应之,乾为庆
也。**"利涉大川",木道乃行。**【注】谓三动成涣,涣舟楫象,
巽木得水,故木道乃行也。**益动而巽,日进无疆。**【注】震三动
成离,离为日,巽为进,坤为无疆,日与巽俱进,故日进无疆。**天施
地生,其益无方。**【注】乾下之坤,震为出生,万物出震,故天施
地生。阳在坤初为无方,日进无疆,故其益无方矣。**凡益之道,与
时偕行。**【注】上来益三,四时象正,艮为时,震为行,与损同义,故
与时偕行也。【疏】上之至疆矣。　此以下皆虞义也。坤为地,故
为无疆。上之初体震,震春喜乐,故为喜;笑言哑哑,故为笑。阳贵
阴贱,坤为民,震初九以贵下贱,得坤民,故说无疆矣。　乾为至光
矣。　阳称大,离为明,故乾为大明。坤阴晦冥,乾象盈甲,日月双
明,以乾照坤,故其道大光。或以上之三体离,乾为大,离为光,故为
大光,义亦通也。　中正至庆也。　五以中居正,故中正谓五。二
正应五,故利有攸往。阳称庆,故乾为庆也。　谓三至行也。　三
动成涣,舟楫之利,盖取诸此,故涣舟楫象。巽为木,坎为水,巽木得
水而行,故木道乃行也。　震三至无疆。　震三动体离,离为日,巽
为进退,故为进。坤地为无疆,三动有巽离象,日与巽俱进,故日进
无疆也。　乾下至方矣。　否乾为天,坤为地,阳主施,乾下之坤,
是天施也。帝出乎震,故震为出;震春生,月三日生明,故为生。坤

元万物资生,万物出震,故天施地生也。坤为方,故阳在坤初为无方,日进无疆,与其益无方同义也。　上来至行也。　下云与损同义。益震为春,损兑为秋,上来益三成坎离象,坎冬离夏,故四时象具。互艮为时,震为行,损二之五,益上之三,变通趣时,故与损同义。损象传曰:损益盈虚,与时偕行。是同义也。

夬,决也,刚决柔也。【注】乾决坤。**健而说,决而和。**【注】健,乾;说,兑也。以乾阳获阴之和,故决而和。**"扬于王庭",柔乘五刚也。**【注】一阴乘五阳。**"孚号有厉",其危乃光也。**【注】二变离为光,危去上六,阳乃光明。**"告自邑不利即戎",所尚乃穷也。**【注】穷谓上,阳胜阴负,故所尚乃穷。**"利有攸往",刚长乃终也。**【注】乾体大成,以决小人,终乾之刚,故乃终也。【疏】乾决坤。　此虞义也。乾刚坤柔,故乾决坤。健乾至而和。　此虞义也。阳为阴施,故以乾阳获阴之和。九五苋陆夬夬,是决而和也。　一阴乘五阳。　一阴越五阳之上,宜决去之,故卦名夬也。　二变至光明。　此荀、虞义也。九五传曰:中行无咎,中未光也。阳为阴弇,必危去上六,阳乃光明也。　穷谓至乃穷。　卦穷于上,故穷谓上。坤利行师,阳息之卦,阴道日负,故所尚乃穷也。　乾体至终也。　此虞义也。阳息成乾,内外体备,故乾体大成。阳为君子,阴为小人。杂卦曰:夬,决也,刚决柔也。君子道长,小人道消,故以决小人。四月乾成,卦终于上,终乾之刚,故乃终也。

姤,遇也,柔遇刚也。"勿用取女",不可与长也。【注】以柔遇刚,不期而会,苟相遇耳,故不可与长。**巽为长。天地相遇,品物咸章也。**【注】乾成于巽而舍于离,坤出于离,与乾相遇。南方离位,万物章明也。**刚遇中正,天下大行也。**【注】

刚谓二,中正谓五。乾为天,复震为行,建午之月,阳气盛大,故天下大行。**遘之时义大矣哉**。【注】日长至,阴阳争,死生分,故时义大。【疏】以柔至与长。　桓八年穀梁传曰:不期而会曰遘。以柔遇刚,不期而会,匪以礼接,故云苟相遇耳。此兼郑义。巽为长,而云不可与长者,但遘消乾成坤,阳出复震,息至夬而阴道消亡。说文:长从厂,厂,倒亡也。夬之上六传云:无号之凶,终不可长也。至此而倒厂为亡,故云不可与长也。　乾成至明也。　此荀义也。九家谓:阳起子,运行至四月,六爻成乾,巽位在巳,故言乾成于巽。既成转舍于离,万物皆盛大,坤从离出,与乾相遇,故言天地遇也。坤起于离,故从离出,离为明,万物皆相见,故章明也。　刚谓至大行。

阴消之卦,初阴系二,二不以失位为嫌,故刚谓二。五以中居二,故中正谓五。乾为天,复震为行,建午之月,阳气盛大,用事圣人,南面而听天下,向明而治,天子当阳,诸侯用命,故天下大行也。　日长至义大。　日长至,阴阳争,死生分者,月令仲夏文。夏至昼漏六十五刻,夜漏三十五刻,故日长至。郑彼注云:争者,阳方成,阴欲起也。蔡氏章句云:感阳气而长者生,感阴气而成者死,故死生分。分犹半也。言阳气盛大之时,一阴始生于下,出阳知生,入阴知死,几微之际,唯明君子而后知之。故遘之时义大也。

萃,聚也,顺以说,刚中而应,故聚也。【注】坤为聚。顺,坤;说,兑。五以刚居中,二帅众阴,顺说而从之,故聚也。**"王假有庙",致孝享也。**【注】享,享祀也。五至初有观象,谓享坤牛,故致孝享矣。**"利见大人亨",聚以正也。**【注】三四之正,故聚以正。**"用大牲吉,利有攸往",顺天命也。**【注】坤为顺,巽为命,三往之四,故顺天命也。**观其所聚,而天地万物**

之情可见矣。【注】三四易位成离坎，坎月离日，日以见天，月以见地，故天地万物之情可见矣。与大壮、咸、恒同义。【疏】坤为至聚也。　坤众，故为聚。内顺外说，故顺，坤；说，兑。二正应五，九五刚中，六二引吉，帅其众而应之，既顺且说，故聚也。　享享至享矣。

此虞义也。卦自观来，五至初又有观象，观盥而不荐，明堂禘祀之卦，天子大庙即明堂也。郊禘用茧栗，故享坤牛。唯圣人谓能飨帝，唯孝子谓能飨亲，故致孝享矣。　三四至以正。　此虞义也。三四失位，变之正，故聚以正也。　坤为至命也。　此虞义也。三往之四承五，坤为顺，乾为天，巽为命，故顺天命也。　三四至同义。此虞义也。三四易位，有坎、离象，离日见天，坎月见地，县象著明，万物见离，故天地万物之情可见。大壮四之五，咸四之初，恒初二已正，四五复位，皆有离、坎象，故云同义也。

柔以时升。【注】柔谓坤五也，升谓二。坤邑无君，二当升五虚，震、兑为春秋，二升坎、离为冬夏，四时象正，故柔以时升也。巽而顺，刚中而应，是以大"亨"。【注】顺，坤也。二以刚居中而应五，故能大亨，上居尊位也。"用见大人勿恤"，有庆也。【注】大人，天子。谓升居五，见为大人。坎为恤，阳称庆，群阴有主，无所服忧，而有庆也。"南征吉"，志行也。【注】二之五，坎为志，震为行，故志行也。【疏】柔谓至升也。此虞义也。乾刚坤柔，故柔谓坤五也。卦自临来，无柔爻上升之义，故升谓二。坤称邑，又臣道，故坤邑无君。阳实阴虚，故二当升五虚。六五贞吉升阶，阴为阳作阶，使二升五位，是柔以时升之义也。卦互震、兑，震春兑秋，故震兑为春秋。二升五体坎、离，坎冬离夏，故二升坎离为冬夏。震、兑、坎、离为四正，故四时象正。升必以时，故柔以时升也。

顺坤至位也。 此荀义也。说卦:坤,顺也。内巽外坤,故云巽而顺。刚中谓二,二应在五,故二以刚居中而应五。二以天德而居天位,故能大亨,上居尊位也。 大人至庆也。 此荀义也。王肃曰:大人,圣人在位之目,故大人,天子。坤为用,离为见,二升居五为大人,故用见大人。坎加忧为恤,凡言喜庆皆阳爻,故阳称庆。坤虚无君,二升居五,故群阴有主,无所复忧,而有庆也。 二之至行也。此虞义也。二之五体坎,故坎为志,互体震,故震为行。

困,刚弇也。【注】谓二五为阴所弇也。**险以说,困而不失其所,"亨",其唯君子乎。【注】**险,坎;说,兑。此本否卦,上之二,天地交;二之正,上下交。故困而不失其所,亨。天地有常行,君子有常度,故唯君子乎。**"贞大人吉",以刚中也。【注】**谓五弇于阴,近无所据,远无所应,体刚得中正,居五位,则吉无咎也。**"有言不信",尚口乃穷也。【注】**兑为口,上动乘阳,故尚口乃穷。**【疏】**谓二至弇也。 此荀义也。弇,古文撜。 险坎至子乎。

卦自否来,否天地上下不交。乾上之坤二,是天地交也;二变之正与五应,是上下交也。在困家而言亨,故云:不失其所,亨。天地不以遭困运而变其常行,君子不以遭困世而改其常度,君子取法天地,故云其唯君子乎。 谓五至咎也。 此荀义也。五为上弇,故谓五虽弇于阴。四二皆阳爻,故近无所据,远无所应。以其体刚得中正,居五位,则吉无咎。洪范所谓用静吉也。 兑为至乃穷。 此荀义也。乾变为兑,兑为口,上九动而乘阳,故尚口乃穷。卦穷于上故也。

巽乎水而上水,井。【注】巽乎水,谓阴下为巽也。而上水,谓阳上为坎也。木入水出,井之象也。**井养而不穷也。【注】**兑口饮水,坎为通,往来井井,故养不穷也。**"改邑不改井",乃以**

刚中也。【注】初之五，以刚居中，故以刚中。"无丧无得，往
来井井〔一〕，汔至，亦未繘井"，未有功也。【注】二未变应
五，故未有功。"羸其瓶"，是以凶也。【注】初二不变，则既济
之功不成，故凶。【疏】巽乎至象也。 此荀义也。巽为鹿卢，故木
入。坎为泉，故水出。 兑口至穷也。 此虞义也。互兑在坎下，
故兑口饮水。 初之至刚中。 初之五，以刚居中，释改邑之义。
五之初，不改井义举诸此矣。 二未至有功。 此虞义也。五多
功，二未变应五，故未有功。 初二至故凶。 井以养人为功，初二
变，则井洌寒泉食，既济功至，传曰大成也。不变则雍漏行恻，无王
明受福之事，故凶也。

革，水火相息。【注】息，长也。离为火，兑为水。系曰："润
之以风雨。"风，巽；雨，兑也。四革之正，坎见，故独于此称水也。二
女同居，其志不相得曰革。【注】二女，离、兑；体同人象，蒙艮
为居，故二女同居。四变体两坎象，二女有志。离火志上，兑水志
下，故其志不相得。坎为志也。"巳日乃孚"，革而信之。
【注】巳日乃革之，坎孚为信，故革而信之。文明以说，大"亨"
以正。革而当，其"悔"乃"亡"。【注】文明谓离。说，兑也。
大亨谓乾。四动，成既济定，故大亨以正。革而当位，故悔乃亡也。
天地革而四时成。【注】谓五位成乾为天，蒙坤为地，震春兑秋，
四之正，坎冬离夏，则四时具。坤革而成乾，故天地革而四时成也。
汤武革命，顺乎天而应乎人。【注】汤武谓乾，乾为圣人。天

〔一〕"无丧无得，往来井井"句，通行本周易无。

谓五,人谓三。四动顺五应三,故顺天应人。巽为命也。**革之时大矣哉。**【注】革天地,成四时,诛二叔,除民害,天下定,武功成,故大矣哉。【疏】息长至水也。 此虞义也。息读为消息之息,故云长也。兑为坎半象,故为水。坎为川,川雍为泽,故为泽。云系曰润之以风雨者,上系文。昭元年春秋传曰:六气:阴、阳、风、雨、晦、明也。贾逵、服虔以为风东方,雨西方,兑正西,故云:风,巽;雨,兑也。兑言泽而称水者,卦无坎象,四革之正,坎两见,故不曰泽而曰水也。 二女至志也。 此虞义也。离中女,兑少女,故云:二女,离、兑。初至五体同人,蒙艮为居,故二女同居,谓同在革家也。四变体两坎象,坎为志,两坎为两志,故云二女有志。火动而上,故离火志上;泽动而下,故兑水志下。二女各有志,故其志不相得。是水火相息,而更用事之义也。 已日至信之。 已日谓二,孚谓三。二应五,已日乃革之,顺乎天也。三孚五革,言三就有孚,应乎人也。五坎孚为信,故革而信之。 文明至亡也。 此虞义也。坤为文,离之文坤也。离向明,故文明谓离。说谓兑也。元,大也。贞,正也。四动,刚柔正而位当,故大亨以正。四不当位,宜有悔也。动得正,故云:革而当,其悔乃亡也。 谓五至成也。 此虞义也。五体乾,故五位成乾为天;蒙体坤,故蒙坤为地。蒙又体震,革体兑,故震春兑秋;四动成坎,故四之正,坎冬离夏,则四时具也。蒙为革,故坤革而乾成。乾天坤地,故云天地革而四时成也。 汤武至命也。 此虞义也。乾为君,故汤武谓乾。圣人谓乾五阳得位为圣人,故乾为圣人。二已日乃革之,二正应五,故天谓五。三革言三就,故人谓三。四动,六爻皆正,故顺五应三,谓四顺五,上应三也。或谓:皆指上,革道成于上。象传顺以从君,是顺五之事,义亦得通。

周易述卷十一

象上传

天行健,君子以自强不息。【注】消息之卦,故曰天行。乾,健也,故曰天行健。君子谓三,乾健故强,天一日一夜过周一度,君子庄敬日强,故自强不息。"子路问强。子曰:南方之强与?北方之强与?抑而强与?"而强即自强也。易备三才,至诚无息,所以参天地与?【疏】剥象传曰:君子尚消息盈虚,天行也。乾坤消息之卦,故曰天行。乾,健。说卦文。以天之运行为言,故不曰乾而曰健云[一]也。乾凿度有一圣、二庸、三君子之目。一圣初九也,得正故圣人。二庸九二也,失正故庸人。三君子九三也,得正故君子也。虞注说卦云:精刚自胜,动行不休,故健。乾健故强,太玄准之以强,强亦健也。天一日一夜过周一度,此虞义也。周天三百六十五度四分度之一,在天成度,在历成日,天一日一夜过周一度,日亦一日一夜起度端,终度端。在天为不及一度,是天为健。乐记曰:著不息者,天也。君子法天之行,庄敬日强,故自强不息也。引中庸者,证自强之合于中和也。子路问强,夫子反诘之曰:抑而强与?而,女

─────────

〔一〕"健云",皇清经解本作"云健"。

也。因告之曰:故君子和而不流,强哉矫! 中立而不倚,强哉矫! 是强有中和之义。君子法天之健,合于中和,即至诚之无息也。故又取三才之说以申之。乾、坤诸卦之祖,而象皆称君子者,以君子备三才。故荀子王制篇曰:天地者,生之始也。礼义者,治之始也。君子者,礼义之始也。为之贯之,积重之,致好之,君子之始也。故天地生君子,君子理天地。君子,天地之参也。孟子曰:夫君子所过者化,所存者神,上下与天地同流。皆言君子参天地之事。赵岐注云"君子通于圣人"是也。

"潜龙勿用",阳在下也。【注】阳在下,故勿用。"见龙在田",德施普也。【注】二升坤五,临长群阴,德施于下,无所不遍。"终日乾乾",反复道也。【注】反复天道,原始反终。"或跃在渊",进无咎也。【注】阳道乐进,故进无咎。"飞龙在天","大人"造也。【注】造,作也。天者,首事造制。大人造作,见居天位。圣人作而万物睹,是其义也。"亢龙有悔",盈不可久也。【注】乾为盈,亢极失位,降为三公。天道亏盈,故不可久。"用九"天德,不可为首也。【注】天德,乾元也。万物之始,莫能先之,故不可为首。【疏】阳在至勿用。 阳谓龙,下谓潜,以象言之曰潜龙,以消息言之曰阳在下也。阳尚在下,故曰勿用。 二升至不遍。 此荀义也。益彖传曰天施地生,是阳主施。晋语曰:临长晋国。韦昭注云:临,监也。长,帅也。二升坤五为君,临长群阴,体纯能施,德博而化,故德施普。普,遍也。 反复至反终。 此干宝义也。卦有反复,如反泰为否、反否为泰之类是也。唯乾坤坎离反复不衰,故云反复天道。经曰:终日乾乾,夕惕若厉。文言曰:知至至之,知终终之,是通乎昼夜之道而知者。故云原始反终。　阳道至无咎。　此荀义也。乾凿度曰阳动而进,故乐进。居五得中,故无咎也。　造作至义也。　此荀义也。释诂曰:作、造,为也。是造、作同义。圣人制作皆本于天,故天者,首事造制。大人造法,所以效天也。五为天位。文言曰:圣人作而万物睹。作谓造作八卦,故曰大人造也。万物睹,是利见大人也。　乾为至可久。　剥象传曰:君子尚消息盈虚。乾息坤消,乾盈坤虚。又纳甲十五乾盈甲,故乾为盈。乾凿度曰:三为三公。上失位,当下居坤三,故云降为三公。董子曰“君不能奉天之命,则废而为公,王者之后”是也。后世封先代之后为公,其取法于此与! 天道亏盈,嗛象传文。虞彼注云:乾盈上亏之坤三,故亏盈。是其义也。　天德至为首。　乾为首。释诂曰:元,首也。文言曰:乾元用九。故知天德为乾元也。万物之始已下,宋衷义也。乾为先,乾元万物资始,故云:万物之始,莫能先之。阳唱而阴和,男行而女随,此乾坤二用之大义也。

地势坤,君子以厚德载物。【注】地有高下,故称势。君子谓二。坤为厚,乾为德,坤辈为载,故以厚德载物。中庸称至诚曰:“博厚所以载物也。”虞氏谓:势,力也。【疏】地有高下,楚语文。汉书叙赞曰“坤作地势,高下九则”是也。高下者,地之势也。白虎通曰:地有三形,高下平。卦有两坤,故以势言之。乾凿度六二为君子,坤主二,故君子谓二。坤为地,地广厚,故为厚。与乾旁通,故乾为德。坤为大辈,辈所以载,故以厚德载物。引中庸至诚者,所以备三才也。虞氏训势为力。案,鬼谷子论捭阖之义云:以阳求阴,苟以德也;以阴结阳,施以力也。是言地以势力凝乾,义亦通也。

“履霜坚冰”,阴始凝也。驯致其道,至“坚冰”也。【注】驯,顺也。乾为道。履霜者,阴凝阳之始也。顺阳之命,至十月而坚冰至矣。六二之动，"直"以"方"也。"不习无不利"，地道光也。【注】阳动而阴应之，故直以方也。坤主二，称地道。二离爻，离丽乾，故曰光。"含章可贞"，以时发也。"或从王事"，知光大也。【注】发得正，故以时发。三终乾事，故知光大也。"括囊无咎"，慎不害也。【注】坤为害，四慎承五，故不害。"黄裳元吉"，文在中也。【注】坤为文，降居乾二，处中应五，故曰文在中。"龙战于野"，其道穷也。【注】阴道穷于上。"用六永贞"，以大终也。【注】阳称大，地道代终，故以大终。【疏】驯顺至至矣。 驯，顺也。九家义。古文驯、顺通。文言曰盖言顺也，义与此同。乾为道，虞义也。坤凝乾自初始，至上六而与乾接矣。故初曰阴始凝，上曰阴疑于阳必战也。初顺乾命，乾为道，故曰驯致其道。月令孟冬之月水始冰，地始冻。乾为寒、为冰，故十月而坚冰至。亦谓阴顺阳之性，而成坚冰也。 阳动至曰光。 荀氏云：二应五，五下动之，则应阳出直，是六二之动，为五动而二应，故直以方也。乾坤二卦，惟乾五坤二为天地之中，故五称天德，二称地道。离丽乾，亦虞义也。坤之乾成离，离者丽也，故离丽乾。二离爻，离为光，故地道光也。 发得至大也。 京房曰：静为悔，发为贞。发者，变动之义。故文言曰：六爻发挥。说卦曰：发挥于刚柔而生爻。发为动，挥为变。象辞言发者，皆谓发得正也。变动有时，故以时发。知谓坤，光大谓乾。三之上，终乾事，故知光大也。 坤为至不害。 虞注嗛象传曰：坤为害，阴消至四，谨慎承五，系于苞桑，故不害。说苑曰"慎胜害"是也。 坤为至在中。坤为文，说卦文。楚语曰：地事文。韦昭云：地质柔顺，故文。五降乾二，柔顺处中，上应九五，故曰文在中，谓下中也。王肃曰五在中，

非也。　阴道穷于上。　后汉书朱穆奏记曰:易经龙战之会,其文
曰:龙战于野,其道穷也。谓阳道将胜,而阴道负也。阴穷于上,故
云负;阳复于下,故云胜。终亥出子之义也。　阳称至大终。　坤
承乾,乾为大,地道无成而代有终,故以大终。

云雷,屯。君子以经论。【注】三阳为君子,谓文王也。
经论大经,以立中和之本,而赞化育也。中庸曰:"唯天下至诚,为能
经论天下之大经,立天下之大本,知天地之化育。"三之正,成既济,
是其事矣。【疏】乾凿度曰:乾三为君子。君子谓阳三已正,故云三
阳为君子。系下曰:易之兴也,其当殷之末世,周之盛德邪? 当文王
与纣之事邪? 虞彼注云:谓文王书易六爻之辞也。末世乾上,盛德
乾三,故知三谓文王也。经论大经,谓文王演易也。白虎通曰:文王
所以演易何也? 文王时受王不率仁义之道,失为人法矣。己之调和
阴阳尚微,故演易使我得卒至于大平,日月之光明如易矣。是文王
经论大经,为既济也。九五屯膏以喻受德,初九建侯以喻文王。三
动反正,为既济,是其事矣。中和之本者,中和谓二五,本谓乾元也。
乾元用九,坎上离下,六爻得正,二五为中和,圣人致中和,天地位,
万物育,故能赞化育也。中庸唯天下至诚已下,是言孔子论撰六经
之事。孔子当春秋之世,有天德而无天位,故删诗述书,定礼理乐,
制作春秋,赞明易道。戴宏春秋解疑论所云:圣人不空生,受命而制
作,所以生斯民觉后生也。其孙子思知孔子之道在万世,故作中庸
以述祖德,云仲尼祖述尧舜,宪章文武,极而至于天地之覆载,四时
之错行,日月之代明,言其制作可以配天地。继乃举至圣、至诚以明
之。至圣,尧、舜、文、武也;至诚,仲尼也;大经,六经也;大本,中也;
化育,和也。以无天位曰立曰知,而其本已裕也。以经论象云雷者,
扬子法言曰:雷震乎天,风薄乎山,云徂乎方,雨流乎渊,其事矣乎?

李轨注云：言此皆天之事矣，人不得无事也。天事雷风云雨，人事诗、书、礼、乐也。故以经论象云雷也。必知经论大经为既济者，隐元年公羊传曰：所见异辞，所闻异辞，所传闻异辞。何休注云：所见者，谓昭、定、哀时事也；所闻者，谓文、宣、成、襄时事也；所传闻者，谓隐、桓、庄、闵、僖时事也。于所传闻之世，见治起于衰乱之中，用心尚麤觕，故内其国而外诸夏，先详内而后治外，录大略小，内小恶书，外小恶不书，大国有大夫，小国略称人，内离会书，外离会不书是也。于所闻之世，见治升平，内诸夏而外夷狄，书外离会，小国有大夫。宣十一年秋"晋侯会狄于攒函"、襄二十三年"邾娄鄅我来奔"是也。至所见之世，著治太平，夷狄[一]进至于爵，天下远近小大若一，用心尤深而详，故崇仁义，讥二名，晋魏曼多、仲孙何忌是也。是言孔子作春秋，亦如伏羲、神农、黄帝、尧、舜、禹、汤有既济之功，故以所传闻之世见治起于衰乱之中，所闻之世见治升平，所见之世著治太平为既济也。孟子言一治一乱，以治属禹、周公、孔子。子思作中庸，谓尧、舜、文、武之既济，人知之；仲尼之既济，人不知之。故曰：苟不固聪明圣知达天德者，其孰能知之？言非至圣如尧、舜、文、武，不能知至诚之孔子。故郑氏据公羊传，亦以为尧、舜之知君子也。何氏于定六年注云：春秋定、哀之间，文致太平，即是此传君子以经论成既济，中庸经论大经，赞化育之事。何氏传先师之说，知孔子作春秋文致太平，后儒无师法，不能通其义也。

虽"般桓"，志行正也。以贵下贱，大得民也。【注】坎为志，震为行，退居正，故云：虽般桓，志行正也。阳贵阴贱，故云：以贵下贱，大得民也。坤为民。**六二之难，承刚也。"十年乃**

〔一〕"夷狄"，原作"春秋"，据十三经注疏改。

字",反常也。【注】反从正应,故反常。"即鹿无虞",以从
禽也。"君子舍"之,"往吝"穷也。【注】禽,鸟兽之总名。
上为穷。"求"而"往",明也。【注】体离故明。"屯其膏",
施未光也。【注】为上弇,故施未光。"泣血涟如",何可长
也。【注】阴承阳,故不可长。【疏】坎为至为民。 般桓,退也。
居初,是居正也。阳贵阴贱,荀义也。董子曰:阳贵而阴贱。荀子君
子篇曰:爵当贤则贵,不当贤则贱。二以阳居初,建侯当位,而下坤
民,故云以贵下贱。宣十二年春秋传曰:其君能下人,必能信用其民
矣。故云大得民也。坤为民,虞义也。 反从至反常。 二正应
五,反从正应,是反归常道,故云反常。二体震为反也。 禽鸟至为
穷。 白虎通曰:禽,鸟兽之总名,为人所禽制也。比九五曰:王用
三驱,失前禽。周礼大司马曰:大兽公之,小禽私之。又大宗伯云:
以禽作六挚,卿执羔,大夫执雁。曲礼曰:猩猩能言,不离禽兽。月
令:戮禽祭禽。禽皆是兽,是禽、兽通名也。若别而言之,则释鸟云:
二足而羽谓之禽,四足而毛谓之兽也。卦穷于上,故谓穷为上。三
应上,上不应三,故云往吝穷也。 体离故明。 此虞义也。三变
初体离,离为明。昏礼先纳币而后亲迎。纳币,求也。亲迎,往也。
故云:求而往,明也。言明于礼。 为上至未光。 阳为阴弇,阳主
施,屯其膏,故施未光也。 阴乘至可长。 上不应三,而乘五马,
是乘阳也。用六利用贞,阴承阳则永,乘阳故不可长。

山下出泉,蒙。【注】泉之始出者曰蒙。**君子以果行育
德。**【注】君子谓二。艮为果,震为行。育,养也。体颐养,故以果
行育德也。【疏】泉之至曰蒙。 礼斗威仪曰:君乘土而王,其政太
平,则蒙水出于山。宋均注云:蒙,小水也。出可为灌注,无不植也。

小水可以灌注,犹童蒙可以作圣。此实象也。 君子至德也。 此虞义也。乾凿度九二为庸人,今九居二而称君子者,二以亨行时中,变之正,六居二为君子,故谓君子为二也。艮为果蓏,故为果。育,养也。释诂文。二至上体颐,颐者,养也。象传曰:蒙以养正,果行育德。养正之义也。

"利用刑人",以正法也。【注】坎为法,初发之正,故正法也。"子克家",刚柔接也。【注】刚柔谓二五。"勿用娶女",行不顺也。【注】震为行,坤为顺,坤体坏,故行不顺。"困蒙"之"吝",独远实也。【注】阳称实。"童蒙"之"吉",顺以巽也。【注】五体坤,动而成巽。故顺以巽。"利"用"御寇",上下顺也。【注】自上御下,故顺。【疏】坎为至法也。此虞义也。九家说卦曰:坎为律。释言曰:坎,律铨也。樊光云:坎卦水,水性平,律亦平,铨亦平也。坎为水,故古刑法议灢之字皆从水。法、律同义,故坎为法也。初失位,发得正,故以正法。 刚柔谓二五。 焦氏易林曰:刚柔相呼,二姓为家。变之正,五刚二柔,故云接。接,际也。 震为至不顺。 说见上。 阳称实。 阳实阴虚,故阳称实。柔之为道,不利远者,四独远阳,故困也。 五体至以巽。 五动体巽,故云动而成巽,此虞义也。 自上至故顺。

此虞义也。上御三,是自上御下。虞氏谓:巽为高,艮为山,登山备下,顺有师象是也。三不顺,上御之则顺矣。五以应二为顺,上以御三为顺,其义一也。

云上于天,需。【注】云上于天,须时而降。君子以饮食宴乐。【注】君子谓二。坎为饮食,五需二,衍在中,故以饮食宴乐。阳在内称宴。【疏】云上至而降。 此宋衷义也。六四出于穴,是云上于天也;上六入于穴,是须时而降也。　君子至称宴。九二阳不正,需时升五,故称君子。序卦曰:需者,饮食之道也。荀氏谓:坎在需家为酒食,故坎为饮食。五象曰:需于酒食。是五以酒食需二,二需于沈,衍在上中,故谓宴乐为二。阳在内称宴,虞义也。

　　"需于郊",不犯难行也。"利用恒"〔一〕,未失常也。【注】坎为难。常犹恒也。初变失位,上居四,故未失常。"需于沈",衍在中也。【注】衍读为延,在后诏侑曰延。五需二,故衍在中。虽"小有言",以"吉""终"也。"需于泥",灾在外也。【注】外谓坎。自我"致戎",敬慎不败也。【注】五离为戎,坎为多眚,故败。三不取四,故敬慎不败。乾为敬也。"需于血",顺以听也。【注】云虽升天,终当入穴,顺以听五,五为天也。"酒食贞吉",以中正也。【注】谓乾二当升五,正位者也。"不速之客来,敬之终吉"。虽不当位,未大失也。【注】上降居三,虽不当位,承阳有实,故无大失。【疏】坎为至失常。初应四,四坎为难,初不取四,故不犯难行。初变失位,上居四为得位,故未失常。恒本训常,故下经恒卦,太玄准之以常、永。常犹恒也,反覆相训。　衍读至在中。　周礼大祝九祭,二曰衍祭。郑注云:衍当为延,读从"主人延客祭"之延。古文衍、延同物也。特牲馈食礼曰:祝延尸。郑彼注云:延,进。在后诏侑曰延。五需二,五在二后,自后诏二,延登居二,故衍在中。虽隔于六四之险,终当升上,故以吉终。　外谓坎。　坎为灾在外卦,故云灾在外也。　五离至敬也。　离为戎,虞义也。三至上有坎、离象,坎为寇,离为戎,故经

〔一〕通行本周易"恒"字下有"无咎"二字。

言寇,传言戎。说卦曰:坎其于舆也,为多眚。虞注云:眚,败也。三体乾,乾为敬,不取于四,故敬慎不败也。 云虽至天也。 此九家义也。象曰:顺以听也。四阴故顺,坎为耳,耳主听,故顺以听五。五指乾二升五,乾为天,嫌谓坎五,故云五为天也。 谓乾至者也。 此九家义也。 上降至大失。 此荀义也。六居三为失位,故云不当位。上降承乾,故承阳有实。失谓不当位,未大失,以其承阳也。

天与水违行,讼。【注】水违天,犹子违父,臣违君,故讼。**君子以作事谋始。【注】**君子谓乾。三来变坤为作事,坎为谋,初为始,二据初,刚柔易,故以作事谋始。**【疏】**水违至故讼。 坎者,乾再索而得,有子道,坤有臣道,下三爻皆失位,故云犹子违父,臣违君,而成讼也。 君子至谋始。 此虞义也。坤谓遁坤,坤为事,三来变坤,故为作事。洪范谋属水,坎为水、为心,故为谋。卦自下生,故初为始。三来之二据初,刚柔易谓二与初易位,初不永所事,谋始之义也。

"不永所事",讼不可长也。虽"小有言",其辩明也。【注】初辩之早,故其辩明。**"不克讼","归逋"窜也。自下讼上,患至惕也。【注】**上谓乾。惕,忧也。**"食旧德",从上"吉"也。【注】**从,顺。**"复即命渝","安贞"不失也。【注】**变得正,故不失。**"讼元吉",以中正也。以讼受服,亦不足敬也。【注】**服谓鞶带。乾象毁坏,故不足敬。**【疏】**初辩至辩明。 坤消阴自初始,变之正,辩之早矣。二变应五,三食旧德,体离,离为明,故其辩明矣。 上谓乾。惕,忧也。 二讼四,四体乾,故上为乾。惕,忧。郑义也。诗曰:忧心惕惕。俗作惙,今从古。　从，顺。　三失位，变从上，故吉。此上亦谓乾也。从训顺者，昭五年春秋传曰：使乱大从。服虔解谊云：使乱大和顺之道。故知从为顺也。　变得正，故不失。　失谓失位。　服谓至足敬。此虞义也。槃带祭服，故服谓槃带。遯三体乾，乾为衣，故云服也。三食旧德，四变食乾，故乾体坏。乾为敬，乾体坏，故不足敬也。

地中有水，师。【注】坎在坤内，故曰地中有水。师，众也。坤中众者，莫过于水。**君子以容民畜众。【注】**君子谓二。坤为民，坎为众。容，宽也。畜，养也。二升五，宽以居之，故以容民。五降二，万物致养，故以畜众。**【疏】**坎在至于水。　此宋衷义也。坎为水，坤为地，坎在坤内，是水行地中之象。杨泉物理论曰：水，浮天载地者也。故地之众者，莫过于水。以况人之众者，莫过于师。众有二训：周语曰人三为众，一也；释诂曰：黎、庶、烝、多、师、旅，众也。又曰：洋、观、裒、众、那，多也。是庶、多亦曰众，二也。坤坎所以取象于师，以众多为名也。　君子至畜众。　此虞义也。二为庸人而称君子者，以其升五也。坤阴故为民。容，宽也。洪范五行传文。诗日月曰：畜我不卒。毛传云：畜，养也。卦自乾来，文言乾九二宽以居之，亦谓二升五，居上以宽，是容民之义也。万物致养，说卦文。五体坤，坤阴广博，含养万物，五降二，万物致养，是畜众之义也。

"师出以律"，失律凶也。【注】初失位，故曰失律。**"在师中吉"，承天龙**[一]**也。"王三锡命"，怀万邦也。【注】**龙，和也。二以盛德行中和，众阴承之，故承天龙。居王位而行锡命，众阴归之，故怀万邦。坤为万邦。**"师或舆尸"，大无功也。**

───────────

〔一〕"龙"，通行本周易作"宠"。

【注】三五同功,三多凶,故大无功。"左次无咎",未失常也。

【注】得位承五,故未失常。"长子帅师",以中行也。"弟子舆尸",使不当也。【注】震为行居中,故曰中行。三失位,故不当。五已正,使不当,故贞凶。"大君有命",以正功也。"小人勿用",必乱邦也。【注】五多功,五动正位,故以正功。坤为乱。【疏】初失至失律。　爻例失位曰失,又曰不当,师初、二、三、五皆失位,故初曰失,三曰不当。二五易位,故曰贞丈人,又曰以正功也。　龙和至万邦。　诗长发曰:何天之龙。毛传云:龙,和也。二当升五,五为天,以盛德行中和,众阴承之,故承天和。锡命者,开国承家皆当有锡命之事。居王位而行锡命,众阴归之,故怀万邦。礼器曰物无不怀仁,周语曰无所依怀,郑、韦皆训怀为归。坤为万邦,虞义也。　三五至无功。　师胜敌称功。周礼大司马曰:若师有功,恺乐献于社;若师不功,则厌而奉主车。郑注云:功,胜也。三五同功,五多功,三贱多凶,故大无功也。　得位至失常。　四得位,故云未失。二升五而四承之,阴承阳为常道,故曰未失常也。震为至贞凶。　二升居五,故曰中行。已正五位,而用失位之三,是使不当,故贞凶也。　五多至为乱。　此虞义也。

　　地上有水,比。【注】地得水而柔,水得地而流,故曰比。**先王以建万国,亲诸侯。**【注】先王谓五。初阳已复,震为建、为诸侯,坤为万国。比,四月卦也。比,辅也。辅成五服,故以建万国。比,比也。有孚盈缶,故以亲诸侯。【疏】地得至曰比。　此子夏义也。传又云:夫凶者生于乖争。今既亲比,故云比吉也。杜林曰:比者,言性不相害。但爻之相比,不相害而相亲,故曰比也。先王至诸侯。　先王谓夏先王也。五为天子,故先王谓五。初变之正体震,震为建侯,初刚难拔,故云建。震为诸侯,义见屯卦。坤为地,地有九州,夏时九州有万国,故坤为万国。此上虞义也。比四月卦,据消息。孟喜卦气图曰:十一月未济、蹇、颐、中孚、复,十二月屯、谦、睽、升、临,正月小过、蒙、益、渐、泰,二月需、随、晋、解、大壮,三月豫、讼、蛊、革、夬,四月旅、比、小畜、乾,五月大有、家人、井、咸、姤,六月鼎、丰、涣、履、遁,七月恒、节、同人、损、否,八月巽、萃、大畜、贲、观,九月归妹、无妄、明夷、困、剥,十月艮、既济、噬嗑、大过、坤是也。古文尚书皋陶谟曰:邲成五服,至于五千,州有十二师,外薄四海,咸建五长。郑彼注云:敷土既毕,广辅五服而成之,面方各五千里,四面相距为方万里。师,长也。九州州立十二人为诸侯,师以佐其牧。外则五国立长,使各守其职。尧初制五服,服各五百里。要服之内方四千里曰九州,其外荒服曰四海。此禹所受地记书:昆仑山东南,地方五十里名曰神州者。禹邲五服之残数,亦每服者合五百里。故有万里之界,万国之封。春秋传曰:禹朝群臣于会稽,执玉帛者万国。言执玉帛者,则九州之内诸侯也。其制特置牧,以诸侯贤者为之师,盖百国一师,州十有二师,则州千二百国也。八州凡九千六百国,其余四百国在圻内。此禹时建万国之事也。四月以建万国者,明堂月令曰:立夏之日,天子亲帅三公、九卿、大夫以迎夏于南郊,还反赏封诸侯。盖夏殷法也。白虎通曰:封诸侯以夏何?阳气盛养,故封诸侯,盛养贤也。襄廿六年春秋传曰:赏以春夏,刑以秋冬。是庆赏封建皆以夏也。王肃圣证论亦同此说。禹邲成五服,邲与比同。说文曰:邲,辅信也。辅成五服,此建万国之象。比,比也。序卦文。九五孚信之德盈满中国,四海会同,远人宾服。此亲诸侯之象也。

比之初六,“有它吉”也。【注】信及非应然后吉。“比之自内”,不自失也。【注】得位,故不自失。“比之匪人”,

不亦伤乎。【注】爻失其正,辰体阴贼,故伤。"外比"于贤,以从上也。【注】上谓五。"显比"之"吉",位正中也。【注】谓离象明,正上中也。舍逆取顺,"失前禽"也。【注】背上六,故舍逆。据三阴,故取顺。不及初,故失前禽。"邑人不戒",上使中也。"比之无首",无所终也。【注】坤道代终,比之无首,故无所终。【疏】信及至后吉。 此荀义也。案,五爻辞云失前禽,谓初也。三、四,五所据也;二,五所应也。初在应外,故失前禽。前禽虽失,初六终来,盈缶之孚也。王者之德不及殊俗则未至,故信及非应然后吉也。 得位至自失。 桓十七年谷梁传曰:蔡季自陈归于蔡。自陈,陈有奉焉尔。二得位自内,比初而外应五,正而后行事,故不自失也。 爻失至故伤。 此于宝义也。翼奉封事曰:东方之情怒也,怒行阴贼,亥卯主之。孟康注云:本生于亥,盛于卯,木性受水气而生,贯地而出,以阴气贼害土,故为阴贼。坤为土,六三乙卯,坤之鬼吏,草木怒生而贼害土,故云伤也。 上谓五。 系上曰:可大则贤人之德,可久则贤人之业。姚信注云:上贤人谓乾五,下贤人谓坤二。乾五之坤成坎,坎五犹乾五,故称贤。二比初,四不比三者,三匪人,故不比也。 谓离至中也。 此虞义也。初三已变,体重明,故谓离象明。五在上,得位居中,故正上中也。 背上至前禽。 此虞义也。上六逆乘阳,故称逆。而在五后,故称背。四、三、二皆顺承阳,而五据之,故云取顺。初在应外,五不及初,故失前禽。邑人不戒,上使中[一]也。义见上经。 坤道至所终。 上为终,坤承乾而代终,以乾为首故也。今比之无首,则

〔一〕"中"字原缺,据皇清经解本补。

是无所终也。

风行天上，小畜。【注】风者，天之命令也。今行天上，则是令未下行，畜而未下，小畜之象。君子以懿文德。【注】懿，美也。豫坤为文，乾为德，卦以柔畜刚，君子法之，故修美文德，积久而施自行。【疏】风者至之象。　此九家义也。巽为风。巽象传曰：重巽以申命。故云：风者，天之命令也。今风行天上，则是令未行于下，畜道未成，故畜而未下，以小畜大，谓之小畜也。　懿美至自行。

说文曰：懿，专久而美也。豫坤为文，据旁通也。乾有四德，故为德。此上虞义也。四为柔，故云以柔畜刚。君子欲怀柔天下，不以武功而以文德，故云修美文德。象传曰：施未行也。巽柔善入，积之久而德施于物，物无不化，故云施自行。

"复自道"，其义"吉"也。【注】阳为吉。"牵复"在中，亦不自失也。【注】失位变应五，故不自失。亦者，亦初也。"夫妻反目"，不能正室也。【注】妻当在内，夫当在外，今妻乘夫，而出在外，故不能正室。"有孚惕出"，上合志也。【注】上谓五，坎为志。"有孚挛如"，不独富也。"既雨既处"，"得"积"载"也。"君子征凶"，有所疑也。【注】积犹畜也。坎为疑。【疏】阳为至初也。　阳吉阴凶，初变为阳，是由凶而趣于吉，故其义吉也。二从旁通变，故失位。今变应五，故不自失。初既得位，二亦不失，故云：亦者，亦初也。　妻当至正室。　桓十八年春秋传曰：女有家，男有室。是夫以妻为室也。白虎通曰：一夫一妇成一室。义亦通也。男正位乎外，女正位乎内，天地之大义。今阳在内，阴在外，反其居室之道，故不能正室。夫谓豫震，妻谓小畜，即巽也。　上谓五，坎为志。　象传曰：刚中而志行，乃亨。刚中谓五。四五合志,乃能畜乾,故上谓五,坎为志。虞义也。 积犹至为疑。 畜道至上而成"得积载"者,畜道成也。畜有积义,故云积犹畜也。坎为疑,虞义也。

上天下泽,履。君子以辩上下,定民志。

【注】君子谓乾,天高地下,万物散殊而礼制行,故以辩上下,定民志。【疏】此乐记文。乾为天,兑为泽,礼以地制泽,又卑于地,故君子法之以制礼。天高地下,礼者,天地之别也,故以辩上下。万物散殊而未定,礼节民心,故以定民志。汉书叙传曰:上天下泽,春雷奋作,先王观象,爰制礼乐。是说君子法履以制礼之事。

"素履"之"往",独行愿也。【注】初微谓之独。震为行,使四变而己应之,故独行愿。"幽人贞吉",中不自乱也。【注】变之正,居中应五,故不自乱。"眇而视",不足以有明也。【注】两离称明。"跛而履",不足以与行也。"咥人"之"凶",位不当也。"武人为于大君",志刚也。【注】刚谓乾,坎为志。"愬愬终吉",志行也。【注】应在初,故志行。"夬履贞厉",位正当也。【注】位正当,故不疚。"元吉"在上,大有庆也。【疏】初微至行愿。 初为隐、为微,隐微于人为独,故中庸曰:莫见乎隐,莫显乎微,故君子慎其独也。初应四,四体乾,乾为诚。素,质之始也。质,诚也。欲正其心者先诚其意,不诚则不能独,故素履之往,独行愿也。 变之至自乱。 贞吉者,变之正而获吉也。坎在坤中,坤为乱,之正应五,故不自乱。 两离称明。 虞注鼎彖传曰:有两坎两离,乃称聪明。眇而视,不足以有明,一离故也。 刚谓至为志。 三变应乾,故志刚。 应在至志行。 应在初,初震为行,坎为志,故志行。 位正至不疚。 乾履兑,兑为虎,五在乾体,故厉。以刚中正,故不疚。与象传互相明也。

天地交,泰。【注】交谓二五。后以财成天地之道,辅相天地之宜,以左右民。【注】坤称后,坤富称财。辅,以阴辅阳;相,赞也。震为左,兑为右,坤为民,言后资财用以成教,赞天地之化育以左右其民也。书曰:“予欲左右有民。”【疏】交谓二五。天地交而成既济,故云交谓二五。　坤称至有民。　释诂曰:后,君也。坤臣道而称后者,泰消息为辟卦,得称后也。坤富称财,又化成物,故曰财成。卦有比,比,辅也。故以阴辅阳也。相者赞相,故曰:相,赞也。震春为左,兑秋为右,坤众为民,富之教之,所谓资财用以成教,皆赞化育为既济之事也。书曰者,尚书皋陶谟文。是虞夏既济时事,故引之也。

“拔茅征吉”,志在外也。【注】外谓四。“苞荒得尚于中行”,以光大也。【注】升五体离,向明而治,故以光大。“无平不陂”〔一〕,天地际也。【注】位在乾极,应在坤极,天地之际。“偏偏不富”,皆失实也。【注】坤虚,故皆失实。“不戒以孚”,中心愿也。【注】中谓五,坎为心,阴性欲承,故中心愿。“以祉元吉”,中以行愿也。【注】中,下中。“城复于隍”,其命乱也。【注】初吉终乱。【疏】外谓四。　此虞义也。升五至光大。　既济五互离,故云升五体离。说卦曰:离也者,明也。圣人南面而听天下,向明而治,盖取诸此,谓取离象为明堂也。二升五为圣人,故乾凿度以共五为圣人。离为光,乾为大,故以光大也。　位在至之际。　此宋衷义也。位在三,故云乾极。应在上,故

〔一〕“无平不陂”句,通行本周易作“无往不复”。

云坤极。小尔雅曰:际,接也。天与地接,犹泰与否接,故云天地际也。

坤虚至失实。 阳实阴虚,坤三爻,故皆失实也。 中谓至心愿。

中谓五,五爻之义发于四爻者,上体以五为主也。说卦曰:坎为极心。中心犹极心也。阴性欲承,乾凿度文。九家易曰:乾升坤五,各得其正,阴得承阳,皆阴心之所欲是也。 中,下中。 五降下,故中谓下中。震为行,故中以行愿。上愿谓二欲升五,下愿谓五欲降二也。 初吉终乱。 既济象曰:初吉终乱。传谓:终止则乱,其道穷。上为终,坤为乱,巽为命,故其命乱也。

天地不交,否。【注】天气上升,地气沈下,二气特隔,故云否。**君子以俭德辟难,不可营以禄。【注】**君子谓伏乾。坤吝啬为俭,乾为德,阴消至否,坤臣弑君,故以俭德辟难。坤为营,乾为禄,坤消乾,故不可营以禄也。**【疏】**天气至云否。 此宋衷义也。董子曰阴犹沈也,故地气沈下。天上升不下降,地沈下不上升,是二气特隔,故云否也。 君子至禄也。 否下体坤,乾伏坤下,乾三为君子,故君子谓伏乾。说卦曰坤为吝啬,吝啬故俭。阴消至否,坤臣弑君,故为难。虞氏亦谓弑君之难也。乾伏坤下,隐伏之象,故以俭德辟难。文言曰:天地闭,贤人隐。是其义也。坤为营,虞义也。说卦曰:坤为旬。旬,十日也。经营须日,故旬、营同物。诗江汉曰:来旬来宣。郑笺云:旬当为营。知旬、营同物也。乾为福,说文云:禄,福也。故乾为禄。坤消乾禄,故不可营以禄。此兼用虞义。虞氏又云:营或作荣,俭或作险。

"拔茅贞吉",志在君也。【注】四变体坎为志,君谓五。**"大人否亨",不乱群也。【注】**物三称群,谓坤三为乱。大人不从,故不乱群也。**"苞羞",位不当也。【注】**三上失位。"有命无咎"，志行也。【注】志行于群阴。"大人"之"吉"，位正当也。【注】位正当，故阴不能消乾使亡。"否"终则"倾"，何可长也。【注】以阴剥阳，故不可久。【疏】四变至谓五。　应在四，四变应初，故体坎。坎为志，初与二、三同类承五，故志在君。初在应外而云承五者，坤性承乾，故初曰以其胄，四曰弓离祉，是三爻皆有承乾之象，故初得承五也。　物三至群也。　此虞义也。周语曰：兽三为群，坤三爻，故云群。六三为乱，大人中正，以否绝之，故云不乱群。五不乱群，故不亡也。　三上失位。　上苞三，二爻皆失位，故云位不当也。　志行至群阴。　此荀义也。四以五命据三阴，阴皆丽乾之福，是志行于群阴也。　位正至使亡。　荀注文言曰：存谓五为阳位，亡谓上为阴位。以九居五，得正得中，阴系于阳，故不能消乾使亡也。　以阴至可久。　此虞义也。阴剥于上，则阳复于下，故不可久。

天与火，同人。君子以类族辩物。【注】族，姓。辩，别物性之同异也。君子谓乾，乾为族。天火同性，二五相应，男女辩姓，故以类族辩物。【疏】族姓者，战国策曰：昔者曾子处费，费人有与曾子同名族者。注云：族，姓也。襄三十一年春秋传曰：辩于大夫之族姓班位。故知族为姓也。辩，别。虞义也。同姓则同德，异姓则异德，故云物姓之同异也。君子谓乾，乾为族，虞义也。族有九，九者乾阳之数，故知乾为族。类聚九族，而辩姓之同异以厚别也。所以然者，以卦名同人，天火同性，性、姓同物。二阴五阳，有昏冓之道，同德合义不合姓，故以类族辩姓也。男女辩姓，襄二十八年春秋传文。

"出门同人"，又谁"咎"也。"同人于宗"，"吝"道也。【注】取同姓犯诛绝之罪，故吝道。**"伏戎于莽"，敌刚也。**

“三岁不兴”，安行也。【注】与上敌应，故敌刚。上不应三，故安行。“乘其庸”，义“弗克”也。其“吉”，则困而反则也。【注】初得正，故义弗克。则，法也。变之正，是困而反则也。“同人”之“先”，以中直也。“大师相遇”，言相“克”也。【注】中直谓五。二五同心，故相克。“同人于郊”，志未得也。【注】坎为志，失位，故志未得。【疏】取同至吝道。　此许慎义也。慎又云：言五属之内，禽兽行乃当绝也。　与上至安行。　三上皆刚，故曰敌刚。释诂曰：敌、应，当也。敌刚谓所应者刚，故伏戎于莽也。艮彖传曰：上下敌应。两阳两阴称为敌应。或谓敌刚为敌五，非也。楚语曰：自敌以下则有雠。韦昭云：敌，敌。体五为君，不可为敌，且五非应也。三上敌刚，上不应三，三无所往，故云安行也。　初得至则也。　四欲攻初，初正而四不正，故云义弗克。春秋文十四年穀梁传曰：弗克纳，弗克其义也。范宁注云：非力不足，义不可胜。与传义合。则，法也。释诂文。韦昭注晋语曰：谋不中为困。四欲攻初，以不义而止，故困。变之正，承五应初，是困而反归于法，故吉。文言曰：乾元用九，乃见天则。六爻皆正为天则，故爻不正而反于正，谓之反则也。　中直至相克。　五得中，又体乾，乾为直，故中直谓五。系上释此爻曰：同心之言，其臭如兰。乾为言，二五同德，同德合义，故相克也。　坎为至未得。　上失位，不与三同志，故志未得也。

火在天上，大有。君子以遏恶扬善，顺天休命。【注】君子谓二。遏，绝。扬，举也。乾为扬善，坤为遏恶、为顺。以乾灭坤体夬，扬于王庭，故遏恶扬善。乾为天、为休，二变时巽为命，故顺天休命。【疏】此虞义也。二失位，变之正，阴得位为君子，故君子谓二。初至五体夬，夬本坤世。乾为善，坤为恶，扬于王庭，以乾灭坤,故遏恶扬善。乾为美,休,美也,故乾为休。二变体巽,巽为命,坤为顺,故顺天休命也。

　　大有初九,无交害也。"大輂以载",积中不败也。【注】中谓二。车偾曰败。**"公用享于天子",小人害也。"匪其尪无咎",明辩折也。**【注】折之离,故明辩折。**"厥孚交如",信以发志也。**【注】乾为信,四上变坎为志,五发孚二,故信以发志。**"威如"之"吉",易而无备也。**【注】离为备,二五易位,离体坏,乾威镇物,故无备。**大有上"吉",自天右也。**【注】吉,吉礼。【疏】中谓至曰败。　二下中,故中谓二。比坤为大輂,乾来积上,二为中,故积中不败。僖九年春秋传曰:涉河侯车败。隐三年春秋传曰:郑伯之车偾于济。故知车偾曰败。五降二,坤厚载物,故不败也。　折之至辩折。　此虞义也。变体离,说卦云离为折上槁,故云折之离。离为明,故明辩折也。折,本今作哲,从日,折声,古文通。折音制,与志协也。　乾为至发志。　汉书杜钦对策曰:天道贵信。二升五体乾,故乾为信。四上变五体坎,故坎为志。发者变动,五失位,发而孚二,故信以发志也。　离为至无备。备谓战备也。离为甲胄、为戈兵,故为备。以备为战备者,经曰威如,传曰无备。昭二十三年春秋传曰:去备薄威。尉缭子曰:兵有去备彻威而胜者,以有法。故知备为战备也。五之威,道德之威也。盐铁论文学曰德盛则备寡,故无备。董子曰:冠之在首,玄武之象也。玄武者,貌之最严,有威者也。其象在后,其服反居首,武之至而不用矣夫。执介胄而后能拒敌者,非圣人之所贵也。君子显之于服,而勇武者消其志于貌也矣。威如之吉,易而无备,亦此义也。易音亦。　吉,吉礼。　上为宗庙,祭礼称吉,故云:吉,吉礼。

周易述卷十二

象上传

地中有山，谦。君子以裒多益寡，称物平施。【注】君子谓三。裒，取也。艮为多，坤为寡，乾为物、为施，坎为平。乾盈益谦，故以裒多益寡，称物平施。【疏】此虞义也。象辞君子指三，故知君子为三。说文曰：裒，引取也。郑、荀、董遇、蜀才皆训为取。故云：裒，取也。俗作裒。释诂曰：裒，多也。裒训多，不得云裒多，俗本讹耳。上九艮爻，艮为多节，故云多。坤阴小，故为寡。乾纯粹精，故为物。阳主施，故为施。坎为水，水性平，故为平。以乾之上九益谦，故云乾盈益谦。裒艮之多，以益坤寡，故云：裒多益寡，称物平施也。

“谦谦君子”，卑以自牧也。【注】牧，养也。养成谦德。“鸣谦贞吉”，中心得也。【注】三升五，体坎亟心，与二相得。“劳谦君子”，万民服也。【注】上居五位，群阴顺阳，故万民服。“无不利，㧑谦”，不违则也。【注】阴㧑上阳，不违法则。“利用侵伐”，征不服也。【注】不服谓五。“鸣谦”，志未得也。可“用行师”，征邑国也。【注】三升五，故志未得。唯可从征耳。【疏】牧养至嗛德。　牧,养。九家义也。三之五,初体坤,故为卑。变之正,体颐为养。凡爻失位,皆须学问以养成之,而在嗛家,故云嗛德。韩婴曰:夫易有一道焉,大足以治天下,中足以安家国,近足以守其身者,其唯嗛德乎? 是其义也。　三升至相得。

二在下中而正应五。三升五,五为上中,体坎亟心。亟,中也。与二相得,故中心得也。　上居至民服。　此荀义也。人道恶盈而好嗛,三居五位,克当民心,坤为民,故万民服。荀氏谓:众阴皆欲拔阳,上居五位,是群阴顺阳之事也。　阴拔至法则。　此九家义也。凡爻之正而得位者皆曰则,故文言曰"乾元用九,乃见天则",同人九四曰"其吉则困而反则"是也。众阴皆欲拔三阳,上居五,得正得中,故云不违法则。　不服谓五。　此荀义也。五失位,故知不服谓五。征之为言正也,三侵伐以正五,故云征不服也。　三升至征耳。　上应三,三升五,而上乘之,故志未得。九家谓虽应不承是也。三来征坤之邑国,而上从之则利,故云唯可从征耳。

雷出地奋,豫。先王以作乐崇德,殷荐之上帝,以配祖考。【注】奋,动也。雷动于地上,万物乃豫也。崇,充。殷,盛;荐,进也。上帝,天也。以配祖,禘郊也。以配考,祖宗也。豫消息在卯,中和之象,先王建之,作乐以充其德,用盛乐荐上帝,以配祖考,而降神也。【疏】周颂时迈曰:薄言振之。薛君章句云:振犹奋也。振与震通。说卦云:震,动也。震有奋义,故云:奋,动。雷动于地上,养长华实,发扬隐伏,万物莫不被盛阳之德,故云万物乃豫也。崇,充。释诂文。仪礼乡饮酒礼云崇酒,尚书酒诰云崇饮,郑氏皆训为充,故云:崇,充也。说文曰:殷,作乐之盛称。尚书洛诰肇称殷礼,亦谓盛礼,故知殷为盛。文二年公羊传云:五年而再殷祭。禘,大祭,故称殷祭。鲁禘不配天,亦称殷祭者,得用禘礼、禘乐故也。

周礼庖人曰：与其荐羞之物。郑注云：荐亦进也。此殷荐者，谓荐盛乐，非荐羞也。知上帝为天者，孝经：孔子曰：昔者周公郊祀后稷以配天，宗祀文王于明堂以配上帝。郑称注云：上帝者，天之别名也。神无二主，故异其处，避后稷。是上帝为天也。以上皆郑义也。以配祖，谓如喾远祖、稷始祖，故云禘郊也。以配考，谓如祖文王、宗武王，故云祖宗也。祭法高祖以下皆称考，故知文王亦蒙考之名也。禘郊祖宗皆配天之祭，郊于南郊，禘祖宗皆于明堂，其礼始于虞，三代因之而不易。传谓先王，盖夏商之王也。孟喜卦气图豫消息在二月中，故云在卯。三统历曰：春为阳中，万物以生；秋为阴中，万物以成。事举其中，礼取其和，故曰中和之象。汉倪宽曰：唯天子建中和之极，兼总条贯，金声而玉振之。故云先王建之，谓建中和之极。作乐以充其德，即谓中和之德也。禘及郊宗石室，郊及百神，祖宗之祀，四海助祭，又谓之大飨。皆推祖以配天，礼之极盛者，故云用盛乐荐上帝。云以配祖考而降神者，如周礼大司乐"郊乐六变而天神降社，乐八变而地祇出禘，乐九变而人鬼可得而礼"是也。以虞义言之，动初至三，乾为先王、为崇德，震为音、为乐，故以作乐崇德。震为帝而在乾天上，故称上帝。坤为死，小畜乾伏坤下，称祖考，故殷荐之上帝，以配祖考。其荐上帝而配祖考也。离为南，乾为郊，南郊之象。离向明而治，为明堂。四复初，十一月郊时也。小畜，四月禘时也。

　　"初六鸣豫"，志穷"凶"也。【注】初在豫家，而独应四，乐不可极，故志穷凶。**"不终日贞吉"，以中正也。【注】**中谓二，正谓四复初。**"盱豫有悔"，位不当也。【注】**变之正，则无咎。**"由豫大有得"，志大行也。【注】**阳称大，坎为志，震为

行,故志大行。"**六五贞疾**",乘刚也。"**恒不死**",中未亡
也。【注】乘刚,故疾。五为阳位,故中未亡。"**冥豫**"在上,何
可长也。【注】利三之正。【疏】初在至穷凶。　传凡言穷皆指
上,豫之穷凶不在上而反在初者,以初在逸乐之家,独与四应,志得
而鸣,极豫尽乐,故志穷凶也。乐不可极,曲礼文。　中谓至复初。
二得位得中,故中谓二。四不正,复初得正,故正谓四。四复初,
而二休之,故中正谓两爻。　变之至无咎。　上六成有渝无咎,指
三。以三不当位,故有悔;变之正,则无咎也。　阳称至大行。　四
阳爻,故称大。四体坎,坎为志,又体震,震为行,故志大行。象传
"刚应而志行"是也。　乘刚至未亡。　五乘坎刚,坎为疾,故贞疾。
文言曰:知存而不知亡。荀注云:存谓五为阳位,亡谓上为阴位。五
阳位又居中,故云中未亡也。　利三之正。　冥豫在上无应,而下
交渎也,故不可长。三之正,上得所应,则可长矣。

泽中有雷,随。君子以乡晦入宴息。【注】君子谓乾
上。宴,安;息,止也。坤为晦、为安,巽为入,艮为止,上来入坤,故
以乡晦入宴息。【疏】乾凿度乾上九为庸人,今云君子者,以其居初
得位,故称君子。宴与燕通。诗北山曰:或燕燕居息。毛传云:燕
燕,安息貌。故知宴为安也。阳在内称宴息者,休息与止同义,故
云:息,止也。坤为晦、为安,巽为入,艮为止,义具上经疏。以乾居
坤,故乡晦。互有巽、艮,故入宴息也。寻此卦之义,阴随阳,妇系
夫,有燕私之象。尚书大传曰:古者后夫人将侍于君前,息烛后举烛
至于房中,释朝服,袭燕服,然后入御于君。是乡晦入宴息之事。故
太玄准为从,其初一词曰"日幽嫔,月冥随之"是也。有夫妇然后有
父子,有父子然后有君臣,故太玄曰:昼以好之,夜以丑之。一昼一

夜阴阳分索,夜道极阴,昼道极阳。牝牡群贞,则君臣、父子、夫妇之道辩矣。是以传言乡晦入宴息,经言元亨利贞,其义一也。

"官有渝",从正"吉"也。"出门交有功",不失也。【注】上居初得正,故从正吉。阴往居上而系于五,故不失。"系小子",弗兼与也。【注】已系于初,不兼与五。"系丈夫",志舍下也。【注】下谓初。"随有获",其义"凶"也。"有孚在道","明"功也。【注】死在大过,故凶。功谓五。三四之正,离为明,故明功。"孚于嘉吉",位正中也。【注】位正中,故能成既济之功。中庸曰:君子之道造端乎夫妇,及其至也察乎天地。"拘系之",上穷也。【注】系于五则不穷。【疏】上居至不失。上失位,之初得正,故从正吉。初阴升上,而系于五,阴居上得位,故不失也。 已系至与五。 此虞义也。虞惟以五为四为误耳。下谓初。 五坎为志,初在下,故知下谓初也。 死在至明功。此虞义也。大过棺椁之象,故云死在大过。五多功,故功谓五。三四之正体离,离为日,故为明。明五之功,五为主故也。 位正至天地。位正中,故为一卦之主,而行中和成既济。引中庸者,阴之随阳,犹妇之随夫,夫夫妇妇而家道正,正家而天下定,即是既济之事,故造端乎夫妇,而极于天地也。 系于至不穷。 无应在上,故穷。系于五,五为既济之主,穷变通久,故不穷也。

山下有风,蛊。君子以振民育德。【注】君子谓泰乾也。坤为民,初上抚坤,故振民。乾称德,体颐养,故以育德。【疏】此虞义也。泰君子道长,故君子谓泰乾。坤为民,亦谓泰坤也。初之坤上,故抚坤,谓振抚坤民也。乾为龙德,故称德。育,养也。四至上体颐,颐者养也,故以育德也。

"干父之蛊",意承"考"也。【注】承,二也。二坎爻,坎为意,故意承考。"干母之蛊",得中道也。【注】变而得正,故贞而得中道。"干父之蛊",终"无咎"也。【注】上为终,无应而得位,故终无咎。"裕父之蛊",往未得也。【注】四阴柔,故往未得。"干父用誉",承以德也。【注】变二使承五,故承以德。二乾爻,故称德。"不事王侯",志可则也。【注】三体坎为志。则,法也。【疏】承二至承考。　二乾爻,乾为父,故知承者二也。初干父蛊而承考意,干蛊之善者,此考之所以无咎也。　变而至中道。　此虞义也。二失位,故不可贞。今变而得正,是贞而得中道。经以失位言,故云不可贞;传以得正言,故云得中道也。上为至无咎。　爻终于上,故上为终。以三得位,故虽无应于上,而终无咎也。　四阴至未得。　四应在初,初意承考,四裕父蛊,是阴柔不可与共事也。故初变往四则未得,言初与四不相得也。　变二至称德。　此虞义也。五已正,故变二使承五,不承以事,而承以德,亦干蛊之善者。乾为德,二乾爻,故称德。经言誉,传言德,皆谓变二承五,与二升五同也。　三体至法也。　应在三,三体坎,坎为志。则,法也。释诂文。君高尚其事者,以其志之可则,亦谓上变应三,而合于则也。

泽上有地,临。君子以教思无穷,容保民无疆。【注】君子谓二。震为言,兑口讲习,二升五坎为思,刚浸而长,故以教思无穷。容,宽也。震为宽仁,坤为民,故容保民无疆矣。【疏】乾凿度九二为庸人,今以君子谓二者,二当升五得位,故称君子也。震为言,兑口讲习,教之义也。坎心为思,刚浸而长,有无穷之义,故以教思无穷。说文云:容,受也。容则能受,宽大之象,故曰:容,宽也。互体震,震春宽大行仁,故为宽仁。坤为民,以二抚坤,故容保民无疆。此兼虞义也。

    "咸临贞吉",志行正也。【注】二升五,四体坎为志,初正应四,故志行正。"咸临吉,无不利",未顺命也。【注】坤为顺,遽巽为命,阳当居五,阴当顺从,今尚在二,故曰未顺命。"甘临",位不当也。"既忧之","咎"不长也。【注】失位,故不当。动而成泰,故咎不长。"至临无咎",当位实也。【注】初阳为实,四正应初,故当位实。"大君之宜",行中之谓也。【注】二者处中,行升居五,五亦处中,故行中之谓。"敦临"之"吉",志在内也。【注】志在升二也。阴以阳为主,故志在内。【疏】二升至行正。   二升五则四体坎,坎为志,初四俱正,而又相应,其志得行,故志行正也。   坤为至顺命。   四阴互两坤,故坤为顺。遁巽为命,据旁通也。阳当居五以下,荀义也。阳居五则四阴顺从,今阳息在二,阴犹用事,故未顺命。盖既济之功犹未成也。

    失位至不长。   三失位无应,故有忧。阳息成泰,天地交,故咎不长。咎不长则吉,犹消不久则凶也。   初阳至位实。   京房易传曰阳实阴虚,故初阳为实。四正,故当位[一];应初,故云实也。   二者至之谓。   此荀义也。二五,中也。以二升五,故曰行中之谓。初四皆正,故曰行正。二五皆中,故曰行中也。以义言之,知临而言行中者,舜之大知,用其中于民,是其义也。   志在至在内。   此九家义也。二因三升五,坎为志,故志在升二。阴无主,以阳为主,故得过其应。因三以升五,二在内,故曰志在内也。

———————————

〔一〕"位"字原缺,据皇清经解本补。

风行地上,观。先王以省方观民设教。【注】先王谓乾,巡守曰省,坤为方、为民。以乾照坤,故以省方观民设教。【疏】京房易积算曰:易含万象。象言明堂禘祭,此又言省方观民,要而言之则一也。古者听朔、朝庙、颁政令、朝诸侯皆于明堂。象词观盥而不观荐,是尊祖以配天之事;象传神道设教,是法天以治民之事。天子巡守,则为宫三百步,坛十有二寻,加方明其上。方明者,放乎明堂之制也。孟子:齐有泰山明堂。荀子曰:筑明堂于塞外而朝诸侯。皆方明之类,后世以其制如明堂而名之。明堂祀六天,上下四方,月令谓之天宗,虞谓之六宗。故尧典舜禋六宗而觐四岳,群牧觐礼;周祀方明而觐公侯伯子男,其义一也。艮为宫阙,有明堂方明之象,故既取类于禘祭,又比义于巡方。乾为先、为王,故为先王。淮南子曰:禹南省方。高诱注云:巡守为省,省视四方也。坤为方,九家说卦文。乾为大明,以乾照坤,省方之象,故以省方观民设教也。

“初六童观”,小人道也。【注】阴消之卦,故小人道。“窥观女贞”,亦可丑也。【注】坤为丑。“观我生进退”,未失道也。【注】三欲进观于五,四既在前而三故退,未失道也。“观国之光”,尚“宾”也。【注】助祭尚宾。“观我生”,观民也。【注】为民所观。“观其生”,志未平也。【注】坎为志、为平,上来之三,故志未平。【疏】阴消至人道。 初失位,而经言小人无咎者,以观为阴消之卦,小人道长,故云小人道也。 坤为丑。 此虞义也。太玄曰:昼以好之,夜以丑之。诗墙有茨云:中冓之言,不可道也。所可道也,言之丑也。薛君章句云:中冓,中夜也。乾为昼,故为好。坤为夜,故为丑。女子以贞为行而窥观,故云亦可丑也。 三欲至道也。 此荀义也。阴当承阳,故进观于五。四近于五,而在三前,三故退,进退皆得,故未失道。乾为道也。 助祭尚宾。 周语祭公谋父曰:甸服者祭,侯服者祀,宾服者享,要服者贡,荒服者王。韦昭注云:皆所以贡助祭于庙。孝经所谓四海之内各以其职来祭,是助祭尚宾之事。虞注据诗曰:莫敢不来享,莫敢不来王。是其义也。 为民所观。 彖传:大观在上,中正以观天下。皆是为民所观。又皆指五,故此观民亦为民所观。唯大象观民设教,乃是上观下之事也。 坎为至未平。 此虞义也。坎心为志,水为平,三失位,嫌于有咎,上之三补过,故志未平。

雷电,噬嗑。先王以明罚饬法。【注】雷电噬嗑,威而明也。先王谓乾上。离为明,坎为罚、为法。饬,正也。上之三折狱,故以明罚饬法。**【疏】**雷为威,电为明,雷电合而章,是威而明也。上本乾也,乾为先、为王,故先王谓乾上。体离互坎,故离为明,坎为罚、为法。饬,古敕字,古又作饰。杂卦曰:蛊则饬也。高诱吕氏春秋注云:饰读为敕,敕,正也。王弼从俗作敕,非也。上之三得正,而折四狱,故以明罚饬法也。

"屦校灭止",不行也。【注】否坤小人,以阴消阳,其亡其亡,故五变灭初,坤杀不行也。**"噬肤灭鼻",乘刚也。【注】**乘初刚。**"遇毒",位不当也。【注】**不正,故遇毒。**"利艰贞吉",未光也。【注】**为五阴所禀,故未光。**"贞厉无咎",得当也。【注】**变之正,故得当。**"何校灭耳",聪不明也。【注】**坎为聪,离为明,坎灭则离坏,故聪不明。**【疏】**否坤至行也。

此虞义也。系下说此爻曰:小惩而大诫。此小人之福也。小人谓否初,故云否坤小人。否本消阳之卦,九五曰其亡其亡,谓消四及五。今五下灭初,坤杀不行,故无咎也。 乘初刚。 二无应于上,而没坎下，又乘初刚。凡柔乘刚皆不利，以其得正，故无咎也。　不正故遇毒。　遇毒犹遇罪，谓悔吝之类。参同契曰"纤介不正，悔吝为贼"是也。　为五至未光。　凡阳为阴弇，皆曰未光，屯、萃之九五是也。四弇于五，故曰未光。　坎为至不明。　聪属耳，明属目，故坎为聪，离为明。上灭坎，则离体亦坏，故云聪不明。郑氏云"目不明，耳不聪"是也。

山下有火，贲。君子以明庶政，无敢折狱。【注】君子谓乾，离为明，坤为庶政，故明庶政。坎为狱，三在狱得正，故无敢折狱。噬嗑四不正，故利用狱也。【疏】君子谓乾，亦指九三。坤谓泰坤也。坤为众，故为庶；为事、为业，故为政。坤上之乾二体离，离为明，故以明庶政。坎为狱，三正体坎，故在狱得正。无敢折狱，谓上无敢来折三也。噬嗑四不正，故上之三，蔽四成丰，折狱致刑。义见噬嗑也。

"舍车而徒"，义弗乘也。【注】初为士，故义弗乘。"贲其须"，与上兴也。【注】震为兴，三二同德，五上易位，则皆得其应，故与上兴。"永贞"之"吉"，终莫之陵也。【注】与二同德，故终莫之陵。六四，当位疑也。"匪寇昏媾"，终无尤也。【注】坎为疑，当位承阳，故疑。守正待应，故终无尤。六五之"吉"，有喜也。【注】五变之阳，故有喜。凡言喜庆，皆阳爻。"白贲无咎"，上得志也。【注】上之正得位，体既济，故曰得志。坎为志也。【疏】初为至弗乘。　礼唯大夫不徒行，初为士，故云义弗乘也。尚书大传曰：古之命民，能敬长怜孤，取舍好让。举事力者命于其君，得命然后得乘饰车骈马；未有命者不得乘，乘者有罚。若然，命士亦得乘饰车骈马，今士未有命，故云义弗乘也。

震为至上兴。　　震起，故为兴。三二得位，故同德。五上易位，成既济，则三二皆得其应，故曰与上兴也。　　与二至之陵。　　此虞义也。三与二皆得位而无应，二乘初，四乘三，嫌有陵之者，五上易位，终获其应，故云终莫之陵。上为终也。　　坎为至无尤。　　六居四为当位，四乘三为乘阳，四体坎，故疑，疑于乘阳也。然正应在初，守正待应，故终无尤。尤，过也。四本坤，坤代终，故云终也。　　五变至阳爻。　　此虞义也。说文曰：吉，善也。乾元善之长，乾吉坤凶，故凡爻辞言吉者，皆变之阳也。虞注损六四曰：阳在五称喜。今五变之阳，故有喜。又注晋、睽六五曰：乾为庆。故云：凡言喜庆，皆阳爻也。　　上之至志也。　　此虞义也。上变之正，故云得位。五上易位，故体既济。其志得行，故云得志。五上变体坎，故坎为志也。

山附于地，剥。上以厚下安宅。【注】上谓乾上，艮为厚，坤为下、为安，艮为宅。君子德车，民所载，故以厚下安宅。【疏】上本乾也，天尊故谓之上，以其失位，故不称君子。艮积坤上，故为厚。坤卑在下，故为下。阴称安，故为安。艮为居，故为宅。经曰：君子德车。象曰：民所载也。民安则君安，是厚下安宅之义也。

"剥床以足"，以灭下也。【注】阳在下，灭于坤，故以灭下。**"剥床以辩"，未有与也。**【注】五失位，故未有与。**"剥之无咎"，失上下也。**【注】上下四阴。**"剥床以肤"，切近灾也。**【注】观五坎爻，坎为灾，消观及剥，四又近之，故切近灾。**"以宫人宠"，终无尤也。**【注】艮为终，变之正，故终无尤。**"君子德车"，民所载也。**【注】坤为民、为载。**"小人剥庐"，终不可用也。**【注】坤为用。【疏】阳在至灭下。　　乾初九象传曰：潜龙勿用，阳在下也。阳在下，为坤所灭，故以灭下。

五失至有与。　　阴阳相得为与,故郑注咸象传曰:与犹亲也。二应
五,五蔑贞,是失位也。两阴无应,故未有与也。　　上下四阴。　　上
谓四五,下谓初二,剥不得言无咎,四阴皆欲剥阳,三独应上,此剥之
所以无咎,由与上下四阴违失故也。　　观五至近灾。　　凡言灾者,
坎也。观五坎爻,故为灾。系下云:四多惧,近也。近之谓近于五,
故云切近灾也。　　艮为至无尤。　　艮成始成终,故为终。五失位,
动成观,是变之正,故终无尤。尤,过也。　　坤为民为载。　　坤为
民,说卦文。坤为地,地万物载焉;又为大舆,舆所以载物,故为载。
荀子曰:马骇舆则君子不安舆,庶民骇政则君子不安位。民载于德
车,厚下安宅,君民俱安,故曰民所载也。　　坤为用。　　消艮为坤,
故坤为用。小人勿用,故终不可用。

　　雷在地中,复。先王以至日闭关,商旅不行,后不省
方。【注】先王谓乾初。至日,冬至之日。坤阖为闭关,巽为商旅、
为近利市三倍。遘巽伏初,故商旅不行。遘象曰:后以施命诰四方。
今隐复下,故后不省方。复为阳始,遘则阴始,天地之始,阴阳之首。
已言先王,又更言后,后,君也。六十四卦唯此重耳。**【疏】**此虞义
也。乾息于初,乾为先、为王,故先王谓乾初。复十一月卦,故云:至
日,冬至之日。阖户谓之坤,故坤为闭关,谓复坤也。巽为遘巽也。
考工记曰:通四方之珍异以资之,谓之商旅。虞于兑九四注云:巽为
近利市三倍,故称商。为近利市三倍,说卦文。复震在上[一],故遘
巽伏初,巽为商旅而伏震初,故商旅不行。夏至之日,后以施命诰四
方,今遘巽隐在下,故后不省方也。复一阳生,故为阳始;遘一阴生,

─────────────────

〔一〕"上"字似"下"之误。复卦震☳象在下。

故为阴始。复一阳，乾也；遘一阴，坤也。乾为天，坤为地，故云天地之始。首亦始也，故云阴阳之首。后，君也。释诂文。乾坤，消息之卦，消息，君也。故已言先王，又更言后。六十四卦言先王则不言后，言后则不言先王，故云唯此重耳。

"不远"之"复"，以修身也。【注】坤为身，以乾通坤，故以修身。"休复"之"吉"，以下仁也。【注】初为仁，谓下于初。"频复"之"厉"，义无咎也。"中行独复"，以从道也。【注】震为从，乾初为道。"敦复无悔"，中以自考也。【注】五为中。考，成也。变之正，体艮成，故中以自考。"迷复"之"凶"，反君道也。【注】臣行君事，故反君道。【疏】坤为至修身。　坤为身，虞义也。乾息初，故以乾通坤。初为本，身亦为本，故以乾通坤，谓之修身也。　初为至于初。　初为元，文言曰：元者，善之长也。又曰：君子体仁足以长人。故知初为仁。初体震，震春亦为仁也。二休复为下于初，初为仁，故以下仁也。　震为至为道。　震为从，义见前。乾息初，故曰乾初。初复自道，故为道。初体震，震为大涂，亦为道，四独应初，故以从道，谓从初也。　五为至自考。　五为上中，故为中。考，成。释诂文。郑义也。五失位，变之正体艮。说卦曰成言乎艮，故体艮成也。　臣行至君道。　上体坤为臣，君谓初也。臣奉君命而行事，顺君道也。专君命而行事，是臣行君事，故云反君道也。

天下雷行，物与无妄。【注】天下雷行，无云而雷。京氏以为大旱之卦，万物皆死，无所复望，故云物与无妄。先王以茂对，时育万物。【注】先王谓乾；乾盈为茂；对，配也。艮为时，体颐养为育，四之正，三上易位，天地位，万物育，故以茂对，时育万物。

汤遭七年之旱,终成既济。礼记王制,郑氏以为殷法也,其言曰:冢
宰以三十年之通制国用,量入以为出。三年耕必有一年之食,九年
耕必有三年之食。以三十年之通,虽有凶旱水溢,民无菜色。是其
事矣。【疏】天下至无妄。　天下雷行,是无云而雷。诗云汉所谓
"蕴隆虫虫,隆隆而雷",非雨雷也。四已正,上动体屯,九五屯膏,雨
不下施,故京氏以为大旱之卦。百谷草木咸就枯槁,故万物皆死,无
所复望。汉书谷永曰:遭无妄之卦运。应劭曰:天必先云而后雷,雷
而后雨,而今无云而雷。无妄者,无所望也。万物无所望于天,灾异
之大者也。　先王至事矣。　乾为先、为王,故先王谓乾。乾盈为
茂,虞义也。十五乾盈甲,茂者盈盛,故云乾盈为茂。对,配。马义
也。诗皇矣云:帝作邦作对。毛传云:对,配也。茂对者,德盛配天
地也。艮为时,虞义也。初至四体颐,颐者养也,故云体颐养为育。
育亦养也。四之正,三上易位成既济,则中和之化行。天地位,谓二
五得位,所谓中也。万物育,谓六爻相应,所谓和也。以人事明之,
先王当指汤。汤遭七年之旱,以六事自责,言未已而天大雨,故云终
成既济。谥法:云行雨施曰汤。云行雨施,既济之事,而以为谥,明
汤当既济也。礼记王制一篇不与周官合,故郑氏注"王者之禄爵"
云:此地殷所因夏爵三等之制。是王制一篇皆殷法,故云郑氏以为
殷法也。冢宰以三十年之通制国用,量入以为出,至民无菜色,皆王
制文。郑彼注云:通三十年之率,当有九年之蓄。出谓诸当给。为
三年耕必有一年之食,九年耕必有三年之食,大率四分留一,以三十
年之通,则有九年之蓄。故云:虽有凶旱水溢,民无菜色。郑彼注
云:菜色,食菜之色。民无食菜之饥色,即是时育万物之事,故云是
其事矣。

"无妄"之"往",得志也。【注】四变应初,故往得志。

"不耕获",未富也。【注】四动坤虚,故未富。有无妄,然后可畜也。"行人得"牛,"邑人灾"也。"可贞无咎",固有之也。【注】已事,故云固有之。"无妄"之"药",不可试也。【注】坎为多眚,故药不可试。"无妄"之"行",穷之灾也。【注】动而有眚,故灾。与乾上九同义。【疏】四变至得志。 此虞义也。上动四体坎,坎为志,初往应之,故往得志。 四动至畜也。四动体坤,坤虚,故未富。此虞义也。有无妄然后可畜,序卦文。王制曰:国无九年之蓄曰不足,无六年之蓄曰急,无三年之蓄曰国非其国也。坤虚未富,谓无蓄也。有无妄然后可畜,谓三年、六年、九年之蓄也。 已事至有之。 四已之正,故云已事。固有之,亦谓已事也。 坎为至可试。 此虞义也。 动而至同义。 易纬曰:阳无德则旱。郎顗曰:阳无德者,人君恩泽不施于上也。上动体屯,膏泽不下,坎为多眚、为灾,上为穷,故云穷之灾。乾上九忼龙动而有悔,故云同义。

天在山中,大畜。君子以多志前言往行,以畜其德。【注】君子谓乾三。艮为多,坎为志,乾为言,震为行,乾知大始,震在乾前,故多志前言往行。乾为德,有颐养象,故以畜其德。【疏】此虞义也。乾凿度乾三为君子。艮为多节,故为多。坎为心,故为志。志,古文识也。乾为言,九家说卦文。乾为古,说文曰:古从十口,识前言者也。震为足,故为行。乾知大始,系上文。大始,乾初也。震初即乾初,故震在乾前。乾初为积善,自一乾以至三乾成,积善成德,故乾为德。三之上,有颐象,颐者养也,畜、养同义。故多志前言往行,以畜其德也。天在山中,而取义于畜德者,德者积累而成。中庸论积曰:今夫天斯昭昭之多,及其无穷也,日月星辰系焉,万物载焉。又曰:今夫山一卷石之多,及其广大,草木生之,禽兽居之,宝藏兴焉。郑彼注云:天之高明,本生昭昭;山之广大,本起卷石。皆合少成多,自小致大,为至诚者亦如是乎?是言畜德之事,与易合也。

"有厉利已",不犯灾也。【注】坎称灾。**"轝说腹",中无尤也。**【注】得中得正,故无尤。**"利有攸往",上合志也。**【注】五已变,上动成坎,坎为志,故三往与上合志。**"六四元吉",有喜也。**【注】喜谓五。**"六五"之"吉",有庆也。**【注】五变得正,故有庆。**"何天之衢",道大行也。**【注】乾为道,震为行,故道大行。【疏】坎称灾。　此虞义也。二变四体坎,坎为多眚,故称灾。四利已,故不犯灾。　得中至无尤。　二中而不正,变之正,故得中得正。无咎者善补过,故无尤也。　五已至合志。　此虞义也。三应在上,五变上,动成坎为志,三往应之,刚上而尚贤,故与上合志也。　喜谓五。　此虞义也。阳称喜,五之正,四上承之,故有喜。　五变至有庆。　此虞义也。五失位,变得正,阳称庆,故有庆也。　乾为至大行。　此虞义也。象曰天衢,传曰道,道谓天衢也。彼注云:乾为天,艮为径路,天衢象。今不取象于艮者,衢者九交之道,天有九行,亦得称天衢,不言艮者,略之也。

山下有雷,颐。君子以慎言语,节饮食。【注】君子谓三已正。艮为慎,震为言语,故慎言语。坎水为饮,兑为口实,艮为止,故节饮食。【疏】三失位为小人,今已养正,故称君子也。艮为慎,震为言语,皆虞义也。艮吉人之辞寡,故慎言语。坎为水,故为饮。虞氏谓:兑为口实。口实者,颐中物,故为食。艮为止,节有止义,故以节饮食也。

"观我朵颐",亦不足贵也。【注】阳为贵,饮食之人则人贱之矣,故不足贵。六二"征凶",行失类也。【注】震为行,类谓五。"十年勿用",道大悖也。【注】弑父弑君,故大悖。"颠颐"之"吉",上施光也。【注】阳主施,离为光。"居贞"之"吉",顺以从上也。【注】坤为顺。"由颐厉吉",大有庆也。【注】变阳得位,故大有庆。【疏】阳为至足贵。 易例阳为贵,阴为贱。初阳而云不足贵者,以其求养于上,饮食之人养其小者,故人贱之,而言不足贵也。 震为至谓五。 二体震为行,二正应五。五,二之类也。二养于上而失五,故行失类。谓五为类者,文言论二五相应之理云:亦各从其类。故二与五为类也。 弑父至大悖。 此虞义也。 阳主至为光。 上阳爻,阳主施,离谓晋离也。或以三五之正,四体离,义亦通耳。四求养于上而得所欲,由上施之而下皆得其欲,离为光,故上施光也。 坤为顺。 五体坤为顺,五养于上,与上易位,故顺以从上。蒙六五顺以巽,亦是二五易位之事,义并同也。 变阳至有庆。 此虞义也。五上易位,三五皆正,故云变阳得位。养道既成,六爻皆正,故大有庆。阴以阳为主,阳称大称庆也。

泽灭木,大过。君子以独立不惧,遁世无闷。【注】君子谓乾初。阳伏巽中,体复一爻,潜龙之德,故称独立不惧。忧则违之,乾初同义,故遁世无闷。【疏】此虞义也。传言独立不惧,初称独,故君子谓乾初。初本巽也,巽其究为躁卦,故阳伏巽下。乾之初九即复也,入坤出震,故云体复一爻。乾初九潜龙勿用,故云潜龙之德。龙德而隐,故独立不惧。隐藏坤中,坤乱于上。忧则违之,遁世无闷,皆乾初文言传文。故云乾初同义。君子处大过之时,过不失中,亦有此义也。

"藉用白茅",柔在下也。【注】柔在下,非其正。"老夫女妻",过以相与也。【注】二过与初,故过以相与。虞氏谓:二过初与五,五过上与二,独大过之爻得过其应,故过以相与。"栋桡"之"凶",不可以有辅也。【注】辅之益桡,故不可以有辅。阳以阴为辅也。"栋隆"之"吉",不桡乎下也。【注】初为下,与四易位,故不桡。"枯杨生华",何可久也。"老妇士夫",亦可丑也。【注】乾为久,华在上,故不可久。颐坤为丑,虞氏谓:妇体遘淫,故可丑。"过涉"之"凶",不可咎也。【注】得位而凶,故不可咎。以喻伏节死义之臣。【疏】柔在至其上。　柔在下失位,故非其正。与四易位,则无咎也。　二过至相与。　二已老,故过而与初。初梯尚少,故云过以相与。虞氏谓:二过,过二也;初与五,初过二与五也。五过,过五也;上与二,上过五与二也。易乾凿度初与四、二与五、三与上谓之应。今初应五,上应二,故云独大过之爻得过其应。若然,比初有它吉,临上敦临,复五敦复,亦是过应。以非例之常,故称它、称敦。其违常而过应者,如颐九二拂经于丘,中孚初九有它不燕,及此经有它吝之类,皆以过应而著其失也。　辅之至辅也。　此虞义也。辅之谓初上,初上皆弱,故辅之益桡。比象传曰:比,辅也,下顺从也。是阴比阳而谓之辅,故云阳以阴为辅也。　初为至不桡。　易例初为下。初弱,故桡;与四易位,故不桡也。　乾为至可丑。　乾为天,天行不息,故久。兑反巽,巽为杨,杨枯于下,华发于上,故不久。颐坤谓旁通也。坤为夜,太玄曰夜以丑之,故为丑。诗墙有茨曰:中冓之言,不可道也;所可道也,言之丑也。薛君章句云:中冓,中夜也。虞氏以初为老妇,初体遘,遘女壮。郑氏谓：壮健以淫。故妇体遭淫，亦可丑也。　得位至之臣。　上得位而称凶者，君子濡迹以救时，过涉犹濡迹，志在救时，谁得而咎。以喻伏节死义之臣，行虽过而有济也。

水洊至，习坎。君子以常德行，习教事。【注】洊，再也。君子谓乾五，在乾称大人，在坎为君子。坎为习、为常，乾为德，震为行，巽为教令，坤为事，故以常德行习教事。【疏】洊，再也。释言文。君子以下，虞义也。三系徽纆，故君子谓乾五。乾二五之坤成坎。二五在乾称大人，而在坎称君子者，五坎不盈德盛而业未大，故称君子。坎称习坎，水性有常，故坎为习、为常。巽谓观巽也。巽申令，故为教令。水之洊至，不舍昼夜，君子进德修业亦如之，故以常德行习教事也。

"习坎入坎"，失道"凶"也。【注】上无其应，初二失正，故失道凶。"求小得"，未出中也。【注】变应五则出，今据初，故未出中。"来之坎坎"，终无功也。【注】三失位，不与五同功，故终无功。"尊酒簋"，刚柔际也。【注】乾刚坤柔，震为交，故曰刚柔际。"坎不盈"，中未大也。【注】五为大中，阳陷阴中，故未大。上六失道，"凶三岁"也。【注】三应在上，故云上六失道。【疏】上无至失道。　此虞义也。初与四敌应，故无其应。言初而及二者，坎内三爻失正，象言失道指此三爻，二据初，故兼言之也。　变应至出中。　二变应五，往有功，则出险，今求小得而据初，是未变也。故虞注既济象传未出中，谓二未变而在坎中是也。　三失至无功。　三五同功，三失位，不与五同功，上为终，终无功，言当系徽纆也。　乾刚至柔际。　此虞义也。屯象传曰：刚柔始交而难生。谓乾刚坤柔，交而成坎也。际，接也。四体震为交，上与五接，故刚柔际。俗本尊酒簋下羡贰字，此误从王弼读耳。簋与缶、牖韵，不当有贰字。　五为至未大。　阳称大，五阳位而居中，故为大中。乾五之坤，阳陷阴中，故未大。经言褆既平，美其德也；传言中未大，举其象也。　三应至失道。　三失道而云上六者，三应在上，凶祸至上而成，故云上六失道。凶在三年之后，故云凶三岁也。俗以失道谓上，非易例也。

明两作，离。【注】两谓日与月也。乾五之坤成坎，坤二之乾成离，离、坎日月之象，故明两作，离。作，成也。日月在天，动成万物，故称作矣。或以日与火为明两作也。**大人以继明照于四方。**【注】阳气称大人，则乾五大人也。乾二五之光，继日之明，坤为方，二五之乾，震东兑西，离南坎北，故曰照于四方。书曰：照临四方曰明。【疏】两谓至作也。　此虞义也。嫌谓二日，故云两谓日与月也。乾五之坤成坎，坎为月；坤二之乾成离，离为日。故云：离、坎日月之象，明两作之义也。系上曰：坤化成物。姚信云：化当为作。故云：作，成也。日月在天，动成万物，亦是既济之事也。或以日与火为明两作者，离为日、为火，故以日与火为明两作也。孟子曰：天无二日。俗说以明两作皆指日者，非其义，故并著之。　阳气至曰明。　此虞义也。阳气称大人，谓五伏阳，故云则乾五大人也。乾二五之坤为坎，坎月为光，日月代明，以月继日，故云继日之明。坤为方，荀九家说卦文。乾二五之坤成震、坎，坤二五之乾成离、兑，故云：震东兑西，离南坎北，照于四方也。俗以日继日为继明者，非也。书曰者，周书谥法也。

"履错"之"敬"，以辟咎也。【注】咎谓四。春秋传曰：原屏咎之徒也。**"黄离元吉"，得中道也。**【注】中谓二，乾为道。"日昃之离",何可久也。【注】日中则昃,故不可久。"突如其来如",无所容也。【注】不容于内。六五之"吉",离王公也。【注】王谓五,公谓三。"王用出征",以正邦也。【注】坤为邦,五之坤,故以正邦。【疏】咎谓至徒也。四来犯初,故咎谓四。春秋传者,宣十二年左传文。彼谓咎为彘子,彘子小人,以喻四爻。　中谓至为道。　五变二,上承之,故得中道。二得中,故中谓二。上承乾五,故乾为道。　日中至可久。日中则昃,圭彖传文。日之中前、中后,皆日昃。逸周书曰:日之中也昃。周礼司市:朝市于东,昃市于中,夕市于西。日中正在天心之一线,未及一线、已过一线谓之昳。中则日之正中,顷刻而已。吕氏春秋云:赵襄子曰:日中不须臾。故云:日昃之离,何可久也。　不容于内。　说文曰:突如其来如,不孝子突出,不容于内也。四与初敌应,初辟四咎,而在内卦,故不容于内。震为容也。　王谓至谓三。　五为王位,三为三公,五上易位,丽五应三,故离王公。离读为丽也。　坤为至正邦。　离自坤来,故坤为邦。征之为言正也。出离为坎,五来之坤,得正,故以正邦也。

周易述卷十三

象下传

山上有泽,咸。君子以虚受人。【注】君子谓否乾。乾为人,坤为虚,艮为手。谓坤虚三受上,故以虚受人。艮山在地下[一]为嗛,在泽下为虚。【疏】此虞义也。乾三为君子,乾上之三,故君子谓否乾。乾为人,坤为虚,亦谓否乾反坤也。受以手,故艮为手。三本坤也,坤为虚,上之三,是虚三受上,故以虚受人也。嗛、咸二卦,皆乾上之三。嗛指乾上亏盈之义,虚指坤三虚受之义,故艮山在地下为嗛,在泽下为虚也。

“咸其母”,志在外也。【注】外谓四。失位远应,之四得正,故志在外。虽“凶居吉”,顺不害也。【注】坤为顺、为害,二本坤也,故顺。上之三,坤体坏,故顺不害。“咸其股”,亦不处也。志在“随”人,所执下也。【注】巽为处女,男已下女,故不处也。凡士与女未用,皆称处矣。志在于二,故所执下也。“贞吉悔亡”,未感害也。“憧憧往来”,未光大也。【注】

〔一〕“下”原作“上”,据下疏文改。

坤为害,初四易位,故未感害。初往弇三,故未光。四来居初,故未大。"咸其脢",志末也。【注】末谓上。五比上,故志末。"咸其辅颊舌",滕口说也。【注】滕,送也。不得之三,故滕口说。【疏】外谓至在外。 此虞义也。四在外卦,故外谓四。六居初,而应又远,故失位远应。之四得正,谓与四易位,则皆得其正。初利之四,故志在外也。 坤为至不害。 坤顺,说卦文。坤为害,虞义也。坤柔顺承天,故顺;阴体贼害,故又为害也。二在否家体坤,故本坤也。顺于三,故顺。乾上之三,坤体坏,故不害也。凡爻之情,近而不相得,远而不相应者,则言害。咸家取女吉,二气感应以相与,故二曰顺不害,四曰未感害也。 巽为至下也。 此虞义也。巽阳藏室,故为处、为长女,故为处女。女未嫁称处。荀子曰:处女莫不愿得以为士。今男已下女,故不处也。士未见于君,亦称处士。故士与女未用,皆称处矣。二随人者也,三志在二,故志在随人。二又在下,故所执下也。 坤为至未大。 初四不当位,而相应,乾凿度谓之失义,失义则有害,悔且吝是也。初四易位,爻皆得正,贞吉而悔亡,故未感害。初往弇三,三为四弇,故未光。四来居初,初阳尚小,故未大也。 末谓至志末。 爻例初为本,上为末。五比上,上为末,故志末,坎为志也。 滕送至口说。 此虞义也。滕,送。释言文。滕读为腾。燕礼曰:滕觚于宾。郑彼注云:滕,送也。今文滕皆作腾,是滕为古文腾也。淮南子曰:子产腾辞。上与五比,而不应三,故云不得之三。郑氏谓:徒送口语,相感而已,故滕口说。本今作滕。释诂曰:滕,虚也。言以虚辞相感,义亦得通。

雷风,恒。君子以立不易方。【注】君子谓乾三。坤为方,初四、二五复位,三正不动,故立不易方。【疏】三本乾也,故君子谓乾三。坤为方,谓益互坤也,方其义也。终变成益,则初四、二五复位。三正不动,故立不易方。若然,九三言不恒其德,易其方矣。而象言不易者,震、巽特变,故三不恒。君子赞化育,故不易,不易则成既济定也。此兼虞义。虞以乾初之坤四,三不易方,义稍乖耳。

"濬恒"之"凶",始求深也。【注】初为始、深,谓阳,四之初,故始求深。"九二悔亡",能久中也。【注】乾为久,变之正,故能久行中和。"不恒其德",无所容也。【注】诸爻皆正,三独失位,故无所容。"久非其位,安得"禽"也。【注】四五皆失位,故非其位。五已之正,故不得禽。"妇人贞吉",从一而终也。【注】一谓初,终变成益,以巽应初震,故从一而终。"夫子"制义,从妇"凶"也。【注】巽为制,坤为义,震没从巽入坤,故从妇凶。"震恒"在上,大无功也。【注】终在益上,乘五远应,故大无功。【疏】初为至求深。　爻在初为始、深,谓阳。虞义也。虞谓乾初为渊,故深。太玄曰:夫一一所以摹始而测深。知深亦谓初矣。四阴之初,非深而求深,故云始求深也。　乾为至中和。

此荀、虞义也。天行不息,故乾为久。二失位,变之正,乃能久行中和之道。久犹恒也。　诸爻至所容。　虞云终变成益,则初四、二五皆得正,故诸爻皆正。三变失位为匪人,故无所容。　四五至得禽。

四五在恒家称久,而皆失位,故久非其位。非谓常久失位也。五已之正,四当变承之,故云安得禽也。　一谓至而终。　此虞义也。初九为元,元即一也,故一谓初。终变成益,巽四正应震初,故云以巽应初震。郊特牲曰:壹与之齐,终身不改,故夫死不嫁。是从一而终之义,所谓恒也。　巽为至妇凶。　巽德之制,故为制。管子曰天仁地义，乾凿度曰地静而理曰义，故坤为义。以乾制坤，是制义也。终变成益，震变为巽，故震没从巽。中互坤，故入坤。坤为死，故从妇凶，巽为妇也。 终在至无功。 此虞义也。终变成益，故终在益上。五多功，五动上乘五，远应在三，故大无功也。

天下有山，遯。君子以远小人，不恶而严。【注】乾三为君子、为远、为严，坤为恶，消阳及三为小人，故以远小人，不恶而严也。**【疏】**遯三为君子，卦本乾也，故曰乾三。乾为远、为严，虞义也。否三为小人，遯阴消阳及三，君子道消，小人道长，天地闭，贤人隐，故以远小人，不恶而严也。

"遯尾"之"厉"，不往何灾也。【注】坎为灾，艮体宜静，若不往于四，则无灾也。**"执用黄牛"，固志也。【注】**固者，贞固。坎为志，故曰固志。**"系遯"之"厉"，有疾惫也。【注】**惫读为惫。**"畜臣妾吉"，不可大事也。【注】**三动入坤，阳称大，坤为事，故不可大事也。**"君子好遯，小人否"也。"嘉遯贞吉"，以正志也。【注】**三已变，上来之三成坎，故曰以正志。**"飞遯无不利"，无所疑也。【注】**坎心为疑。**【疏】**坎为至灾也。 此虞义也。艮止故静，遯者退也，故不往于四，则无灾也。 固者至固志。 释诂云：巩，固也。象辞小利贞，正指二。文言曰：贞固足以干事。故固者，贞固。坎心为志，二志固，故遯不为否也。

备读为惫。 读从公羊"嘻甚矣惫"之惫。郑注云：备，困也。故读从之。 三动至事也。 此虞义也。阳称大，坤阴小，故不可大事。荀氏谓：但可畜养臣妾，不可任国家之大事也。 三已至正志。 四之初，三已变，上又之三，则五体坎，坎心为志，五正应二，故以正志也。 坎心为疑。 上之三体坎，故坎心为疑。

雷在天上，大壮。君子以非礼弗履。【注】夬、履两象易，体夬，故非礼。初为履，四之正应初，故非礼弗履。【疏】夬、履两象易，虞义也。泽天为夬，天泽为履，故两象易。初至五体夬，柔乘刚，故非礼。履者，礼也。初足为履，四之正应初，得所履矣，故非礼弗履。

"壮于止"，其孚穷也。【注】应在乾，终故其孚穷。"九二贞吉"，以中也。【注】中而不正，之正则吉。"小人用壮，君子罔"也。"藩决不羸"，尚往也。【注】尚往者，谓上之五。"丧羊于易"，位不当也。【注】四五失位，故不当。"不能退，不能遂"，不详也。【注】乾善为详，不得三应，故不详也。"艰则吉"，咎不长也。【注】巽为长，动失位为咎，不变之巽，故咎不长。【疏】应在至孚穷。　此虞义也。卦有两乾，故应乾。四为乾之终，故其孚穷也。　中而至则吉。　谓九二中而不正，其言贞吉者，以其变之正，故吉也。乾凿度曰"九二阳不正"是也。　尚往至之五。　此虞义也。尚与上通。　四五至不当。四五皆失位，故不当。四之五，动各得正，故无悔也。　乾善至详也。　此虞义也。详古文祥。释诂云：详，善也。乾元善之长，一乾以至三乾成为积善，故云乾善为详。上隔于四，不得三应，故不详。三体乾也。　巽为至不长。　此虞义也。巽为长，说卦文。上动失位，故为咎。藩决难解，守正应三，不变之巽，故咎不长也。

明出地上，晋。君子以自照明德。【注】君子谓观乾。乾为德，坤为自，离为明，乾五动，以离日自照，故以自照明德也。【疏】此虞义也。观九五观我生，君子无咎，故君子谓观乾。乾为照，五动体离，以离日自照，故以自照明德。

"晋如摧如"，独行正也。【注】初一称独，动体震为行，故独行正。"裕无咎"，未受命也。【注】五未之巽，故未受命。"受兹介福"，以中正也。【注】五动得正中，故二受大福矣。"众允之"，志上行也。【注】坎为志，三之上成震，故曰上行。"硕鼠贞厉"，位不当也。"矢〔一〕得勿恤"，往有庆也。【注】二往应五，阳称庆。"维用伐邑"，道未光也。【注】乾为道，离为光，动入冥豫，故道未光。【疏】初一至行正。 此虞义也。初即一也，故曰初一；一即独也，方言曰：一，蜀也，南楚谓之独。郭注云：蜀犹独也。初为微、为隐，隐微独也，故初一称独。四之初体震，震为行，故独行正，言变之正也。 五未至受命。 此虞义也。四之五，五体巽，巽为命，五未之巽，故初未受命。卦辞言锡，初言未受命者，命锡自上五，未之正，故初未受命也。 五动至福矣。 此九家义也。二受介福于五，故中正谓五。 坎为至上行。 此虞义也。 二往至称庆。 二往应五，故云往五。正阳位，故往有庆。乾为至未光。 上体乾为道，离日为光，豫上曰冥豫。动入冥豫，乾、离象毁，故道未光。此兼荀义。

明入地中，明夷。君子以莅众，用晦而明。【注】君子谓三。莅，临也。坤为众、为晦，离为明，三上莅坤，故以莅众，用晦而明。【疏】君子谓三，虞义也。莅俗字，说文作埭，临也。临者，以上临下。临卦取象于二升五以临众阴。坤为众，三升五是莅众也。坤为晦，离为明，三体离而上临坤，其子之贞明不可息，是用晦而明也。言而明者，宣八年公羊传曰：而者何，难也。明夷之世不可

疾贞,故言用晦而明也。

"君子于行",义不食也。【注】暗昧在上,有明德者义不食禄。六二之"吉",顺以则也。【注】坤为顺,二得位应五,故顺以则。"南守"之志,乃大得也。【注】三居五,据有群阴,故大得。"入于左腹",获心意也。【注】坎为亟心。"其子"之"贞",明不可息也。【注】明谓乾,阳道不绝,故不可息。"初登于天",照四国也。"后入于地",失则也。【注】离日为照,坤为四国。坤五失位,不可疾贞,故失则。【疏】暗昧至食禄。　此荀义也。暗昧谓坤,明德谓离。坤二之乾,乾为德,离为明,初得位,故有明德也。　坤为至以则。　应在坤,故坤为顺。三上居五,二得位应五,而行中和,故顺以则。凡爻得位,皆称则也。　三居至大得。　阳称大,三阳居五,据有群阴,故云乃大得也。言乃者,宣八年公羊传曰:乃难乎而。亦不可疾贞之义也。　坎为亟心。　坎为亟心,说卦文。荀氏云:亟,中也。三升五居中,坎为中心,故获心意也。　明谓至可息。　乾为大明,故明谓乾。不言离而言乾者,其子之贞谓乾也。阳道不绝,白虎通文。杂卦曰:明夷,诛也。马融注云:诛,灭也。郑注中庸云:息犹灭也。阳道不灭息而复明,故云明不可息也。　离日至失则。　离日为照,虞义也。离象传曰:大人以继明照于四方。故为照也。坤为国,乾凿度曰阳三阴四,故坤为四国。离日在上,故照四国。明夷反晋,坤五失位,九三升五,不可卒正,故失则,谓爻失正也。

风自火出,家人。君子以言有物而行有恒。【注】君子谓乾三。三动震为言、为行,乾为物。恒,常也。三动上反身,故以言有物而行有恒。【疏】遁三本乾,故君子谓乾三。三动体震,震为言、为行。乾纯粹精,故为物。恒,常也。释诂文。三动上反身,身修而后家齐,故言有物而行有恒也。

"闲有家",志未变也。【注】坎为志,刚来间初,故志未变。六二之"吉",顺以巽也。【注】巽顺于五。"家人嗃嗃",未失也。"妇子喜喜",失家节也。【注】得位,故未失。动失正,故失家节。"富家大吉",顺在位也。【注】顺于五。"王假有家",交相爱也。【注】震为交,乾为爱,三动受上,六爻和会,故交相爱。"威如"之"吉",反身之谓也。【注】谓三动坤为身,上之三成既济定,故反身之谓。此家道正,正家而天下定矣。【疏】坎为至未变。　应在四,四体坎为志,四刚间初,初志未变,故悔亡。易传所谓正其本是也。　巽顺于五。　此九家义也。九家谓:二居贞,巽顺于五,故吉矣。　得位至家节。　三虽严而得位,故未失。动失正,家人体坏,故失家节。上来之三,则终吉矣。　顺于五。　此虞义也。四得位,而顺于五,故云顺在位也。　震为至相爱。　震为交,乾为爱,皆虞义也。三动受上,六爻和会,而父子、兄弟、夫妇各得其正,人人亲其亲,长其长,而天下平,是交相爱之义也。　谓三至定矣。　此虞义也。三动体坤为身,上之三,言物行恒,成既济定,故反身之谓。蹇、观上反三,亦云反身也。上反三,身正而正人,故云:此家道正,正家而天下定矣。皆是既济之事也。

上火下泽,睽。君子以同而异。【注】君子谓初。巽为同,二五易位,故以同而异。【疏】初得位,故君子谓初。巽为同,谓无妄巽也。二五易位,无妄为睽,故以同而异也。

"见恶人",以辟"咎"也。【注】四复正,故见恶人以辟咎。"遇主于巷",未失道也。【注】动得正,故未失道。"见舆曳",位不当也。【注】三失位,故不当。"无初有终",遇刚也。【注】动正成乾,故遇刚。"交孚无咎",志行也。【注】坎动成震,故志行。"厥宗噬肤","往"有庆也。【注】乾为庆,五变成乾,故二往有庆。"遇雨"之"吉",群疑亡也。【注】物三称群,坎为疑,三变坎败,故群疑亡。【疏】四复至辟咎。　此虞义也。初应在四,四复正,初得无咎。无咎者,善补过,亦得兼四言也。　动得至失道。　此虞义也。二失位,动得正,故未失道。广雅曰:巷,道也。故经言巷,传言道。　三失至不当。　曰曳曰觺,皆不正之象。三失位,故云位不当也。　动正至遇刚。　此以下皆虞义也。动正成乾,乾为刚,故遇刚。谓与上易位,上遇三也。　坎动至志行。　坎为志,震为行,坎动成震,故志行也。　乾为至有庆。　虞以五变为往,其义未备,故足成之。　物三至疑亡。　物,事也。物三称萃,谓见豕、载鬼、张弧三事也。坎心为疑,三变之正,坎象败坏,故群疑亡,言睽终则合也。

山上有水,蹇。君子以反身修德。【注】君子谓三。坤为身,五乾为德,三往蹇来反,故反身修德。阳在三,进德修业,故以反身修德。虞氏谓:"观上反三,故反身。"陆氏谓:"水在山上,终应反下,故反身也。"【疏】三得位,故君子谓三。升坤为身,坎五本乾,故乾为德。三往应上,则历坎险,故往蹇。反上据二,故反身。乾三进德修业,故以反身修德。三在蹇家,修德以待时也。虞氏以卦自观来,观上反三,故反身。陆绩以水在山上,失流通之性,水无不下,终应反下,故反身。虞说与象传不合,陆说近之,亦未得也。

"往蹇来誉",宜待时也。【注】艮为时,谓变之正,以待四也。"王臣蹇蹇",终无尤也。【注】尤,过也。二自五降,退思补过,故终无尤。"往蹇来反",内喜之也。【注】内谓二,阳称喜。"往蹇来连",当位实也。【注】阳称实,应在初,初之正,故当位实。"大蹇朋来",以中节也。【注】五中和,故中节。"往蹇来硕",志在内也。"利见大人",以从贵也。【注】坎为志,内谓三,五乾为贵。【疏】艮为至四也。 此虞义也。艮动静不失其时,故为时。初往蹇,变之正,以待四之应,故宜待时也。俗本脱时。 尤过至无尤。 尤,过。释言文。彼文作邮,古文通。退思补过,孝经文。升五降二,故云退降二得位。系上曰:无咎者,善补过也。故终无尤。 内谓至称善。 内谓二,虞义也。二在内卦,三阳称喜,三反据二,近而相得,故内喜之也。 阳称至位实。 易积算曰:阳实阴虚。故阳称实。四应在初,而三间之,初变之正,终得其应,故当位实。 五中至中节。 郑氏曰:中,和也。中庸曰:喜怒哀乐之未发谓之中,发而皆中节谓之和。五居中行和,故中节。五中节,故可以正邦也。 坎为至为贵。 上体坎,坎为志,三内卦,故志在内。虞注系上曰:乾高贵五。故乾五为贵。三利见五,故以从贵。

雷雨作,解。君子以赦过宥罪。【注】君子谓三。伏阳出,成大过。坎为罪,入则大过象坏,故以赦过。二四失位,皆在坎狱中,三出体乾,两坎不见,震喜兑说,罪人皆出,故以宥罪。谓三入则赦过,出则宥罪。"公用射隼,以解悖",是其义也。【疏】此虞义也。据三,伏阳当出,故称君子。三出体乾成大过。卦有两坎,坎为罪,坎有入义,入则大过象坏,故以赦过。二四失位,皆在坎狱中。三出成乾,两坎象坏。外体本震,故震喜;互体为兑,故兑说。罪人出狱之象,故以宥罪。六爻之义,出乾入坤,三入而<u>大过</u>毁,故赦过;三出而<u>坎象</u>毁,故宥罪。卦有赦过而无宥罪之象,故引上六爻辞以证三出坎毁之象,故云是其义也。又案,卦本名<u>解</u>,解者,缓也。月令挺重囚,挺有缓义,故以赦过宥罪也。

刚柔之际,义"无咎"也。【注】体<u>屯</u>初震,刚柔始交,故无咎也。**九二"贞吉",得中道也。**【注】动得正,故得中道。**"负且乘",亦可丑也。自我致戎,又谁咎也。**【注】临坤为丑,小人而乘君子之器,故可丑。坤为自我,以<u>离</u>兵伐三,转寇为戎,<u>艮</u>手招盗,故谁咎也。**"解而母",未当位也。**【注】初四失位。**"君子有解","小人"退也。**【注】阴爻皆正,故小人退。**"公用射隼",以解悖也。**【注】坎为悖,三出成乾而坎象坏,故解悖。【疏】体<u>屯</u>至咎也。　此<u>虞</u>义也。复初体<u>屯</u>,<u>屯</u>象传曰刚柔始交,谓乾始交坤,故无咎也。　动得至中道。　此<u>虞</u>义也。五乾为道,二上之五,动得正而居中,故云得中道也。　临坤至咎也。此<u>虞</u>义也。坤为丑,义见上。乾为君子,坤为车,<u>乾</u>在坤上,称君子德车。三阴乘坤,是小人而乘君子之器,故可丑也。坤为自我,义亦见上。说卦曰<u>离</u>为甲胄、为戈兵,故为戎。坎寇离戎,经云寇,传言戎,五以离兵伐三,故转寇为戎。变体<u>艮</u>,<u>艮</u>为手,以艮手招盗,故谁咎,言无所归咎也。　初四失位。　初四失正,故未当位。四解初母,则当位矣。　阴爻至人退。　五、三、初皆阴爻,五初之正,三出解悖,阴爻皆正,故小人退,言小人化为君子也。　坎为至解悖。此<u>虞</u>义也。坎为狱、为罪,有罪入狱,以其悖也,故坎为悖。三出射隼而去之,两坎象毁,故云以解悖。<u>象传</u>赦过宥罪之类是也。

山下有泽,损。君子以惩忿窒欲。【注】君子谓泰乾。

乾阳刚武为忿,坤阴齐盍为欲。损乾之初成兑说,故征忿。窒,止也。初上据坤,艮为止,故懲欲。【疏】此虞、郑、刘义也。乾为君子,故君子谓泰乾。楚语曰:天事武。韦昭云:乾称刚健,故武。刚武之象有似于忿,故云乾阳刚武为忿。说卦曰:坤为齐盍。说文曰:欲,贪欲也。齐盍之义近于贪欲,故云坤阴齐盍为欲。征读为惩,古文也。震为惩,损乾之初,下体成兑,兑,说也,故征忿。郑、刘皆云:懲,止也。乾初据坤体艮,艮,止也,故懲欲。系下曰:损,德之修也。故以征忿懲欲也。

"祀事遄往",上合志也。【注】终成既济,谓二上合志于五也。"九二利贞",中以为志也。【注】动体离中,故中以为志。"一人行","三"则疑也。【注】坎为疑,疑则不一,故云三则疑。"损其疾",亦可喜也。【注】疾不为害,故可喜。六五"元吉",自上右也。【注】兑为右,上右五益三,故自上右。"弗损益之",大得志也。【注】离、坎体正,故大得志。【疏】终成至五也。 此虞义也。益上之三,故终成既济。坎为志,二上合志于五,初亦得其应矣。 动体至为志。 此虞义也。二本坎爻,动体离而居中,故中以为志。 坎为至则疑。 坎心为疑,三人旅行则不一,故三则疑。 疾不至可喜。 系下曰:损以远害。三上复为疾,六爻得位,正阳在上,疾不为害,故可喜也。 兑为至上右。

兑为右,右,助也。五以二篡享上,上右五益三成既济,太平之化行,故自上右也。 离坎至得志。 此虞义也。离上三爻不正,坎下三爻不正,既济坎上离下,离、坎体正,坎为志,故大得志也。

风雷,益。君子以见善则迁,有过则改。【注】君子谓乾也。上之三,离为见,乾为善,坤为过,三进之乾四,故见善则迁。

乾上之坤初,改坤之过,体复象,复以自知,故有过则改也。【疏】此虞义也。乾谓否乾,阳为君子,故君子谓乾也。相见乎离,上失位,之三得正体离,故离为见。乾元善之长,故乾为善。坤积不善,故为过。四本坤三,上之初则三进之乾四,故见善则迁。初本坤也,乾上之初,坤体坏,故改坤之过。初至四体复,复初有不善未尝不知,知之未尝复行,故有过则改也。

"元吉无咎",下不厚事也。【注】坤为厚事,下谓初。上之初,损上益下,故下不厚事。"或益之",自外来也。【注】乾上称外,来益初也。"益用凶事",固有之矣。【注】三上失正,当变,是固有之。"告公从",以益志也。【注】坎为志,三之正,有两坎象,故以益志。"有孚惠心","勿问"之矣。"惠我德",大得志也。【注】上之三,成既济定,故大得志。与损上九同义。"莫益之",遍辞也。【注】遍,周匝也。民所不与,故云遍辞。"或击之",自外来也。【注】剥艮在上,故自外来。【疏】坤为至厚事。　坤厚德载物,故为厚。阳在下,故下谓初。上之初,损上之惠以益下,故下不厚事也。　乾上至初也。　此虞义也。系下云:爻象动乎内,吉凶见乎外。虞彼注云:外谓上。故云乾上称外,谓否乾也。自外曰来,故云来益初也。　三上至有之。此虞义也。三本阳位,以柔居之则危而凶,上之三,其刚胜,故云是固有之。　坎为至益志。　此虞义也。坎心为志,三之正成既济,故有两坎象。同心共济,故以益志也。　上之至得志。　卦成于五,上有惠心,下惠我德,孚信著于上下,既济之功成,故大得志也。
　遍周至遍辞。　遍,周匝也者,孟氏义也。虞氏传五世孟氏之易,义与之同。上不之初,坤民否闭,同辞不与,故云遍辞。　剥艮至外来。 阴消至五为剥,剥体艮,艮在上,故自外来。

泽上于天,夬。【注】水气上天,决降成雨,故曰夬。君子以施禄及下,居德则忌。【注】君子谓乾。乾为施、禄,下谓剥坤,坤为众臣,以乾应坤,故施禄及下。乾为德,剥艮为居,故居德则忌。阳极阴生,谓阳忌阴。【疏】水气至曰夬。 此陆绩义也。兑为泽,兑体坎象半见,坎为水,故水气上天。兑泽在上,故决降成雨。以阳决阴,故曰夬也。 君子至忌阴。 此虞义也。乾阳为君子。天施地生,故乾为施。乾为福,故为禄。旁通剥,剥伏夬下,故谓剥坤。坤为众、为臣,以乾应坤,谓应剥坤。禄所以逮众臣者,是施禄及下也。乾为龙德,故为德。艮为居,故居德。刚长乃终阳极于上,则遘阴生于下,故阳极阴生。德不久居,阳当忌阴,故居德则忌也。

"不胜而往","咎"也。【注】往,失位应阳,故咎也。"有戎勿恤",得中道也。【注】动得正应五,故得中道。"君子夬夬",终"无咎"也。【注】上为终,能愠不说,故终无咎。"其行次且",位不当也。"闻言不信",聪不明也。【注】以阳居阴,故位不当。四变坎为聪,离为明,不变应初,故聪不明也。"中行无咎",中未光也。【注】为上所牵,故未光。与屯五、萃五同义。"无号"之"凶",终不可长也。【注】遘时巽为长,至此阴道消灭,倒长为亡,故终不可长。【疏】往失至咎也。 此虞义也。初四敌刚,初往应四,是失位应阳,故有咎也。 动得至中道。此虞义也。四失位,动得正应五,二五为中,故得中道,乾为道也。上为至无咎。 应在上,故上为终。三能愠不说,不与上应,故终无咎也。 以阳至明也。 四变有坎、离象,故坎为聪,离为明。不变无坎象,故聪不明,言听不聪则视亦不明也。 为上至同义。 五弇于上，阳为阴弇，故未光。五所以未光者，三五同决上，三有愠，故有凶而终无咎；五苋陆，虽无咎而中未光。三体乾、五体兑故也。屯五、萃五亦皆为阴所弇，故同义也。　姤时至可长。　遘象传曰：勿用取女，不可与长也。但姤时巽始用事，消丙灭坤，至复出震，巽始无号，息至夬阴道消灭，终不可长，与姤不可与长相应。说文：长从亍，亍，倒亡也。姤时巽为长，夬反姤也。至此消亡，故云倒长为亡也。

天下有风，姤。后以施命诰四方。【注】后，继体之君。姤阴在下，故称后。乾为施，巽为命、为诰。复震二月东方，姤五月南方，巽八月西方，复十一月北方，皆总在初，故以诰四方。【疏】此虞义也。后，继体之君，谓夏后氏也。阳称先王，称君子；阴称后，泰坤女主，故称后。此姤阴在下，故亦称后也。乾阳为施，巽申命为命、为诰。震方伯卦，在二月，故东方；消息姤五月卦，故南方；巽八月卦，故西方；复十一月，故北方。震谓复震，巽谓姤巽，故总在初。虞氏谓：孔子行夏之时，经用周家之月。夫子传彖象以下，皆用夏家月，是故复为十一月，姤为五月矣。诰，郑作诘，云：止也。汉司徒鲁恭释此传云：言君以夏至之日施命令，止四方行者，所以助微阴也。此言助微阴与易例有违，今不用也。寻复象传曰：先王以至日闭关，商旅不行，后不省方；姤传云：后以施命诰四方。但复阳息之卦，姤阴消之卦，复闭关不省方，所以助微阳之息也；姤施命诰四方，所以布盛阳之德也。其诸易之例与？

　"系于金鑈"[一]，**柔道牵也。**【注】阴道柔，巽为绳，牵于

二也。"苞有鱼",义不及"宾"也。【注】义读曰宜。初系于二,宜不及宾也。"其行次且",行未牵也。【注】在夬失位,故牵羊。在遯得正,故未牵也。"无鱼"之"凶",远民也。【注】复坤为民,乾为远,遯时坤伏乾下,故远民。九五"含章",中正也。"有陨自天",志不舍命也。【注】中谓五,正谓四,巽为命,欲初之四承己,故不舍命。"遯其角",上穷"吝"也。【注】位极于上,无应于下,故上穷吝也。【疏】阴道至二也。 此虞义也。初阴为柔,为二所牵,故云柔道牵也。 义读至宾也。 中庸曰:义者,宜也。义、宜同物同音,故义读曰宜。初系于二,阴不消阳,故云义不及宾也。 在夬至牵也。 此虞义也。三在夬为四,故失位。为初所牵,故牵羊。在遯得正,故行未牵也。 复坤至远民。 旁通复,复坤为民,坤伏乾下,失位无应,民众不与,故远民也。 中谓至舍命。 九五得中,故中谓五。初之四得正,故正谓四。五欲初之四承己,故不舍命,初体巽为命也。此兼虞义。 位极至吝也。 九居上,故位极于上,三上敌刚,无应于下,故上穷吝也。

泽上于地,萃。君子以除戎器,戒不虞。【注】君子谓五。除,修;戎,兵也。诗曰:修尔车马弓矢戎兵。阳在三、四为修,坤为器,三四之正,离为戎兵、甲胄、飞矢,坎为弓弧,巽为绳,艮为石,谓敹甲胄,锻厉矛矢,故除戎器。戒,备也。坎为寇,初坤为乱,故戒不虞也。【疏】此虞义也。卦唯五阳得正,故君子谓五。案,虞注卦辞云:乾五为王,谓观乾也。又虞注坎象传云:在乾为大人,在坎为君子。今以乾五为君子者,但三四易位,五在坎中,故以君子谓五也。姚信、陆绩、王肃皆云除犹修治,故云:除,修;戎,兵也。诗曰"修尔车马弓矢戎兵"者,大雅抑篇文。证治军,实亦云修也。乾之

九三、九四皆云进德修业,故云阳在三、四为修。乾三不中,四不正,故云修。萃之三、四当之正,故亦云修也。坤形为器,三、四之正体离,离为甲胄、为戎兵,又为飞、为矢,故为戎兵、甲胄、飞矢。坎为弓,故为弓弧。巽为绳直,故为绳。艮为小石,故为石。尚书柴誓曰:善敕乃甲胄。又曰:锻乃戈矛,厉乃锋刃。故为敕甲锻厉矛矢也。郑氏彼注云:敕谓穿彻之,谓甲绳有断绝,当使敕理穿治之。谓离之甲胄以巽绳穿治之,故巽为绳。矛矢以离火锻之,以艮石厉之,故艮为石。皆是修治之义,故除戎器也。戒,备。方言文。坎为盗,故为寇。初"乃乱乃萃",坤反君道为乱,故以戒不虞。虞,度也。

"乃乱乃萃",其志乱也。【注】坎为志,初不之四,故其志乱也。"引吉无咎",中未变也。【注】二得正,故不变也。"往无咎",上巽也。【注】动之四,故上巽。"大吉无咎",位不当也。【注】以阳居阴,故位不当。"萃有位",志未光也。【注】为上所弇,故未光。"赍咨涕洟",未安上也。【注】乘刚远应,故未安上。【疏】坎为至乱也。　此虞义也。初应在四,三之四体坎为志,初失位不变,故不之四。相聚为乱,故其志乱也。

二得至变也。　此虞义也。初三失位,二独得正,居中应五,故不变也。　动之至上巽。　此虞义也。四在巽体,三动之四,故上巽也。

以阳至不当。　此虞义也。凡言无咎者,皆宜有咎也。四以阳居阴,故位不当。动之正,故大吉而无咎也。　为上至未光。　四以下皆承五,上独乘刚,三之四体离为光,五为上弇,故未光。与屯五、共五同义也。　乘刚至安上。　此虞义也。以阴乘阳,故乘刚。三上敌应,故远应。乘、应皆失,故未安上也。

地中生木,升。【注】地谓坤,木谓巽。地中生木,以微至著,升之象。**君子以慎德积小以成高大。【注】**君子谓三。小谓阳息复时。复小为德之本,至二成临。临者,大也。临初之三,巽为高,二之五,艮为慎,坤为积,故慎德积小以成高大。**【疏】**地谓至象也。 此荀义也。枚乘曰:十围之木,始生如蘖。又曰:种树畜养,不见其益,有时而大。乾凿度曰:天道三微而成著。故云:地中生木,以微至著,升之象也。 君子至高大。 此虞义也。三在巽体,三阳为君子,故君子谓三。升自临来,临息于复,故云小谓阳息复时。系下曰:复小而辨于物。又云:复,德之本也。故云复小为德之本。阳息初,至二成临。临者,大也。序卦文。临初之三,成升体巽,故巽为高。二之五,下体艮,艮为慎;上体坤,故坤为积。地中生木,以微至著,故慎德积小以成高大也。中庸言至诚无息始于积,云天地之道可壹言而尽也。其为物不贰,则其生物不测。不贰者,一也。故荀子曰:并一而不贰,所以为积也。其下叙积义云:今夫天,斯昭昭之多;及其无穷也,日月星辰系焉,万物覆焉。今夫地,一撮土之多;及其广厚,载华岳而不重,振河海而不息。今夫山,一卷石之多;及其广大,草木生之,禽兽居之,宝藏兴焉。今夫水,一勺之多;及其不测,鼋鼍蛟龙鱼鳖生焉,货财殖焉。郑氏彼注云:此言天之高明,本生昭昭;地之博厚,本由撮土;山之广大,本起卷石;水之不测,本从一勺。皆合少成多、积小至大。为至诚者亦如此乎?又曰:诗云"惟天之命,於穆不已",盖曰天之所以为天也;"於乎不显文王之德之纯",盖曰文王之所以为文也,纯亦不已。郑彼注云:天所以为天,文王所以为文,皆由行之无已,为之不止,如天地山川之云也。易曰"君子以慎德积小以成高大"是与?盖天道与圣人始于一,所谓不贰也。渐于积,所谓昭昭、撮土、卷石、一勺也。成于不息,所谓於穆不已、纯亦不已也。上六云:利于不息之贞。二升五,积小以成高大,故云不息之贞。此皆圣人微言,七十子之大义也。

"犹升大吉",上合志也。【注】上谓五。二升五,坎为志,初变应四,同心承五,故上合志也。九二之"孚",有喜也。【注】升五得位,故有喜。"升虚邑",无所疑也。【注】坎为疑,二上得中,故无所疑。"王用亨于岐山",顺事也。【注】坤为顺事,五受命告祭,四以阴承阳,故曰顺事也。"贞吉升阶",大得志也。【注】阳称大,坎为志,五下降二,与阳相应,故大得志。"冥升"在上,消不富也。【注】阴升失实,故消不富。

【疏】上谓至志也。 五居尊位,故上谓五。二升五体坎为志,初变之正,进与四应,同心承五,故上合志也。 升五至有喜。 此虞义也。阳称喜,二升五得位,故有喜也。 坎为至疑也。 此虞义也。坎心为疑,二上得中,位乎天位,故无所疑也。 坤为至事也。坤,顺也,又为事,故为顺事。五享于岐山,受命告祭,四体坤为臣道,承事五阳,故顺事也。 阳称至得志。 阳大阴小,故阳称大。五下降二,二上居五,二正应五,故与阳相应。二五得正,故大得志也。此兼荀义。 阴升至不富。 此荀义也。荀云:阳用事为息,阴用事为消,阳实阴虚,阴升失实,故消不富也。

周易述卷十四

象下传

泽无水，困。【注】水在泽下，故无水。君子以致命遂志。【注】君子谓三伏阳也。否坤为致，巽为命，坎为志，三入阴中，故致命遂志也。【疏】水在至无水。　此王弼义也。　君子至志也。　此虞义也。三阳为君子，故君子谓三伏阳。三阳入阴中，故致命遂志。六三既辱且危，此君子小人之别也。故曰：困，德之辨也。

"入于幽谷"，幽不明也。【注】为阴所弇，故不明。"困于酒食"，中有庆也。【注】阳称庆，中谓五，二变应五，故中有庆。"据于蒺藜"，乘刚也。【注】经言据，传言乘，正名之义。"入于其宫，不见其妻"，不详也。【注】乾为详，应在上，二之上，乾体坏，故不详。"来徐徐"，志在下也。【注】下谓初，坎为志。虽不当位，有与也。【注】初四失位，故不当。易而得位，故有与。"劓刖"，志未得也。【注】坎为志，无据无应，故志未得。"乃徐有说"，以中直也。【注】中谓二五，乾为直。书曰:平康正直。"利用祭祀",受福也。【注】<u>乾</u>为福,二受五福,故受福。传曰:祭则受福。"困于葛藟",未当也。【注】谓三未当位应上。"动悔有悔","吉"行也。【注】谓三变乃得当位之应,故吉行者也。【疏】为阴至不明。　此<u>荀</u>义也。　阳称至有庆。　阳称庆,庆谓五也。二在下中,故中谓二。二变受五福,故中有庆也。　经言至之义。　<u>易</u>例阴在下为阳所据称据,阳在下为阴所乘称乘。今三阴乘二阳称据,非所据也,故传曰乘刚。扶阳抑阴,故曰正名之义也。　<u>乾</u>为至不详。　<u>乾</u>善为详,三应上,上本<u>乾</u>也;二之上,<u>乾</u>体坏,故不详。　下谓至为志。　初在下,故下谓初。初体<u>坎</u>,故<u>坎</u>为志。　初四至有与。　初四皆失位,故不当。易而得位,阴阳相与,故有与也。　<u>坎</u>为至未得。　<u>坎</u>为志,<u>虞</u>义也。无据无应,而倪仉不安,故志未得。此<u>陆</u>义也。　中谓至正直。

二变应五,故中谓二五。<u>乾</u>五为直,中直犹中正。书曰者,<u>鸿范</u>文,证二五为中正也。　<u>乾</u>为至受福。　<u>乾</u>为福德,故<u>乾</u>为福,谓五也。二言享祀,五言祭祀,是五主祭,而二受福,故云二受五福。传曰者,阙[一]文。　谓三至应上。　此<u>虞</u>义也。应在三,三失位,故谓三未当位应上。　谓三至者也。　此<u>虞</u>义也。上乘阳,故动悔。变应三,故有悔。唯三变得当位之应,故吉行而无咎也。

木上有水,井。【注】木上有水,上水之象。**君子以劳民劝相。**【注】君子谓<u>泰乾</u>也。<u>坤</u>为民,初上成<u>坎</u>为劳,故劳民劝相。相,助也,谓以阳助<u>坤</u>。【疏】木上至之象。　此<u>王弼</u>义也。巽乎水而上水,故云上水之象。　君子至助<u>坤</u>。　此<u>虞</u>义也。<u>泰乾</u>三君子

〔一〕所引"祭则受福"为<u>礼记礼器</u>文。

道长,故君子谓泰乾也。泰五虚无君,初之五,故以阳助坤矣。

"井泥不食",下也。"旧井无禽",时舍也。【注】下谓初,时舍于初,非其位也。与乾二同义。"井谷射鲋",无与也。【注】五不应二,故无与。"井渫不食",行"恻"也。求"王明",受福也。【注】噬嗑震为行,艮为求。"井甃无咎",修井也。【注】修,治也。四来修初,故修井。"寒泉"之"食",中正也。【注】中正谓二五。"元吉"在"上",大成也。【注】初二已变,成既济定,故大成也。【疏】下谓至同义。 在下无应,故不食。初失位,当与二易位,故云:时舍于初,非其位也。乾九二亦失位,当升九五,时舍于二,故云同义也。此兼虞义。 五不至无与。阴阳相感应曰与,二五皆阳,五不应二,故无。物细微不能动天地,爻失正不能相感应,故云:井谷射鲋,无与也。 噬嗑至为求。

据旁通也。 修治至修井。 修,治。虞义也。虞谓:坤为土,离火烧土为甃治象,初为旧井,四来修初,故云修井也。 中正至二五。 二已与初易位,得中得正,故中正谓二五。二五相应,井为人用,故云:寒泉之食,中正也。 初二至成也。 此虞义也。既济之功,至上而成,故云:元吉在上,大成也。

泽中有火,革。君子以治历明时。【注】君子,遯乾也。历象谓日月星辰。离为明,坎为月,离为日,蒙艮为星,四动成坎、离,日月得正,天地革而四时成,故君子以治历明时。【疏】此虞义也。遯九三君子,故君子谓遯乾。尚书尧典曰:乃命羲和,钦若昊天。历象日月星辰,敬授民时。故云:历象谓日月星辰也。四动成既济,有两坎、两离象,故云四动成坎、离。蒙艮为时,乾为治,天地革而四时成,故君子以治历明时。寻象辞言汤、武革命,改正朔亦革命之一事,故取义于治历明时也。

"巩用黄牛",不可以有为也。【注】动而必凶,故不可以有为。"巳日革之",行有嘉也。【注】嘉谓五。乾为嘉,四动二,正应五,故有嘉。"革言三就",又何之矣。【注】言尚未可革也。"改命"之"吉",信志也。【注】四动成坎,故信志也。"大人虎变",其文炳也。【注】乾为大明,四动成离,故其文炳也。"君子豹变",其文蔚也。【注】蔚,薉也。兑小,故其文蔚也。"小人革面",顺以从君也。【注】蒙坤为顺,五乾为君,初之上,顺从五,故顺以从君。【疏】动而至有为。　此虞义也。初得位无应,四未之正,故动而必凶,言革而未当,故未可以有为也。　嘉谓至有嘉。　乾文言曰:亨者,嘉之会也。又云:嘉会足以合礼。故乾为嘉。传不言乃革之,明四巳之正。四动二正应五,阴阳相应为嘉,二往应五,故行有嘉也。　言尚至革也。　二巳日乃革之,天道应矣。三革言三就,人事至矣。然改命之吉,在四一爻,此时尚未可以革,故云又何之矣。　四动至志也。　此虞义也。四动成坎,坎孚为信、为志,故信志也。　乾为至炳也。　此虞义也。说文曰:炳,明也。五体乾,故乾为大明。四动体离,离为文明,故其文炳也。　蔚薉至蔚也。　此虞义也。仓颉篇曰:蔚,草木盛貌。广雅曰:茂也。说文曰:薉,草多貌。蔚与薉皆取茂盛之义,故云:蔚,薉也。九五阳称大,故其文炳。上体兑,兑小,故其文蔚。　蒙坤至从君。　五阳上阴,阴当顺五,故顺以从君。虞氏谓:四变顺五,以四为小人。寻四变阴得位为君子,而云小人,非也。

周易述卷十五

系辞上传

天尊地卑,君臣定矣。卑高以陈,贵贱位矣。动静有常,刚柔断矣。方以类聚,物以群分,吉凶生矣。在天成象,在地成形,变化见矣。【注】天地既分,乾升坤降,故乾坤定矣。卑,坤;高,乾也。乾二升五,坤五降二,列贵贱者存乎位,故贵贱位矣。断,分矣。乾刚常动,坤柔常静,分阴分阳,故刚柔断矣。坤为方,西南坤类,故以类聚。乾为物,物三称群,乾三爻别于坤,故以群分。乾生故吉,坤杀故凶,则吉凶生矣。天有八卦之象,地有八卦之形,在天为变,在地为化,故变化见矣。此天地之别也。

是故刚柔相摩,八卦相荡。鼓之以雷霆,润之以风雨。日月运行,一寒一暑。乾道成男,坤道成女。乾知大始,坤化成物。【注】旋转称摩。摩,薄也。荡,动也。乾以二五摩坤,成震、坎、艮,坤以二五摩乾,成巽、离、兑,故刚柔相摩,八卦相荡。鼓,动;润,泽也。雷,震;霆,艮;风,巽;雨,兑;日,离;月,坎;寒,乾;暑,坤也。男,震、坎、艮;女,巽、离、兑。大始,元也。"复以自知",故知大始。坤称化,承乾而成物,故化成物。此天地之合也。

乾以易知，坤以简能。易则易知，简则易从。易知则有亲，易从则有功。有亲则可久，有功则可大。可久则贤人之德，可大则贤人之业。【注】确然无为曰易，阅藏万物曰简，从谓从阳。坤二承乾，故有亲。乾五据坤，故有功。阴承阳，故可久。阳据阴，故可大。上贤人谓乾五，下贤人谓坤二也。乾以日新为德，坤以富有为业，此天地之德也。易说："易一名而含三义：易也，变易也，不易也。易者，以言其德也。通精无门，藏神无内，光明四通，佹易立节，虚无感动，至诚专密。此其易也。变易者，其气也。天地不变，不能通气，五行迭终，四时更废。此其变易也。不易者，其位也。天在上，地在下，君南面，臣北面，父坐子伏，此其不易也。"易简而天下之理得矣。天下之理得，而易成位乎其中矣。【注】易简所以立中和之本，故天下之理得矣。易谓坎、离，阳成位于五，五为上中；阴成位于二，二为下中，故易成位乎其中矣。此天地之中和也。传首陈三义而终之以既济，易之大义举矣。【疏】天地至别也。　广雅曰：太初，气之始也，生于酉仲，清浊未分也。太始，形之始也，生于戌仲，清者为精，浊者为形也。太素，质之始也，生于亥仲，已有素朴而未散也。三气相接，至于子仲，剖判分离，轻清者上为天，浊重者下为地。传首言天尊地卑，是天地既分之后，轻清者上为天，故乾升也；浊重者下为地，故坤降也。乾凿度曰：乾坤相并俱生。天地既分，乾升坤降，故乾坤定矣。卑，坤；高，乾者，下传云：崇效天，卑法地。故知卑谓坤，高谓乾。坤自上降，乾自下升，故先言卑，而后言高也。虞注云：乾高贵五，故乾二升五；坤卑贱二，故坤五降二。下传云列贵贱者存乎位，故贵贱位矣。必知乾二升五、坤五降二者，案乾凿度曰：阳爻者，制于天也；阴爻者，系于地也。天动而施曰仁，地静而理曰义。仁成而上，义成而下，上者专制，下者顺从。故荀、虞说易，乾二例升五，坤五例降二也。若然，乾升坤降为天地之合，而云别者，卑高陈，贵贱位，仍是天地之别也。断，分。虞义也。乾刚坤柔，乾动坤静，故乾刚常动，坤柔常静。动为阳，静为阴，动静有常，分阴分阳，故刚柔断矣。坤为方，说卦文。西南得朋，乃与类行，故西南坤类，方以类聚也。乾纯粹精，故为物。物三称群，虞义也。乾三爻皆阳物，而与坤别，物以群分也。乾生故吉，坤杀故凶，亦虞义也。阳生阴杀，阳吉阴凶，故乾为生、为吉，坤为杀、为凶也。天有八卦之象者，虞氏谓：日月在天成八卦象。震象出庚，兑象见丁，乾象盈甲，巽象伏辛，艮象消丙，坤象丧乙，坎象流戊，离象就己。故在天成象也。地有八卦之形者，九家义也。虞氏谓：震竹，巽木，坎水，离火，艮山，兑泽，乾金，坤土。故在地成形也。震雷，巽风，皆在天者。离传曰：百谷草木丽于地，故震举竹，巽举木也。周礼考工曰天时变，故在天为变；下传曰坤化成物，故在地为化。此亦虞义也。乐记乐礼章引此传曰：天地之别也，是言尊卑、贵贱、动静、类聚、群分、在天、在地之别异，先王法之以制礼。故云天地之别也。　旋转至合也。　　刚柔谓乾坤十二爻，乾左旋，坤右转，故云旋转称摩。郑注乐记云：摩犹迫也。薄有迫义，故云：摩，薄。一云：薄，入也，谓阴阳相薄也。郑注乐记云：荡犹动也。月令曰诸生荡是也。乾以二五摩坤，成坎而互震、艮，故云成震、坎、艮。坤以二五摩乾，成离而互巽、兑，故云成巽、离、兑。二五相摩，而成八卦，故刚柔相摩，八卦相荡也。荡俗作盪。六经无盪字，盖始于后汉。韩伯以为推盪，俗训也。鼓者，鼓动。润者，润泽。震为雷，艮为廷，廷与霆通。巽为风，兑为雨，谓兑泽为雨。祭义云天时雨泽是也。知兑为雨者，昭元年春秋传曰：天有六气，降生五味。六气，阴、阳、风、雨、晦、明也。贾服之义,以雨属西方,兑正秋,西方之卦。虞注小畜自我西郊云:兑为西,雨生于西。故知兑为雨也。离为日,坎为月,乾为寒,坤为暑。鼓之润之,日月往来,寒暑相推,皆八卦相荡之义。此上虞义也。荀氏云:男谓乾,初适坤为震,二适坤为坎,三适坤为艮,以成三男也。女谓坤,初适乾为巽,二适乾为离,三适乾为兑,以成三女也。八卦相摩而成者,变化之义,天之道也;相索而得者,父母之义,人之道也。乾彖传曰:大哉乾元,万物资始。释诂云:元,始也。董子对策曰:谓一为元者,视大始而欲正本。故知大始,元也。元,初九也。系下曰复以自知,故知大始。大戴礼天圆云:曾子曰:吐气者施,而含气者化。阳施而阴化,故知坤称化,谓遭时也。地道无成而代有终,承乾而成物,故化成物也。乐记云:地气上齐,天气下降,阴阳相摩,天地相荡,鼓之以雷霆,奋之以风雨,动之以四时,暖之以日月,而百化兴焉。盖据此传为言,而云天地之和也。先王法之以作乐,天地诉合,故知为天地之合也。　确然至易也。

系下曰:夫乾确然示人易矣。虞彼注云:阳在初弗用,确然无为,不易世,不成名,故示人易矣。是确然无为,故以易知也。广雅曰:简,阅也。桓六年春秋传曰:大阅简车马也。是简、阅同义。又高诱注淮南云:阅,总也。越语范子曰:唯地能包万物以为一。说卦云坤以藏之,是阅藏万物。故以简能也。阳用其精,故曰知;阴用其形,故曰能也。阳唱阴和,故从谓从阳。隐以之显,故易知。静而从阳,故易从。亲谓阴阳相应,乾易知则坤来承乾,故有亲。五多功,坤易从,故乾五据坤则有功。阴承阳则顺,故可久。坤用六利永贞是也。阳据阴则盛,故可大,阳称大也。乾凿度坤二为君子,乾五为圣人。今皆称贤人者,乾二升坤五,坤五降乾二,由不正而变之正,故称贤人也。乾以日新为德,坤以富有为业,姚信义也。系下云:富有之谓大业,日新之谓盛德。彼注云:乾为德,兼坤则盛矣;坤为业,承乾则大矣。穷神知化谓之盛德,阳吉阴凶谓之大业,而皆属之二五,故云:贤人之德,贤人之业也。天地之德谓易简也。易说者,乾凿度文。一名者,一字也,古曰名,今曰字。郑易赞曰:易一名而含三义:易简一也,变易二也,不易三也。易者,易简也。变易者,天地之合也。不易者,天地之别也。易简,天地之德,故云易者以言其德也。精,精微也。无门言尚浑沦,未有门可出也。下传云:藏诸用。翼奉解云:露之则不神,故藏,神藏于内。无内言小也。光,明;虚,无也。道无不通,故光明四通。佼,健也。乾健而易,故佼易立节也。无思无为,感而遂通天下之故,是虚无感动也。诚者天之道,故至诚。乾其静也专,坤退藏于密,是专密之义,皆易简之德,故云此其易也。太易者,未见气也。太初者,气之始也。故云变易者其气。乾二五之坤,坤二五之乾,始而亨也。亨者,通也。故天气不变不能通气。五行谓五气也。迭,更也。更相终始,故云迭终。五行休王论曰:立春乾废,立夏艮废,立秋巽废,立冬坤废。故四时更废也。此变易之义也。不易者其位,谓阴阳贵贱之位。天在上,地在下,此阴阳之位也。君南面,臣北面,父坐子伏,此贵贱之位也。皆不易之义。是易有此三义也。 易简至举矣。 易简一也,亦中也。以一持万,故立中和之本。天下之理得之为德也。易谓坎离,参同契文。谓坎五离二也。阳成位于五,五为上中;阴成位于二,二为下中。荀义也。一即中也。坎离,天地之心;二五,天地之中。坎五离二,成位于上下之中,故云而易成位乎其中矣。二五为中,相应为和,故云天地之中和。中庸曰:致中和,天地位焉,万物育焉。此既济之事。三义谓天地之别、天地之合、天地之德也。首陈三义而终之以既济,既济即天地之中和。此皆易之大义,故云易之大义举矣。

圣人设卦，【注】圣人谓庖牺。观象系辞焉，而明吉凶悔吝。【注】谓文王也。八卦以象告，故观象而系辞。刚柔相推而生变化。【注】六爻之刚柔也。一往一来曰推。刚推柔生变，柔推刚生化。是故吉凶者，失得之象也。【注】吉则象得，凶则象失。悔吝者，忧虞之象也。【注】悔则象忧，吝则象虞。变化者，进退之象也。【注】阳变为进，阴化为退。刚柔者，昼夜之象也。【注】乾刚为昼，坤柔为夜。六爻之动，三极之道也。【注】极，中也。三极谓天地人。民受天地之中以生，故称三极。六爻兼三才而两之者，故六爻之动，三极之道。是故君子所居而安者，易之象也。【注】君子谓文王，谓乾五之坤成坎月离日，日月为象。大有通比，比艮为居，坤为安，故居而安者，易之象也。旧读象误作厚，或作序，非也。所变而玩者，爻之辞也。【注】爻者，言乎变者也。玩，习也。谓乾五之坤，坤五动则观其变。旧作乐，字之误。是故君子居则观其象而玩其辞，【注】谓乾五动成大有，以离之目观天之象，兑口玩习所系之辞，故玩其辞。动则观其变而玩其占。【注】谓观爻动也。以动者尚其变，占事知来，故玩其占。是以自天右之，吉无不利。【注】谓乾五变之坤成大有，有天地日月之象。文王则庖牺，亦与天地合德，日月合明。"天道助顺，人道助信，履信思顺，故自天右之，吉无不利也。"

【疏】圣人谓庖牺。　庖牺作八卦，故圣人谓庖牺。　谓文王系辞。

系下曰：易之兴也，其当殷之末世，周之盛德邪？当文王与纣之事邪？帝王世纪曰：文王在羑里，演六十四卦，著七八九六之爻，谓之周易。八卦以象告，下系文。观卦之象而系之辞，谓六十四卦之辞也。俗本脱悔吝,今从虞氏。　六爻至生化。　上言象,谓三才之象。此言刚柔相推,发挥于刚柔而生爻,故知六爻之刚柔也。一往一来曰推,何休义也。系下曰:日往则月来,月往则日来,日月相推而明生焉。寒往则暑来,暑往则寒来,寒暑相推而岁成焉。故知一往一来曰推也。阳称变,阴称化,阳来阴往则刚推柔生变,阴来阳往则柔推刚生化也。此虞义也。文王观爻之变化而系之辞,亦谓吉凶悔吝之辞也。　吉则至象失。　此虞义也。失、得谓得位、失位也。悔则至象虞。　此虞义也。悔者,忧之象,既忧之则悔亡矣。吝者,虞之象,不虞度则吝生矣。　阳变至为退。　此荀义也。乾凿度曰:阳动而进,阴动而退。故阳变为进,阴化为退也。　乾刚至为夜。此荀义也。乾刚坤柔,杂卦文。乾阳为昼,坤阴为夜。在纳甲十五乾盈甲为昼,三十阳灭藏为夜;在消息复至乾为昼,姤至坤为夜也。　极中至之道。　鸿范曰:建用王极。周礼:设官分职以为民极。郑氏皆训为中。三极,郑、陆谓三才,故云天地人也。知三极为天地人者,周书小开武曰:三极:一、维天九星;二、维地九州;三、维人四虞。亦以三极为三才也。民受天地之中以生,成十三年春秋传文。以五行言,则五六为天地之中;以遘复言,则二至为天地之中;以四时言,则春秋为天地之中;以爻位言,则二五为天地之中。民受之以生,故称三极。天有三才,以地两之为六画,故云六爻兼三才而两之者也。陆绩曰:天有阴阳二气,地有刚柔二性,人有仁义二行,故六爻之动,三极之道。此据说卦为言,义亦同也。　君子至非也。

此虞义也。君子通于圣人,文王演易,故君子谓文王。乾五变之坤成大有,大有通比有坎离象,故坎月离日。日月在天成八卦象,故日月为象。文王演易而系象辞,故居而安者,易之象也。旧读象作厚,厚字无说,俗本作序,虞皆不用,故云非也。　爻者至之误。

此虞义也。爻谓九六,九六相变,故爻者言乎变者也,谓三百八十四爻之辞也。说文曰:玩,习厌也。故云:玩,习也。乾五之坤,失位当变,故坤五动则观其变。举一爻而三百八十四爻之辞可知也。俗本变作乐,虞所不用,故云字之误也。　谓乾至其辞。　此虞义也。乾五之坤成大有,大有上离下乾,离为目,乾为天,故以离目观天之象,谓天三爻之象。五又体兑,兑为口,又兑以朋友讲习,故以兑口玩习所系之辞也。　谓观至其占。　此虞义也。乾五之坤,坤五动,故谓观爻动也。九六发动挥变,故以动者尚其变。乾以知来,乾动成离,占事知来,故玩其占,谓玩三百六十四爻吉凶悔吝之占辞也。　谓乾至利也。　此虞义也。乾五之坤成大有,大有乾为天,离为日,比坤为地,坎为月,故有天地日月之象。文王则庖牺,亦有聪明睿知神武之德,故与天地合德,日月合明。乾坤坎离反复不衰,故自天右之,吉无不利。天道助顺以下,上系文也。

　　象者,言乎象者也。【注】在天成象,象说三才,故言乎象者也。**爻者,言乎变者也。**【注】爻有六画,谓九六相变,故言乎变者也。**吉凶者,言乎其失得也。**【注】得正言吉,失正言凶。**悔吝者,言乎其小疵也。**【注】疵,瑕也。小犹介也。**无咎者,善补过也。**【注】失位为咎,变之正,故善补过。孔子曰:退思补过。**是故列贵贱者存乎位,**【注】五贵二贱。**齐小大者存乎卦,**【注】齐犹正也。阳卦大,阴卦小,卦列则小大分,故曰齐小大者存乎卦。**辩吉凶者存乎辞,**【注】辩,别也。阳吉阴凶,系辞焉而明吉凶,故辩吉凶者存乎辞。**忧悔吝者存乎介,**【注】介,纤也。纤介不正,悔吝为贼,故忧悔吝者存乎介。**震无咎者存乎悔。**【注】震,动也。有不善未尝不知,知之未尝复行,无咎者善补过,故震无咎者存乎悔。**是故卦有小大,辞有险易。辞也者,各指其所之。**【注】阳易指天,阴险指地,圣人之情见乎辞,故各指其所之。【疏】在天至者也。　　此虞义也。象说三才,谓天三爻。　　爻有至者也。　　此虞义也。六画称爻,爻之九六,阴阳相变,故言乎变。　　得正至吉凶。　　此虞义也。　　疵瑕至介也。疵,瑕。马义也。下云忧悔吝者存乎介,介,纤介,故云小犹介也。疵虽小,犹当慎之,故云悔吝者忧虞之象也。　　失位至补过。　此虞义也。王弼略例曰:凡言无咎者,本皆有咎者也。防得其道,故得无咎。咎在失位,故云失位为咎。变而之正,犹过而能改,故云善补过。孔子曰:退思补过。孝经及宣十二年春秋传文。　　五贵二贱。上传卑高以陈,贵贱位矣。虞注云:乾高贵五,坤卑贱二,谓九五、六二也。贵贱之义不一。若阳贵阴贱,则爻在下者亦得言贵。如屯初九传曰:以贵下贱,大得民也。谓初得坤民,是以阳爻为贵也。若阳而无德,虽居正位,翻蒙贱称。故颐初九传曰观我朵颐,亦不足贵是也。若本皆阳位,则上贵下贱。如三为下体之君,对五而言亦为贱。故下传云:三多凶,五多功,贵贱之等是也。今传云存乎位,则不专指爻之贵贱,但卦以二五为主,五阳为贵又在君位,二阴为贱又在臣位,故云五贵二贱也。　　齐犹至乎卦。　　此王肃义也。诗小宛曰:人之齐圣。毛传云:齐,正也。阳大阴小,故阳卦大,阴卦小。陈列卦象,有小有大,以六十四卦言之,则阳息为大,阴消为小。如临阳息之卦,临者,大也,是临为大卦;遯阴消之卦,遯小利贞,是遯为小卦也。泰小往大来,泰为大卦;否大往小来,否为小卦。如此之类,不可悉举。又小畜、大畜、小过、大过、大有、大壮诸卦,皆以大为阳,小为阴,正其小大,截然不紊,故云齐小大者存乎卦也。　　辨别至乎辞。　　辨,别。虞、董、姚义也。阳生故吉,阴杀故凶。圣人系辞于各爻之下,以明吉凶,故云辩吉凶者存乎辞也。　介纤至乎介。

介,纤。虞义也。纤介不正,悔吝为贼,参同契文。彼正用传义,故引之。　震动至乎悔。　此虞义也。复时坤乱于上,故有不善。复以自知,故未尝不知,知之未尝复行也。　阳易至所之。　此虞义也。卦有大小,承上齐大小者存乎卦言也。辞有险易,承上辩吉凶者存乎辞言也。京氏云:易,善也。险,恶也。乾为善,故阳易指天。坤为恶,故阴险指地。圣人之情见乎辞,下传文。太玄曰辞以睹乎情,谓善恶之辞也。之谓升降往来,指天辞易,指地辞险,故各指其所之也。

易与天地准,故能弥纶天下之道。【注】准,同也。弥,大;纶,络也。谓易在天下,包络万物,以言乎天地之间则备矣,故与天地准也。仰以观于天文,俯以察于地理,【注】阳动于上以成天文,阴动于下以成地理。是故知幽明之故。原始反终,故知死生之说。精气为物,游魂为变,【注】幽明,雌雄也。雄生酉仲,雌生戌仲。始谓乾初,终谓坤上。原者,元也。原始反终,谓随天地终始也。死,命;生,性;说,舍也。精气生舍,游魂死舍,此鬼神之本也。是故知鬼神之情状。与天地相似,故不违。【注】乾神似天,坤鬼似地,圣人与天地合德,鬼神合吉凶,故不违。知周乎万物,而道济天下,故不过。【注】坤为知,谓土爱稼穑,万物致养,德博而化,食谷者知惠而巧,故知周乎万物。乾为道,乾制坤化,阳升阴降,成既济定,故道济天下。六爻皆正,故不过也。旁行而不留,【注】旁行,周六十四卦。月主五卦,爻主一日,岁既周而复始,故不留也。乐天知命,故不忧。【注】震为乐,乾为天,巽为命,谓从复至遘也。坎为忧,出乾入坤,不见坎象,故不忧。**安土敦乎仁,故能爱。【注】**坤为安、为土,乾为仁、为爱,谓从遯至复也。以坤厚乾,仁道博施,故能爱。**范围天地之化而不过。【注】**范,法也;围,周也。言乾坤消息,法周天地,而不过十二辰也。辰,日月所会之宿,谓诹訾、降娄、大梁、实沈、鹑首、鹑火、鹑尾、寿星、大火、析木、星纪、元枵之属是也。**曲成万物而不遗。【注】**二篇之策万有一千五百二十,曲成万物无遗失也。**通乎昼夜之道而知。【注】**昼,乾;夜,坤也。通于乾坤之道,无所不知也。**故神无方而易无体。【注】**乾为神、为易,坤为方、为体。乾在坤初,故无方。隐初入微,故无礼。**【疏】**准同至准也。

此虞义也。京云:准,等也。等有同义,故云:准,同也。京云:弥,遍也。扬子解难曰:天丽且弥。故云:弥,大也。解难又云:宓牺氏之作易也,绵络天地,经以八卦。故云:纶,络也。乾凿度曰:易为道苞篇。故云:易在天下,包络万物。以言乎天地之间则备矣,下传文。易之为书,广大悉备,言该备三才,故云备矣。是与天地准之义也。 阳动至地理。 吴君高越纽文也。阳动于上,谓乾三画也。阴动于下,谓坤三画也。乾三画成天文,坤三画成地理。吕氏春秋曰:阴阳变化,一上一下,合而成章。章即天文、地理也。 幽明至本也。 幽明,雌雄也。三朝记文。彼文云:虞史伯夷曰:明,孟也。幽,幼也。明幽,雌雄也。诗推度灾及乾凿度曰:雄生酉仲,号曰太初;雌生戌仲,号曰太始;雄生物魂,号曰太素,俱行三节。宋均注云:节犹气也。俱行,自酉、戌行至亥,雌雄俱行,故能含物魂而生物也。推度灾又曰:阳本为雄,阴本为雌,物本为魂。宋均注云:本即原也。变阴阳为雄、雌、魂也。乾知大始,故始谓乾初。坤道代终,故终谓坤上。元、原同义,故云:原者,元也。随天地为终始,董子繁露文。彼文云:元者,原也,其义随天地为终始也。死,命;生,性,吕氏春秋恃君览文。性者,生之始;命者,人之终。故死生为性命。太玄曰:一生一死,性命莹矣。又曰:察性知命,原始见终。说,舍。宋衷义也。说读为税,故云舍。越纽录曰:神主生气之精,魂主死气之舍。故云:精气生舍,游魂死舍。虞氏云:乾纯晬精,故主为物。夏小正曰:魂者,动也。乾流坤体,变成万物,故游魂为变。郑氏云:精气谓七八,游魂谓九六。七八木火之数,九六金水之数。水火用事而物生,故曰精气为物。金水用事而物变,故曰游魂为变。义并同也。云此鬼神之本者,鬼神之本即易之本,易之本即道之本也。史记贾生传曰:孝文帝方受釐,坐宣室上,因感鬼神事,而问鬼神之本。贾生具道所以然之状。至夜半,文帝前席既罢,曰:吾久不见贾生,自以为过之,今不及也。何休案:礼天子为卿前席,大夫兴席,士式几。贾生,大夫也。孝文以卿礼礼之,重其言也。汉之贾生、董子能明道本,故刘向别录称此两人有王佐之才,虽伊吕无以加,筦晏之属,相者之佐,殆不及也。其言甚当。使文武二君能用贾、董,汉家治道必无杂霸之讥。子歆及曾孙龚猥以向言为过,岂为笃论乎?

乾坤至不违。　　此虞义也。乾为神、为天,故乾神似天。坤为鬼、为地,故坤鬼似地。圣人即大人也。故王肃曰:大人,圣人在位之目是也。与天合德,谓居五。与地合德,谓居二。乾神合吉,坤鬼合凶,故与鬼神合吉凶。天且弗违,而况于鬼神,是不违之义也。　　坤为至过也。　　坤为知,虞义也。坤为土,故土爰稼穑。稼穑所以养人,故万物致养。越纽录曰:地生长五谷,持养万物,功盈德博。故德博而化,谓坤受乾施养物,故德博也。食谷者知惠而巧,大戴礼易本命文。坤以五谷养万物,食谷者知,故知周乎万物也。乾为道,亦虞义也。阳道制命,坤化成物,故乾制坤化。乾二升坤,坤五降乾,阳升阴降,成既济定,故道济天下也。过,过失。六爻皆正而无过失,故不过也。　旁行至留也。　此九家义也。消息六十卦,合四正为六十四卦,谓如十一月未济、蹇、颐、中孚、复,是月主五卦也。一卦六日七分,七分闰余,是爻主一日也。六十而一周,六六三百六十日,故云岁既周而复始。不留者,运不止也。俗本流,今从京氏。　震为至不忧。　荀云:坤下有伏乾为乐天,谓乾伏坤初为震,震为乐,初九乾也,故乾为天,是乐天也。荀又云:乾下有伏巽为知命,谓巽伏乾初,巽为命,故知命。乾初出子,复时也。巽阴消乾,谓遘时,故云谓从复至遘也。坎加忧,故为忧。出乾为复,入坤为遘,十二消息,无坎象,故不忧,犹言出入无疾也。　坤为至能爱。　坤阴为安,故月令仲夏称晏。阴当遘时,遘坤消之月,故云土。复乾息之卦,故云仁。敦,厚也。以坤厚乾,故云敦仁。乾仁博施,故能爱也。　范法至是也。　此九家义也。释诂云:法、范,常也。法、范同训,故云:范,法也。围古作凵,见巳酉戌命彝。说文曰:囗,回也。象回匝之形,故云周也。乾坤消息,谓消息十二爻。十二爻而期一岁,故法周天地。十二爻主十二辰,故不过十二辰也。昭七年春秋传曰:日月之会是谓辰。杜预云:一岁日月十二会,所会谓之辰。皇甫谧帝王世纪曰:自危十七度至奎四度曰诹訾之次,于辰在亥,谓之大渊献,斗建在寅。自奎五度至胃六度曰降娄之次,于辰在戌,谓之阉茂,斗建在卯。自胃七度至毕十一度曰大梁之次,于辰在酉,谓之作噩,斗建在辰。自毕十二度至东井十五度曰实沈之次,于辰在申,谓之涒滩,斗建在巳。自井十六度至柳八度曰鹑首之次,于辰在未,谓之叶洽,斗建在午。自柳九度至张十七度曰鹑火之次,于辰在午,谓之敦牂,斗建在未。自张十八度至轸十一度曰鹑尾之次,于辰在巳,谓之大荒落,斗建在申。自轸十二度至氐四度曰寿星之次,于辰在辰,谓之执徐,斗建在酉。自氐五度至尾九度曰大火之次,于辰在卯,谓之单阏,斗建在戌。自尾十度至斗十度曰析木之次,于辰在寅,谓之摄提格,斗建在亥。自斗十一度至婺女七度曰星纪之次,于辰在丑,谓之赤奋若,斗建在子。自婺女八度至危十六度曰玄枵之次,于辰在子,谓之困敦,斗建在丑。凡天有十二次,日月之所躔。郑氏谓:辰与建交错贸处如表里然。汉书律历志曰:玉衡杓建,天之纲也。日月初躔,星之纪也。纲纪之交,以原始造设,合乐用焉。案,斗柄所建十二辰而左旋,日体十二月,与月合宿而右转。表里言合也,即合辰、合声之法也。子丑之等十二辰在地,娵訾之等十二次在天。此言天地之化,故举十二次也。 二篇至失也。 此荀义也。二篇谓上、下经。六十四卦之策共万有一千五百二十,当万物之数。曲成万物,谓易曲成之,无遗失也。易即道也,越纽录曰"道者,天地先生不知老,曲成万物不名巧,故谓之道"是也。 昼乾至知也。 此荀义也。乾阳为昼,坤阴为夜,故云:昼,乾;夜,坤。兼知天地,则契道之全,故云通于乾坤之道,无所不知也。 乾为至无体。 神与易皆谓乾初。方,方隅也。乾神圆,故无方。太玄曰:终始连属,上下无隅。是无方之义也。乾凿度曰:三微而成著,三著而成体。易隐初入微,故无体也。

一阴一阳之谓道。【注】易说:一阴一阳合于十五之谓道。七八、九六合天地之数,乃谓之道。**继之者,善也。成之者,性也。【注】**乾为善。三气相成,合于一元。元者,善之长也。故继之者善也。坤合乾性,养化成之,故成之者性也。**仁者见之谓之仁,知者见之谓之知,百姓日用而不知,故君子之道尠**[一]**矣。**

〔一〕"尠",通行本周易作"鲜",皇清经解本作"眇"。尠、鲜、眇义同。

【注】乾为仁,坤为知,乾为百,坤为姓。见仁见知,贤知之过;日用而不知,愚不肖之不及也。知仁合乃为君子之道。**显诸仁,藏诸用,鼓万物而不与圣人同忧。盛德大业至矣哉!**【注】乾为仁,离日丽乾,故显诸仁。坤为用,巽阳藏室,故藏诸用。万物出乎震,震为鼓,故鼓万物。乾五为圣人,体坎为忧,震初独行,故不与圣人同忧。乾为德,兼坤则盛矣。坤为业,承乾则大矣。穷神知化谓之盛德。阳吉阴凶谓之大业。至哉坤元,故至矣哉。【疏】易说至之道。　易说者,乾凿度文。彼文云:阳以七,阴以八,易一阴一阳合于十五之谓道。阳变七之八〔一〕,阴变八之六,亦合于十五。参同契曰:七八数十五,九六亦相应。四十合三十,阳气索灭藏。又曰:日合五行精,月受六律纪。五六三十度,度竟复更始。三统历曰:十一而天地之数毕。十一者,五六也。五六三十,而天地之数毕。故云:七八、九六合天地之数,乃谓之道。太玄曰阴阳该极,乃道之合是也。　乾为至性也。　乾为善,乃乾元也。三统历曰:太极元气,函三为一。三谓酉戌亥,故云:三气相承,合于一元。谓太初、太始、太素之气也。三统历又云:元者,善之长也。共养三德为善。孟康汉书注云:谓三统之微气也,当施育万物,故谓之德。三统历又云:元,体之长。合三体而为之原,故曰元,三统合于一元,是其义也。坤合乾性以下,虞义也。乾为性,坤化成物,故云:坤合乾性,养化成之。天生之而地成之,坤成乾性,故云成之者性也。　乾为至之道。　中庸曰:子曰:道之不行也,我知之矣。知者过之,愚者不及也。道之不明也,我知之矣。贤者过之,不肖者不及也。人莫

〔一〕“八”,疑当作“九”。

不饮食也,鲜能知味也。乾为仁,仁者见之谓之仁,是过乎仁也。坤
为知,知者见之谓之知,是过乎知也。故曰贤知之过也。百姓日用
而不知,是不及仁、不及知者,故曰愚不肖之不及也。日用而不知,
犹饮食鲜知其味也。一阴一阳者,道之全也。仁阳知阴,仁知合乃
为君子之道。故大戴礼诰志曰"子曰:知仁合而天地成,天地成而庶
物生"是也。尟与鲜同。说文曰:尟,是少也;尟俱存也,从是少。贾
侍中说。　乾为至矣哉。　必知显为离者,比九五曰:显比。虞彼
注云:初三以变体重明,故显比,谓显诸仁。故知显为离也。古文显
作㬎。说文曰:从日中视丝。离为日,坤二五之乾为离,故云:离日
丽乾,显诸仁也。巽一索而得坤初,坤为用,初阳伏巽下,故巽阳藏
室,藏诸用也。翼奉引此传云"露之则不神,独行则自然"是也。万
物出乎震,震雷为鼓。动万物者莫疾乎雷,故鼓万物。乾五为圣人,
五坎爻,故体坎为忧。震初为道本,初微独行,乐则行之,故不与圣
人同忧。一阴一阳乃道之全,故阳不兼坤则微,兼坤则盛矣,谓二升
五也。阴不承乾则小,承乾则大矣,谓五降二也。以坤变乾谓之穷
神,以乾通坤谓之知化。穷神知化,德之盛,故谓之盛德。天道有吉
而有凶,圣人顺天而制作,故谓之大业。而盛德大业之本则藏于坤
之元。中庸引诗所谓"上天之载,无声无臭,至矣"是也。此论道之
全,而并举坎、离、震、巽者,易谓坎离,坎离者,既济也;震巽者,既济
之本也。乾初一阳,震也,震伏巽下,藏诸用,所谓诚也。诚不可揜,
故出乎震而鼓万物,显诸仁而同民患。盛德大业本乎元,故至矣哉。
此圣人微言也。故荀子曰:精微月不胜日,时不胜月,岁不胜时。凡
人好敖慢小事,大事至然后兴之务之,如是则常不胜,夫敦比于小事
者矣。是何也?则小事之至也数,其县日也博,其为积也大。大事
之至也希,其县日也浅,其为积也小。故善日者王,善时者霸,补漏

者危,大荒者亡。故王者敬日,霸者敬时,仅存之国,危而戚之。霸者之善著,可以时托也。王者之功名,不可胜日志也。财物货宝以大为重,政教功名反是,能积微者速成。诗曰:德辅如毛,民鲜克举之。此之谓也。此言盛德大业本于元之义也。**富有之谓大业。日新之谓盛德。生生之谓易。成象之谓乾。爻**[一]**法之谓坤。极数知来之谓占。通变之谓事。阴阳不测之谓神。【注】**此四十六字,后师所训。坤为富,一消一息,万物丰殖,故谓之大业。乾五动之坤成离,离为日,以坤变乾,以乾化坤,穷神知化,故谓之盛德。易谓太极,太极生两仪,两仪生四象,四象生八卦,故生生之谓易。三才成八卦之象,故成象之谓乾。效三才为六画,故爻法之谓坤。极六画之数,占事知来,故谓之占。变通趣时以尽利天下之民,谓之事业,故谓之事。阴阳在初,深不可测,故谓之神。

【疏】此一章皆圣人微言,上义已尽,故知此下四十六字后师所训也。上云盛德大业,故云:富有之谓大业,日新之谓盛德。上云所居而安者,易之象也,故云成象之谓乾。所变而玩者,爻之辞也,故云爻法之谓坤。上云动则观其变而玩其占,故云:极数知来之谓占,通变之谓事。上云神无方而易无体,故云:生生之谓易,阴阳不测之谓神。

　　夫易广矣大矣,【注】乾象动直,故大。坤形动辟,故广。**以言乎远则不御;【注】**御,止也。远谓乾。天高不御也。**以言乎迩则静而正;【注】**迩谓坤。坤至静而德方,故正也。**以言乎天地之间则备矣。【注】**谓易广大悉备,有天地人道焉,故称备矣。

──────────

〔一〕"爻",通行本周易作"效"。

夫乾，其静也专，其动也直，是以大生焉。【注】专谓初，直谓二。二动升坤五，直方大，是以大生焉。**夫坤，其静也胁**[一]，**其动也辟，是以广生焉。**【注】胁，闭，谓上也。以坤胁乾，闭塞而成冬，故其静也胁。辟，开，谓五也。动降乾二，坤道广布，是以广生焉。**广大配天地，**【注】乾天坤地，故配天地。**变通配四时，**【注】变通趣时，谓十二消息也。泰、大壮、夬配春，乾、遘、遁配夏，否、观、剥配秋，坤、复、临配冬，谓十二消息相变通而周于四时也。**阴阳之义配日月，**【注】复七日来复，阳之义配日；临八月有凶，阴之义配月。荀氏谓：乾舍于离配日而居，坤舍于坎配月而居也。**易简之善配至德。**【注】易简，元也，于人为至德。坤为至，乾为德，故以配至德。【疏】乾象至故广。　此虞义也。在天成象，故曰乾象。在地成形，故曰坤形。义见下也。　御止至御也。　此虞义也。释言曰：御，禁也。禁有止义，故曰止也。虞注嗛彖曰天道远，故远谓乾。天形穹隆，其色苍苍，故云天高不御也。　迩谓至正也。此虞义也。迩古文，尔，近也。扬子法言曰：圣人之言远如天，贤人之言近如地。地卑故迩，谓坤至静而德方，即下静翕而动辟，阴开为方，辨方正位，故正也。　谓易至备矣。　此虞义也。易有三才，故云天地之间。乐记乐礼章曰：乐著大始而礼居成物。著不息者天也，著不动者地也，一动一静者天地之间也。郑彼注云：间谓百物，是天地之间谓人物也。云易广大悉备，有天地人道焉者，虞约下系文言之，以证天地之间为三才也。易备三才，故云备矣。　专谓至生焉。　说卦曰：震为专。虞彼注云：阳在初隐静，未出触坤，故专。

〔一〕"胁"，通行本周易作"翕"。"胁"古文"翕"。

则乾静也专,是专谓初也。坤六二直方大,虞彼注云:谓二。阳称直,乾其动也直,故曰直。是直谓二也。乾二敬以直内,而升坤五,敬义立而德不孤,是以大生也。 胁闭至生焉。 胁古文翕。胁,闭。宋衷义也。坤义以方外,故知胁谓上也。坤上六消乾至亥,故以坤胁乾。月令孟冬曰:天地不通,闭塞而成冬。故其静也胁。辟古文阖。虞注坤六二云:方谓辟,阴开为方。五降乾二,以乾阖坤,其道广布,是以广生也。 乾天至天地。 乾大坤广,乾为天,坤为地,易与天地准,故配天地也。 变通至时也。 下系云:变通者,趣时者也。时谓四时,变通谓乾坤通变。十二消息即十二辟卦也。泰、大壮、夬春时卦,故配春;乾、遘、逐夏时卦,故配夏;否、观、剥秋时卦,故配秋;坤、复、临冬时卦,故配冬。以卦气言之,四正为四时,震主春,离主夏,兑主秋,坎主冬。故十二消息相变通,而周于四时也。 复七至居也。 阳息称日,阴消称月。诗七月一之日、二之日、三之日、四之日,皆阳息之月,故称日。五月斯螽动股,六月莎鸡振羽,七月在野,八月在户,皆阴消之月,故称月。复七日来复,阳息称日;临八月有凶,八月谓遘,阴消称月。故阴阳之义配日月也。荀氏据鬼易乾归合离,故云乾舍于离。离为日,故配日而居。坤归合坎,故云坤舍于坎。坎为月,故配月而居也。 易简至至德。 乾以易知,坤以简能,皆谓乾坤之元,故云:易简,元也。在天为至道,在人为至德,故礼运曰:天道至教,圣人至德。中庸曰"苟不至德,至道不凝焉"是也。坤为至,乾为德,虞义也。自至德以凝至道,故易简之善配至德也。

子曰:"易,其至矣乎!【注】易谓坎离,坎上离下,六爻得位而行中和,故其至矣乎。子曰:中庸其至矣乎。夫易,圣人所以崇德而广业也。【注】崇,高也。乾为崇,坤为广。乾二居五为崇德,坤五居二为广业。**知崇体卑,崇效天,卑法地。【注】**乾以易知,故知崇;正位居体,故体卑。崇效天五,卑法地二。**天地设位,而易行乎其中矣。【注】**位谓六画之位。乾坤各三爻,故天地设位。易出乾入坤,上下无常,周流六虚,故易行乎其中矣。**成性存存,道义之门。"【注】**成之者性,故曰成性。成性存存,谓久于中正而弗失也。乾坤,易之门。易出乾为道门,入坤为义门,故道义之门。**【疏】**易谓至矣乎。 易谓坎离,谓既济也。既济刚柔正而位当,故坎上离下,六爻得位。二五为中和,故行中和。周礼师氏曰:至德以为道本。郑彼注云:至德,中和之德,覆焘持载含容者也。子曰中庸其至矣乎,亦谓中和为至德。故郑注周礼引此为证也。 崇高至广业。 崇,高。释诂文。鬼谷子曰:与阳言者依崇高,与阴言者依卑小。故云乾为崇。坤广生,故为广。乾为德,故乾二居坤五为崇德;坤为业,故坤五居乾二为广业。乾五,坎也。坤二,离也。易谓坎离,故圣人以崇德广业。爻在二五为中,故曰崇、广;在三四为不中,故曰进、修。 乾以至地二。 知读如字。乾以易知,积善成德,故知崇。坤为体,二正阴位而居下体,故体卑。四画以上为天,故崇效天五;三画以下为地,故卑法地二。 位谓至中矣。 此虞义也。参同契曰:天地者,乾坤之象也。设位者,列阴阳配合之位,即六画之位也。乾天坤地,乾坤各三爻,故天地设位。参同契又曰:易谓坎离,坎离者,乾坤二用。二用无爻位,周流行六虚。往来既不定,上下亦无常。魏伯阳释此传,皆易先师之义,故虞氏用其说。出乾为息,入坤为消。乾坤六爻独无坎离,故无爻位。坎戊离己,居中央王四方,故易行乎其中也。 成之至之门。 成之者性,故曰成性,虞义也。成性,性之合于中和者也。中庸曰:中庸其至矣乎！民鲜能久矣。郑氏谓:人罕能久行。又曰:回之为人也,择乎中庸,得一善则拳拳服膺而弗失之矣。是久于中正而弗失,存存之义也。乾坤易之门,下传文。乾为道门,坤为义门,亦虞义。出乾为道门,入坤为义门,言道义从乾坤出也。

圣人有以见天下之赜,而拟诸其形容,【注】乾称圣人,谓庖牺也。赜谓初。自上拟下称拟。形容谓阴在地成形者也。象其物宜,是故谓之象。【注】物宜谓阳。远取诸物,在天成象,故象其物宜。谓三才八卦在天也,庖牺重为六画也。圣人有以见天下之动,【注】重言圣人,谓文王也。动谓六爻。而观其会通,以行其等〔一〕礼,【注】六爻发挥,乾坤交而亨。亨者,通也。亨者,嘉之会也。故观其会通。嘉会足以合礼,故以行其等礼。礼立言曰:圣人等之以礼。春秋传曰:讲礼于等。系辞焉以断其吉凶,是故谓之爻。【注】辨吉凶者存乎辞,故系辞焉以断其吉凶。定之以吉凶,所以断也。言天下之至赜而不可恶也。【注】恶读为亚。亚,次也。至赜无情,故不可次。言天下之至赜而不可乱也。【注】赜当为动。乱,治也。至动故不可治。拟之而后言,仪之而后动,拟仪以成其变化。【注】初辞拟之,问焉而以言,故拟之而后言。仪,度也。将举事必先于此仪之,故仪之而后动。拟仪者,变化之所由出也。故以成其变化。【疏】乾称至者也。　此虞义也。乾五为圣人。文王书经,系庖牺于九五,故谓庖牺也。下传曰:探赜索隐。虞彼注云:赜,初也。初隐未见,故探

〔一〕"等",通行本周易作"典"。

赜。太玄曰:阴阳所以抽赜。赜,情也。京氏训同。易之屯,太玄准
为礥,初一曰:黄纯于潜。测曰:化在赜也。范望注云:阳气潜在地
下,养万物之根荄,故云化在赜。若然,赜训为情,乃情之未动者。
故知赜谓初。乾上坤下,以乾拟坤,故云自上拟下称拟。易之大义,
上经终坎、离,下经终既济、未济;上系终乾、坤,下系终六子。则上
下经与上下系相表里。上经象阳,下经法阴。复为阳初,姤为阴初。
六日七分之法,阳起中孚,阴起咸。乾元坤元,天地之心,为易之本。
故上系七爻起于中孚鸣鹤在阴,下系十一爻起于咸憧憧往来。此传
发端,言圣人见天下之赜,谓中孚、咸也。易彰往而察来,而微显阐
幽,故拟诸其形容也。以乾拟坤,阴在地成形,地形有高下,故称容。
周礼函人曰:凡为甲必先为容。郑众注云:容谓象式。甲有大小长
短,犹地形有高下,故云形容谓阴在地成形者也。　物宜至画也。

　此虞义也。物宜为阳,阳即乾也。下传云:远取诸物。乾为远、为
物象,谓三才在天成象,故象其物宜。日月在天成八卦象,谓天三
爻,故云三才八卦在天也。以地两之为六画,故云庖牺重为六画也。

　重言至六爻。　此虞义也。庖牺画卦,文王书经,传两称圣人,故
知庖牺及文王也。上言象,谓三才八卦之象;此言爻,道有变动故曰
爻。知动谓六爻也。　六爻至于等。　动谓六爻之动,则会通乃六
爻发动挥变也。乾坤交而亨,天地交而万物通也。亨者,通。子夏
义也。阴阳相应为嘉,故亨者,嘉之会也。嘉属五礼,嘉会礼通,故
以行其等礼。郑注乐记云:等,阶级也。爻有等,如礼之有阶级,故
曰等礼。礼立言者,大戴记立言篇也。春秋传者,昭十三年传文。
晋语曰:从其等礼也。韦昭云:从尊卑之等谓之礼。是等礼之义也。

　恶读至可次。　恶读为亚,荀义也。古恶、亚字通。说文曰:亚,
丑也。是亚即恶也。又云:贾侍中以为次第也。故释言云:亚,次

也。尚书大传曰:王升舟入水,鼓钟恶,观台恶,将舟恶。郑彼注云:恶读为亚。亚训次,次犹仲也。汉时有玉印,曰周恶父印,识者以为条侯亚父。条侯为勃少子,故称亚。鲁文公子恶,卫臣有石。恶皆读为亚,伯仲之称也。史记卢绾孙他之封恶谷侯,汉书作亚。知恶、亚同物,恶训为次。京房曰:赜,情也。贾逵注左传曰:赜,至也。至赜无情,情之未动,如喜怒哀乐之未发,其道微妙,故不可次。拟之其形容,象其物宜,所以次之也。 赜当至可治。 赜当为动,郑义也。虞本作动,云旧误作赜也。乱,治。释诂文。论语曰:予有乱十人。马融注云:乱,治也。六爻发挥,变动不拘,故不可治。观其会通,以行其等礼,系辞焉以断其吉凶,所以治之也。故下系云:极天下之赜者存乎卦,鼓天下之动者存乎辞。 初辞至变化。 初辞拟之,下系文。问焉而以言,谓问于易而后言。以言者尚其辞,故拟之而后言。仪,度。许慎义也。郑注尚书大传曰:射王极之度也。射人将发矢,必先于此仪之,发矢则必中于彼矣。君将出政,亦先于朝廷度之,出则应于民心。射其象者也。以易为度,先于此仪之,而后举事,则动无不中,故仪之而后动。拟之、仪之,变化从此而出,故以成其变化。通志成务之谓也。**"鸣鹤在阴,其子和之。我有好爵,吾与尔靡之。"子曰:"君子居其室,【注】**二变体复,君子谓复初。阴消入坤,艮为居,巽阳隐室,故居其室。**出其言善,则千里之外应之,况其迩者乎;【注】**复初出震,震为出、为言。元者善之长,故曰善。坤数十,震为百里,十之千里也。外谓震、巽同声,同声者相应,故千里之外应之。迩谓坤,坤为顺,二变顺初,故况其迩者乎。**居其室,出其言不善,则千里之外违之,况其迩者乎。【注】**坤初为不善,消二成遁,弑父弑君,故千里之外违之,况其迩者乎。上系首中孚,阳之始也。圣人慎其几,故以善不善言之。下系首咸,阴之始也。圣人知其化,故以屈信往来言之。

言出乎身,加乎民。【注】震为出、为言,坤为身、为民也。**行发乎迩,见乎远。【注】**震为行,坤为迩,乾为远,兑为见。谓二发应五,则千里之外,故行发乎迩,见乎远也。**言行,君子之枢机。枢机之发,荣辱之主也。【注】**震为春门,故为枢;又为动,故为机。阳息为荣,阴消为辱,震为主,故荣辱之主。**言行,君子之所以动天地也。可不慎乎?"【注】**巽以风动天,震以雷动地,艮为慎,故可不慎乎。易曰:正其始,万物理。君子慎始。差以毫厘,缪以千里。此之谓也。**【疏】**二变至其室。　君子谓阳,中孚二失位,变体复,故君子谓复初。复自坤来,阴消剥上入坤,剥艮为居,坤初巽爻,阳复巽初,巽阳隐室,故居其室,言微阳应卦中孚时也。　复初至者乎。　复之初,震也。故震为出、为言。复初,元也。元者,善之长也。故出其言善。坤数十以下,虞义也。天九地十,故坤数十。震惊百里,十之故千里。巽反震,故言外。震雷、巽风同声相应,故千里之外应之。坤为近,故迩谓二。变体坤,而顺于初,故况其迩者乎。　坤初至言之。　文言曰:积不善之家必有余殃。虞彼注云:坤积不善,故知坤初为不善,谓遘时也。遘消二成遁,艮子弑父,至三成否,坤臣弑君,故千里之外违之,况其迩者乎。阳称几,慎其几谓隐恶而扬善,辩之早也。阴称化,知其化谓穷神知化,德之盛也。淮南齐俗曰:唯圣人知其化。高诱注云:其化视阴入阳,从阳入阴,唯圣人知之也。　震为至远也。　此虞义也。阳自下升而临坤,故加乎民。二发应五,据中孚二五相应言。言出乎身,行发乎迩者,大戴礼曾子疾病篇曰:言不远身,言之主也;行不远身,行之本也。是其义也。　震为至之主。　郑注云:枢,户枢也。机,弩牙也。震为卯,卯为开门,故为枢。郑注大学曰:机,发动所由。震为动,故为机。此荀义也。荀以艮为门,今不用也。乾阳息卦,乾初积善有余庆,故阳息为荣。坤阴消卦,坤初积不善有余殃,故阴消为辱。震主器,故荣辱之主。　巽以至谓也。　巽为风,乾为天,巽伏乾初,故以风动天。震为雷,坤为地,震伏坤初,故以雷动地。此上虞义也。虞唯以五体巽为风动天,今不用也。吕氏春秋曰:今室闭户牖动天地,一室也。言一室修德,可以动天地。中孚互艮,艮为慎,故可不慎乎。易曰以下,十翼之逸文。始谓初也。正阳在下为圣人,故正其始,万物理。阳息则正谓复初,阴消则不正谓遘初,故君子慎始。毫厘谓纤介也。不正在纤介之间,而违之在千里之外,故云缪以千里也。参同契述此义云:君子居其室、出其言,善则千里之外应之。谓万乘之主处九重之位,发号出令,顺阴阳节。藏器俟时,勿违卦月。谨候日辰,审察消息。纤介不正,悔吝为贼。二至改度,乖错委曲。隆冬大暑,盛夏霜雪。二分纵横,不应漏刻。水旱相伐,风雨不节。蝗虫涌沸,群异旁出。言卦气不效也。董子亦云:君人者国之元,发言动作,万物之枢机。枢机之发,荣辱之端,失之毫厘,驷不及追。故为人君者谨本详始,敬小慎微。皆发明此传之义也。**"同人先号咷而后笑。"子曰:"君子之道,或出或处,或默或语。**【注】乾为道、为君子,故称君子之道。同人反师,震为出、为语,坤为默,巽为处,故或出或处,或默或语也。**二人同心,其利断金。**【注】乾为人,二人谓二五,坎为心,巽为同,故二人同心。巽为利,乾为金,以离断金,故其利断金。**同心之言,其臭如兰。"**【注】臭,气也。兰,香草。震为言,巽为兰,离日燥之,故其臭

如兰。二五同姓，故言臭。春秋传曰："辟诸草木，吾臭味也。"【疏】
乾为至语也。　此虞义也。同人卦辞曰：利君子贞。注云：君子谓
二五。二五得正，乾为道、为君子，故云君子之道。虞注同人云：旁
通师卦而称反师者，否泰反其类，亦得言反也。同人反师，师震为
出、为语。鬼谷子曰：捭之者，开也，言也，阳也；阖之者，闭也，默也，
阴也。故坤为默。二体巽为处，巽阳藏室，故为处也。　乾为至断
金。　卦名同人，同人体乾，故乾为人。五正应二，故二人谓二五。
坎为心，巽为同，二五同性，同性则同德，同德则同心，故二人同心。
巽近利市，故为利。乾为金，二体离，以离火断金，故其利断金。此
虞义也。虞以二人为夫妇，震为夫，巽为妇，今不用也。　臭气至味
也。　说卦曰：巽为臭。虞彼注云：臭，气也。风至知气，巽二人艮
鼻，故为臭。引此传为证，故知臭气指巽也。诗溱洧曰：方秉蕳兮。
毛传云：蕳，兰也。陆玑疏云：蕳即兰，香草也。荀子宥坐篇曰：芷兰
生于深林，非以无人而不芳。故云：兰，香草。巽柔爻为草，又为臭，
故为兰。燥万物者莫熯乎火，离日燥之，芳臭发越，故其臭如兰。此
上虞义也。同人天在上，火炎上，其性同，故二五同姓。春秋传者，
襄二十二年传文，彼郑公孙侨对晋君语。晋郑同姓，故云：辟诸草
木，吾臭味也。同姓则同德，同德合义，异德合姓，二五同姓，合义不
合姓，故比诸臭味也。**"初六：藉用白茅，无咎。"【注】**其初难
知，阴又失正，故独举初六。**子曰："苟错诸地而可矣，藉之用
茅，何咎之有？慎之至也。【注】**苟，或；错，置也。颐坤为地，
故苟错诸地。初为四藉，与四易位，故藉之用茅，何咎之有？颐艮为
慎，坤为至，故慎之至也。**夫茅之为物薄，而用可重也。**
【注】阴道柔贱，故薄。香洁可贵，故可重。**慎斯术也以往，其**

无所失矣。"【注】术,道也。乾为道,初往四,下体成乾,故慎斯术也以往。得位,故无所失矣。【疏】其初至初六。 此虞义也。其初难知,阴阳之微,故难知。六居初为失位,上系七爻,下系十一爻,独此举初六者,言当辩之早也。 苟或至至也。 初在下,故言地。旁通颐,颐坤为地,错诸地则安,故苟错诸地而可矣。此上虞义也。初以柔借四,故初为四借。初四失正,与四易位则无咎,故借之用茅,何咎之有? 颐艮为慎,坤为至,君子慎始,初变之正,故慎之至也。

阴道至可重。 此虞义也。阴为柔、为贱,故阴道柔贱。用以借四,与四易位,则可以荐鬼神,羞王公,故云香洁可贵也。 术道至失矣。

说文曰:术,邑中道也。故云:术,道也。艮为慎,初往居四,四来居初,则下体成乾,故云慎斯术也以往。阴阳得位,故云其无所失矣。"劳嗛,君子有终,吉。"子曰:"劳而不伐,有功而不置,厚之至也。【注】坎为劳,五多功。置当为德。乾为德,以上之贵下居三贱,故劳而不伐,有功而不德。艮为厚,坤为至,故厚之至也。语以其功下人者也。【注】震为语,五多功,下居三,故以其功下人者也。德言盛,礼言恭。嗛也者,致恭以存其位者也。"【注】乾为盛德,旁通履。履者,礼也。嗛以制礼,三从上来体坎,坎折坤体,故恭。震为言,故德言盛,礼言恭。上无位,知存而不知亡,降之三得位,故致恭以存其位者也。【疏】坎为至至也。 此虞、郑义也。三互坎,坎劳卦,故为劳。上据五,故五多功。置,古文德字从直心,传写讹为置,故云置当为德。上本乾,故乾为德。上九贵而无位,三多凶,贵贱之等,故云以上之贵下居三贱。三体艮,艮为厚,应在坤,坤为至,故厚之至也。 震为至者也。 此虞义也。三自上降,故曰下人。 乾为至者也。 乾三积善成德,虞注下系云盛德乾三,故乾为盛德。嗛以制礼,下系文。虞彼注云:阴称礼。嗛三以一阳制五阴,万民服,故以制礼。鸿范曰:貌曰恭。三从上来,互体坎,坎折坤体,磬折之容,故云恭。三互震为言,故德言盛,礼言恭也。乾上以阳居阴,故无位。阳为存,阴为亡,上知存而不知亡,之三得位,谓以阳居阳,故致恭以存其位者也。"忼龙有悔。"子曰:"贵而无位,高而无民,贤人在下位而无辅,是以动而有悔也。"【注】义具文言传。"不出户庭,无咎。"子曰:"乱之所生也,则言语以为阶。【注】节本泰卦,坤为乱,震为生、为言语,坤称阶,故乱之所生,则言语为之阶也。君不密则失臣,臣不密则失身,【注】泰乾为君,坤为臣、为闭,故称密。乾三之坤五,君臣毁贼,故君不密则失臣。坤五之乾三,坤体毁坏,故臣不密则失身。坤为身也。几事不密则害成。【注】几,初也。二已变成坤,坤为事,初不密,动体剥,故几事不密。初辞拟之,卒成之终,故害成也。是以君子慎密而不出也。"【注】君子谓初。二动坤为密,故君子慎密。初利居贞,故不出也。【疏】节本至阶也。　此虞义也。节,泰三之五,故云节本泰卦。坤反君道,故为乱。震春为生,震善鸣,故言语。坤土,故为阶也。　泰乾至身也。　此虞义也。乾以君之,故乾为君。阴臣道,故坤为臣。郑注云:密,静也。坤静也翕,又为阖户,故为闭。退藏于密,故为密也。三之五,乾坤体坏,故君臣毁贼。五之乾,坤体坏,故失身,坤躬为身也。　几初至成也。　郑注云:几,微也。几者动之微,故几谓初。二失位,变互坤,臣道知事,故坤为事。初利居贞,动体剥,故几事不密。初辞拟之,卒成之终,坤为害,故害成。此兼虞义也。　君子至出也。　此虞义也。初得位,故君子谓初。二动互坤,坤为密,艮为慎,故君子慎密。初利居贞而应四,故不出也。**子曰:"为易者,其知盗乎。**【注】为易者谓文王。否上之二成困,三暴嫚以阴乘阳,二变入宫为萃,五之二,夺之成解,坎为盗,故为易者其知盗乎。**易曰:'负且乘,致寇至。'负也者,小人之事也。**【注】阴称小人,坤为事,以贱倍贵,违礼悖义,故小人之事也。**乘也者,君子之器也。**【注】君子谓五。器,坤也。坤为大舆,故乘君子之器。**小人而乘君子之器,盗思夺之矣。**【注】小人谓三。既违礼倍五,复乘其车,五来之二成坎,坎为盗思夺之矣。为易者,其知盗乎,此之谓也。**上嫚下暴,盗思伐之矣。**【注】三倍五,上嫚乾君,而乘其器;下暴于二,二藏于坤。五来寇三,以离戈兵,故称伐之。坎为暴也。**嫚藏诲盗,野容诲淫。**【注】坎心为诲,坤为藏,兑为见,故嫚藏。三动成乾为野,坎水为淫,二变藏坤则五夺之,故嫚藏诲盗,野容诲淫。**易曰:'负且乘,致寇至。'盗之招也。"**【注】二藏坤时,艮手招盗,故盗之招。【疏】为易至盗乎。此虞义也。释解三爻辞,故知为易者谓文王。虞注困卦曰:否二之上。故云否上之二成困。困三不正,上嫚于五,下暴于二,故三暴嫚。困三传曰:据于蒺藜,乘刚也。故以阴乘阳。经云:入于其宫。虞彼注云:二动艮为宫。故二变入宫为萃。萃五之二,夺三成解,五之二体坎,坎为盗,故为易者其知盗乎。案,虞注萃卦云:观上之四。注解卦云:临初之四。今言萃自困来,解自萃来者,彼从四阴二阳之例,此从爻例故也。　阴称至事也。　此虞义也。下注云:小人谓三。此小人亦谓困三,而云阴称小人者,以对下君子言,阳称君子,故阴称小人也。负读为倍。三以四艮倍五,故云以贱倍贵。贱倍贵犹下倍上,故云:违礼悖义,小人之事也。　君子至之器。　五谓困五,五得正称君子。坤形而下者,故云:器,坤也。坤为大车,三在坤上,故乘君子之器。　小人至谓也。　此虞义也。三失位,故小人谓三。三违事君之礼,而倍五,乾在坤上,称君子德车,三乘其车,非其人也。五之二成解,解二体坎,坎为盗、为思,故盗思夺之矣。五之二失正,若然,乘君子之器者,盗也;夺之者,亦盗也。故云:为易者,其知盗乎。此之谓也。　三倍至暴也。　此虞义也。上谓五,下谓二,三倍五,上嫚乾五之君,而窃乘其器,下乘刚而暴于二,故上嫚下暴。二变入宫体坤,坤以藏之,故藏于坤。五之二寇三,故云五来寇三。解互离,故以离戈兵。声罪致讨,故称伐之。三传曰:自我致戎。虞氏谓:以离兵伐三,故转寇言戎,以成三恶。坎盗,故为暴也。

坎心至悔淫。　此虞义也。二体坎,坎心为悔。困、萃皆有兑象,故兑为见。藏而见,是嫚藏也。野容,郑氏谓:饰其容而见于外曰野。谓妇人出无拥蔽,犹野处也。列女传载华孟姬曰:车奔姬堕,使侍御者舒帏以自幛蔽。曰:妾闻野处则帏裳拥蔽,所以正心一意,自敛制也。颂曰:孟姬好礼,执节甚公,避嫌远别,终不野容。是其义也。三动成乾,乾为野,坎为欲、为水,故云坎水为淫。二变藏坤,则五来夺之,夺之谓夺三,三为盗、为淫,而为五所夺,故嫚藏悔盗,野容悔淫。王弼本野作冶,悔作诲,非虞义也。　二藏至之招。　此虞义也。二谓萃二,二藏坤时,四体艮,艮为手,艮手招盗,故盗之招也。

周易述卷十六

系辞上传

大衍之数五十,其用四十有九。【注】衍,演也。合天地之数,演而用之,故曰大衍。书曰:占用二衍忒。衍数所以立卦。天地之数五十有五,五行也;而五为虚,故大衍之数五十,三才也。太极元气,函三为一。故一不用,其用四十有九,三才、五行备焉。分而为二以象两。【注】太极生两仪,故分而为二以象两。挂一以象三。【注】易有三才,故挂一以象三。揲之以四,以象四时。【注】易说:文王推爻,四乃术数。故揲之以四。播五行于四时,故以象四时。归奇于扐以象闰。【注】奇,所挂一策。扐,所揲之余,不一则二,不三则四也。取奇以归扐,则以闰月定四时成岁,故归奇于扐以象闰。五岁再闰,故再扐而后挂。【注】一挂、两揲、两扐,为五岁再闰。再扐之后,然后别起一挂[一],故再防而后挂。【疏】衍演至备焉。 此章言圣人创大衍四象以作八卦之事。太玄曰:夫作者贵其有循而体自然。圣人幽赞于神明而生蓍,

––––––––––

〔一〕"挂",皇清经解本作"卦"。

因创为大衍四象之法以作八卦,循四象以立卦,皆体自然而不虚造也。衍,演。郑义也。周语伯阳父曰:夫水土演而民用也。韦昭注云:水土气通为演,演则生物,民得用之。彼据传文而云水土气通,其阴阳二气之通,亦得为演。衍、演同物,故云:衍,演也。天地之数五十有五,演而用之,故曰大衍。书曰占用二衍忒者,尚书鸿范文。郑彼注云:卦象多变,故言衍忒。下传云十有八变而成卦,故衍数所以立卦。系下云:易之为书也,广大悉备,有天道焉,有地道焉,有人道焉。说卦曰:立天之道曰阴与阳,立地之道曰柔与刚,立人之道曰仁与义。故卦有三才。大衍之数即天地之数,天地之数五十有五,而大衍之数五十者,明堂月令曰:春其数八,夏其数七,秋其数九,冬其数六,中央土其数五。一水,二火,三木,四金,五土,水火木金得土而成,故一二三四得五为六七八九。土生数五,成数五,五五为十,故有地十。故太玄曰:一六为水,二七为火,三八为木,四九为金,五五为土。天地之数五十有五,而五在地十之中,故大衍之数五十,五为虚也。五五为十,而五为虚,故伏羲衍易数止五十。五五为十,而十为虚,故箕子陈范数止于九。易乾凿度曰:大衍之数五十,日十、辰十二、星二十八,凡五十。京氏于此传之注亦云:五十者,谓十日、十二辰、二十八宿。据乾凿度先师之法也。星主斗,三统历曰:日合于天统,月合于地统,斗合于人统。故大衍之数五十,三才也。三统历又曰:太极元气,函三为一。一,太极也。京氏云:其一不用者,天之主气,将欲以虚来实,故用四十九。天之主气谓北辰也。故马氏云:北辰居位不动,其余四十九转运而用,但天地之数虚五而数可演,大衍之数虚一而蓍可用。虚者,道之舍也。故三统历曰:道据其一。必知数备三才、五行者,天有三才,地有五行。下传云:分而为二以象两,挂一以象三,是备有三才也。揲之以四,以象四时,是备有五行也。衍数所以立卦,故云三才、五行备焉。若然,大衍合三才、五行,则兼有合义,故于宝注云:衍,合也。　太极至象两。　此马义也。两仪,天地。以四十九策分置左右两手,左象天,右象地,是象两也。　易有至象三。　三才,天地人。挂犹县也。就两仪之间,于天数之中分挂其一,而配两仪,以象三才。虞氏谓:挂左手之小指。若然,则于右手之中,挂其一于左手小指也。　易说至四时。　易说者,乾凿度文。天有四时,地有四方,人有四德,无非四也。推爻之法,亦以四求之,故揲之以四。播五行于四时,礼运文。大衍五行之数,播散水火木金土之气于春夏秋冬之四时,故播五行于四时,谓分揲其著皆以四四为数,以象四时也。　奇所至象闰。　此虞义也。奇与扐为二事。奇,所挂之一也。故云所挂一策。扐,左右手四揲之余也。王制曰:祭用数之扐。又曰:丧用三年之仂。皆谓数之余也。故云所揲之余。既数两手之策,则其四四之后,必有零数,或一、或二、或三、或四,故云:不一则二,不三则四也。取所挂之一,而归之两手所揲之余,故云取奇以归扐。以闰月定四时成岁,尧典文。素问曰:日行一度,月行十三度而有奇焉。故大小月三百六十五日而成岁,积气余而盈闰矣。立端于始,表正于中,推余于终,而天度毕,故以闰月定四时成岁。积余分而成闰月,故归奇于扐以象闰也。　一挂至后挂。　凡前后闰,相去大较三十二月在五岁之中;此挂一、揲四、归奇之法亦一变之间,凡一挂、两揲、两扐合为五者,故五岁再闰。五者之中,凡有再仂以象再闰,然后置前挂扐之策,复以见存之策,分二、挂一而为第二变矣。虞注参五以变曰:五岁再闰,再扐而后挂,以成一爻之变,益参其五而后成一爻也。

天数五,地数五,五位相得而各有合。【注】天数五,谓一三五七九。地数五,谓二四六八十。五位,五行之位。相得,谓一得五为六,二得五为七,三得五为八,四得五为九,五得五为十。有合,谓一与二合丁壬也,三与十合甲己也,五与六合戊癸也,七与四合丙辛也,九与八合乙庚也。**天数二十有五,地数三十。凡天地之数五十有五。此所以成变化而行鬼神也。**【注】一三五七九,故二十有五也。二四六八十,故三十也。天二十有五,地三十,故五十有五也。五五为十,故有地十。而大衍之数五十,故所以成变化而行鬼神也。【疏】天数至庚也。　　下传云:天一,地二;天三,地四;天五,地六;天七,地八;天九,地十。一三五七九,奇也,故天数五。二四六八十,偶也,故地数五。郑氏曰:天地之气,各有五行。故五位谓五行之位。此上虞义也。昭八年春秋传曰妃以五成,皇侃以为金木水火得土而成。太玄曰:一六为水,二七为火,三八为木,四九为金,五五为土。又云:一与六共宗,二与七共朋,三与八成友,四与九同道,五与五相守。天地之数止有天五,而云五与五相守者,五五十也。故五得五为十也。春秋传又曰:火,水妃也。妃即合也。阴阳书有五行妃合之说,甲乙木也,丙丁火也,戊己土也,庚辛金也,壬癸水也。木克土,土克水,水克火,火克金,金克木。火畏水,以丁为壬妃,故一与二合丁壬也。土畏木,以己为甲妃,故三与十合甲己也。水畏土,以癸为戊妃,故五与六合戊癸也。金畏火,以辛为丙妃,故七与四合丙辛也。木畏金,以乙为庚妃,故九与八合乙庚也。其一与二、三与十、五与六、七与四、九与八相合之义,则昭十七年春秋传曰:水,火之牡也。刘歆说云:水以天一为火二牡,木以天三为土十牡,土以天五为水六牡,火以天七为金四牡,金以天九为木八牡。阳奇为牡,阴偶为妃。故曰:水,火之牡也。又曰:火,水妃也。是以郑注鸿范"星有好风星有好雨"云:中央土气为风,东方木气为雨。箕属东方木,木克土,是土十为木三妃。尚妃之所好,故箕星好风也。西方金气为阴，克东方木，木八为金九妃。毕属西方，尚妃之所好，故好雨。推此而往，南宫好旸，北宫好燠，中宫四季好寒，是由己所克而得其妃，从其妃之所好，是天地五行相合之义也。　一三至神也。　一三五七九奇数之积二十有五，二四六八十偶数之积三十也。合天地之数，故五十有五也。此上虞义也。太玄曰：五五为土。五五十也，故有地十。而五为虚，故大衍之数五十。蓍数卦爻皆于此衍焉，故所以成变化而行鬼神也。**乾之策二百一十有六，坤之策百四十有四。**【注】阳爻之策三十有六，乾六爻皆阳，三六一百八十，六六三十六，合二百一十有六也。阴爻之策二十有四，坤六爻皆阴，二六一百二十，四六二十四，合一百四十有四也。阳爻九，合四时四九三十六；阴爻六，合二十四气四六二十四，是其义也。**凡三百有六十，当期之日。**【注】易说：二卦十二爻，而期一岁。故云当期之日。又云：历以三百六十五日四分度之一为一岁，易以三百六十析当期之日。此律历数也。五岁再闰，故再扐而后挂，以应律历之数。**二篇之策万有一千五百二十，当万物之数也。**【注】二篇，上下经。共六十四卦三百八十四爻，阴阳各半。阳爻一百九十二，一爻三十六策，合六千九百一十二策；阴爻一百九十二，一爻二十四策，合四千六百八策。故二篇之策万一千五百二十。易以类万物之情，故当万物之数也。【疏】阳爻至义也。

此苟义也。盖据乾、坤九六之策云尔。其七八之数亦然。四七二十八，六爻一百六十有八；四八三十二，六爻一百九十有二。三十六合二十四，六十也；二十八合三十二，亦六十也。二百一十有六，百四十有四，凡三百有六十，当期之日。百六十有八，百九十有二，凡三百有六十，亦当期之日。二篇之策万一千五百二十。七八之数，四七二十有八,凡一百九十二爻,为五千三百七十六策;四八三十有二,凡一百九十二爻,为六千一百四十四策。二篇之策合之,亦万有一千五百二十,当万物之数。言九六而七八举矣。 易说至之数。 皆乾凿度文。二卦十二爻而期一岁,即上乾、坤之策也。其消息之月,亦十二爻而期一岁。历以三百六十五日四分度之一为一岁,易以三百六十枡当期之日,举大数而言。而揲蓍之法有扐数以象闰,故五岁再闰,故再扐而后挂也。消息则以七分为闰余矣。

二篇至数也。 乾凿度:孔子曰:阳三阴四,位之正也。故易卦六十四,分而为上下,阳道纯而奇,故上篇三十;阴道不纯而偶,故下篇三十四。乾、坤者,阴阳之本始,故为上篇之始;坎、离终始万物,故为上篇之终也。咸、恒者,男女之始,故为下篇之始;既济、未济为最终。是上下二篇文王所定,故知二篇为上下经也。系下云:庖牺始作八卦,以类万物之情。九家注云:六十四卦凡有万一千五百二十策,策类一物,故曰类万物之情。说苑:孔子曰:察变之动莫著于五星。天之五星运气于五行,其初犹发于阴阳,而化极于万一千五百二十。盖万物之精上为列星,故天有万一千五百二十星,地有万一千五百二十物。圣人仰观俯察,幽赞于神明而生蓍,观变于阴阳而立卦,发挥于刚柔而生爻,故卦爻之策亦万有一千五百二十。乾元万物资始,坤元万物资生。乾为天,坤为地,艮为人,艮主星,星主斗,斗合于人统,三才之义。天之五星运气于五行,而化极于万一千五百二十。大衍之数五十,三才五行之合,得有此数也。**是故四营而成易。【注】**四营谓分二、挂一、揲四、归奇也。易变而为一,故四营而成易,谓成一变也。言易者,象气变。**十有八变而成卦。八卦而小成。【注】**一变而为七,七变而为九,九者气变之究,乃复变而为一,则三揲蓍而成一爻也。六爻三变,十有八变具而成卦,八卦而小成,则观变于阴阳而立卦也。**引而信之,触类而长之,【注】**引,谓庖牺引信三才,兼而两之为六画。触,动也。谓六画以成六十四卦,故引而信之,触类而长之,则发挥于刚柔而生爻也。**天下之能事毕矣。【注】**触长爻策,至万一千五百二十,圣人成能,故天下之能事毕矣。**显道神德行,是故可与酬酢,可与右神矣。【注】**道,大极也。分为两仪,故显道。德行,人也。列为三才,故神德行。酬酢,往来也。变而为四时,故可与酬酢。神谓天神大一也。助天神变化,故可与右神矣。**子曰:"知变化之道者,其知神之所为乎。"【注】**在阳称变,<u>乾</u>二之<u>坤</u>;在阴称化,<u>坤</u>五之<u>乾</u>。阴阳不测之谓神。知变化之道者,故知神之所为。诸儒皆上"子曰"为章首,而<u>荀</u>、<u>马</u>又从之,甚非者矣。**【疏】**四营至气变。 <u>陆绩</u>曰:分而为二以象两,一营也;挂一以象三,二营也;揲之以四以象四时,三营也;归奇于扐以象闰,四营也。易变而为一,<u>乾凿度</u>文。易有太易,有太初,有太始,有太素。易变而为一当太初时。易无形畔,太易者,未见气;太初者,气之始,寒温始生。故云:易也三变成爻。四营者止一变耳,而云易者,易本乎气,故不言变而言易。象天地之始,故云象气变也。若<u>郑</u>氏之义,以文王推爻,四乃术数,则以四营为七、八、九、六,单则七也,拆则八也,重则九也,交则六也。四营而成,由是而生四七、四八、四九、四六之数,如是备为一爻。七、八、九、六皆三变而成,故十有八变而成卦,八卦而小成也。 一变至卦也。 一变而为七,七变而为九,九者气变之究,乃复变而为一者,皆<u>乾凿度</u>文。物有始、有壮、有究。一,始也;七,壮也;九,究也。一、七、九三气相承,太极元气,函三为一,故乃复变而为一,则三揲蓍而成一爻也。六爻三变已下,虞义也。乾凿度曰:三画而成乾,乾、坤相并俱生。郑彼注云:夫阳则言乾成,阴则言坤成。可知谓乾、坤各三爻,故云六爻。三六十八,故十有八变而成卦。乾、坤与六子俱名八卦,而小成谓天三爻,故云小成也。阳变成震、坎、艮,阴变成巽、离、兑,故云观变于阴阳而立卦也。　引谓至爻也。　此虞义也。上云十有八变而成卦,八卦而小成,止据三才;庖牺引信三才,谓兼三才而两之,乾坤各三爻而成六画之数,是重卦之义。触动谓六爻变动以成六十四卦,故引而信之,触类而长之也。发动挥变,变刚生柔爻,变柔生刚爻,以三为六,是发挥于刚柔而生爻也。　触长至毕矣。　此陆绩义也。陆氏谓:引信八卦,重为六十四,则有三百八十四爻,故云:触长爻策,至万一千五百二十。天地设位,圣人成能,故天下之能事毕矣。言易义已备也。　道大至神矣。　太极,一也。道据其一,故道谓太极也。一尚微,太极生两仪,剖判分离,故显也。虞注引下传云:默而成,不言而信,存乎德行。易简之善配至德。故云:德行,人也。挂一以象三,列为三才,神而明之存乎其人,故神德行也。九家曰:阳往曰酬,阴来曰酢,故曰:酬酢,往来也。此申易四象之义。不言闰者,从可知也。神谓天神太一者,天之主气,即其一不用者是也。右,助也。言易四象之作能右太一之神而助其变化,故可与右神矣。右荀作侑,谓如祭祀而侑神也。　在阳至者矣。　此虞义也。子曰已下,孔子叹美大衍四象之作也。阳变之坤五,故云:在阳称变,乾二之坤。阴化降乾二,故云:在阴称化,坤五之乾。一阴一阳变化无穷,故不测。说卦曰:神也者,妙万物而为言者也。又曰:然后能变化,既成万物也。变化神也,故云:知变化之道者,其知神之所为乎! 先儒以此为下章之首,荀马皆然,故虞氏驳之。案,虞别传云:仲翔奏上易注曰:经之大者莫过于易。自汉初以来,其读易者解之率少,至孝灵之际,颍川荀谞号为知易,臣得其注,有愈俗儒,至所谓西南得朋,东北丧朋,颠倒反覆,了不可知。孔子叹易曰:知变化之道,其知神之所为乎! 以美大衍四象之作。而上为章首,尤可怪笑。又南郡太守马融,名有俊才,其所解复不及谞。孔子曰:可与共学,未可与适道。岂不其然? 是其事矣。爽一名谞。

易有圣人之道四焉:以言者尚其辞,【注】圣人之情见乎辞,系辞焉以尽言也。**动者尚其变,**【注】谓爻之变。仪之而后动,故尚其变。**制器者尚其象,**【注】十二盖取之类是。**卜筮者尚其占。**【注】乾蓍称筮;动离为龟,龟称卜。动则玩其占,故尚其占。**是故君子将有为也,将有行也,问焉而以言。**【注】有为谓建侯。有行谓行师。凡应九筮之法则筮之,谓问于蓍龟,以言其吉凶。爻象动内,吉凶见外,蓍德圆神,卦德方知,故史拟神知以断吉凶也。**其受命也如向,**【注】不言善应,故受命如向。**无有远近幽深,遂知来物。**【注】远谓天,近谓地,幽谓阴,深谓阳。神以知来,故遂知来物,谓幽赞神明而生蓍也。**非天下之至精,其孰能与于此!**【注】至精谓乾纯粹精也。**参五以变,错综其数。**【注】逆上曰错;综,理也。谓五岁再闰,再扐而后挂,以成一爻之变,而倚六画之数。卦从下升,故错综其数,则参天两地而倚数也。**通其变,遂成天地之文。**【注】变而通之,观变阴阳始立卦。乾、坤相亲,故成天地之文。物相杂,故曰文。**极其数,遂定天下之象。**【注】数谓六画之数。六爻之动,三极之道,故定天下吉凶之象也。**非天下之至变,其孰能与于此!**【注】

谓参五以变,故能成六爻之义。六爻之义易以工也。**易无思也,无为也,**【注】天下何思何虑,同归而殊涂,一致而百虑。故无所为,谓其静也专。**寂然不动,**【注】谓隐藏坤初,机息矣专,故不动者也。**感而遂通天下之故。**【注】感,动也。以阳变阴,通天下之故,谓发挥刚柔而生爻者也。**非天下之至神,其孰能与于此!**【注】至神谓易隐初入微,知几其神乎。**夫易,圣人之所以极深而挈机也。**【注】极深谓幽赞神明。机当为几,几,微也。挈几谓参五以成一爻之变也。**唯深也,故能通天下之志。**【注】无有远近幽深,遂知来物,故通天下之志。谓蓍也。**唯机也,故能成天下之务。**【注】务,事也。谓易挈几开物,故成天下之务。谓卦者也。**唯神也,故不疾而速,不行而至。**【注】神谓易也。谓日月斗在天,日行一度,月行十三度,从天西转,故不疾而速。星寂然不动,随天右周,感而遂通,故不行而至者也。**子曰"易有圣人之道四焉"者,此之谓也。**【疏】圣人至言也。此虞义也。太玄曰辞以睹乎情,故圣人之情见乎辞。系辞谓象象九六之辞。书不尽言,故系辞焉以尽其言。拟之而后言,故尚其辞也。

谓爻至其变。　此陆绩义也。动谓爻也。爻者,言乎变者,故变谓爻之变。以易为度先于此,仪之而后举事,则动无不中,是仪之而后动,故尚其变也。　十二至类是。　荀氏谓:结绳为罔罟,盖取诸离,乃指十二"盖取"为言,是尚其象也。　乾蓍至其占。　此虞义也。白虎通引礼杂记曰:蓍,阳之老也。蓍数百,乾为百,蓍所以筮者,故乾蓍为筮。乾五动体离,离为龟,龟所以卜,故龟称卜。占事知来,动则玩其占,故尚其占也。　有为至凶也。　此虞义也。屯、豫诸卦皆云利建侯,故有为谓建侯。卦有师、嗛、豫、诸卦皆有行师之象,故有行谓行师。周礼春官:筮人掌三易,以辨九筮之名:一曰筮更,二曰筮咸,三曰筮式,四曰筮目,五曰筮易,六曰筮比,七曰筮祠,八曰筮参,九曰筮环。故云凡应九筮之法则筮之,谓应此九筮则加之筮也。上云卜筮,故谓问于蓍龟。言谓吉凶之辞,故云以言其吉凶。内谓初,外谓上。阳象动内,则吉见外;阴爻动内,则凶见外。故云:爻象动内,吉凶见外,蓍德圆神,卦德方知。此节专言蓍而兼及卦者,以卦由蓍而成也。史谓筮史,筮史拟蓍卦之神知,以断吉凶也。 不言至如向。 此虞义也。命谓命蓍命龟之辞。蓍龟不言,而示诸占兆,故云不言善应。虞氏谓:不疾而速,不行而至,故受命如向也。 远谓至蓍也。 此虞义也。乾为远,故远谓天;坤为近,故近谓地。幽谓坤,深谓乾。释言曰:幽,深也。幽、深同训,以属坤者为幽,属乾者为深,故幽谓阴,深谓阳也。不言乾坤而言天地阴阳者,谓幽赞神明而生蓍之时,未有乾坤之象也。物谓乾,乾神知来,故遂知来物。此为下"蓍之德"张本,故云幽赞神明而生蓍也。 至精至精也。此虞义也。系下云:定天下之吉凶,成天下之娓娓者,莫善乎蓍龟。太玄曰:抽天下之蔓蔓,散天下之混混者,非至精其孰能之。故云:非天下之至精,其孰能与于此。乾为蓍,乾伏坤初,精微而无形,故云:至精谓乾纯粹精也。 逆上至数也。 此虞义也。上下为顺,下上为逆,故曰逆上称错。易以顺性命之理,八卦而小成,即有阴阳、刚柔、仁义之分,故曰:综,理也。参读为三。一挂、两揲、两扐为五岁再闰,再扐而后挂。凡三变而成一爻,言三其五以成一爻之变也。分天象为三才,以地两之,故云而倚六画之数。易气从下生,以下爻为始,故云卦从下升。乾凿度曰:易始于一,分于二,通于三,缺于四,盛于五,终于上。是从下升,故错综其数。错为六画,综为三才,六画数之所倚,故云:则参天两地而倚数者也。缺于四,于上阙,或作壮于四。 变而至曰文。 此虞义也。化而裁之谓之变,推而行之谓之通,通其变谓变而之通也。卦谓八卦,阳变成震、坎、艮,阴变成巽、离、兑,故观变阴阳始立卦也。纯乾、纯坤之时,未有文章,乾、坤相亲,故成天地之文。阴阳错居称杂,阳物入坤,阴物入乾,更相杂成六十四卦,乃有文章,故曰文也。 数谓至象也。 此虞义也。数即参两所倚之数,故云六画之数。六爻兼三才而两之者,故云三极之道。八卦定吉凶,故定天下吉凶之象也。 谓参至工也。

此虞义也。六画称爻,爻从变始,参其五以成一爻之变,参重三才,故能成六爻之义。引而信之,触类而长之,则变之至者也。六爻之义易以工,工读为功,义见下也。 天下至也专。 此虞义也。天下何思何虑,同归而殊涂,一致而百虑者,皆下系文。何思何虑,谓乾伏坤初时。涂虽殊,其归则同,故曰同归而殊涂。虑虽百,其致则一,故一致而百虑。荀子天论篇曰:大巧在所不为,大智在所不虑。故无思也,无为也。乾伏坤初,藏神无内,故其静也专。 谓隐至者也。 此虞义也。乾隐藏坤初,佼易立节,寂然无为之时,故其机息矣,其静也专,故不动者也。 感动至者也。 此虞义也。乾凿度曰:虚无感动。郑氏谓:惟虚无也,故能感天下之动。乾出坤初,以阳变阴,清净昭晢,故能通天下之故。发,动也;挥,变也。变刚生柔爻,变柔生刚爻,以三为六,则发挥刚柔而生爻者也。 至神至神乎。 此虞义也。易隐初入微,谓无思、无为时也。乾初称几,几者动之微,君子知微,故知几其神也。 极深至变也。 极深谓幽赞神明,虞义也。系下云:精义入神。姚信注云:阴阳在初,深不可测,故谓之神。阴阳在初,故曰深。幽赞神明,极深之义也。机当为几,郑义也。古文作机,郑读为几。几谓初爻,初爻尚微,故曰几微也。圣人参五以成一爻之变，是挈几之义也。　无有至著也。
此虞义也。圣人幽赞于神明而生著，著之德圆而神，神以知来，故无
有远近幽深，遂知来物。此承上"至变"，以起下"著之德"也。　务
事至者也。　务，事，谓事业。以阳辟坤，是挈几开物；以阴翕乾，故
能成天下之务。卦之德方以知，故云谓卦者也。　神谓至者也。
此虞义也。乾凿度曰：易者，以言其德也。藏神无内，天下之至神即
无思、无为之易也，故云神谓易也。易有天道焉，有地道焉，有人道
焉。日合于天统，月合于地统，斗合于人统。六爻之动，三极之道，
故日月斗以言神之用也。贾逵论历曰：五纪论：日月循黄道，南至牵
牛，北至东井，率日日行一度，月行十三度十九分度七也。周书武顺
曰：天道尚左，日月西移，故从天西转。续汉书律历志曰：天之动也，
一昼一夜而运过周，日之所行与运周，日月相推，日舒月速。案，汉
法天一日一夜过周一度，日亦一日一夜起度端终度端，月又速于日，
故不疾而速也。星寂然不动，谓斗也。太玄曰：斗振天而进。范望
注云：振，动也。斗冲随天左回，故言进。又曰：斗之南左行而右还。
故随天右周也。汉书天文志曰：斗为帝车，运于中央，临制四海。分
阴阳，建四时，均五行，移节度，定诸纪，皆系于斗。故感而遂通，不
行而至也。

　　**天一，地二；天三，地四；天五，地六；天七，地八；天
九，地十。**【注】一二三四得五为六七八九，十者，二五也。五为
虚，故大衍之数五十。圣人用著之数，以作八卦，著为七，卦为八，爻
为九六。九六与七八相应，二者合三十，而天地之数毕矣。**子曰：
"夫易何为者也？**【注】问易何为取天地之数也。**开物成务，
冒天下之道，如斯而已者也。"**【注】以阳辟阴谓之开物，以阴

胁乾谓之成务。冒，触也。触类而长之，如此也。**是故圣人以通天下之志，**【注】圣人谓庖牺。开物，故以通天下之志。**以定天下之业，**【注】成务，故以定天下之业。**以断天下之疑。【注】**三百八十四爻冒天下之道，触类而长之，故以断天下之疑。**是故蓍之德圆而神，**【注】蓍数七，七七四十九，乾为蓍、为圆、为神，故蓍之德圆而神。所以通天下之志也。**卦之德方以知，**【注】卦数八，八八六十四，坤为方、为知，故卦之德方以知。所以定天下之业也。**六爻之义易以工。【注】**六爻九六相变。工读为功。功业见乎变，故六爻之义易以工。所以断天下之疑也。**圣人以此先心，退藏于密，吉凶与民同患。【注】**以蓍神知来，故先心。阳动入巽，巽为退伏，坤为闭户，故藏密。谓齐于巽，以神明其德。阳吉阴凶，坤为民，故吉凶与民同患。**神以知来，知以藏往。【注】**乾神知来，坤知藏往；来谓先心，往谓藏密也。**其孰能与此哉！【注】**谓谁能为此哉！谓古之聪明睿知之君也。**古之聪明睿知神武而不杀者夫！【注】**谓大人也。庖牺在乾五，动而之坤，与天地合聪明。在坎为聪，在离为明；神武谓乾，睿知谓坤。乾坤坎离反复不衰，故而不杀者夫。**是以明于天之道，而察于民之故，**【注】乾五之坤。以离日照天，故明天之道；以坎月照坤，故察民之故。**是兴神物以前民用。【注】**震为兴，乾为神物，坤为民用。神物谓蓍龟。为万物先，故前民用。**圣人以此齐戒，以神明其德夫。【注】**巽为齐，乾为神明、为德。圣人幽赞于神明而生蓍，故以此齐戒，以神明其德夫。**是故盍户谓之坤。辟户谓之乾。【注】**盍，闭翕也，谓从巽之坤。坤柔象夜，故以闭户。辟，开也，谓震之乾。乾刚象昼，故以开户。**一盍一辟谓之变。**【注】阳变盍阴，阴变辟阳，刚柔相推而生变化也。**往来不穷谓之通。**【注】十二消息，阴阳往来无穷已，推而行之，故谓之通也。**见乃谓之象。形乃谓之器。**【注】在天成象，天垂象见吉凶，故见乃谓之象。在地成形，形而下者谓之器，故形乃谓之器。**制而用之谓之法。**【注】阳道制命，阴道致用，故致而用之。爻法之谓坤，故谓之法。**利用出入，民咸用之谓之神。**【注】乾为利，坤为用。出乾入坤，故利用出入。坤为民，乾为神，乾伏坤中，息震消巽，鼓之舞之，故谓之神也。【疏】一二至毕矣。 水火木金得土而成，故一二三四得五为六七八九。土生数五，成数五，二五为十，故有地十。十者，二五也。天地之数五十有五，而天五为虚，故大衍之数止有五十。五十又虚一，圣人用以作八卦。七七四十九，故蓍为七。八八六十四，故卦为八。六十四卦有三百八十四爻，九六相变，故爻为九六。九六者，十五也。七与八亦合于十五，故九六与七八相应。合二者为三十，五六三十。三统历所云"十一而天地之数毕"是也。天地之数尽于七八九六，易之所取以此，故先陈此数，下传乃发问也。

问易至数也。 此虞义也。上陈天地之数，盖欲明七八九六取法于天地，而先发问以起义，故云问易何为，取天地之数也。 以阳至此也。 此虞义也。乾为物，其动也辟，以阳辟阴，故谓之开物。务，事也。坤为事，其静也翕，以阴翕乾，故谓之成务。周语曰：宜触冒人。故云：冒，触也。触，动也。触类而长之，以成六十四卦，天下之能事毕矣。故如斯而已者也。 圣人至之疑。 此言庖牺创立用蓍之法，以立卦生爻，故知圣人谓庖牺。上云通天下之志，注云谓蓍也；成天下之务，注云谓卦者也。圣人幽赞于神明而生蓍，是开物之义。故云：开物谓通天下之志也。八卦定吉凶，吉凶生大业，故成务谓定天下之业。三百八十四爻，皆触类而成。冒与触同义，触类而长之，发挥于刚柔而生爻，故以断天下之疑也。　蓍数至志也。

大衍之数五十，其用四十有九，故蓍数七，七七四十九也。乾为百，蓍数百，故为蓍。天道曰圆，故曰圆。下云神以知来，故蓍之德圆而神也。郑氏谓：蓍形圆，可以主变化之数，故谓之神也。　卦数至业也。　四营而成易，十有八变而成卦，八卦而小成，故卦数八，八八六十四也。阳三阴四，阴开为方，故坤为方。下云知以藏往，故卦之德方以知。鬼谷子曰：未见形圆以道之，既形方以事之。是圆与方之义也。　六爻至疑也。　蓍七卦八，爻者言乎变者也，故云六爻九六相变。谓阳变七之九，阴变八之六，阴阳相易，故相变也。周礼肆师云：凡师不功，则助牵主车。郑彼注云：故书功为工。郑司农云：工读为功，古者工与功同字。阴阳相变，功业乃成，故六爻之义易以工也。韩伯俗本作贡。　以蓍至同患。　此虞义也。此圣人亦谓庖牺。祭义曰：昔者圣人建阴阳天地之情，立以为易。易抱龟南面，天子卷冕北面，虽有明知之心，必进断其志焉，示不敢专以尊天也。是圣人以此先心之义。下云神以知来，故云以蓍神知来也。先，王肃、韩伯读为洗，谓洗濯万物之心。寻古洗濯字皆作洒，无作洗者。蔡邕石经及京、荀、虞、董遇、张璠、蜀才并作先心，当从之。阳动入巽，谓乾初入阴。杂卦曰：兑见而巽伏。巽象退辛，故为退伏。阖户之谓坤，故坤为闭户。伏闭者，藏密之象也。巽为齐，巽阳藏室，神明在内，故齐于巽，以神明其德也。乾阳为吉，坤阴为凶，圣人先知吉凶，兴利远害，故与民同患也。　乾神至密也。　此虞义也。蓍之德圆而神，故乾神知来。卦之德方以知，故坤知藏往。圣人取此七八、九六天地之数，知来而藏往。以此先心，故来谓先心。退藏于密,故往谓藏密。易之例以未来者属乾,已往者属坤也。

　谓谁至君也。　此虞义也。孰,谁也。　谓大至者夫。　此虞义也。大人谓九五之大人也。文王书经,系庖牺于九五,故庖牺在乾五。圣人心通乎造化,故动而之神。乾为天,坤为地,故与天地合聪明也。乾动之坤成大有,大有坎为聪,大有通比,比离为明。乾为神,乾阳刚武,故神武谓乾。说文曰:叡,深明也。古文作睿。阳伏坤下,深不可测。乾凿度以中央为知,故睿知谓坤。杀读为衰。士冠礼曰:以官爵人,德之杀也。郑彼注云:杀犹衰也。卦有反复,如泰反为否,否反为泰,故杂卦云:否泰反其类也。乾坤坎离反复不衰,谓反复皆此卦也。荀子王制篇曰:以类行杂,以一行万;始则终,终则始,若环之无端也,舍是而天下以衰矣。又成相篇曰:精神相反,一而不二为圣人。皆反复不衰之义也,故而不杀者夫! 陆绩、韩伯读杀如字,失其义矣。先儒马、郑、王肃、干宝皆读所戒反也。乾五至之故。　此虞义也。乾为天道,乾五之坤成坎,坤五之乾成离。以离日照天,故明天之道。坤为民,以坎月照坤,故察民之故。系下曰:又明于忧患与故。虞彼注云:知以藏往,故知事故。是其义也。　震为至民用。　兴,起也。震起,故为兴。乾为神、为物,故为神物。坤为民、为用,故为民用。下传云天生神物,亦谓蓍龟,故神物谓蓍龟。管子曰:能存能亡者,蓍龟与龙也。为万物先,为祸福正。为万物先,故前民用也。　巽为至德夫。　说卦曰齐乎巽,故巽为齐。乾为神、为大明,故为神明。圣人兴神物以前民用,创卜筮之法以通神明之德,是幽赞于神明之事也。　阖闭至开户。　此虞义也。此下至往来不穷谓之通,皆据消息言也。月令:孟冬之月,闭塞而成冬。坤其静也翕,故云:阖,闭翕也。从巽之坤,谓从午至亥也。刚柔者昼夜之道,故坤柔象夜,闭户之义也。坤其动也辟,故云:辟,开也。从震之乾,谓从子至巳也。乾刚为昼,故象昼,开户之义也。　阳变至化也。　此虞义也。阳变为阴,故盍阴;阴变为阳,故辟阳。刚推柔生变,柔推刚生化,故刚柔相推而生变化也。　十二至通也。　此虞义也。复、临、泰、大壮、夬、乾阳息之卦,遘、遁、否、观、剥、坤阴消之卦,是为十二消息,即乾坤十二画也。否大往小来,泰小往大来,故阴阳往来无穷已。一往一来,推而行之,故谓之通也。　在天至之器。　天有八卦之象,故在天成象。天垂象,见吉凶,故见乃谓之象。地有八卦之形,故在地成形。地形而下者,坤为器,故形乃谓之器也。　阳道至之法。　阳道制命,董子繁露文,阳刚故制命。坤为用,故阴道致用,制而用之。爻法之谓坤,效三才为六画,法象莫大乎天地,故谓之法也。　乾为至神也。　乾以美利利天下,故为利。出乾为复时,入坤为遘时也。民咸用之者,坤也。乾伏坤中,神在中也。阳息震为鼓,阴消巽为舞。鼓之舞之,不见其事,而见其功,故谓之神也。**是故易有大极,是生两仪。**
【注】大极,大一也。分为天地,故生两仪。仪,匹也。阴阳气交,人生其中,三才具焉。**两仪生四象。**【注】四象谓分二、挂一、揲四、归奇也。两仪为四象之一而云生四象者,四象由分二而生也。言四象,故不言挂一、归奇也。一说:四象,七八九六也。郑氏谓:布六于北方以象水,布七于南方以象火,布八于东方以象木,布九于西方以象金。四营而成,由是而生四六、四七、四八、四九之数。大衍之数五十,三才五行之合也。举两仪而三才在其中,举四象而土在其中。**四象生八卦。**【注】四营而成易,十有八变而成卦,是生八卦而小成也。**八卦定吉凶。**【注】引信三才,通为六十四卦,触类而长之,阳生则吉,阴杀则凶,定之以吉凶,所以断也。**吉凶生**

大业。【注】一消一息，万物丰殖，富有之谓大业。唐虞秩宗、周代大宗伯掌天神、人鬼、地示之礼，吉为先，凶次之，宾、军、嘉诸礼次第布之，谓之大业也。**是故法象莫大乎天地。**【注】法象，乾坤也。仰观象于天，俯观法于地，故法象莫大乎天地也。**变通莫大乎四时。**【注】变通配四时，故莫大乎四时。唐虞三代建官，法天地四时，顺时行令。其政详于明堂月令。**县象著明莫大乎日月。**【注】谓日月县天，成八卦象。三日暮震象出庚，八日兑象见丁，十五日乾象盈甲，十七日旦巽象退辛，二十三日艮象消丙，三十日坤象灭乙，晦夕朔旦坎象流戊。日中则离，离象就己。戊己土位，象见于中。日月相推而明生焉，故县象著明莫大乎日月。王者向明而治，县六官之象于象魏，重明丽正，化成天下，是其事矣。**崇高莫大乎富贵。**【注】乾正位于五，五贵坤富，以乾通坤，故高大富贵也。中庸说虽有其德，苟无其位，不敢作礼乐焉。郑氏谓：作礼乐者必圣人。在天子之位，故富贵称大也。**备物致用，立成器，以为天下利，莫大乎圣人。**【注】神农、黄帝、尧、舜也。民多否闭，取乾之坤，谓之备物；以坤之乾，谓之致用。乾为物，坤为器用。否四之初，耕稼之利；否五之初，市井之利；否二之四，舟楫之利；否上之初，牛马之利。谓十二盖取以利天下。圣人作而万物睹，故莫大乎圣人也。**探赜索隐，钩深致远，以定天下之吉凶，成天下之娓娓者，莫善乎蓍龟。**【注】探，取也。赜，初也。初隐未见，故探赜索隐，则幽赞于神明而生蓍。初深，故曰钩深。致远谓乾。乾生知吉，坤杀知凶，故定天下之吉凶。娓娓者，阴阳之微，能存能亡。乾为蓍，离为龟，月生震初，故成天下之娓娓者莫善乎蓍龟。阴阳之微,乾坤之元,故称善也。**是故天生神物,圣人则之。**【注】神物谓蓍龟。蓍龟定天下之吉凶,成天下之娓娓者,圣人则之,知存知亡而不失其正也。**天地变化,圣人效之。**【注】春夏为变,秋冬为化。圣人南面而听天下,顺时布令,是效天地之变化。**天垂象,见吉凶,圣人象之。**【注】天有八卦之象,乾象盈甲,是吉也;坤象丧乙,是凶也。见乃谓之象,故见吉凶。乾为德,坤为刑,圣人在上象天制作,故云圣人象之也。**河出图,洛出书,圣人则之。**【注】天不爱其道,故河出图;地不爱其宝,故洛出书。圣人则之,体信以达顺,遂致太平也。**易有四象,所以示也。**【注】覆述大衍四象也。四象生八卦,卦者,挂也。挂示万物,故所以示也。**系辞焉,所以告也。**【注】系象象之辞,八卦以象告,故所以告也。**定之以吉凶,所以断也。**【注】系辞焉以断其吉凶,八卦定吉凶,以断天下之疑也。**易曰:"自天右之,吉无不利。"子曰:"右者,助也。**【注】大有兑为口,口助称右。**天之所助者,顺也;**【注】乾为天,比坤为顺。**人之所助者,信也。**【注】乾为人、为信。**履信,思乎顺,有以尚贤也。**【注】五履信应二,故思乎顺。贤谓三,乾为贤人,三享于天子,礼行之宗庙,故以尚贤。**是以自天右之,吉无不利也。"**【注】圣人明天道,察民故,获天人之助,故吉无不利也。**【疏】**太极至具焉。　太极,太一者,马氏云:易有太极,谓北辰也。乾凿度曰:大一取七八九六之数,以行九宫。郑彼注云:太一者,北辰之神名也。居其所曰太一,主气之神。京氏注大衍之数云:其一不用者,天之主气,将欲以虚来实,故用四十九。礼运曰:夫礼必本于太一,分而为天地。吕氏春秋曰:太一出两仪。太一者,极大曰太,未分曰一。太极者,极中也。未分曰一,故谓之太一;未发为中,故谓之太极。在人为皇极,其实一也。两仪,天地也。分而为天地,故生两仪。此上虞义也。仪,匹也。释诂文。天地相匹,故称两仪。乾凿度曰:易始于一,分于二,通于三。郑氏谓:阴阳气交,人生其中,故为三才。太极函三为一,相并俱生,故太极生两仪,三才具焉。即上传所云分而为二以象两,挂一以象三,义具下也。 四象至其中。 四象谓大衍四象。分而为二以象两,挂一以象三,揲之以四以象四时,归奇于扐以象闰,故谓之四象也。两仪为四象之一,则在四象之中,而云生四象者,由分二而生此四象,故云两仪生四象也。挂一、归奇在四象之中,言四象故不言挂一、归奇也。一说:四象七八九六也者,此先儒之说也。郑氏已下,言揲蓍之法。六在北方象水,故布六于北方以象水;七在南方象火,故布七于南方以象火;八在东方象木,故布八于东方以象木;九在西方象金,故布九于西方以象金。文王推爻,四乃术数,故四营而成,由是而生四六、四七、四八、四九之数。四六二十四,交也;四七二十八,单也;四八三十二,坼也;四九三十六,重也。郑氏以交、单、坼、重为四象,为少异也。太衍揲蓍之法,中函三才五行,故云三才五行之合。义见上也。此言两仪而不言三才,言四象水火木金而不言土,太极函有三五,故云:举两仪而三才在其中,举四象而土在其中。 四营至成也。 分二、挂一、揲四、归奇为四象,经此四者而成一变,故四营而成易。三揲蓍而成一爻,六爻三变,十有八变而成卦。乾坤与六子俱名八卦而小成,是四象生八卦。若郑氏之义,四营为七、八、九、六,四营而成一爻,七、八、九、六皆三变而成,故十有八变而成卦,八卦而小成也。 引信至断也。 三才八卦之象,引而信之,故引信三才。八八六十四,故通为六十四卦。触长爻策至三百八十四爻,故触类而长之。阳生则趋于吉,阴杀则趋于凶,定之以吉凶,以断天下之疑,故所以断也。 一消至业也。 乾息为吉,坤消为凶,春夏生物,秋冬成物,故一消一息,万物丰殖。消息盈虚,无所不备,故云富有之谓大业。此上虞义也。皋陶谟曰:有能典朕三礼。张衡云:三礼,天地人之礼也。郑六艺论云:唐虞有三礼,至周分为五礼。若然,唐虞止有三礼,无五礼之名。故郑注尧典修五礼云:公、侯、伯、子、男之礼。其吉、凶、宾、军、嘉之礼,则始于周。唐虞三礼秩宗掌之,周之五礼大宗伯掌之,故云:唐虞秩宗、周代大宗伯掌天神、人鬼、地示之礼。其五礼之次,首吉礼,次凶礼,次宾礼,次军礼,次嘉礼,故云:吉为先,凶次之,宾、军、嘉诸礼次第布之也。安上治民,莫善于礼,故谓之大业。盖八卦定吉凶之后,备有六十四卦三百八十四爻之义。故上传云:圣人有以见天下之动,而观其会通,以行其等礼。系辞以断其吉凶,是故谓之爻。彼文行等礼,此言生大业,其义一也。 法象至地也。 成象之谓乾,爻法之谓坤,故云法象乾坤也。乾为天,坤为地,天有八卦之象,故仰观象于天;地有八卦之形,故俯观法于地。庖牺作八卦,先观法象,故云法象莫大乎天地也。 变通至月令。 变通趋时,故配四时。荀氏谓:四时相变,终而复始。故莫大乎四时也。唐虞建官,羲和掌天地,仲叔已下掌四时。四时之官分宅四方,谓之四岳,位在稷契之上,尧舜求禅、命官则咨之。周官六篇亦分天地四时;夏书甘誓乃召六卿,曲礼载殷之官制曰:天子建天官,先六大,次五官,次六府。六大司天,五官司地,六府主四时。故知唐虞三代建官,法天地四时也。顺时行令,月令之事,行之明堂,故云其政详于明堂月令。此承上吉凶生大业而言,故历引唐虞三代之法以明之也。 谓日至事矣。 日月之晦朔弦望,有八卦象,故谓日月县天,成八卦象。三日震象出庚，八日兑象见丁，十五日乾象盈甲，皆在暮也；十七日巽象退辛，二十三日艮象消丙，三十日坤象灭乙，皆在旦也；二十九日、三十日为晦夕，一日为朔旦，昼为日中，故坎象盈戊，离象就己。戊己中央土，故象见于中。参同契所谓：晦朔之间，合符行中。此天地杂、保太和、日月战、阴阳合德之时也。明两作，日月相推而明生，故县象著明莫大乎日月。此上虞义也。庖牺画八卦以赞化育，其道在明堂月令，说卦言之详矣。离为明堂，故王者向明而治。周礼太宰云：正月之吉始和，布治于邦国，都鄙乃县治象之法于象魏，使万民观治象，浃日而敛之，六官皆县象，故云六官之象。先郑司农云：象魏，阙也。坎月离日，二五正中，故重明丽正。成既济定，天地位，万物育，故化成天下。是县象著明取义于日月，故云是其事矣。　乾正至大也。　五，乾也，故乾正位于五。五天位，坤为富，故五贵坤富。以五之贵，据坤之富，以乾通坤，故莫大乎富贵。此上虞义也。中庸言虽有其德，苟无其位，不敢作礼乐者。乾元为天德，乾五为天位，有天德而居天位，所谓圣人在天子之位，然后可以制礼作乐。成既济定，故富贵称大。中庸言大德必得其位，必得其禄；荀子亦言仁之所亡无富贵，是直以富贵属诸圣人，故云大也。　神农至人也。　此虞义也。庖牺始作八卦，神农、黄帝、尧、舜继作，皆有既济之功，故知圣人谓神农已下也。中古之世，未知兴利远害，不行礼义，故民多否闭。谓其象为否，天地不交也。乾为物，取乾之坤，故谓之备物；坤为用，以坤之乾，故谓之致用。牛马为物，故乾为物。耒耨、舟楫为器，故坤为器。益，否四之初，利用大作，故云耕稼之利。噬嗑，否五之初，日中为市，故云市井之利。风俗通曰：谨案，古者二十亩为一井，因为市交易，故称市井也。涣，否二之四，挎木为舟，掞木为楫，故云舟楫之利。随，否上之初，服牛乘马，故云牛马之利。十二盖取,谓自离已下凡十二也。耕稼、市井、舟楫、牛马皆利天下之事,故云以利天下。神农已下圣人皆有制作,圣人作而万物睹,天下之所利见,故莫大乎圣人。中庸所谓虽有其位,苟无其德,不敢作礼乐。圣人有其德,故称大也。　探取至善也。　此虞、荀义也。探,取。释诂文。赜,初,谓乾初也。索亦取也。初情未动,隐而未见,故探赜索隐,则幽赞于神明而生蓍。乾为神明、为蓍,乾伏坤初,故幽赞于神明而生蓍。阳在初为潜、为渊,皆深也。初深,故曰钩深。说文曰:钩,曲也。阳曲,初致曲以取之,故曰钩深也。乾为远,故致远谓乾。乾阳生物,故乾生知吉;坤阴杀物,故坤杀知凶,是定天下之吉凶也。娓从尾,尾、微同物同音。王弼曰:娓娓,微妙之意。故云阴阳之微。管子曰:麤浊蹇,能存而不能亡者也。伏暗能存而能亡者,蓍龟与龙是也。存,故定天下之吉凶;亡,故成天下之娓娓。乾为蓍者,蓍数百,乾爻三十六,三爻一百八,略其奇五,故乾为百,数与蓍合,故乾为蓍。乾五变之坤,成大有体离,离为龟。月生震初,初尚微,故成天下之娓娓者。白虎通曰:圣人独见,先睹必问蓍龟何? 或曰:清微无端绪,非圣人所及,圣人亦疑之。尚书曰女则有疑,谓武王也。是成天下娓娓之事也。上皆言大,此独称善者,阴阳之微,即乾坤之元。元者善之长,故莫善乎蓍龟也。娓娓,郑氏作亹亹,云犹没没也。凡天下之善恶及没没之众事,皆成定之,言其广大无不包也。训亹亹为没没者,释诂曰:亹亹,蠠没,勉也。郭氏云:蠠没犹黾勉。寻黾勉古作密勿,诗黾勉从事,韩诗作密勿。密蠠、没勿古今字。亹、没同训,故云亹亹犹没没也。　神物至正也。　上云莫善乎蓍龟,故神物谓蓍龟。蓍龟能存能亡,故定吉凶,成娓娓,为祸福正,为万物先。圣人则之,有盛德,有大业,知存知亡,而不失其正也。　春夏至变化。　春夏为变,秋冬为化,荀义也。乾凿度云:

八卦成列,天地之道立,雷风水火山泽之象定。其布散用事也,震生物于东方,巽散之于东南方,离长之于南方,坤养之于西南方,兑收之于西方,乾制之于西北方,坎藏之于北方,艮终始之于东北方,八卦之气终,则四正四维之分明,生长收藏之道备。圣人法之,以立明堂。离在南方,故南面而听天下。明堂月令:顺时布令,所以效天地之变化。故云圣人效之也。 天有至之也。 天有八卦之象,谓纳甲也。十五日乾象盈甲,阳息则吉也。三十日坤象丧乙,阴消则凶也。乾为龙德,故为德。坤为虎刑,故为刑。圣人在上,亦用刑德,故皋陶谟曰:天命有德,五服五章哉! 天讨有罪,五刑五用哉! 是象天制作之事,故云圣人象之。论语曰:为政以德,辟如北辰,居其所而众星共之。是德象也。尧典曰:象以典刑。皋陶谟曰:方施象刑维明。周官大司寇:县刑象之法于象魏。是刑象也。 天不至平也。 天不爱其道,地不爱其宝,礼运文。郑氏易注据春秋纬云"河以通乾出天苞",是天不爱其道,故河出图也。又云"洛以流坤吐地符",是地不爱其宝,故洛出书也。河图洛书为帝王受命之符,圣人则象天地以顺人情,故体信以达顺,而致太平,为既济定也。 覆述至示也。 此覆述大衍四象,而及吉凶,为下圣人获天人之助张本也。大衍之数象两、象三、象四时、象闰,故谓大衍四象。四营而成一变,十有八变而成卦,故四象生八卦。卦者,挂也。挂示万物者,乾凿度文。县挂物象以示于人,故云所以示也。四象,郑氏谓七、八、九、六,义具上也。 系象至告也。 此虞义也。彖、象之辞,文王所作彖辞、象辞也。八卦以象告,下系文。虞彼注云:在天成象,乾二五之坤,则八卦象成。兑口震言,故以象告也。 系辞至疑也。此虞义也。系辞为系九六之辞,辨吉凶者存乎辞,故系辞焉断其吉凶。阳吉阴凶,故八卦定吉凶。易以断天下之疑,故所以断也。

大有至称右。　此虞义也。　大有上九爻辞。五体兑,兑为口,说
文曰:右,手口相助也。故曰口助称右。　乾为至为顺。　大有体
乾,乾为天,二五相应,故顺谓二,五阴降二。大有与比旁通,故比
坤为顺。　乾为人为信。　三于三才为人道,故为人。二阳升五,
故信谓五。得正体乾,体信足以长人,故乾为信。　五履至尚贤。

五正位体信,故履信。应在二,二为顺,故思乎顺。三得正,故贤
谓三。三体乾,故乾为贤人。天子谓五,三为三公,公用享于天子,
上宗庙爻,故礼行于宗庙,尚贤之象。宗庙于天子为明堂也。　圣
人至利也。　圣人明于天之道,察于民之故,合天人者也,故获天人
之助。此结通篇之义。系上、下凡三引大有上九爻辞,以见列圣用
易皆获天人之助,致既济之功,是所谓易之道也。

子曰:"书不尽言,言不尽意。"【注】谓书易之动,九六之
变,不足以尽易之所言,言之不足以尽庖牺之意也。然则圣人之
意,其不可见乎?【注】设词而问。子曰:"圣人立象以尽意,
【注】易道在天,三爻足矣,故以尽意。设卦以尽情伪,【注】情,
阳;伪,阴也。陈设六十四卦,而情伪尽在其中矣。系辞焉以尽
其言,【注】观象系辞而明吉凶悔吝,故以尽其言也。变而通之
以尽利,【注】变三百八十四爻使相交通,以尽天下之利。鼓之
舞之以尽神。"【注】神,易也。阳息震为鼓,阴消巽为舞,故鼓之
舞之以尽神。荀氏云:鼓者动也,舞者行也。谓三百八十四爻动行
相反,其卦所以尽易之神。乾坤,其易之缊邪?【注】缊,藏也。
易丽乾藏坤,故为易之缊。乾坤成列,而易立乎其中矣。【注】
乾息坤消,六位时成,故成列。坎月离日,居中央,王四方,故易立乎
其中矣。乾坤毁,则无以见易。【注】乾成则坤毁,谓四月也。

坤成则乾毁,谓十月也。乾坤毁则无以见易,谓六日七分也。**易不可见,则乾坤或几乎息矣。【注】**几,近;息,生也。谓中孚至复、咸至遯也。**是故形而上者谓之道,形而下者谓之器。【注】**易说:"易无形畔,易变而为一,一变而为七,七变而为九,九者气变之究也。乃复变而为一,一者形变之始。"清轻者上为天,故形而上者谓之道;浊重者下为地,故形而下者谓之器也。**化而裁之谓之变,推而行之谓之通,举而措之天下之民谓之事业。【注】**乾六爻二、四、上不正,坤六爻初、三、五不正,故化而裁之谓之变。唯变所适,故推而行之谓之通。通变之谓事。通其变,使民不倦。六爻皆正,成既济定,故举而措之天下之民谓之事业也。**是故夫象,圣人有以见天下之赜,而拟诸其形容,象其物宜,是故谓之象。圣人有以见天下之动,而观其会通,以行其等礼,系辞焉以断其吉凶,是故谓之爻。极天下之赜者存乎卦,鼓天下之动者存乎辞。【注】**言卦象极天下之深情,爻辞鼓天下之至动,覆述上以见圣人幽赞之功。**化而裁之存乎变,推而行之存乎通。【注】**易穷则变,变则通,故存乎变、存乎通也。**神而明之存乎其人。【注】**圣人幽赞于神明而生蓍,故神而明之存乎其人。荀氏谓:苟非其人,道不虚行也。**默而成,不言而信,存乎德行。【注】**坤为默,默而成,独也。震为言,乾为信,不言而信,信在言前也。易简之善配至德,乾为德,震为行,故存乎德行。九家谓:默而成,阴阳相处也。不言而信,阴阳相应也。德者有实,行者相应也。**【疏】**谓书至意也。 此虞义也。下传云:易之为书也。故知书为书易,动谓爻也。书易所载,六爻之动,九六相

变,不足以尽易之所言;即言之,亦不足以尽庖牺为易之意也。 设词
而问。 设疑词而问,欲明立象设卦可以尽圣人之言与意也。 易道
至尽意。 易道在天,三爻足矣,虞义也。谓纳甲之法,五六三十,
十一而天地之数毕,故以尽意也。 情阳至中矣。 情,阳;伪,阴。
虞义也。襄十八年春秋传曰左实右伪,情伪犹虚实也。阳实阴虚,
故知情,阳;伪,阴也。设,陈。陈设六十四卦,而易之情伪尽在其
中,故以尽情伪也。 观象至言也。 立象设卦皆庖牺时事;系辞
焉已下,乃文王也。 庖牺立象设卦,文王观六十四卦之象而系之辞,
吉凶悔吝无所不有,故尽其言也。 变三至之利。 此陆绩义也。
六十四卦卦有六爻,共三百八十四爻,变动使相交通,所谓六爻发
挥,旁通情也。变通趣时,故尽利也。 神易至之神。 上传云:易
无思也,无为也,寂然不动,感而遂通天下之故。非天下之至神,其
孰能与于此。故谓神为易也。扬子曰:鼓舞万物者,其雷风乎! 鼓,
震也。舞,巽也。故知震为鼓,巽为舞。阳息震为鼓,复时也;阴消
巽为舞,遘时也。故鼓之舞之以尽神,谓尽易之神也。此上虞义也。
荀氏之义,以鼓舞为反卦,三百八〔一〕十四爻动行相反,其卦如否反
泰、观反临之类。王氏略例曰"卦有反对"是也。言卦及反对始尽易
之神。 缊藏至之缊。 此虞义也。论语曰:韫椟而藏诸。马融
云:韫,藏也。韫与缊古今字耳,通作蕴。方言曰:蕴,包也。包、藏
同义。易谓坎、离,离丽乾,坎藏坤,为乾坤二用,故为易之缊。 乾
息至中矣。 复、临、泰、大壮、夬、乾阳息之卦,遘、遯、否、观、剥、坤
阴消之卦。复已上乾之六位,遘已上坤之六位,列贵贱者存乎位,故
成列也。消息无坎、离,坎为月,晦夕朔旦,坎象流戊;日中则离,离象

〔一〕"八"原误作"六",据上注文所引荀氏文改。

就己。戊己土位,象见于中,故居中央。参同契曰:土王四季,罗络始终。青赤黑白,各居一方。皆禀中宫,戊己之功。故王四方也。　乾成至分也。　乾坤无毁道。释诂曰:亏,坏毁也。天道亏盈,故言毁,谓消息也。阳息阴,故乾成则坤毁。乾成于巳,故谓四月。阴消阳,故坤成则乾毁。坤成于亥,故谓十月。坎离为乾坤二用,四月无坤,十月无乾,乾坤毁,故无以见易。六日七分,谓中孚、咸也。　几近至遘也。　几,近。释诂文。乾息坤消而皆谓之息者,息,生也,阳生于子,阴生于午,故皆云生也;中孚至复则阳生,咸至遘则阴生,故近乎息矣。　易说至器也。　此承上乾坤近乎息而言。易说:易无形畔,易变而为一,一变而为七,七变而为九,九者气变之究也;乃复变而为一,一者形变之始者,皆乾凿度文。易无形畔者,谓太易也。易变而为一者,谓太初也。一变而为七者,七主南方,谓太始也。七变而为九者,九主西方,谓太素也。九者气变之究也者,郑氏谓:西方阳气所终究之始也。乃复变而为一者,郑氏谓:此一则元气形见而未分者。一者形变之始者,即乾之初也。清轻者上为天,浊重者下为地,亦乾凿度文。乾息至二,刚升坤五,故清轻者上为天。乾为道,故形而上者谓之道。坤消至五,则降乾二,故浊重者下为地。坤为器,故形而下者谓之器也。　乾六至业也。　乾六爻三、四、上不正,坤六爻初、三、五不正,虞义也。变之正,故化而裁之谓之变。阳变阴化,变化互言也。唯变所适,下系文。适,之也。谓乾之坤,坤之乾也。乾坤气通,故推而行之谓之通。事业皆从通变而出,故通变之谓事。化裁推行,六爻皆正,君臣上下,内外各得其位,成既济定,举而措之天下之民,民安物阜,故谓之事业也。　言卦至之功。　赜,情之未动者也。在初为深,故曰深情。圣人见其赜,而拟诸其形容,象其物宜,而情始见,故咸、恒、萃诸象传云:观其所感、所恒、所聚,而天地万物之情可见矣。<u>大壮</u>传云:正大而天地之情可见矣。是卦象极天下之深情也。吉凶悔吝者生乎动,三百八十四爻吉凶悔吝之辞,皆所谓鼓天下之至动也。上言不可亚、不可治,此言极之、鼓之,是以言尽为<u>易</u>之意也。<u>下传</u>神而明之,是圣人幽赞之事,覆述以起下也。　　易穷至通也。　　此亦覆述<u>上传</u>,而归功于其人。易穷则变,变则通,亦是黄帝、尧、舜通变之事也。　　圣人至行也。　　幽赞于神明而生蓍,圣人作<u>易</u>之本也。<u>管子</u>曰:独则明,明则神。由明而神,贤人之学,反之者也;神而明之,圣人之德,性之者也。其人谓圣人也。<u>荀氏</u>谓:苟非其人,道不虚行。谓待其人而后行也。　　坤为至应也。　　<u>乾</u>伏<u>坤</u>初,故<u>坤</u>为默。不诚则不能独成天下之娓娓者,故云:默而成,独也。<u>乾</u>初震也,故震为言。<u>乾</u>为信而伏<u>坤</u>初,故不言而信。<u>中庸</u>曰:故君子不动而敬,不言而信。<u>诗</u>曰:奏假无言,时靡有争。信在言前,故不言而人信之。阴阳之微,<u>乾坤</u>之元,即易简也,在人为至德,故易简之善配至德,存乎德行。有至德以凝至道,易之所以重三才也。<u>九家</u>谓"默而成,阴阳相处也"者,谓姤时复时也。不言而信,阴阳相应也者,谓初应四,二应五,三应上也。阴阳相处是德也,阴阳相应是行也,故云:德者有实,行者相应也。

周易述卷十七

系辞下传

八卦成列，象在其中矣。【注】象谓三才成八卦之象。乾、坤列东，艮、兑列南，震、巽列西，坎、离在中，故八卦成列，则象在其中矣。"天垂象，见吉凶，圣人象之"是也。因而重之，爻在其中矣。【注】谓参重三才为六爻，发挥刚柔，则爻在其中。六画称爻，六爻之动，三极之道也。刚柔相推，变在其中矣。【注】谓十二消息，九六相变。刚柔相推，而生变化，故变在其中矣。系辞焉而明之，动在其中矣。【注】谓系象象九六之辞而明其情，故动在其中。鼓天下之动者，存乎辞也。明或作命，谓命吉凶。吉凶悔吝者，生乎动者也。【注】动谓爻也。爻也者，效天下之动者也。爻象动内，吉凶见外。吉凶生而悔吝著，故生乎动者也。刚柔者，立本者也。【注】乾刚坤柔，为六子父母，乾天称父，坤地称母。本天亲上，本地亲下，故立本者也。变通者，趣时者也。【注】变通配四时，故趣时者也。吉凶者，贞胜者也。【注】贞，正也。胜读为称。称，好也。阳吉阴凶，为祸福正，故吉凶者，贞称者也。**天地之道，贞观者也。**【注】天地谓二五。二五中正，以观天下，故天地之道，贞观者也。**日月之道，贞明者也。**【注】日月谓坎、离。未济当晦，既济当望，日月双明，故日月之道，贞明者也。**天下之动，贞夫一者也。**【注】一谓乾元。爻之动，一则正，两则惑，故天下之动，贞夫一者也。**夫乾隺〔一〕然示人易矣。**【注】阳在初弗用，隺然无为，潜龙时也。不易世，不成名，故示人易者也。**夫坤退然示人简矣。**【注】阴动而退，故曰退然。简，阅也。坤以简能，阅内万物，故示人简者也。**爻也者，效此者也。象也者，象此者也。**【注】此谓易简。易简，一也。天下之动，贞夫一，故效此者也。三才合于一元，故象此者也。**爻象动乎内，吉凶见乎外，**【注】内，初；外，上也。阳象动内，则吉见外；阴爻动内，则凶见外也。**功业见乎变。**【注】吉凶生大业，故功业见乎变。变谓所动之一爻。**圣人之情见乎辞。**【注】乾为圣人。爻象以情言，辞以睹乎情，故圣人之情见乎辞。**天地之大德曰生。**【注】天地爻也。乾天称父，坤地称母，乾为大德、为生。天降感而生圣人，故天地之大德曰生。**圣人之大保曰位。**【注】福德爻也，亦曰宝爻。淮南王说："母生子曰保。"乾为圣人，阳称大，乾为金、为玉，故为大保。位谓乾五。**何以守位？曰仁。**【注】专爻也。震为守，乾为仁。专爻助福德者，故曰守位。**何以聚人？曰财。**【注】财爻也。与人同制之爻，故以聚人。坤为聚、为财，乾为人，故聚人曰财。**理财正辞，禁民为非曰义。**【注】系爻也。

〔一〕"隺"，皇清经解本作"确"。

坤为理财,乾为正辞,坤为民、为义。坤阴为非,以乾制坤,故禁民为非曰义。系爻财所生者,灵宝经说:"下克上曰伐。"犹民为非,当禁之,禁之者保爻。圣人在上位,诘奸慝,刑暴乱是也。天地、福德,父子也。专爻,兄弟也。财爻,夫妇。保、系二爻,君臣也。是为六戚,家人一卦义备矣。【疏】象谓至是也。　此虞义也。在天成象,圣人则天之象,分为三才,观变于阴阳而立卦,故谓三才成八卦之象。甲乙在东,故乾、坤列东。丙丁在南,故艮、兑列南。庚辛在西,故震、巽列西。戊己居中,故坎、离在中。此八卦之象,故云八卦成列,象在其中矣。　谓参至道也。　　此虞义也。分天象为三才,以地两之为六画,故云参重三才为六爻。参重即参两也。立地之道曰柔与刚。发,动;挥,变。变刚生柔爻,变柔生刚爻,故发挥刚柔,则爻在其中。以三为六,故六画称爻。六画乃兼三才而两之者,故云六爻之动,三极之道也。　谓十至中矣。　　此虞义也。乾、坤各六爻,乾息坤消,故谓十二消息,九六相变。一往一来曰推,刚推柔生变,柔推刚生化,故刚柔相推而生变化,言爻之变在其中矣。谓系至吉凶。　此虞义也。谓文王系六十四卦三百八十四爻之辞。爻象以情言,因其动而明其情,故动在其中矣。阳息震为鼓,故鼓天下之动者,存乎辞也。明或作命者,谓今本有作命者。命吉凶,周书召诰文。下云"吉凶悔吝生乎动",故以命之也。　动谓至者也。此虞义也。道有变动故曰爻,故动谓爻也。动,发也。两三才为六画,则发挥刚柔而生爻。故爻也者,效天下之动者也。爻象动内,吉凶见外。吉凶由动而生,悔吝由动而著,故吉凶生而悔吝著也。乾刚至者也。　此虞义也。乾阳金坚,故刚;坤阴和顺,故柔。六子索于乾、坤而得者,故为六子父母。乾天称父,坤地称母,约说卦文。震、坎、艮皆出乎乾,而与乾亲,故曰本天亲上。巽、离、兑皆出乎坤,而与坤亲,故曰本地亲下。天尊故上,地卑故下。此亦约文言而言乾坤立六子之本,故立本者也。　变通至者也。　此虞义也。谓泰、大壮、夬配春,乾、遘、遯配夏,否、观、剥配秋,坤、复、临配冬。十二消息相变通,而周于四时,故趣时者也。　贞正至者也。　贞,正。师象传文。胜读为称,姚信义也。古胜与称通。考工记曰:角不胜干,干不胜筋,谓之不参。注云:故书胜或作称。晋语曰:中不胜貌。韦昭云:胜当为称。是古文通也。称,好也。释言文。阳吉阴凶,道之常也。管子论蓍龟曰:为万物先,为祸福正。吉凶以贞为称,故贞称者也。孟子曰:莫非命也,顺受其正。曾子曰:吾得正而毙焉,斯已矣。知进退存亡而不失其正,是贞称之义也。　天地至者也。　乾五为天,坤二为地,故天地谓二五。二五得正得中,故中正以观天下,是贞观之义也。　日月至者也。　坎月离日,故日月谓坎离。未济月晦,虞义也。未济主月晦,则既济主月望也。故苟氏曰:离为日,日中之时,正当离位,然后明也。月者坎也,坎正位冲离。冲谓十五日月当日冲,正值坎位,亦大圆明。故曰:日月之道,贞明者也。参同契曰:十五乾体就,盛满甲东方。蟾蜍与月兔,日月气双明。是贞明之义也。　一谓至者也。　一谓乾元,虞义也。系下曰:天地壹壹,万物化醇。男女覯精,万物化生。言致一也。故爻之发动所之之卦,一则正,两则惑。京氏筮法一爻变者为九六,二爻以上变者为八。故晋语重耳得贞屯悔豫皆八,乃三爻变,不称屯之豫而称八;左传穆姜遇艮之八,乃五爻变,不称艮之随而称八,皆是贞夫一之义也。又左传庄廿二年遇观之否,闵元年、昭七年遇屯之比,又闵二年遇大有之乾,僖十五年遇归妹之睽,廿五年遇大有之睽,襄廿五年遇困之大过,昭五年遇明夷之嗛,十二年遇坤之比,凡九占,皆一爻变。其蔡墨所称乾之遘等,乃随举各爻之辞,犹言初

九、初六之类,非谓乾变遘,学者当共审也。　阳在至者也。　此虞义也。乾初九潜龙勿用,故在初弗用。文言曰:崔乎其不可拔,潜龙也。故曰:崔然无为,潜龙时也。坤乱于上,故不易世。行而未成,故不成名。是示人易者也。　阴动至者也。　退,马氏作隤,陆、董、姚作妥。音相近,故有异同。孟喜作退,今从之。阴动而退,乾凿度文。阴体卑柔,故动而退。退然之象,臣道也。简,阅也以下,虞义也。简,阅也。广雅文。桓六年春秋传曰:大阅简车马也。简、阅同义,故云:简,阅也。坤以藏之,故阅藏万物,示人简者也。　此谓至者也。　此陈易简而及爻象,故知效此象,此为易简也。易简即乾坤之元,故云一也。爻之动,贞夫一,故云效此者也。圣人则天之象,分为三才八卦是也。太极元气,函三为一。三才合于一元,故云象此者也。　内初至外也。　此虞义也。内谓初爻,外谓上爻。其初难知,其上易知。阳为吉,故阳象动内,则吉见外;阴为凶,故阴象动内,则凶见外也。　吉凶至一爻。　上言吉凶,此言功业,是吉凶生大业。荀氏谓"阴阳相变,功业乃成"是也。天下之动,贞夫一,动亦变也,故变谓所动之一爻。　乾为至乎辞。　乾为圣人,虞义也。乾六爻发挥变动,旁通于坤,坤来入乾,以成六十四卦。全体为象,析体为爻。乾坤旁通而天地之情可见,故爻象以情言,辞以睹乎情。太玄文:辞也者,各指其所之。故情见乎辞也。　天地至是也。

此章皆言爻之变动,是节兼言爻物。下传云:道有变动,故曰爻。爻有等,故曰物。干氏谓:六亲、九族、福德、众形、万象皆来发于爻,故曰物。京房易积筭法曰:孔子曰:八卦鬼为系爻,财为制爻,天地为义爻,福德为宝爻,同气为专爻。陆绩注云:天地即父母也。故云:乾天称父,坤地称母。天帝在太微之中,降感以生圣人。商诗玄鸟曰:天命玄鸟,降而生商。周诗生民曰:履帝武敏歆。是其事也。

天感生圣人,而兼言地者,圣人谓乾五,有君而为之,贰则坤二是也。诗崧高云:维岳降神,生甫及申。故兼言地也。圣人之大保曰位,福德为宝爻。保与宝通。抱朴子引灵宝经曰:支干上生下曰宝,甲午乙巳是也。淮南王说者,在天文篇。若然,天地所生当是专爻,而云福德者,八纯宗庙为太祖,天之感生,犹商之契、周之后稷,故以福德为乾五,专爻为助福德守位者也。淮南天文云:子母相得曰专。灵宝经曰:上下同曰,故曰专爻。震守器,故曰守。乾五为仁,兄弟同气,助福德而守位者,故云守位曰仁也。八卦财为制爻,淮南天文曰:母胜子曰制。如火为水妃之类是也。与兄弟同制之爻,故以聚人也。淮南天文曰:子胜母曰困。鬼为系爻,鬼者鬼吏也,系即困也。坤为理、为财,故为理财。系下曰:初帅其辞,而揆其方。虞彼注云:帅,正也,谓修辞立诚。方谓坤也。以乾通坤,故初帅其辞,而揆其方。亦是乾正坤之义,故曰乾为正辞。乾谓五也。坤积恶,故坤阴为非。系下云辨是与非,虞彼注云非谓阴是也。承上财爻而言,故云:系爻财所生者,灵宝经曰"下克上曰伐"是也。灵宝经者,葛洪所据先秦之书也。伐亦作罚,故赵晔吴越春秋范蠡据玉门第一篇谓戊寅为罚日也。下之克上,犹民犯上为非,为上者当治财而正上下之辞,而禁其非。圣人在大保之位,故曰禁之者保爻,谓福德能制鬼吏也。诘奸慝,刑暴乱,周礼大司寇文。以义正民,故曰义也。　天地至备矣。　一卦备有六戚,谓父子、兄弟、夫妇、君臣也。天地父母爻,福德子爻,故云:天地、福德,父子也。同气为兄弟,故云:专爻,兄弟也。五行以受制者为其妃,故云:财爻,夫妇。福德为君,鬼爻为吏,故云:保、系二爻,君臣也。卦家合是四者为六戚,即六亲也。序卦曰:有天地然后有万物,有万物然后有男女,有男女然后有夫妇,有夫妇然后有父子,有父子然后有君臣。家人一卦,遂乾为父,艮为子,是父子也;三动震为兄,艮为弟,是兄弟也;震为夫,巽为妇,是夫妇也。故象传曰:家人有严君焉,父母之谓也。是君臣也。又曰:父父子子,兄兄弟弟,夫夫妇妇,而家道正,正家而天下定矣。但父子、兄弟、夫妇、君臣各得其正,所谓既济定也。此一卦所以取义于六戚,具于家人卦中,故云家人一卦义备矣。

古者庖牺氏之王天下也,【注】庖牺,古文作伏戏。伏,服也;戏,化也。伏戏画八卦,以治天下,天下服而化之,故称伏戏。伏戏太昊氏,以木德王天下,位乎乾五。五动见离,离南方卦,南面而听天下,向明而治也。**仰则观象于天,**【注】天有八卦之象。**俯则观法于地,**【注】地有八卦之形。**观鸟兽之文,**【注】谓朱鸟、白虎、苍龙、玄武,四方二十八宿,经纬之文。**与地之宜,**【注】谓四方四维,八卦之位;山泽高卑,五土之宜。**近取诸身,**【注】坤为近、为身,故近取诸身。**远取诸物,**【注】乾为远、为物,故远取诸物。**于是始作八卦,以通神明之德,**【注】幽赞于神明而生蓍,演之为数,三才五行备焉。显道神德行,可与酬酢,可与右神,故以通神明之德。**以类万物之情。**【注】六十四卦凡万有一千五百二十策,策类一物,故以类万物之情。【疏】庖牺至治也。 此孟、京、虞义也。庖牺,孟、京作伏戏。许慎以易孟氏为古文,故知古文作伏戏。伏读为服,戏读为化,古训音与义并举,故云:伏,服也;戏,化也。伏戏为太昊有天下之号。伏戏画八卦以治天下,始于幽赞,终于赞化育,故天下伏而化之。说卦曰帝出乎震,故知太昊氏以木德王天下。虞氏谓文王书经,系庖牺于乾五,故位乎乾五。昭廿九年蔡墨称周易曰:在乾之大有,曰飞龙在天。大有体离,说卦曰相见乎离,故五动见离。离南方卦,南面而朝诸侯,天子当阳,诸侯用命，故南面而听天下，向明而治也。其后神农因之，遂立明堂为历世治天下之大法也。　　天有至之情。　　此虞、陆绩、九家等义也。在天成象，故天有八卦之象，谓震象出庚、兑象见丁之类是也。在地成形，故地有八卦之形，谓震竹、巽木之类是也。法象莫大乎天地，故天称象，地称法也。南方朱鸟，西方白虎，东方苍龙，北方玄武，每方七宿，分主春秋冬夏，故四方二十八宿。五星为纬，二十八宿为经，故云经纬之文。坎、离、震、兑为四方，乾、坤、艮、巽为四维，故云八卦之位。山林川泽为山泽，丘陵坟衍原隰为高卑。周礼大司徒以土会之法辨五地之物生，故云五土之宜也。法言曰近如地，故坤为近。坤为自、为我、为躬，释诂曰：身，我也。又曰：躬，身也。故坤为身。虞注嗛彖传曰天道远，故乾为远。乾纯粹精，精气为物，故为物。上陈天地，此言人物，乃三才也。观鸟兽之文与地之宜，乃五行也。合三才五行而大衍之数备矣，故于是始作八卦也。伏戏用蓍而作八卦，蓍者圣人幽赞于神明而生，伏戏演其数为五十。太极者，道也。分为两仪，故显道。德行者，人也。列为三才，故神德行。酬酢，往来也。变而为四时，故可与酬酢。作八卦以助天神变化，故可与右神。是通神明之德之事也。二篇之策当万物之数。九家易曰：圣人有以见天下之册，而拟诸其形容，象其物宜。册古文策，故云策类一物也。**作结绳而为罟**〔一〕**，以田以渔，盖取诸离。【注】**罟读为网古。离为目，巽为绳。目之重者唯古，故结绳为网古。坤二五之乾成离，巽为鱼，坤二称田，以古取兽曰田，取鱼曰渔，故取诸离。**【疏】**此以下十二盖取，皆制器尚象之事。上传云：备物致用，立成器以为天下利，莫大乎圣人。圣人谓庖牺以下也。罟读为网古者，

〔一〕"罟"，通行本周易作"罔罟"。

古文二字并,故误也。锺鼎文皆然。离为目以下,虞义也。说文曰:
罟,网也。罟多目,故云目之重者唯罟。田读为畋,鱼读为渔。故以
罟取兽曰田,取鱼曰鱼。**庖牺氏没,神农氏作,【注】**没,终。
作,造也。神农以火德王,火生土,故知土则利民播种,号神农氏也。
斫木为耜,揉木为耒,耒耨之利,以教天下。盖取诸益。
【注】否四之初也。巽为木、为入,艮为手,乾为金,手持金以入木,
故斫木为耜。耜止所逾,因名曰耜。艮为小木,手以桡之,故揉木为
耒。耒耜,耔器也。巽为号令,乾为天,故以教天下。坤为田,巽为
股进退,震足动耜,艮手持耒,进退田中,耕之象也。益万物者莫若
雷风,故法风雷而作耒耜。**【疏】**没终至氏也。 此虞义也。没本
作歾。说文曰:歾,终也。经传通用没,大学曰"没世而不忘"是也。
作,造。释言文。乐记曰:作者之谓圣。文言曰:圣人作而万物睹。
皆谓造作。后人不识古训,改作为起,妄易虞义,今不从也。 否四
至耒耜。 此虞义也。案,益卦虞彼注云否上之初,此云四之初,误
也。卦互艮,乾谓否乾也。考工匠人曰:耜广五寸,二耜为耦。一耦
之伐,广尺深尺。郑彼注云:古者耜一金,两人并发之。京氏曰:耜,
耒下钉三仓曰耒头铁也。若然,耜为耒金,金广五寸,耒面谓之庛。
郑氏读棘刺之刺,刺,耒下前曲接耜者。说文耜从木,故斫木为耜。
庛随耜入地。考工车人云:车人为耒庛,长尺有一寸,自其庛缘,其
外以至于首以弦,其内六尺有六寸,与步相中。步六尺,耒与步相
中,亦六尺。故云:耜止所逾,因名曰耜。耒有直者,有句者。中地
之耒倨句磬折,皆须揉木为之,艮为小木,手以桡之,故揉木为耒。
耔与芓同。诗大田曰:或芸或芓。班固谓:芓附根,每耨辄附根,皆
用耒耜为之。故云:耒耜,耔器也。上之初,利用为大作。虞彼注
云:大作谓耕播。故耒耨之利,取诸此也。震雷巽风,损上益下,民

说无疆。故云：益万物者莫若雷风，法风雷而作耒耜也。**日中为市，致天下之民，聚天下之货，交易而退，各得其所。盖取诸噬嗑。**【注】否五之初也。离象正上，故称日中。否巽近市，故为市。艮为径路，震为足，又为大涂，否乾为天，坤为民，故致天下之民。坎水艮山，群珍所出，坤为聚、为化，故聚天下之货。震为交，乾为易，否巽为退，故交易而退，各得其所。噬嗑，食也。市井交易，饮食之道，故取诸此也。【疏】此虞氏、翟玄义也。离为日居五，故离象正上，日之中也。日有三时，朝市于东，艮市于中，夕市于西，举日中以见朝夕也。巽近利市三倍，故为市。中庸曰：今夫山，及其广大，宝藏兴焉。今夫水，及其不测，货财殖焉。故云坎水艮山，群珍所出。坤西南方，以类聚，故为聚。坤化成物，故为化。古货字止作化，书皋陶谟曰“懋迁有无化居”是也。郑注仪礼云：天地所化生，取积而能化之义。震初交坤[一]，故为交。乾易知，故为易。巽为进退，故为退。噬嗑，颐中有物，故为食也。寻耕市皆始于神农，故许行[二]为神农之言，有并耕一价之说，如杨朱之托于黄帝，墨子之托于禹，皆他技也。**神农氏没，黄帝、尧、舜氏作，通其变，使民不倦；**【注】乾为变，坤为民。圣人南面而治天下，改正朔，易服色，与民变革，故通其变，使民不倦。**神而化之，使民宜之。**【注】神谓乾，化谓坤。乾动之坤，化成万物，以利天下。坤为民，故使民宜之。诗曰：“宜民宜人，受禄于天。”**易，穷则变，变则通，通则久。是以“自天右之，吉无不利”。**【注】化而裁之存乎变，故穷则变。

〔一〕“坤”，原作“神”，据皇清经解本改。
〔二〕“行”，皇清经解本作“由”。

推而行之存乎通，故变则通。与天终始则可久，故通则久。王者通三统、立三正，若循连环，周则复始，穷则反本，是其义也。黄帝、尧、舜亦位乾五，五动之**大有**，故自天右之，吉无不利。**黄帝、尧、舜垂衣裳而天下治，盖取诸乾坤。**【注】乾为衣，坤为裳，取乾坤用九、用六之义，以治天下，而君臣上下各得其正，故天下治。世本作曰："黄帝臣伯余作衣裳。"盖法始于伏戏而成于尧、舜。舜曰："予欲观古人之象，日月、星辰、山、龙、华、虫，作会；宗彝、藻火、粉米、黼、黻、绤、绣。以五采章施于五色，作服，女明。"衣用会，裳用绣。凡十二章是取象乾坤之事。易者，象也。古人之象，谓易象也。春秋传曰：见易象。【疏】乾为至不倦。　乾变坤化，故乾为变。圣人南面而治天下，改正朔，易服色，与民变革者，礼记大传文。汉书元朔元年诏曰：朕闻天地不变，不成施化；阴阳不变，物不畅茂。引此传通其变，使民不倦为证，是其义也。　神谓至于天。　此虞义也。化而至不利。　与天终始则可久，此陆绩义也。王者通三统、立三正，若循连环，周则复始，穷则反本者，书传略说文。黄帝、尧、舜继伏羲、神农有天下者，故亦位乾五。五动之坤成大有，有天地日月之象，古之聪明睿知神武反复而不衰者，故自天右之，吉无不利也。乾为至易象。　乾为衣，坤为裳，九家说卦文。文言传曰：乾元用九，天下治也。乾用九坤用六，成两既济，故君臣上下各得其正，而天下治也。世本十五篇，其一曰作篇，言制作之事。彼文云：伯余作衣裳。宋衷注云：黄帝臣也。扬子法言曰：法始于伏羲而成于尧。黄帝作衣裳，衣裳之制，取诸乾坤，故云法始于伏羲而成于尧、舜。尧、舜之治天下与伏羲同，禹、汤、文、武皆然，故荀子曰：文、武之道，同伏羲也。舜曰已下至女明，尚书皋陶谟文。郑彼注云：会读为绘。宗彝，宗庙之郁。黼，尊也。虞夏以上盖取虎彝、蜼彝而已。粉米，白米也。绤读为黹。黹,紩也。凡画者为绘,刺者为绣。此绣与绘各六。衣用绘,裳用绣。性曰采,施曰色。此十二章为五服,天子备有焉,以饰祭服。乾为衣,坤为裳。乾坤各六画,绣与绘亦各六;乾坤十二爻,衣裳亦十二章。是取象乾坤之事。八卦成列,象在其中,故曰:易者,象也。谓今之易,古之象也。伏羲作八卦,而名象,故五帝之书皆蒙象名。尧典:历象日月星辰。此历书也。又曰:象以典刑。皋陶谟曰:方施象刑。惟明此刑书也。古人之象,此易书也。圣人因天,故治天下之书皆名象。周礼六官称六象县于象魏,故哀三年春秋传曰:命藏象魏,曰旧章不可亡也。是古名书为象之事。春秋传曰见易象,昭二年传文。引之以验彼时犹袭古名,称为易象也。**挎木为舟,掞木为楫,舟楫之利,以济不通,致远以利天下。盖取诸涣。**【注】否四之二也。木在水上乘风,舟楫之象。挎,判也。掞,锐也。巽为长木,艮为手,乾为金,艮手持金,故挎木为舟,掞木为楫也。否时天地不通,四之二,坎为通,故以济不通。乾为远为利,故致远以利天下。盖取诸涣也。【疏】此虞、九家义也。虞氏谓:神农、黄帝、尧、舜之时,民多否闭,故圣人有作。取乾之坤,以坤之乾,备物致用,立成器以为天下利也。涣自否来,九四之二体巽坎。巽为木、为风,坎为水,木在水上乘风,舟楫之象也。挎,判。说文文。掞,锐。字林文。艮,互艮;乾,否乾也。否时天地闭,故不通。四之二成坎,坎为通,故以济不通也。**犕牛乘马,引重致远,以利天下。盖取诸随。**【注】否上之初也。否乾为马、为远,坤为牛、为重,坤初之上为引重,乾上之初为致远。巽为绳,绳束缚物,在牛背上,故服牛。艮为背,巽为股,在马上,故乘马。出否之随,引重致远,以利天下,故取诸随。【疏】此虞义也。

犕,古服字。孟喜作犕,今从之。春秋僖廿四年传王使伯服,史记作伯犕。后汉书皇甫嵩传:董卓谓嵩曰:义真犕未乎? 义作服,字亦作备。史记赵世家:武灵王云骑射之备,战国策备作服。特牲馈食礼云:备答拜焉。郑彼注云:古备为复。说文:𦀖,车絥也。或作犕。古音通也。否上九之坤初为随,艮、巽皆据互体,否上之初,故云出否之随也。**重门击柝,以待暴客,盖取诸豫。【注】**复四之初也。下有艮象,从外示之,震复为艮,两艮对合,重门之象也。艮为手,震为木。初,巽爻也;应在四,皆木也。手持二木以相敲,是为击柝。击柝为守备警戒也。四体坎,坎为盗。五离爻,为甲胄戈兵。盗持兵,是暴客也。震为足、为行,坤为夜,手持柝木,夜行之象也。其卦为豫,备豫不虞,故取诸豫也。**【疏】**此虞、郑、九家义也。复六四之初为豫。豫互艮,外体震,震反艮也。故云:从外示之,震复为艮。示,古视字也。艮为门阙,故云:两艮对合,重门之象。荀氏解中孚曰:两巽对合,外实中虚。九家主荀,此说当出于荀氏耳。上古明堂之法,外户而不闭,盗窃乱贼不作。今有重门者,岂黄帝、尧、舜之时大道有时而隐乎? 虞注上系云:坎为暴,坎盗持兵,是暴客也。**断木为杵,掘地为臼,臼杵之利,万民以济。盖取诸小过。**
【注】晋上之三也。艮为小木,上来之三断艮,故断木为杵。坤为地,艮手持木,以掘坤三,故掘地为臼。艮止于下,臼之象也。震动而上,杵之象也。震出巽入,艮手持杵,出入臼中,舂之象也。坤为万民,故万民以济。盖取诸小过也。本无乾象,故不言以利天下。
【疏】此虞义也。艮为小,其于木也为坚多节,故为小木。晋三体艮,上之三断艮木,故为杵。世本曰:雍父作杵臼。宋衷云:黄帝臣。古者掘地,故云:艮手持木,以掘坤三。后世始穿木石为之也。乾为

天下、为利,小过无乾象,故不云以利天下也。**弦木为弧,掞木为矢,弧矢之利,以威天下。盖取诸睽。【注】**无妄五之二也。巽为绳为木,坎为弧,离为矢,故弦木为弧。乾为金,艮为小木,五之二,以金掞艮,故掞木为矢。乾为威,五之二,故以威天下。弓发矢应而坎雨集,故取诸睽也。**【疏】**此虞义也。无妄六二之乾五为睽。坎为弓,故为弧。说文曰:弧,木工也。故弦木为弧。坎为雨,矢集如雨,故坎雨集也。**上古穴居而野处,后世圣人易之以宫室,上栋下宇,以待风雨。盖取诸大壮。【注】**无妄两象易也。无妄乾在上,故称上古。艮为穴居,乾为野,巽为处,无妄乾人在路,故穴居野处。震为后世,乾为圣人,后世圣人谓黄帝也。艮为宫室,变成大壮,乾人入宫,故易以宫室。艮为待,巽为风,兑为雨,乾为高,巽为长木,反在上为栋,震雷动起为上栋。宇谓屋边也。兑泽动下为下宇。无妄之大壮,巽风不见,兑雨隔震,与乾绝体,故上栋下宇,以待风雨,盖取诸大壮者也。**【疏】**此虞义也。传先言上古,下言易之,故取两象易之例。谓一卦上下两象易也。无妄与大壮两象易,故云无妄两象易也。无妄外乾,乾为上、为古,故称上古。乾称古者,乾为天,周书周祝曰:天为古。古文尚书尧典曰:粤若稽古帝尧。郑彼注云:稽,同也。古,天也。言能顺天而行,与之同功。诗商颂玄鸟曰:古帝命武汤。郑笺云:古帝,天也。故知乾为古也。艮山为穴,艮又为居,故为穴居。乾位西北,故为野。巽阳藏室,故为处。无妄乾为行人,故云乾人在路。震长子继世,故为后、为世。乾五为圣人。取诸乾坤以下凡有九事,案皇甫谧帝王世纪载此九事,皆为黄帝之功,故后世圣人谓黄帝也。艮为山,山有围绕之象。尔雅释山曰:大山宫,小山霍。故艮为宫。尔雅释宫曰:宫谓之室,室谓之宫。故宫室连言也。无妄体艮，变成大壮，乾体在下，是乾人入宫之象，故易以宫室。艮止故为待，兑泽为雨。崇效天，故乾为高。巽为长木，大壮外象震，震反巽也，故反在上。杂卦曰：震，起也。无妄震阳在下，动起成大壮，故上栋。宇，屋边也。说文文。仓颉篇曰：边也。大壮体兑，兑泽动下，故下宇。无妄体巽，变之大壮，故巽风不见。大壮五互兑，四体震，乾别体在下，故兑雨隔震，与乾绝体也。**古之葬者，厚衣之以薪，葬之中野，不封不树，丧期无数。后世圣人易之以棺椁。盖取诸大过。【注】**中孚上下象易也。本无乾象，故不言上古。大过乾在中，故但言古者。巽为薪，艮为厚，乾为衣、为野，乾象在中，故厚衣之以薪，葬之中野。穿土称封，封古窆字也。聚土为树。中孚无坤、坎象，故不封不树。坤为丧。期谓从斩衰至缌麻日月之期数。无坎离日月坤象，故丧期无数。无妄之大过，初在巽体，巽为木，上六位在巳，巳当巽位，巽又为木，二木夹四阳，四阳互体为二乾，乾为君、为父，二木夹君父，是棺敛之象。中孚艮为山邱，巽木在里，棺藏山陵，椁之象也，故取诸大过。**【疏】**此虞、郑义也。大过与中孚，上下两象易也。中孚无乾象，故不言上古。大过乾在中，乾为古，故但言古者。巽柔爻为草，故为薪。艮止坤上，坤厚载物，故为厚。乾为衣，大过乾在中，巽在下，故厚衣之以薪，葬之中野。葬有作藏者。檀弓曰：葬也者，藏也，欲人之弗得见。古葬、藏同音，故有作藏也。周礼冢人曰：以爵等为邱封之度，与其树数。郑彼注云：别尊卑也。王公曰邱，诸臣曰封。邱者邱隧，故王公曰邱。封者葬下棺，故诸臣曰封。檀弓曰：县棺而封。郑彼注云：封当为窆。窆，下棺也。周礼遂人曰：及窆陈役。先郑司农云：窆谓下棺时。礼记谓之封，春秋谓之塴，皆葬下棺也。声相似。说文曰：塴，葬下土也。从土朋声。春秋传曰：朝而塴。礼记谓之封,周官谓之窆。是封与窆同物。故云:穿土称封,封古窆字也。檀弓曰:衣足以饰身,棺周于衣,椁周于棺,土周于椁〔一〕,反壤树之哉!故云:聚土为树。穿土象坎,聚土象坤,中孚无坤、坎象,故不封不树。坤丧于乙,故为丧。丧服斩衰、齐衰,大功、小功。缌从斩衰,至缌麻丧多而服止五也。其期数斩衰三年,齐衰有三年者,有期者,有三月者,其大功以下则以九月、五月、三月为数也。日谓三日而敛,三日而食粥,及祥禫之日也。月谓三月而沐,期十三月而练冠,三年而祥,中月而禫之月数也。若然,古者丧期无数,当是心丧终身者。后世淳朴渐亏,故圣人为之立中制节耳。坤为丧,坎为月,离为日,中孚无坎离日月坤象,故丧期无数也。大过初体巽,故初在巽体。上六爻辰位在巳,巽四月卦,故巳当巽位。本末皆巽,故云二木。四阳在内,故夹四阳。中互二乾,上乾为君,下乾为父,故为君、为父。释名曰:衣尸棺曰敛。敛藏不复见,故云:二木夹君父,棺敛之象。王公曰邱,故艮为山邱。荀氏注中孚曰:两巽对合,故巽木在里。汉时天子所葬曰山陵,故云:棺藏山陵,椁之象也。**上古结绳而治,后世圣人易之以书契,百官以治,万民以察。盖取诸夬。【注】**履上下象易也。乾象在上,故复言上古。上古无文字,结绳为约,事大大其绳,事小小其绳,各执以相考,亦足以治。巽为绳,乾为治,故结绳而治。后世圣人谓黄帝、尧、舜也。契,刻也。书之于木,刻其侧为契,各持其一,以相考合。夬本坤世,坤为书,乾金为契,故易之以书契。乾为百,剥艮为官,坤为众臣、为万民、为迷暗,乾为治,反剥以乾照坤,故百官以治,万民以察。乾金决竹木为

〔一〕"椁",原作"棺",据皇清经解本改。

书契,故取诸夬也。【疏】此虞、郑、九家义也。履与夬上下易,履乾在上,故复云上古。春秋桓三年曰:夏齐侯卫侯胥命于蒲。公羊传云:古者不盟,结言而退。穀梁传云:胥之为言犹相也。相命而信谕,谨书而退,以是为近古也。荀子大略曰:春秋善胥命。若然,结言犹有文字,当在结绳以后。故范宁注云:古谓五帝时也。九家谓:结之多少,随物众寡,各执以相考,亦足以相治。故云结绳而治也。列子曰:宋人有游于道,得人遗契者,密数其齿。张湛注云:刻处似齿。故云:契,刻也。书契犹周礼小宰之质剂。郑氏谓:两书一札,同而别之。故云:各持其一,以相考合。夬,坤五世卦,故云坤世。坤为文,故为书。刻之于木,刻以刀,故云乾金为契。虞氏谓兑为契,义亦通也。夬旁通剥,故云剥艮为官。坤为地、为民,民生于地上,故为万民。坤先迷,又为冥、为晦,故为迷暗。夬、剥亦为反其类,故反剥以乾照坤。大壮震为竹木,乾为金,进而成夬。夬,决也。故乾金决竹木为书契也。

是故易者,象也。【注】今之易,古之象。**象也者,象也。**【注】象天制作。**彖者,才也。**【注】彖说三才,则三分天象以为三才,谓天地人道也。**爻也者,效天下之动者也。**【注】动,发也。谓两三才为六画,则发挥于刚柔而生爻也。**是故吉凶生,而悔吝著也。**【注】爻象动内,则吉凶见外,吉凶悔吝者,生乎动者也,故曰著。【疏】今之至之象。 舜曰:予欲观古人之象。象即今易书。故云:今之易,古之象。 象天制作。 古之所以名象者,正以在天成象。圣人造爻象以象天,卦象天制作,故云:象者,象也。 彖说至道也。 此虞义也。此承象来。系上云:彖者,言乎象者也。谓天象三才,故云彖说三才。下传云:易之为书也,广大悉备,有天道焉,有地道焉,有人道焉。故云:三分天象为三才,谓天地人道也。<u>虞</u>氏述道士之言,谓"易象在天,三爻足矣"是也。　动发至爻也。　此虞义也。九六爻之变动者,故云动发也。分天象为三才,以地两之为六画,故云两三才为六画。以三为六,因而重之,爻在其中,故发挥于刚柔而生爻也。　爻象至曰著。　此虞义也,义见上。

阳卦多阴,阴卦多阳。【注】阳卦一阳而二阴,故多阴。阴卦一阴而二阳,故多阳。**其故何也? 阳卦奇,阴卦耦。其德行何也? 阳一君而二民,君子之道也。阴二君而一民,小人之道也。**【注】阳奇阴耦,道之常也,故曰:阳卦奇,阴卦耦。德行谓人。以人道言之,阳为君,阴为臣。阳卦一阳而二阴,在人为一君而二民,二民共事一君,故君子之道。阴卦一阴而二阳,在人为二君而一民,一民兼事二君,故小人之道。春秋传曰:谚曰:臣一主二。【疏】阳卦至多阳。　此明阳为君子、阴为小人之义。自<u>乾</u>来者曰阳卦,皆一阳二阴,故多阴。自<u>坤</u>来者曰阴卦,皆一阴二阳,故多阳。　阳奇至主二。　设问以起下意,故云其故何也。但阳为奇,阴为耦,六耦承奇,阴阳得正,故云道之常也。系上曰:显道神德行。又云:默而成,不言而信,存乎德行。皆指人道,故德行谓人。<u>郑</u>注益卦云:阴阳之义,阳称为君,阴称为臣。故知阳为君,阴为臣也。二民共事一君,是纯臣之义,故云君子之道。一民兼事二君,是怀二心于君者,故云小人之道。春秋传者,昭十三年<u>子服惠伯</u>之言。彼谓:主不能抚其臣,故有是语。实非事君之正也。

易曰:"憧憧往来,朋从尔思。"【注】<u>咸</u>九四爻辞,六日七分时也。**子曰:"天下何思何虑?**【注】易无思也。既济定,六位得正,故何思何虑。**天下同归而殊涂,一致而百虑。天**

下何思何虑?【注】遘巽为同,震为涂,故同归而殊涂。乾为百,坎为虑,复初为一,故一致而百虑。言神化之事,非思虑所及。**日往则月来,**【注】谓咸初往之四,与五成离,离为日;与二成坎,坎为月。月来谓震也。三日月出震,八日兑见丁,皆在暮,故日往则月来。**月往则日来,**【注】初变之四,与上成坎,故月往;四变之初,与三成离,故日来。月往谓巽也。十六日巽退辛,二十三日艮消丙,皆在旦,故月往则日来。**日月相推而明生焉。**【注】一往一来曰推。五六三十,和而后月生,故明生。虞氏谓:既济体两离坎象,故明生焉。**寒往则暑来,**【注】乾为寒,坤为暑,谓阴息阳消,从遘至否,故寒往则暑来。**暑往则寒来,**【注】阴诎阳信,从复至泰,故暑往则寒来。**寒暑相推而岁成焉。**【注】消息十二爻,而期一岁,故岁成。**往者诎也,来者信也,诎信相感而利生焉。**【注】利,和也。诎信谓复、遘时也。复、遘,元也。相感,亨也。咸,感象,故相感。天地感而万物化生,圣人感人心而天下和平。各正性命,保合太和,故利生焉。**尺蠖之诎,以求信也。**【注】遘初体巽,巽虫为尺蠖。诎谓复时也。巽伏震下,故诎信谓遘时也。巽为进退,故尺蠖之诎,以求信。**龙蛇之蛰,以存身也。**【注】蛰,潜藏也。龙潜而蛇藏,阳息初震为龙,阴息初巽为蛇。十月坤成,十一月复生,遘巽在下,龙蛇俱蛰,初坤为身,故龙蛇之蛰,以存身也。**精义入神,以致用也。**【注】阳称精,阴为义,入在初也。阴阳在初,深不可测,故谓之神。变为遘、复,故曰致用。初坤为致用也。**利用安身,以崇德也。**【注】乾为利,坤为用、为安身。阴道用事,谓遘时也。阴升上究,则乾伏坤中,安身默处也。乾为崇德,时既潜藏,故利用安身以崇德,谓复时也。崇德,体卑而德高。**过此以往,未之或知也。【注】**此谓中孚咸也。出此之外,未能有知也。**穷神知化,德之盛也。"【注】**以坤变乾谓之穷神,以乾通坤谓之知化。乾为盛德,故德之盛。**【疏】**咸九至时也。　易通卦验曰:甲子卦气起中孚。案,孟喜卦气中孚至复六日七分,咸至遘亦六日七分,故云六日七分时也。　易无至何虑。　此虞义也。乾为易,隐藏坤初,其静也专,故无思也。虞注咸彖传曰:初四易位,成既济,故既济定。既济刚柔正而位当,故六位得正。乾元用九,而天下治,故何思何虑也。　遘巽至所及。　上系七爻首中孚,下系十一爻首咸,皆复、遘时也,故兼震、巽言之。震、巽同声相应,故巽为同。震为大涂,故为涂。乾三爻三十六,略其奇五,故百。咸初变之四体坎,故坎为虑。复初,元也,故为一。乾为神,坤为化,从阴入阳,从阳入阴,神化之事,唯圣人能知之,非思虑所及也。　谓咸至月来。　咸卦初四易位成既济,故云初往之四。四与五皆体离,故与五成离,离为日。初往之四,二体坎,故与二成坎,坎为月。此上虞义也。三日月出震在庚,八日兑见丁,皆于暮见之。日暮而月生,故日往则月来也。　初变至日来。　初变之四,有坎象,坎为月,故月往。四变之初,有离象,离为日,故日来。此上虞义也。月三五而阙,故月往谓巽。参同契曰:十六转受统,巽辛见平明。艮直于丙南,下弦二十三。平明谓旦,故十六日巽退辛,二十三日艮消丙,皆在旦也。坎阳离阴,坎月离日。震出庚,兑见丁,乾盈甲,为七八;巽退辛,艮消丙,坤灭乙,为九六。一月之往来,亦如岁也。　一往至生焉。　一往一来曰推,何休说也。上云往来,此云相推,故知一往一来曰推也。参同契曰:七八数十五,九六亦相应。四者合三十,阳气索灭藏。是言一月之数。周语曰:天六地五,数之常也。三统历曰:夫五六者,天地之中,合而民所受生,故日有六甲,辰有五子,十一而天地之道毕。言终而复始。**参同契**又云:坤乙三十日,东北丧其朋。节尽相禅与,继体复生明。所谓终而复始也。十一即五六,五六三十,而月一周天,故云天地之道毕。**礼运**曰:播五行于四时,和而后月生也。是以三五而盈,三五而阙,谓日月战,天地杂,保太和,阴阳合德之时,故云和而后月生。**虞氏**谓:既济体两离坎象者,谓初往之四成既济,既济当望,有两离坎象,日月双明,故明生。义亦通也。　乾为至暑来。　此虞义也。　阴诎至寒来。　此虞义也。　消息至岁成。　虞上注云:阴息阳消,从遘至否;阴诎阳信,从复至泰。此言寒暑往来,故止据内卦。其坤消乾,当从遘至剥;乾息坤,当从复至夬。**乾凿度**曰:乾坤二卦十二爻,而期一岁。乾息坤消,故消息十二爻而期一岁。**孟喜章句**曰:自冬至初,中孚用事。一月之策,九六七八,是为三十。而卦以地六,候以天五。五六相承,消息一变。十有十二变,而岁复初。是其义也。孟唯以五六为天五地六,非汉法,疑唐时僧一行之徒饰成之,学者所当审也。　利和至生焉。　利,和。子夏义也。阴消阳从遘,阳息阴从复,故诎信谓复、遘时也。复、遘,乾、坤之初,故云元也。息初至二,乾、坤交,故云:相感,亨也。咸感象以下,**虞**义也。咸,感也,故相感。天地感而万物化生,圣人感人心而天下和平者,案**虞象传注**云:乾为圣人,初四易位成既济,坎为心、为平,故圣人感人心而天下和平。既济六爻皆正,故各正性命。六爻皆应,故保合太和。刚柔正而位当,故利贞。是言咸初四易位成既济之事也。　遘初至信也。　说卦曰:巽为鸡。九家易云:应八风也。二九十八主风,**大戴礼易本命**曰:二九十八,八主风,风主虫,故虫八日而化。**王充论衡**曰:夫虫,风气所生。仓颉知之,故凡虫为风之字,取气于风,故八日而化生。遘内体巽,故遘初体巽。巽为风,风主虫,故巽虫为尺蠖。说文云:尺蠖,诎信虫也。方言云:蝮蜎谓之尺蠖。郭注云:即蚇蚁二,音蠖,乌郭反。又呼步屈。尺蠖先诎而后信,故云尺蠖之诎。复时刚反,震在上,巽在下,故诎;遘时巽在上,故信也。巽为进退,似尺蠖之诎信,故尺蠖之诎,以求信也。　　龙蛇之蛰,以存身也。　　此虞义也。月令孟春曰:其虫鳞。郑氏谓:龙蛇之属。又曰:蛰虫始振。则十一月时龙蛇皆蛰,至正月而始振也。说文曰:蛰,藏也。文言曰:潜龙勿用,阳气潜藏。龙亦得称藏。今言龙潜而蛇藏者,说卦曰坤以藏之,系上曰藏诸用,谓巽阳藏室,故阳言潜,阴言藏也。巽四月卦,值巳,故阴息初巽为蛇。震为龙,故阳息初震为龙。坤成于亥,故十月坤成。阳息于子,故十一月复生。复时震潜初,巽又伏震下,故遘巽在下,龙蛇俱蛰之时也。遘初为坤,故初坤为身,阳为存,故龙蛇之蛰,以存身也。　　阳称至用也。　　此姚信义也。乾纯粹精,故阳称精。周书曰地道曰义,乾凿度曰地静而理曰义,故阴为义。巽为入,入在初,谓中孚、咸时也。初为深,阴阳不测之谓神,故云:阴阳在初,深不可测,故谓之神也。六日七分,中孚至复,咸至遘,故变为遘、复。坤为致、为用,故坤初为致用;据时咸至遘,故专言致用也。　　乾为至德高。　　此虞、九家义也。咸至遘六日七分,故云阴道用事,谓遘时也。乾凿度曰:物有始、有壮、有究。坤消至上,故阴升上究。戌亥乾之都,故乾伏坤中。系上曰默而成,九家云谓阴阳相处,故知安身默处也。系上又云:夫易,圣人所以崇德而广业。知崇体卑,崇效天,卑法地。阳伏坤中,坤为体,故体卑。灭出复震,故德高。此因遘初消乾而究言之也。

　　此谓至知也。　　尺蠖之诎以下,皆申明中孚、咸之义。故知此者谓中孚、咸也。知者,知此而已,而又非思虑所及。过此以往,变为遘复,乾坤致用,天何言哉,四时行焉,百物生焉。故未能有知也。

以坤至之盛。　此虞义也。乾为神,故以坤变乾谓之穷神。坤为化,故以乾通坤谓之知化。变为遯复,富有日新,盛德大业,皆于此出,阳统阴功,故止言盛德也。**易曰:"困于石,据于蒺藜,入于其宫,不见其妻,凶。"子曰:"非所困而困焉,名必辱。**【注】困本咸,咸三入宫,以阳之阴,则二制坤,故以次咸。为四所困,四失位恶人,故非所困而困焉。阳称名,阴为辱,以阳之阴下,故名必辱。**非所据而据焉,身必危。**【注】谓据二。二失位,故非所据而据焉。二变时,坤为身,二折坤体,故身必危。**既辱且危,死其将至,妻其可得见邪?"**【注】三隐坤中,坤为死,兑为妻,三上无应,故死其将至,妻其可得见邪?【疏】困本至必辱。此虞义也。虞注困卦谓否二之上,今云困本咸者,此承咸来,据爻变所值之卦也。咸下体艮,艮为宫,咸三之二入艮宫,三阳爻而居二阴位,故云以阳之阴。三之二,成坎制坤。制犹折也,古文通。论语:子曰片言可以折狱者,郑氏注云"鲁读折为制"是也。咸三之二为困,故以次咸。三之二,为四所困,四以阳居阴为失位,虞氏以四为恶人,故云四失位恶人。咸三得位,非四所困,今之二失位,故非所困而困焉。阳成于三为成名,故阳称名;阴贱故为辱。三之二,故以阳之阴下,名必辱也。　谓据至必危。　此虞义也。阳据阴,阴承阳,易之大义也。三二失位,三以阴据阳,故非所据而据焉。二变入宫为萃,萃下体坤,坤为身,二困时折坤体,故身必危也。　三隐至见邪。　二变入宫,三隐坤中,坤丧于乙,为既死霸,故为死。兑少女为艮妻,三上俱阴,两阴无应,故死其将至,妻其可得见邪?陆绩谓:三从困辱之家,变之大过为棺椁,死丧之象,故死其将至,妻不可得而见。义亦通也。**易曰:"公用射隼于高墉之上,获之,无**

不利。"子曰："隼者，禽也。【注】离为隼，故称禽。言其行野容如禽兽焉。弓矢者，器也。【注】离为矢，坎为弓，坤为器。射之者，人也。【注】人，贤人也，谓乾。三伏阳出而成乾，故曰射之者人。人则公，三应上，故上令三出而射隼也。君子藏器于身，待时而动，何不利之有。【注】三伏阳为君子，二变时坤为身、为藏器，谓藏弓矢以待射隼。艮为待、为时，三待五来之二，弓张矢发，动出成乾，贯隼入大过死，两坎象坏，故何不利之有。传曰：以解悖。三阴小人，乘君子器，故上观三出，射去隼也。动而不栝，是以出而有获。语成器而动者也。"【注】不读曰拊。古柎、不同字，故误作不。柎栝犹省栝也。震为语，乾五之坤二，成坎弓离矢，动以贯隼，故语成器而动者也。【疏】离为至兽焉。　此虞义也。释鸟曰：二足而羽谓之禽。故曰：隼者，禽也。系上曰野容悔淫，谓解三也。管子曰：道路无行禽。三有鸟兽行，故云其行野容如禽兽焉。　离为至为器。　此虞义也。射礼有射器，谓弓、矢、决拾、旌、中、筹、楅、丰。故曰：弓矢者，器也。　人贤至隼也。　此虞义也。乾为贤人，故曰：人，贤人也。六三匪人，故曰禽。下有伏阳，出而成乾，谓与二成乾，乾为人，故曰射之者人。三为三公，而与上应，故云：人则公，三应上，上令三射隼也。　三伏至隼也。　此虞义也。三伏阳，阳为君子，二变成坤，坤以藏之，在地成形，形乃谓之器，故云二变时坤为身、为藏器。艮为待、为时，爻以时而动，故待时而动。五失位，当之二，故三待五来之二，二上之五，三发得正，与五成乾，体大过，棺椁死象。卦本有两坎，五来之二，三出成乾，故两坎象坏。坎为悖，故以解悖。乾凿度曰：二阴之精射三阳，当卦是扫。知阴阳动出，皆为射也。　不读至者也。　诗常棣曰：鄂不韡韡。

郑氏读不为柎。柎与拊相似，故误为不。括本作栝，说文曰：矢栝，筑弦处。礼记缁衣引太甲曰：若虞机张，往省栝于厥度则释。郑氏注云：弩已张，从机间视栝，与所射参相得，乃后释弦发矢。故云拊栝犹省栝也。震为语以下，虞义也。**子曰："小人不耻不仁，不畏不义，【注】**谓否也。以坤灭乾为不仁不义，坤为耻、为义，乾为仁、为畏者也。**不见利不动，不威不征。【注】**否乾为威、为利。巽为近利，谓否五之初，成噬嗑市。离日见乾为见利，震为动，故不见利不动。五之初，以乾威坤，故不威不征。震为征小。**小征而大诫，此小人之福也。【注】**艮为小，乾为大，五下威初，坤杀不行，震惧虩虩，故小征大诫。坤为小人，乾为福，以阳下阴，民说无疆，故小人之福也。**易曰：'屦校灭止，无咎。'此之谓也。**

【疏】谓否至者也。　此以下皆虞义也。噬嗑，否五之初。否小人道长，故小人谓否也。否消卦，故以坤灭乾为不仁不义。坤辱为耻，畏与威通，乾为威，故为畏也。　否乾至征也。　乾为君，君道威严，故为威。利，四德之一，乾以美利利天下，故为利。巽近利市三倍。利者，义之和。后世不以义为利，而以利为利。否坤小人之见利，巽之近利市三倍，皆以利为利者也。神农日中为市，取诸噬嗑，故成噬嗑市。离为日，相见乎离，乾五之初，外体离，故离日见乾为见利。说卦曰：震，动也。动万物者莫疾乎雷，故震为动。乐纬动声仪曰：风雨动鱼龙，仁义动君子，财色动小人。故不见利不动。俗本动作劝，非也。征古文惩。震恐惧虩虩，故为惩也。　艮为至福也。　艮为少男，故为小。阳称大，故乾为大。五之初体震，故坤杀不行。坤为虎刑，春生秋杀，故坤为杀。震来虩虩，又恐惧修省，故震惧虩虩。否五之初，巽象半见，有益象，故以阳下阴，民说无疆。震恐惧致福,故小人之福也。**善不积,不足以成名;恶不积,不足以灭身。**【注】乾为积善,阳称名,坤为积恶、为身。以乾灭坤,故灭身者也。**小人以小善为无益而弗为也,以小恶为无伤而弗去也。**【注】小善谓复初,小恶谓遘初。**故恶积而不可弇,罪大而不可解。**【注】谓阴息遘至遯,子弑其父,故恶积而不可弇。息遯成否,以臣弑君,故罪大而不可解。**易曰:'何校灭耳,凶。'"**【疏】乾为至者也。　此以下皆虞义也。噬嗑自否来,否阴消阳,弑父弑君,噬嗑明罚敕法之家,五来灭初,小征大诫,所以绝恶于未萌,而起教于微眇。上六迷复,罪大恶积,故发其义于上九爻也。乾为善,自一乾以至三乾成,故为积善。初不成名,阳立于三,故成名也。坤为恶,坤初消乾,成遯及否,故为积恶。坤消至上,穷上反下,乾来灭坤,故灭身者也。　小善至遘初。　阳始见尚小,故小善谓复初。遘初消阳,故小恶谓遘初。易大传逸篇曰:正其本,万事理。君子慎始。差以毫厘,谬以千里。小善弗为,小恶弗去,由辨之不早辨也。　谓阴至可解。　阴生亦称息,息遘至遯,艮子弑父,其初难知,息遘及遯,则著矣。诚中形外,故恶积而不可弇也。息遯成否,坤臣弑君,故罪大而不可解。乾为君、为父,内体为父,外体为君。艮消乾三,坤消乾五,艮子道,坤臣道,故有此象也。

子曰:"危者,安其位者也。亡者,保其存者也。乱者,有其治者也。【注】否上为危,坤为安、为亡、为乱,乾为治,阳为存,否泰反其类,故危者安其位,亡者保其存,乱者有其治者也。**是故君子安而不忘危,存而不忘亡,治而不忘乱,**【注】君子,大人,谓否五也。安者危之渐,存者亡之机,治者乱之萌。唯君子知之,故不忘也。**是以身安而国家可保也。**【注】坤为身。为[一]否反为泰,君定位于内,而臣忠于外,故身安而国家可保也。**易曰:'其亡! 其亡! 系于苞桑。'【疏】**否上至者也。

否上为危,虞义也。上九以阳居阴,体乾亢龙,盈不可久,故危。文言曰:知进退存亡而不失其正者,其唯圣人乎! 荀氏注云:存谓五,为阳位,故知阳为存。泰反为否,否反为泰,故反其类。 君子至忘也。 君子,大人,谓否五,虞义也。九五休否,大人吉。故云:君子,大人,谓否五。陆绩谓:五在否家,虽得中正,常自惧以危亡之事,是不忘之义也。 坤为至保也。 此虞义也。否终则倾,故否反成泰。君定位于内,则国可保;臣忠于外,则家可保也。下系十一爻首咸,咸至遘六日七分,阴始消阳。陆绩谓:自此以上皆否阴灭阳之卦,举之以示慎始之义也。**子曰:"德薄而位尊,【注】**鼎四也。离九四,凶恶小人,故德薄。四在乾位,故位尊。**知少而谋大,【注】**兑为少知,乾为大谋,四在乾体,故谋大。**力少而任重,【注】**五至初体大过,本末弱,故力少。乾为仁,故任重。以为己任,不亦重乎。**尟不及矣。【注】**尟,少也。及,及于刑。**易曰:'鼎折足,覆公餗,其刑屋,凶。'言不胜其任也。"【疏】**鼎四至位尊。 此以下皆虞义也。鼎四爻辞,故云鼎四也。四体离,离四爻如其来如,不孝子爻出,不容于内,故为凶恶小人。二至四体乾,乾为德。系上曰:天尊地卑,乾坤定矣。虞彼注云:天贵故尊。四在乾位,乾体不正,故德薄而位尊也。 兑为至谋大。 兑为少女,故为少;坤为知,本地亲下,故兑为少知。乾为大,坎为谋,本天亲上,故乾为大谋。 五至至重乎。 论语曰:仁以为己任,不亦重乎。

〔一〕"为",皇清经解本作"谓"。

礼表记曰：子曰：仁之为器重，举者莫能胜也。又曰：中心安仁者，天下一人而已矣。<u>大雅</u>曰：德辒如毛，民鲜克举之，我仪图之；惟仲山甫举之，爱莫助之。<u>毛苌诗传</u>云：爱，隐也。言隐微之间，人莫能助，故<u>大学</u>谓之诚，<u>荀子</u>谓之独。乾元为仁，隐在初，德轻而莫举，故曰重也。　趑少至于刑。　趑亦作尠。<u>释诂</u>曰：尠，寡也。<u>郭</u>注云：谓少。故云少也。俗作鲜。刑谓屋中之刑，<u>周礼</u>之屋诛也。义详<u>鼎</u>卦。**子曰："知几其神乎！【注】**几谓阳也。阳在复初称几。此谓<u>豫</u>四也。恶<u>鼎</u>四折足，故以此次言。<u>豫</u>四知几，而反复初也。**君子上交不谄，下交不渎，其知几乎。【注】**震为交、为笑言。笑言，谄也。坎为渎。三盱<u>豫</u>，上交谄也；上冥<u>豫</u>，下交渎也。二欲四复初，得正元吉，故其知几乎。**几者，动之微，吉之先见者也。【注】**阳见初成震，故动之微。复初元吉，吉之先见者也。**君子见几而作，不俟终日。易曰：'介于石，不终日，贞吉。'介如石焉，宁用终日，断可识矣。【注】**小畜离为见，震为作，艮待为俟，故见几而作，不俟终日。坤为用，终变成离，离为日，忧悔吝者存乎介，能识小疵，故介如石焉。宁用终日，断可识矣。**君子知微知章，知柔知刚，万夫之望。"【注】**微谓初。隐以之显，故知微知章。柔谓<u>豫</u>初，刚谓<u>豫</u>四，四当之初，故知柔知刚。坤为万，震为夫，四之初，以一持万，乾元用九，而天下治，故万夫之望。**【疏】**几谓至初也。　此<u>虞</u>义也。<u>豫</u>二爻辞，二欲四复初，故云此谓<u>豫</u>四。四与初应，<u>鼎</u>四不知几，故折足；<u>豫</u>四知几而反初，故以此次言也。　震为至几乎。　二欲四复初，是不谄也；已得休之，是不渎也。<u>论语</u>曰巧言令色足恭，<u>孟子</u>曰胁肩谄笑，故云：笑言，谄也。坎为沟渎，故为渎。三谄上渎，唯知几之君子不谄不渎。复初元吉，四之初,得正元吉,故其知几乎。 阳见至者也。 此虞义也。阳见初成震,震为动,故动之微。初即一也,一即元也。吕氏春秋曰:元者,吉之始也。古文一与壹通。天地壹壹,壹从壶吉。天壹地壹,天先而地后。阳称几,故几有吉而无凶。复初九云:不远复,无祇悔,元吉。故吉之先见者也。 小畜至识矣。 豫旁通小畜,小畜体离,离为见,震为作足,故为作。释言曰:俟,待也。艮为待,故艮待为俟,俗作俟也。豫体震,小畜体巽,震巽特变,故终变成离,谓变小畜也。 微谓至之望。 初尚微,故微谓初。汉书赞曰:司马迁称易本隐以之显。易气从下生,自微及著,隐以之显,诚不可拿,故知微知章。豫初阴不正,四阳不正,四之初,刚柔相易,各得其正,故知柔知刚。以一持万,荀子文。复初,乾元也。元,一也。一以贯之,故以一持万。乾元用九,成既济定,故天下治,乃万夫之望也。

子曰:"颜氏之子,其殆庶几乎。【注】几者,神妙也。颜子知微,故殆庶几。孔子曰:"回也,其庶几也。"**有不善未尝不知,知之未尝复行也。【注】**复以自知,谓"颜回不迁怒,不贰过","克己复礼,天下归仁"。**易曰:'不远复,无祇悔,元吉。'【疏】**几者至几也。 此以下皆虞义也。上曰知几其神乎,说卦曰:神也者,妙万物而为言者也。故云:几者,神妙也。几者,动之微。颜子知几,故殆庶几乎,言庶乎知几微之道也。孔子曰回也其庶几也者,论语文。今论语无几字,也作乎,盖虞所见本异也。 复以至归仁。

卦本纯坤,坤积不善,复亨刚反,穷上反下,知不善而反于善,故复以自知。复初,乾也。乾知大始,故云知也。颜渊不迁怒不贰过者,论语文。迁怒、贰过皆不善之事。中庸曰:子曰:回之为人也,择乎中庸,得一善则拳拳服膺而不失之矣。复之初,中也,即一善也。得而守之，即是不迁怒、不贰过之事。克己复礼，天下归仁者，亦论语文。说文曰：克之象肩也，其义任也。曾子曰：仁以为己任。诗敬之曰：佛时仔肩。毛传云：仔肩，克也。郑笺云：任也。克己复礼，以身任中道。礼，中也。孟子曰：汤武反之也。又曰：汤武身之也。反之者，复以自知，得善弗失之谓也。身之者，克己复礼之谓也。春秋昭十二年传云：仲尼曰：古也有志，克己复礼，仁。则古有是言。天下归仁，为仁之效也。引之以证颜子知几之事也。**天地壹壹，万物化醇。**【注】谓泰上也。先说否，否反成泰，故不说泰。天地之元，吉凶未形，故曰壹壹。泰初之上成损，天地交万物通，故化醇。**男女觏精，万物化生。**【注】艮为男，兑为女，故男女觏精。乾为精。损反成益，万物出震，故万物化生。**易曰：'三人行，则损一人；一人行，则得其友。'言致一也。**"【注】阴阳合德，故致一。【疏】谓泰至化醇。　泰初之上，故谓泰上。上说否五，故先说否。否反成泰，否、泰反其类，故不说泰而说损也。此虞义也。广雅曰：壹壹，元气也。故云天地之元。说文云：壹从壶，吉声。又云：壹，壹壹也。从凶从壶。若然，天地壹壹，吉凶藏于内，故未形。魏伯阳以天地壹壹为复之一爻交坤，故参同契曰：易有三百八十四爻，据爻摘符。符谓六十四卦，晦至朔旦，震来受符。当斯之际，天地觏其精，日月相撑持，雄阳播玄施，雌阴化黄包。混沌相交接，权舆树根基。经营养鄞鄂，凝神以成躯。众夫蹈以出，蠕动莫不由。是言天地合德，万物化醇、化生之义。泰初之上以下，亦虞义也。泰者，通也。泰初之上，乾交于坤，故云天地交万物通。　艮为至化生。

此虞义也。乾纯粹精，故为精。管子曰：一气能变曰精。盖一则精，贰则惑。天地壹壹，男女觏精，皆有致一之义。损反益也，故云损反成益。益下体震,故万物出震也。　阴阳至致一。　阴阳合德,谓天地杂、保太和、日月战之时。阴阳合德,一也。一乃化端,故云言致一也。**子曰:"君子安其身而后动,【注】**谓反损成益。君子,益初也。坤为安身,震为后动。**易其心而后语,【注】**乾为易,益初体复心,震为后语。**定其交而后求。【注】**震专为定、为交,谓刚柔始交。艮为求。**君子修此三者,故全也。【注】**否上之初,"损上益下,其道大光。自上下下,民说无疆",故全也。**危以动,则民不与也。【注】**谓否上九高而无位,故危。坤民否闭,故不与。**惧以语,则民不应也。【注】**否上穷灾,故惧上。不之初,故民不应。坤为民,震为应也。**无交而求,则民不与也。【注】**上不交初,故无交。震为交。**莫之与,则伤之者至矣。【注】**上不之初,否消灭乾,则体剥伤,故伤之者至矣。**易曰:'莫益之,或击之,立心勿恒,凶。'"【疏】**谓反至后动。　此以下皆虞义也。承上损六三来,故云损反成益。益自否来,坤民否闭,上来益初得位,故称君子。益初修此三者,故全也。危以动以下,皆指否也。　乾为至后语。　乾谓否乾,益初互复,复其见天地之心,故体复心也。　震专至为求。　说卦曰:震为专,乾其静也专,故为定。上之初,故云刚柔始交也。　否上至全也。　虞注否上九曰:下反于初,成益体震,故后喜。否上之初,有此三者。损上益下以下,益象传文,释全义也。　谓否至不与。　否上与乾上同义,故高而无位。孝经曰:高而不危。说文曰:危,在高而惧也。上九高而无位,故危。天地不交,故坤民否闭。上九无民,故民不与也。　否上至应也。　文言释乾上九曰:忼龙有悔,穷志灾也。否上义同,故惧也。　上不至为交。　上交初,以贵下贱,大得民;上不交初,是无交也,故民不与。　上不至至矣。　益本否卦,故上不之初,则否消灭乾,消四至五体剥,剥六四云:剥床以肤,凶。故体剥伤,伤之者至矣。

周易述卷十八

系辞下传

子曰:"乾坤,其易之门邪?【注】阴阳相易,出入乾坤,故曰门。乾,阳物也。坤,阴物也。【注】阳物天,阴物地。阴阳合德,而刚柔有体。【注】合德,谓天地杂,保太和,日月战。乾刚以体天,坤柔以体地。以体天地之撰,以通神明之德。【注】撰,数也。天地之数五十有五,演之为五十,用之为四十九。著者,幽赞于神明而生,故以体天地之撰,以通神明之德。其称名也,杂而不越。【注】名谓卦名。阴阳虽错,而卦象各有次第,不相逾越。於稽其类,其衰世之意邪?【注】於,嗟也。稽,考也。类者,杂之反也。三称盛德,上称末世。乾终上九,动则入坤,坤为乱,震为世,阳出复震,入坤出坤,故衰世之意邪。夫易章往而察来,而微显阐幽,开而当名,【注】神以知来,知以藏往。微者显之,谓从复成乾,是察来也。阐者幽之,谓从遘之坤,是章往也。阳息出初,故开而当名。辩物、正言、断辞,则备矣。【注】复小而辩于物,故辩物。震为言,正阳在下,初帅其辞,故正言。系辞焉以断其吉凶,故断辞。原始要终,故备矣。**其称名也小,**【注】谓乾坤与六子俱名八卦而小成,故小。**其取类也大。**【注】谓乾阳也,为天、为父,触类而长之,故大。**其旨远,其辞文。**【注】远谓乾,文谓坤。**其言曲而中,其事肆而隐。**【注】曲,诎。肆,直。中,得也。阳曲初,震为言,故其言曲而中。坤为事,隐未见,故肆而隐也。**因贰以济民行,以明失得之报。"**【注】贰当为式,谓乾与坤也。坤为民,乾为行,行得则乾报以吉,行失则坤报以凶也。【疏】阴阳至曰门。　此虞义也。以阴易阳,以阳易阴,故云阴阳相易。阳息震为出,阴消巽为入,故云出入乾坤。门所以出入者,故云易之门也。　阳物至物地。　此荀义也。谓纯乾、纯坤时也。　合德至体地。　此虞义也。文言曰:夫玄黄者,天地之杂也。谓乾坤合居也。乾象传曰:乾道变化,各正性命,保合太和,乃利贞。六爻皆正为各正性命,六爻皆应为保合太和,应亦有合义也。坎月离日,三十日一会于壬。虞注师象传曰:以离日坎月战阴阳,是日月战也。皆阴阳合德之事。乾刚坤柔,乾天坤地,言阴阳同处则合德,分之则刚柔各有体也。　撰数至之德。　撰,数。九家义也。天地之数五十有五,而五为虚,故演之为五十。大衍之数五十,而一不用,故用之为四十九。是体天地之撰也,所用四十九蓍也。蓍者,圣人幽赞于神明而生;用以作易者,是通神明之德。但阴阳合德之时,圣人探赜索隐,幽赞于神明,于是取天地之数演之为五十,用四十有九以作易,蓍以七也,卦以八也,爻以九六也。故以体天地之撰,以通神明之德也。　名谓至逾越。　此九家义也。周礼太卜:三易其经卦皆八,其别皆六十四。名谓六十四卦之名,故云名谓卦名。虞注下传"六爻相杂"云:阴阳错居曰杂。

六十四卦阴阳虽错,各有次序,如屯,坎二之初,蒙,艮之二,此之卦之次序也;如中孚为十一月,升为十二月,此卦气之次序也;如复为乾世,遘为坤世,此八宫之次序也;如上篇天道,下篇人事,此二篇之次序也。故云卦象各有次第,不相逾越也。　於嗟至意邪。　上云杂而不越,是类也。荀子曰:以类行杂。故云:类者,杂之反也。三称盛德已下,虞义也。乾为积德,阳成于三,故三称盛德。上为末,故上称末世。乾盈动倾,故乾终上九,动则入坤。坤反君道,故为乱。震继世,故为世。乾终上九为入坤,阳出复震为出坤。神农氏继庖牺而作者,神农氏衰而黄帝作,少昊氏衰而颛顼作,高辛氏衰而尧、舜作。黄帝、尧、舜通其变,使民不倦。易穷则变,通则久,入坤出坤,以类行杂,皆承衰世之后。穷变通久,易之道也。故云:其衰世之意邪。　神以至当名。　此虞义也。乾神知来,坤知藏往,复初为微,至三成乾,隐以之显,故曰微者显之。以乾照坤,故谓从复成乾,是察来也。仓颉篇曰:阐,开也。幽,隐也。幽者阐之反,吕氏春秋曰"隐则胜阐"是也。乾终上九,动而入坤,故阐者幽之,幽谓坤也。坤消乾自遘,故谓从遘至坤,是章往也。坤终于亥,则乾出于子,故阳息出初。辟户谓之乾,阳称名,故开而当名也。　复小至备矣。　辩,别也。阳出复初尚小,始于坤别,故复小而辩于物。震为言,乾凿度曰:坤变初六复,正阳在下为圣人。初帅其辞,下传文。帅亦正也,故云正言。系辞焉所以告,定之以吉凶所以断也,故断辞。以乾原始,以坤要终,故备矣。　谓乾至故小。　此虞义也。庖牺观变于阴阳而立卦。乾坤各三爻,共有六爻,阳变成震、坎、艮,阴变成巽、离、兑。六爻三变,三六十八,十有八变而成卦。名成于三,故名八卦而小成。三微成著,三著成体之时,故小也。　谓乾至故大。　此虞义也。庖牺引信三才,兼而两之为六画。三才谓乾三爻,故乾为天、为父。触,动也。谓六画以成六十四卦,故触类而长之。阳称大,为天、为父,故大也。　远谓至谓坤。　此虞义也。　曲诎至隐也。　此虞义也。曲、诎同义,故云:曲,诎。下传云:失其守者其辞诎。虞彼注云:巽诘诎,阳在初,守巽初阳,入伏阴下,故其辞诎。若然,阳曲初,亦谓阳伏巽下也。三仓曰:中,得也。周礼师氏云:掌国中失之事。注云:故书中为得。杜子春云:当为得,记君得失。史记封禅书:康后与王不相中。周勃传:勃子胜尚公主,不相中。皆训为得。吕氏春秋曰:禹为司空,以中帝心。高诱注云:中犹得。是中、得同义,故云:中,得也。阳为得,震初得位,又为言,故其言曲而中。乐记曰:肆直而慈爱。故肆为直,直谓阳也。巽初,坤也。坤为事,初隐未见,巽称而隐,故其事肆而隐也。　贰当至凶也。　此郑、虞义也。贰从式,式为古文二,故云贰当为式。大极分而为二,故式谓乾与坤也。坤为民。天行健,故乾为行。失谓坤,得谓乾,乾吉坤凶,故行得则乾报以吉,行失则坤报以凶也。

易之兴也,其于中古乎?【注】中古谓文王。**作易者,其有忧患乎?**【注】文王蒙大难而演易,故作易者,其有忧患乎?传曰:作者之谓圣。**是故履,德之基也。**【注】履二幽人之贞,中不自乱;四"履虎尾,虩虩,终吉",故德之基。春秋传曰:"郤子无基。"凡言德皆阳爻。**嗛,德之柄也。**【注】坤为柄,乾上降三,"天道下济",故德之柄。**复,德之本也。**【注】复初,乾之元,"中行独复",故德之本。**恒,德之固也。**【注】"立不易方",故德之固。**损,德之修也。**【注】"惩忿窒欲",所以修德。**益,德之裕也。**【注】"见善则迁,有过则改",德之优裕者也。**困,德之辩也。**【注】辩,别也。遭困之时,君子、小人之德于是别也。**井,德**

之地也。【注】"改邑不改井",故德之地。巽,德之制也。【注】君子制义,故德之制。履,和而至。【注】嗛与履通,嗛坤柔和,故履,和而至。嗛,尊而光。【注】九三升五,故尊而光。复,小而辩于物。【注】复初小善,故云小。"辩之早",故辩于物。恒,杂而不厌。【注】乾初之四,坤四之初,故杂。震巽特变,震究为蕃鲜,巽究为躁卦,故不厌。损,先难而后易。【注】损初之上,失正,故先难。终反成益,得位于初,故后易。"易其心而后语。"益,长裕而不设。【注】巽为长,"益德之裕",故长裕。设,大也。考工记曰:"中其茎,设其后。"坤三进之乾,乾上之坤初,迁善改过。阴称小,上之初体复小,故不设。困,穷而通。【注】阳穷否上,变之坤二成坎,坎为通,故困,穷而通。井,居其所而迁。【注】"井,德之地",故居其所。能迁其施,故迁也。巽,称而隐。【注】"巽,德之制",故称。巽阳隐初,故隐。履以和行。【注】"礼之用,和为贵。"嗛震为行,故以和行。嗛以制礼。【注】阴称礼,旁通履。履者,礼也。九三升五,以一阳制五阴,万民服,故以制礼。复以自知。【注】"有不善未尝不知",故自知也。恒以一德。【注】一谓初,终变成益,"从一而终",故以一德。损以远害。【注】坤为害,泰以初止坤上,故远害。乾为远。益以兴利。【注】震为兴,乾为利,上之初,利用大作,耒耨之利,故以兴利。困以寡怨。【注】坤为怨,否弑父与君,乾来上折坤二,故寡怨。坎水性通,故不怨也。井以辨义。【注】坤为义,以乾别坤,故辨义也。巽以行权。【注】巽制义,故行权。春秋传曰:"权者,反于经然后有善者也。"【**疏**】中古谓文王。　　汉书艺文志曰:易道深矣,人更三圣,世历三古。孟康云:伏羲为上古,文王为中古,孔子为下古。故云中古谓文王。若虞氏之义,以为文王书经,系庖牺于乾五,乾为古,五在乾中,故兴于中古,则庖牺以前为上古。今知不然者,下传云:易之兴也,其当殷之末世、周之盛德邪? 当文王与纣之事邪? 与此传皆言易之兴。但易有兴有废,庖牺氏没而易废,神农氏作而易兴,则神农以前为上古。神农氏没而易废,黄帝、尧、舜氏作而易兴,历夏、商、周皆然,则文王以前为中古。春秋之世,世衰道微,孔子作十翊而易道复兴,则孔子之时为下古。明夷象传云:内文明而外柔顺,以蒙大难,文王以之。传谓:作易者,其有忧患乎? 正谓文王。庖牺之时,世尚淳朴,不得以忧患目之。马氏、荀氏、郑氏皆以文王为中古,义当然也。　　文王至谓圣。　　春秋襄三十年传云:纣囚文王七年。史记周本纪谓:西伯囚羑里,益易之八卦。汉书司马迁谓:西伯拘而演周易。寻西伯亦述庖牺之易,而云作者,系上云:庖牺氏没神农氏作,神农氏没黄帝、尧、舜氏作。神农、黄帝、尧、舜皆述庖牺之易,而亦云作。乐记曰:作者之谓圣。庖牺作易,文王系辞,今所作二篇是也。圣人制作皆云作,故亦云作易者也。　　履二至阳爻。　　履通嗛,嗛之坤土为基。文王幽于羑里,演易明道,文致太平。履之九二失位,在坎狱中,而不失其常,终免于难。九四变得位,履虎尾而虩虩多惧,终行其志。春秋成十三年传云:礼,人之干也;敬,身之基也。邵子无基,言邵锜不敬,故无基。明履为德之基也。凡言德皆阳爻,虞义也。乾为德,故凡言德皆阳爻。言此九卦之德,皆指阳爻也。　　坤为至之柄。　　此虞义也。坤为柄,说卦文。谦从乾来,乾上降坤三,乾为天,天道下济,致恭以存其位,故德之柄也。　　复初至之本。　　此虞义也。复之初九,乾元也,即太极也。

太极为中,初九为独,中行独复,故德之本。初为本也。　立不至之固。　此虞义也。恒唯九三一爻得正不动,故立不易方。贞固足以干事,故德之固。　惩忿至修德。　此荀义也。惩忿窒欲,损象传文。虞氏云:乾阳刚武为忿,坤阴吝啬为欲,损乾之初成兑说,故惩忿。初上据坤,艮为山,故窒欲。惩忿窒欲,修德之事,故德之修。

　见善至者也。　此荀义也。见善则迁,有过则改,益象传文。虞氏云:乾为善,坤为过,坤三进之乾四,故见善则迁。乾上之坤初,改坤之过,故有过则改。周语曰布施优裕,故为德之优裕。若然,虞注晋初六曰:坤弱曰裕。此以裕为美德者,韦昭注周语云:裕,缓也;马融注蛊六四云:裕,宽也。文王处忧患之地,长裕不设,独行自然,故以裕为美德也。　辩别至别也。　此郑义也。九二困而不失其所,其唯君子;六三困于石,据于蒺藜,失其所矣。故云君子、小人之德于是别也。　改邑至之地。　经曰:改邑不改井。虞彼注云:乾初之五折坤,故改邑。初为旧井,四应汲之,故不改井。井,法也。下传云井居其所,为不改其井之法,故德之地。坤为地也。　君子至之制。

　说文制作利,云:裁也,从刀从未。未物成,有滋味,可裁断,是制为裁断也。成八年传云大国制义,下传云巽称而隐,又云巽以行权,是制义之事,故德之制。　谦与至而至。　此虞义也。谦与履旁通,谦体坤,坤至柔,又为和顺,故谦坤柔和。坤为至,故履和而至。

　九三至而光。　谦象传云:谦,尊而光。谓三升五尊位,故尊而光也。　复初至于物。　上传曰:小人以小善为无益而弗为也。虞彼注云:小善谓复初。故云复初小善,故云小。乾阳物为善,辨之早;坤阴物为不善,由辨之不早辨也。有不善未尝不知,辨之早,故辨于物也。　乾初至不厌。　恒自泰来,故云乾初之四,坤四之初。虞下注云阴阳错居称杂,故云杂也。震雷巽风,故特变。震究为巽,巽为白，故为蕃鲜。巽究为震，震为决躁，故为躁卦。是不厌之义也。

损初至后语。　此虞义也。损，泰初之上，以阳居阴，失正，故先难。损极则孟，故终反成益。益初得正，故后易。易其心而后语，上传文。虞彼注云：乾为易，益初体复心，震为后语也。　巽为至不设。　设大也至设其后，郑义也。考工记桃氏曰：中其茎，设其后。郑彼注云：从中以邵稍大之也。后大则于把易制。知设训为大。坤三进之乾为迁善，乾上之坤初为改过，初至四体复，象阳息复时尚小，故不设。　阳穷至而通。　此虞义也。困，否二之上，否时阳穷于上，故变之坤二。彼经云：困亨。否上之二体坎，乾坤交，故穷而通也。　井德至迁也。　改邑不改井，故德之地，居其所不迁也。井养不穷，是迁其施也。　巽德至故隐。　孟子曰：权然后知轻重。赵岐注云：权，铨衡也，所以称轻重。巽德之制，故为称也。乾伏巽初，龙德而隐，故为隐也。　礼之至和行。　此虞义也。礼之用，和为贵，论语文。履者，礼也。论语又云：有所不行，知和而和，不以礼节之，亦不行也。履以和行，谓以礼节之而行也。履旁通嗛，嗛震为行，故以和行也。　阴称至制礼。　此虞义也。坤阴为礼。乐记曰：大乐必易，大礼必简。又云：乐由天作，礼以地制。故云阴称礼也。　有不至知也。　此虞义也。　一谓至一德。　此虞义也。恒六五传曰：从一而终。虞彼注云：一谓初，终变成益。以巽应初震，故从而终。恒，德之固，故一德也。　坤为至为远。　此虞义也。坤阴为害，泰初之上体艮，艮为止，故以初止坤上，以乾止坤，乾为远，故远害也。　震为至兴利。　震起为兴，否上之初，初九利用为大作。虞彼注云：大作谓耕播耒耨之利，万民以济，故兴利也。　坤为至怨也。　此虞义也。坤阴为怨，困自否来，否三弑父与君，乾上之二，折坤体，怨黩不作，故寡怨。上之坤体坎，坎水性通，困穷而通,故不怨也。　坤为至义也。　此虞义也。坤为地,地道曰义,故为义。辨,别也。井自泰来,泰初之五,以乾别坤,故辨义也。　巽制至者也。　巽,德之制,故以制义。巽称而隐,郑注月令云称锤曰权,故以行权。权者反于经然后有善者也,公羊桓十一年传文。九家所引,以释行权之义也。

易之为书也,不可远,【注】法象在内,故不远。为道也娄迁,【注】迁,徙也。日月周流,上下无常,故娄迁。变动不居,周流六虚,【注】变,易;动,行。六虚,六位也。日月周流,终则复始,故周流六虚。谓甲子之旬辰巳虚。坎戊为月,离己为日,入在中宫,其处空虚。故称六虚,五甲如次者也。上下无常,刚柔相易,【注】上谓乾二、坤初及三也;下谓坤五、乾四及上也。相易谓二与五、初与四、三与上。乾刚坤柔,相易得位也。不可为典要,唯变所适。【注】典要,道也。上下无常,故不可为典要。适乾为昼,适坤为夜。其出入以度外内,使知惧,【注】出乾为外,入坤为内,日行一度,故出入以度。出阳知生,入阴惧死,故使知惧也。又明于忧患与故。【注】"神以知来",故明忧患。"知以藏往",故知事故。无有师保,如临父母。【注】阴阳之初,万物之始,故无有师保。乾为父,坤为母,乾坤之元,故如临父母。初帅其辞而揆其方。【注】初,始下也。帅,正也。谓"修辞立诚"。方谓坤也。以乾通坤,故初帅其辞而揆其方。既有典常,苟非其人,道不虚行。【注】其出入以度,故有典常。曲礼曰:"假尔泰龟有常。假尔泰筮有常。"今文尚书曰:"假尔元龟,网敢知吉。"是无典常也。苟,诚也。其人谓乾为贤人。"神而明之,存乎其人;不言而信,存乎德行。"中庸曰:"待其人而后行。"故不虚行也。【疏】法象至不远。
法象在内,故不远,大戴礼文王官人文。法象莫大乎天地,成象之谓
乾,效法之谓坤。易丽乾藏坤,故不远。　迁徙至娄迁。　此虞义
也。迁,徙。释诂文。日月谓坎离,坎离为乾坤二用,周流行于六位
之中,故娄迁也。　变易至者也。　此虞义也。六虚谓六爻之位,
故云六位也。参同契曰:日合五行精,月受六律纪。五六三十度,度
竟复更始。故云:日月周流,终而复始。六位谓之六虚者,六甲孤虚
法也。天有六甲,地有五子,日辰不全,故有孤虚。裴骃曰:甲子旬
中无戌亥,戌亥为孤,辰巳为虚。坎纳戊,离纳己。参同契曰:天地
设位,而易行乎其中矣。易谓坎离,坎离者,乾坤二用。二用无爻
位,周流行六虚。往来既不定,上下亦无常。幽潜沦匿,变化于中。
包囊万物,为道纪纲。以无制有,器用者空。故推消息,坎离灭亡。
又云:坎戊月精,离己日光。日月为易,刚柔相当。土王四季,罗络
始终。青赤黑白,各居一方。皆禀中宫,戊己之功。故云:入在中
宫,其处空虚。故称六虚也。五甲如次者,谓甲戌旬中无申酉,申酉
为孤,寅卯为虚;甲申旬中无午未,午未为孤,子丑为虚;甲午旬中无
辰巳,辰巳为孤,戌亥为虚;甲辰旬中无寅卯,寅卯为孤,申酉为虚;
甲寅旬中无子丑,子丑为孤,午未为虚。故云五甲如次者也。　上
谓至位也。　上言坎离周流于六虚,此兼言六爻升降易位之事。乾
二居坤五,坤初居乾四,坤三居乾上,故上谓乾二、坤初及三也。或
如谦、大壮之三四升坤五,或如需之上六举坎以降阳,故无常也。乾
二坤五,二五相易也。乾初坤四,初四相易也。乾上坤三,三上相易
也。故云:相易谓二与五、初与四、三与上也。或有二爻相比而相
易,或有爻变受成而相易也。乾刚坤柔,以刚易柔,以柔易刚,各得
其位,故刚柔相易也。　典要至为度。　此虞义也。释言曰:典,经

也。下传云:既有典常。故云:典要,道也。其为道也娄迁,故不可为典要。郑注大学云:之,适也。如乾五动,是乾之大有也,坤五动,是坤之比也。又震巽特变,如豫终变成小畜,恒终变成益也,故云唯变所适。刚柔者,昼夜之道,故云:适乾为昼,适坤为夜。柔变刚,适乾也;刚化柔,适坤也。 出乾至惧也。 此虞义也。三日出震为出乾,十六日退巽为入坤,以出入为外内也。日一日一夜而周一度,乾为日,坤为夜,出乾入坤,故出入以度。阳主生,阴主死,故出阳知生,入阴惧死。知生惧死,辨之早也。 神以至事故。 此虞义也。圣人以此先心,故神以知来。先知吉凶,兴利远害,故明忧患。故谓往,故坤智藏往,故知事故。 阴阳至父母。 师保生成,皆后起之事。阴阳之初,万物之始,故无有师保。物之始生,受之以蒙,乃有师保也。乾坤之元,中孚、咸时也。中孚至复,咸至遯,隐以之显,乾坤致用,故如临父母,戒慎恐惧之时也。 初始至其方。 此虞义也。初始谓初九也。阳在下,故云下也。正阳在下,故初帅其辞。息至二当升五,二阳不正,故修辞立诚。二本阴位,故以乾通坤。乾当居坤初、三、五之位,故揆其方也。 其出至行也。 此虞义也。日行一度,度有经常,故有典常。曲礼云者,证易之有常也。今文尚书者,伏生尚书西伯戡黎文。今作格人,俗儒改假为格,讹尔为人,失其义矣。神以知来,故吉凶可知。网敢知吉,是无典常也。郭璞三仓解诂曰:苟,诚也。九二升坤五,故为贤人。圣人幽赞于神明而生蓍,故神而明之存乎其人。信在言前,故不言而信。易简之善配至德,故存乎德行。中庸云者,证非其人则既济之功不行也。

易之为书也,原始要终,以为质也。【注】质,本也。以乾原始,以坤要终,谓"原始及终,以知死生之说"。六爻相杂,唯其时物也。【注】阴阳错居称杂。时阳则阳,时阴则阴,故唯其时物。"乾,阳物;坤,阴物。"**其初难知,其上易知,本末也。**
【注】本末,初上也。初尚微,故难知。"爻象动内,吉凶见外",故易
知。**初辞拟之,卒成之终。**【注】"初帅其辞","拟之而后言",
故初辞拟之。卦成于上,上为终,故卒成之终。**若夫杂物撰德,**
辩是与非,则非其中爻不备。【注】撰德谓乾。辩,别也。是
谓阳,非谓阴也。中,正也。乾六爻二、四、上匪正,坤六爻初、三、
五匪正,故非其中爻不备。"道有变动,故曰爻"也。**噫!亦要存亡**
吉凶,则居可知矣。知者观其彖辞,则思过半矣。【注】存
亡吉凶,所谓要终者也。居,辞也。彖辞,卦辞。卦辞觕举六爻之
义,故思过半矣。**二与四同功而异位。**【注】乾五为功,二应
五,四承五,故同功。二为大夫,四为诸侯,故异位。**其善不同,二**
多誉,四多惧,近也。【注】乾为善,二正应五,故多誉。四近承
五,故多惧。传曰:"近而不相得则凶。"**柔之为道不利远者,其**
要无咎,其用柔中也。【注】柔当承刚,故不利远。传曰:"困蒙
之吝,独远实也。"柔中谓六二。**三与五同功而异位。**【注】三
有佐五之功,故同功。三为三公,五为天子,故异位。**三多凶,五**
多功,贵贱之等也。【注】三过中,故多凶。功归于五,故五多
功。五贵三贱,爻有等,故云贵贱之等。**其柔危,其刚胜邪。**
【注】谓三。胜,称也。【疏】质本至之说。 此虞义也。广雅曰:
素,本也。质、素同义,故云:质,本也。乾元万物资始,故以乾原始;坤
用六以大终,故以坤要终。原始及终,以知死生之说,上系文。乾知
生,坤知死,故原始及终,以知死生之说。说读为舍也。 阴阳至阴
物。 此虞义也。六爻阴阳错居,故云杂。爻之变化有时,故云:时

阳则阳,时阴则阴。乾,阳物;坤,阴物。上传文。 本末至易知。

大过象传曰:栋桡,本末弱也。谓初上二爻,故知本末谓初上也。天道三微而成著,故初尚微。吉凶未定,故难知也。爻象动内,吉凶见外,上传文。内谓初,外谓上,爻至上而吉凶始见,故易知也。

初帅至之终。 初称拟,拟之而后言。拟者未定之辞,故初辞拟之。一卦吉凶存亡之义至上而具,故卦成于上。上者一卦之终,故卒成之终。 撰德至爻也。 此虞义也。承上"六爻相杂"来。杂物即六爻相杂,唯其时物是也。乾为德,故撰德谓乾。郑氏曰:撰,算也。是非犹善恶,故是谓阳,非谓阴也。六爻不皆中,故中谓正也。乾六爻二、四、上失位,故非正。坤六爻初、三、五失位,故非正。乾凿度曰:阴阳失位,皆为不正。郑彼注云:初六阴不正,九二阳不正是也。若然,乾二居坤五,乾四居坤初,乾上居坤三,坤五居乾二,坤初居乾四,坤三居乾上,则六爻得位,成两既济,天地人之道备。故非其中则爻辞不备也。道有变动故曰爻,下传文。 存亡至半矣。 此申要终之义也。居音基。居,辞。郑、王肃义也。阳为存,阴为亡,乾为吉,坤为凶,乾吉则存,坤凶则亡,知存知亡,故居可知矣。象辞,卦辞。马义也。卦辞牷举一卦六爻之义,言不一一举,故云牷举。如屯卦辞"不利有攸往,利建侯",谓初也;蒙卦辞"匪我求童蒙,童蒙求我",我谓二,童蒙谓五。"初筮告,再三渎,渎则不告",初筮谓初,再三谓三、四。屯重既济,以初九为一卦之主,故止举一爻;蒙则兼举五爻,故云思过半矣。他卦卦辞皆放此。 乾五至异位。 此下陈二、四、三、五爻之义,亦所谓要终者也。六爻以二、五为中和卦,二、五两爻又以五爻为主,乾五为功,故凡言功皆指五。或以二、四同在阴位,三、五同在阳位,故同功,非易之例也。二为大夫,四为诸侯,乾凿度文。言二、四皆有承五之功,而位则异也。

乾为至则凶。　　乾为善,亦谓五也。二、四皆承五,二居中而应五,故多誉;四不中而近五,故多惧。凡卦相比而不相害则吉,近而不相得则凶,故引下传以为证也。　　柔当至六二。　　此申二多誉之义。柔利承阳,远则不利。蒙六四之吝,远于阳也。二远于五,所以多誉而无咎者,以其用柔居中而应五也。其要者,亦要终之义也。　　三有至异位。　　功者五之功,而三佐之,故同功。三为三公,五为天子,亦乾凿度文。　　三过至之等。　　扬雄论乾六爻之义云:过中则惕。三过中,故多凶也。六爻之功皆归于五,故五多功。易之例阳贵阴贱,今三阳而称贱者,三多凶,阳吉阴凶,故谓之贱。且三对五言,不得云贵。系上云:卑高以陈,贵贱位矣。又云:列贵贱者存乎位。又云:崇高莫大乎富贵。贵皆谓五,故五在三不得言贵也。若据阴爻亦得言贵,屯初九传云“以贵下贱,大得民”是也。若爻不善亦不得言贵,颐初九传云“观我朵颐,亦不足贵”是也。爻有等,下传文。乾为善,三多凶,故不言其善也。　　谓三胜称也。　　下传云:其辞危。虞彼注云:危谓三。故知其柔其刚皆谓三也。胜、称同物,故云:胜,称也。上云非其中爻不备,故此传论二爻之义云:其要无咎,其用柔中也;论三爻之义云:其柔危,其刚胜邪。以阳居阳,故称也。

　　易之为书也,广大悉备,【注】有天地人之道,故悉备。以言乎天地之间,则备矣。**有天道焉,有人道焉,有地道焉。**【注】道谓阴阳、刚柔、仁义之道,所谓“性命之理”也。**兼三才而两之,故六。**【注】参天两地为六画,故六也。**六者非它也,三才之道也。**【注】“六爻之动,三极之道”,故三才之道也。**道有变动,故曰爻。**【注】“爻也者,效天下之动者也。”**爻有等,故曰物。**【注】“圣人有以见天下之动,而观其会通,以行其等礼”,故爻有等。"乾阳物,坤阴物",故为物。**物相杂,故曰文。【注】**纯乾纯坤之时,未有文章。阳物入坤,阴物入乾,更相杂成六十四卦,乃有文章,故曰文。**文不当,故吉凶生焉。【注】**不当谓不当位。当则生吉,不当则生凶,故吉凶生也。**【疏】**有天至备矣。系上曰:夫易广矣、大矣。荀彼注云:以阴易阳谓之广,以阳易阴谓之大。下云:以言乎天地之间则备矣。天,天道也;地,地道也;天地之间,人道也。大衍之数备三才,故广大悉备也。 道谓至理也。

说卦曰:立天之道曰阴与阳,立地之道曰柔与刚,立人之道曰仁与义。六者原本于性命,故云性命之理。下云兼三才而两之,是顺性命之理也。 参天至六也。 说卦云:兼三才而两之,故易六画而成卦。虞彼注云:谓参天两地,乾坤各三爻而成六画之数也。 六爻至道也。 六爻之动,三极之道,上系文。三极谓天地人,即三才,故云三才之道也。 爻也至者也。 道即三才之道。爻也者,效天下之动者也,上传文。虞彼注云:动,变也。谓两三才为六画,则发挥于刚柔而生爻也。 圣人至为物。 圣人有以见天下之动,而观其会通,以行其等礼。上系文。道有变动,故曰爻。乾坤交而通,故观其会通,以行其等礼。礼之有降杀,本于爻之有等级,故曰等礼。乾阳物,坤阴物,上传文。言爻之阴阳自乾坤来也。 纯乾至曰文。 此虞义也。纯乾纯坤谓乾坤各三爻也,其时未有文章,郑语曰物一无文是也。乾坤交通,故阳物入坤,阴物入乾,而成六子,八卦更相错而成六十四卦,柔文刚,刚文柔,如五色相杂而成文章,故曰文也。 不当至生也。 阳居阴、阴居阳为不当位。乾凿度曰:阳失位为庸人,阴失位为小人也。吉凶者,言乎其得失也。故得位则生吉,失位则生凶。

易之兴也,其当殷之末世、周之盛德邪?当文王与

纣之事邪？【注】谓文王书易六爻之辞也。末世，乾上；盛德，乾三也。**是故其辞危。**【注】危谓乾三夕惕若夤，厉无咎。故辞危也。**危者使平，**【注】平谓三。天地际，故平。文王则庖牺，合德乾五，故危者使平也。**易者使倾。**【注】乾为易。倾谓上。乾盈动倾，故使倾。谓纣也。**其道甚大，百物不废。**【注】大谓乾道。乾三爻三十六物，略其奇五，故百物。反复不衰，故不废也。**惧以终始，其要无咎。此之谓易之道也。**【注】乾称易道。"知至至之，可与几也"，故惧以始。"知终终之，可与存义也"，故惧以终。"终日乾乾"，故无咎。"危者使平，易者使倾"，"恶盈福嗛"，故易之道者也。【疏】谓文至三也。　此虞义也。大道之行，天下为公，选贤与能。故庖牺作易，创二五升降之法，以天德居天位。夏、商以后，大道既隐，天下为家，大人世及以为礼。至殷之末世，纣为无道，故文王演易，昌明大道，书易六爻之辞，而明吉凶悔吝，易道废而复兴。屯之六三君子以经论，是文王演易，文致太平之事。故曰：易之兴也，其当殷之末世、周之盛德邪？当文王与纣之事邪？上九亢龙有悔，故末世，乾上，谓纣也。阳成于三，九三终日乾乾，夕惕若夤，穷神知化，德之盛，故盛德，乾三也。　危谓至危也。　此虞义也。承上周之盛德，故知危谓乾三。三多凶，夕惕若夤，厉无咎，乾九三爻辞。文言云虽危无咎，故辞危也。　平谓至平也。　泰九三爻辞曰：无平不陂。虞彼注云：平谓三。传曰：天地际也。三处天地之会，故平也。虞上系注云：文王则庖牺，亦与天地合德。庖牺德合乾五，文王则之，故德亦合乾五。幽而演易，文致太平，故危者使平也。　乾为至纣也。　乾以易知，故乾为易。承殷之末世言，故倾谓上。上九亢龙，盈不可久，故乾盈动倾。纣无道灭亡，故易者使倾也。　　大谓至废也。　　此虞义也。阳称大,乾道变化,故大谓乾道。乾阳爻九,四九三十六,三爻一百八,略其奇数,故百物。乾纯粹精,故为物也。终日乾乾,反复道,故反复不衰,是不废之义也。

　乾称至者也。　　此虞义也。乾为易、为道,故乾称易道。知至至之,至谓初;知终终之,终谓上。此文言传释九三义也。九三知始知终,虽危无咎,与此传"惧以终始,其要无咎"同义,故引以为证。天道福谦,故危者使平。地道变盈,人道恶盈,故易者使倾。谦自乾来,上九降三,乾为易道,故易之道者也。

夫乾,天下之至健也,德行恒易,以知险。【注】险谓坎也。谓乾二五之坤成坎离。日月丽天,"天险不可升",故知险者也。**夫坤,天下之至顺也,德行恒简,以知阻。【注】**阻,险阻也。谓坤二五之乾。艮为山陵,坎为水,巽高兑下,"地险山川丘陵",故以知阻也。**能说诸心,能研诸侯之虑,【注】**乾五之坤,坎为心,兑为说,故能说诸心。坎心为虑,乾初之坤为震,震为诸侯,故能研诸侯之虑。**定天下之吉凶,成天下之娓娓者。【注】**谓乾二五之坤成离日坎月,则八卦象具。"八卦定吉凶",故能定天下之吉凶。娓娓者,阴阳之微。月生震初,故成天下之娓娓者。**是故变化云为,吉事有祥。【注】**祥,善也,吉之先见者也。阳出,变化云为,吉事为祥,谓复初,乾元者也。**象事知器。占事知来。【注】**象事谓坤,坤为器。乾五之坤成象,故象事知器。占事谓乾以知来。乾五动成离,则玩其占,故知来。**天地设位,圣人成能。【注】**天尊五,地卑二,故设位。乾为圣人,"能说诸心,能研诸侯之虑",故成能也。**人谋鬼谋,百姓与能。【注】**乾为人,坤为鬼。乾二五之坤,坎为谋,乾为百,坤为姓,故人谋鬼谋,百姓与能。

【疏】险谓至者也。　　此虞义也。坎为险,故云险谓坎也。乾二五
之坤成坎,乾二五变,之坤成离,故云乾二五之坤成坎离。坎月离
日,故日月丽天。论语曰:仲尼日月也,无得而逾焉。又云:夫子之
不可及也,犹天之不可阶而升也。故云天险不可升也,是知险之义
也。天险不可升也,坎象传文。　　阻险至阻也。　　此虞义也。坤二
五之乾成离,坤二五动之乾成坎,互体艮为山陵,坎为水,巽为高。
泽动而下,故兑为下。坤为地。地险山川邱陵,亦坎象传文。地险
山川邱陵,地险而阻,故知阻者也。　　乾五至之虑。　　此虞义也。
兑腾口说,说从坎心,说之深也。震初独行,不与圣人同忧。挈虑从
震,挈之微也。能说诸心,故能定天下之吉凶。能挈诸侯之虑,故能
成天下之娓娓。所谓圣人成能也。　　谓乾至娓者。　　此虞、荀义
也。乾二五之坤,坤二五之乾,成离日坎月,互有艮巽,故八卦象具。
阳息则吉,阴消则凶,故八卦定吉凶。娓、微同物,故云娓娓者,阴阳
之微。三日月出震,故月生震初。上传云:定天下之吉凶,成天下之
娓娓者,莫善乎蓍龟是也。知险知阻,其以此耳。　　祥善至者也。
　此虞义也。乾初为善,故云:祥,善也,吉之先见者。故吉事有祥。
阳出变化云为,成复初,初为元,元亦善也,故复初,乾元者也。　象
事至知来。　　此虞义也。坤为事、为器,乾五之坤成坎月离日,日月
为象,故象事知器。乾神知来,乾五动之坤成离,以离目玩其占,极
数知来之谓占,故占事知来也。　　天尊至能也。　　此虞义也。天尊
五,谓乾五。地卑二,谓坤二。列贵贱者存乎位,故设位。乾五为圣
人,谓庖牺也。说心挈虑,唯圣者能之,故成能也。　　乾为至与能。
此虞义也。人谋谓谋及乃心也,鬼谋谓谋及卜筮也,百姓谓谋及卿
士也。朱仰之以百姓为谋及庶人,非也。圣人成能,故百姓与能也。

八卦以象告,【注】"在天成象",乾二五之坤,则八卦象成。兑口

震言,故以象告也。**爻象以情言,**【注】圣人之情见乎辞,故爻象以情言。震为言。**刚柔杂居,而吉凶可见矣。**【注】乾二之坤成坎,坤五之乾成离,故刚柔杂居。艮为居。离有巽、兑,坎有震、艮,八卦体备,故吉凶可见也。**变动以利言,**【注】乾变之坤成震,乾为利,变而通之,以尽利。震为言,故变动以利言。**吉凶以情迁。**【注】乾吉坤凶,"六爻发挥,旁通情也",故以情迁。**是故爱恶相攻,而吉凶生。**【注】攻,摩也。乾为爱,坤为恶。谓刚柔相摩。以爱攻恶生吉,以恶攻爱生凶,故吉凶生。**远近相取,而悔吝生。**【注】远,阳,谓乾;近,阴,谓坤。阳取阴生悔,阴取阳生吝,悔吝言小疵。**情伪相感,而利害生。**【注】情,阳;伪,阴也。情感伪生利,伪感情生害。乾为利,坤为害。**凡易之情,近而不相得则凶;或害之,悔且吝。**【注】坤为近、为害。以阴居阳、以阳居阴为悔且吝也。**将叛者其辞惭,**【注】坎人之辞也。坎为隐伏,将叛,坎为心,故惭也。**中心疑者其辞枝,**【注】离人之辞也。火性枝分,故枝疑也。**吉人之辞寡,**【注】艮人之辞也。艮其辅,言有序,故辞寡。**躁人之辞多,**【注】震人之辞也。震为决躁,"笑言哑哑",故辞多。**诬善之人其辞游,**【注】兑人之辞也。兑为口舌,诬乾,乾为善人也。**失其守者其辞诎。**【注】巽人之辞也。巽诘诎,阳在初守巽,初阳入伏阴下,故其辞诎。此六子也。离上坎下,震起艮止,兑见巽伏。上经终坎、离,则下经终既济、未济。上系终乾、坤,则下系终六子。此易之大义者也。【疏】在天至告也。 此虞义也。日月在天成八卦象。乾二五之坤成震、坎、艮,坤二五之乾成巽、离、兑,故八卦象成。兑为口,震言为告,故以象告也。 圣人至情言。 乾为圣人,乾、坤旁通,而天地万物之情可见。辞以睹乎情,故圣人之情见乎辞。全体为象,析体为爻。上传云:知者观其象辞,则思过半矣。乾文言曰:六爻发挥,旁通情也。故爻象以情言也。 乾二至见也。 此虞义也。乾二升五,故乾二之坤成坎;坤五降二,故坤五之乾成离。乾刚坤柔,故刚柔杂居。坤二五之乾成离,互有巽、兑;乾二五之坤成坎,互有震、艮。八卦而小成,故八卦体备。八卦定吉凶,故吉凶可见也。 乾变至利言。此虞义也。利者,义之和也。变动则有所适,如利见大人、利有攸往之类是也。变通所以尽利,故以利言也。 乾吉至情迁。 此虞义也。迁,运,徙也。乾、坤旁通,成六十四卦,故以情迁也。 攻摩至凶生。 此虞义也。攻有摩义,故云:攻,摩也。乾长人,故为爱。恶道属阴,故为恶。乾刚坤柔,刚柔相摩,故爱恶相攻。以爱攻恶阳生,故吉生;以恶攻爱阴消,故凶生也。 远阳至小疵。 此虞义也。本谓爻位之远近,而云远阳近阴者,阴远于阳则称远,阳近于阴则称近。故远谓阳,近谓阴。乾为远,故远,阳,谓乾;坤为近,故近,阴,谓坤。阳居阴位,故阳取阴生悔;阴居阳位,故阴取阳生吝。纤介不正,悔吝为贼,故悔吝言小疵。 情阳至为害。 此虞义也。阳实为情,阴虚为伪。太玄曰:离乎情者必著乎伪,离乎伪者必著乎情。故知情,阳;伪,阴也。乾为利,故情感伪生利。坤为害,故伪感情生害也。 坤为至吝也。 此虞义也。凡二爻相比而不相得者,皆为阴阳失位而凶。虽不当位,而刚柔相应,近爻犹有害之者,乃悔吝小疵矣。乾凿度所云其应实而有之,皆失义也。 坎人至惭也。 此虞义也。六子称人者,乾凿度十二辟卦皆称表,郑彼注谓:表者,人形体之章识也。故复表日角,临表龙颜,称复人、临人。知六子亦称人也。以下叙六子之辞,此为坎人之辞也。坎为隐伏,将叛之象也。

惭从心,坎心为惭也。　离人至疑也。　此虞义也。离为火。火性枝分者,太玄应准离,初一曰:六干罗如,五枝离如。故知火性枝分也。枝分不一,故枝疑也。　艮人至辞寡。　此虞义也。　震人至辞多。　此虞义也。巽究为躁卦,谓震也。震刚在下而动,故为决躁。震为笑言,笑言哑哑,故辞多也。　兑人至人也。　兑为巫、为口舌,气与乾通,故口舌诬乾。乾为善人,故诬善也。兑为金,太玄曰四九为金、为谮,是诬善之义也。　巽人至者也。　此虞义也。上传云:其言曲而中。虞彼注云:曲,诎,阳曲初。巽诘诎,亦谓曲也。乾初在下,故阳在初守巽。阳伏巽下,故其辞诎。将叛者已下,皆谓六子之辞,故云此六子也。离上坎下,震起艮止,兑见巽伏,皆杂卦文。离火枝分,故上;坎隐伏,故下;震决躁,故起;兑诬乾,故见;巽诘诎,故伏。乾凿度曰:离为日,坎为月,日月之道,阴阳之经,所以终始万物。故以坎离为终。既济、未济亦坎、离也,故上经终坎、离,则下经终既济、未济也。上系乾坤其易之缊邪已下,皆叙乾坤。六子乾坤所成,故上系终乾坤,则下系终六子。此皆七十子所传大义,故云此易之大义者也。

周易述卷十九

文言传

【注】文言，乾坤卦爻辞也。文王所制，故谓之文言。孔子为之传。【疏】文言一篇，皆夫子所释乾坤二卦卦爻辞之义，故云卦爻辞也。梁武帝云：文言是文王所制。案，元者善之长也一节，鲁穆姜引之，在孔子前，故以为文王所制。然则初九以下，著答问而称子曰，岂亦文王所制耶？是知文言者，指卦爻辞也。以卦爻辞为文王制，故谓之文言。孔子为之传，故谓之文言传，乃十翼之一也。

“元”者，善之长也。【注】乾为善，始息于子，故曰善之长。外传曰“震雷长也”，故曰元。“亨”者，嘉之会也。【注】以阳通阴，义同昏冓，故曰嘉之会。“利”者，义之和也。【注】阴阳相和，各得其宜，故曰义之和。“贞”者，事之干也。【注】阴阳正而位当，则可以干举万事。君子体仁足以长人，【注】易有三才，故举君子。初九，仁也。长，君也。元为体之长，君子体仁，故为人之长。故书作体信。嘉会足以合礼，【注】嘉属五礼，故嘉会足以合礼。系曰：“观其会通，以行其等礼。”利物足以和义，【注】中和所以育万物，故曰利物。外传曰：“言义必及利。”贞固足以干事。【注】刚柔皆正,物莫能倾,故足以干事。**君子行此四德者,故曰:"乾:元亨利贞。"**【注】四者道也,人行之则为德。君子中庸,故能行此四者以赞化育,与天地合德也。【疏】乾为至曰元。　乾为善,虞义也。初乾为积善,故云善。始息于子,谓初九甲子也。外传者,晋语文。震为长子称元,故曰元也。韩诗曰:元,长也。　以阳至之会。　亨,通也。六十四卦阴阳相应,经文多以昏冓言者,故云义同昏冓。昏礼称嘉,故曰嘉之会。周礼媒氏云"仲春令会男女"是也。　阴阳至之和。　此荀义也。利,和也。义,宜也。荀子王制篇曰:义以分则和,和则一。故序四时,裁万物,兼利天下,无他故焉,得之分义也。阴阳相和,各得其宜,亦是分义。义分则和,故云义之和也。利从禾,说文说禾云:二月始生,八月而熟。得时之中,是利有中和之义。故云:阴阳相和,各得其宜,然后利矣。

阴阳至万事。　此荀义也。贞,正也。六爻得正,是阴阳正而位当也。正其本,万事理,可以干举万事。郑注说卦离为干卦云:阳在外,能干正。是干有正义。广雅及薛君韩诗章句曰:干,正也。故云:贞者,事之干。　易有至之长。　太极者,三才之合也。大衍者,三才之数也。六画者,三才之兼也。是易有三才,故举君子以备三才之道也。初九,震也。乾凿度曰:震东方之卦,阳气始生,故东方为仁。复六二以下仁,谓下于初。故知初九,仁也。周语太子晋曰:古之长民者。韦昭注:长犹君也。襄九年春秋传曰:元者,体之长也。元,首也,故为体之长。震为诸侯、为人之长,君子体仁,故足以长人也。　嘉属至等礼。　五礼,吉、凶、军、宾、嘉也。唐、虞三礼,周始有五礼。嘉礼之别有六,昏冠其一。故大宗伯以嘉礼亲万民,以昏冠之礼亲成男女。有天地然后有万物,有万物然后有男女。天地不交而万物不兴,故大宗伯以昏冠之礼亲成男女,以法天地,谓之

嘉礼。案,月令正义据世本,伏羲制以俪皮嫁娶之礼,则嘉礼始于伏
羲也。系曰者,上系文。爻者,言乎其变者也。天地不交不能通气。
亨者通也,故观其会通,以行其等礼。礼有等威,故曰等礼。昭十三
年春秋传曰“讲礼于等”是也。　中和至及利。　利贞者,中和也。
中庸曰:致中和,天地位焉,万物育焉。中和以育万物,即是利贞之
义也。外传者,周语文。韦昭注云:能利人然后为义。吕氏春秋曰:
义之大者,莫大于利人。故利言利物也。　刚柔至干事。　贞者,
刚柔皆正也。物莫能倾,释固义也。荀子儒效篇曰:万物莫足以倾
之之谓固。居正不倾,动无废事,故足以干事也。　四者至德也。

一阴一阳之谓道,元、亨、利、贞皆道也。中庸曰:苟不至德,至道
不凝焉。故云人行之则为德。中庸即中和也。易尚中和,君子之德
合于中和,故能行此四者,以赞化育,与天地合德也。

初九曰:“潜龙勿用。”何谓也? 子曰:“龙德而隐者
也。【注】乾为龙德,隐而未见,故隐者也。不易世,不成名。
【注】震为世,初刚难拔,故不易世。行而未成,故不成名。遁世无
闷,不见是而无闷,【注】乾阳隐初,故遁世。坤乱于上,故不见
是。震为乐,故无闷。乐则行之,忧则违之。【注】阳出初震,
为乐、为行,故乐则行之。坤死称忧。隐在坤中,遁世无闷,故忧则
违之。初辩于物,故言违。隺乎其不可拔,潜龙也。”【注】隺,
坚刚貌。初为本,坚树在始,故不可拔,潜龙之志也。【疏】乾为至
者也。　述文言而称答问者,所以起意也。京房易传曰:乾为龙德。
龙以见为功,今尚隐藏,故隐者也。中庸曰:君子依乎中庸,遁世不
见,知而不悔,唯圣者能之。扬子曰:圣人隐也。乾凿度曰:正阳在
下为圣人。故曰圣人隐也。　震为至成名。　震为世,虞义也。震

为长子,长子继世,故为世。初刚难拔,虞屯彖传义也。乾为善,善不积不足以成名,阳成于三,立于七,初尚微,故不成名也。　乾阳至无闷。　初,龙德而隐者也。隐、逯同义,震为世,阳隐初,故逯世。坤谓复坤,坤反君道,故称乱。此虞义也。京房易传曰:潜龙勿用,众逆同志,至德乃潜。五阴乱于上,一阳潜于下,故不见是。震为乐,亦虞义也。震,春也。春秋繁露曰:春,蠢也。蠢蠢然,喜乐之貌,故为乐。说文曰:闷,懑也。烦懑之意。震为乐,故无闷也。阳出至言违。　此虞义也。复初体震,故阳出初震。韦昭注国语曰:震为作足,故为行。震为乐、为行,故乐则行之。月灭于坤为既死魄。昭二十六年春秋传曰:死,恶物也。故曰坤死称忧。阳隐坤中,遁世无闷,故忧则违之。初体复,复小而辩于物,一阳不乱于五阴,是辩于物也。　崔坚至志也。　虞云:崔,刚貌。郑云:坚高之貌。故云坚刚也。六爻初为本,上为末,本弱则挠,刚则不拔,此初六、初九之辨也。坚树在始,晋语文。彼文云:坚树在始,始不固本,终必槁落。韦昭曰:树,木也。始,本根也。九龙初潜,坚刚不拔,故虞氏以为潜龙之志也。

九二曰:"见龙在田,利见大人。"何谓也? 子曰:"龙德而正中者也。【注】九二阳不正,上升坤五,故曰正中。庸言之信,庸行之谨。【注】庸,用也。乾为言、为信,震为行。处和应坤,故曰信。二非其位,故曰谨。二者皆用中之义。中庸曰:"庸德之行,庸言之谨。"闲邪存其诚,【注】闲,防也。乾为诚,二失位,故以闲邪言之。能处中和,故以存诚言之。善世而不伐,【注】阳升坤五,始以美德利天下。不言所利,故曰不伐。德博而化,【注】处五据坤,故德博。群阴顺从,故物化。易曰:'见龙

在田,利见大人。'君德也。"【注】传别于经,故称易曰。有天
德而后可居天位,故曰君德。【疏】九二至正中。 乾凿度曰:阴阳
失位,皆为不正。郑注云:初六阴不正,九二阳不正。盖九二中而不
正,今升坤五,故曰正中,谓正上中也。随九五象传曰:孚于嘉,吉,
位正中也。虞注云:凡五言中正,中正皆阳得其正。以此为例是也。

　　庸用至之谨。 郑氏三礼目录曰:名中庸者,以其记中和之可用
也。庸,用也。乾为言,九家说卦文。乾为信,虞义也。上云体信足
以长人,故乾为信。处和应坤,谓处中和之位,而应坤二,二五相孚,
是庸言之信也。此荀义也。九居二为非其位。易者,寡过之书也。
处非其位则悔吝随之,二升坤五,复于无过,是庸行之谨也。此九家
义也。二者皆用中之义,故引中庸以为证耳。 闲防至言之。 此
宋衷义也。说文曰:闲,阑也。广雅曰:阑,闲也。闲有防阑之义,故
云防也。乾,天也。中庸曰:诚者,天之道也。故乾为诚。二不正,
升五居正,是闲邪也。中和谓五,扬子太玄曰"中和莫尚于五"是也。
二处中和,是存诚也。 阳升至不伐。 此九家义也。乾为善,震
为世,故曰善世。以不言所利为不伐者,九家曰:不言所利,即是不
伐也。 处五至物化。 此荀义也。乾为德,处五据坤,坤道广博,
故德博也。坤承[一]乾施,化成万物,故物化也。 传别至君德。
孔子十翊与上下经别卷,王弼始以文言附乾坤二卦后,遂失古意也。
二升坤五,然必有圣人之德,而后可居天子之位。言君德者,兼德位
言之。

　　九三曰:"君子终日乾乾,夕惕若夤,厉无咎。"何谓

――――――――――

〔一〕"承",皇清经解本作"成"。

也？子曰："君子进德修业。【注】乾为德，坤为业。以乾通坤，谓为进德修业。忠信所以进德也。修辞立其诚，所以居业也。【注】忠信谓五。乾为言，三不中，故修辞。诚谓二。三艮爻，艮为居，故居业。知至至之，可与几也。知终终之，可与存义也。【注】至谓初。阳在初称几。几者，动之微。知微知彰，故曰可与几。终谓上。阴称义。知存知亡，故曰可与存义。是故居上位而不骄，在下位而不忧。【注】下卦之上，故曰上位。知终终之，故不骄。居三承五，故曰下位。知至至之，故不忧。故乾乾因其时而惕，虽危无咎矣。"【注】终日乾乾，以阳动也。夕惕若夤，以阴息也。因日以动，因夜以息，故云因其时。【疏】乾为至修业。 此虞义也。系上曰：夫易，圣人所以崇德而广业也。知崇体卑，崇效天，卑法地。故知德属乾，业属坤也。三体泰，泰内乾外坤。德业者，乾坤相辅而成，故以乾通坤谓为进德修业。虞氏曰：阳在三、四为修，三过中，四不及中，故皆言进德修业也。 忠信至居业。 五以阳居中，故曰忠信。凡言进言修者，皆谓不中以求中。三不中，故修辞。二存诚，故诚谓二。立诚所以求中也。三艮爻，郑义也。艮为居，虞义也。五阳二阴，故法五以进德，法二以居业也。 至谓至存义。 至从一，一，地也，故谓初。系下曰：知几其神乎。虞注云：几谓阳也。阳在复初称几，初尚微，故曰动之微。君子知微知彰，故可与几也。上为一卦之终，故终谓上。乾凿度曰地静而理曰义，故阴称义。亡者保其存者也，知存知亡，故可与存义也。 下卦至不忧。 荀注九三曰：三居下体之终，而为之君，是上位也。居上位而不如上九之亢，故不骄。荀又云：三臣于五，是下位也。在下位而亦如初之无闷，故不忧也。 终日至其时。 此淮南义也。班固曰:淮南王安聘明易者九人,号九师法。其书今亡,而鸿烈所述者,其绪余也。彼文云:夕惕若厉。盖今文脱夤字,而以厉属上读也。古文厉属下读,故传云虽危无咎。汉书多有作若厉者,皆据今文也。

九四曰:"或跃在渊,无咎。"何谓也? 子曰:"上下无常,非为邪也。进退无恒,非离群也。君子进德修业及时,故无咎。"【注】或跃为上,在渊为下,进谓居五,退谓居初。二四不正,故皆言邪;三四不中,故皆言时。及时所以求中也。中庸曰:"君子而时中。"【疏】或之者,疑之也。无常、无恒是释或义。进谓居五,退谓居初。此荀义也。二中而不正,故言邪;三正而不中,故言时;四不中不正,故兼言之。时中者,易之大要也。孔子于彖传言时者二十四卦,言中者三十六卦;于象传言中者三十九卦,言时者六卦。盖时者,举一卦所取之义而言之也;中者,举一爻所适之位而言之也。时无定而位有定,故象多言中,少言时。子思作中庸,述夫子之意曰:君子而时中。时中之义深矣,故文言申用九之义曰:知进退存亡而不失其正者,其惟圣人乎。是时中之义也。王弼本"欲及时也",今从古。

九五曰:"飞龙在天,利见大人。"何谓也? 子曰:"同声相应,【注】谓震、巽也。庖牺观变而放八卦。雷风相薄,故相应。**同气相求。**【注】谓艮、兑也。山泽通气,故相求。**水流湿,火就燥。**【注】谓坎离也。离上而坎下,水火不相射。**云从龙,风从虎。**【注】谓乾、坤也。乾为龙,云生天,故从龙;坤为虎,风生地,故从虎。**圣人作而万物睹。**【注】圣人谓庖牺。合德乾五,造作八卦,故圣人作。睹,见也。四变五体离,离为见,故万物睹。万物皆相见,利见之象也。**本乎天者亲上,本乎地者亲**

下。【注】震、坎、艮皆出乎乾，故曰本乎天。而与乾亲，故曰亲上。巽、离、兑皆出乎坤，故曰本乎地。而与坤亲，故曰亲下。天尊故上，地卑故下也。**则各从其类也。"**【注】二五相应，如物类之相感，故下之应上，犹子之于父母，各从其类。【疏】谓震至从虎。　此虞义也。传因二五相应而广其义，明八卦阴阳本有是相应之理也。庖牺观变于阴阳而立八卦，震雷巽风相薄而不相悖，故同声相应；艮山兑泽高下气通，故同气相求；坎水离火相逮而不相射，射，厌也。内经曰：云出天气，风出地气。乾为龙，坤为虎，故云从龙，风从虎。鸿范曰：曰风。郑注云：风，土气也。凡气非风不行，犹金木水火非土不处，故土气为风。虎，土物也。坤为土，是风从虎。亦是从其类也。　圣人至象也。　此虞义也。圣人即大人也。文王书辞，系庖牺于九五，故圣人谓庖牺也。庖牺全体中和，故合德乾五。始作八卦，是圣人作，乐记曰"作者之谓圣"是也。说卦曰相见乎离，故离为见。圣人作而万物共睹，即利见大人之义也。　震坎至下也。　此虞义也。乾道成男，故震、坎、艮皆本乎天，而皆阳类，故亲上；坤道成女，故巽、离、兑皆本乎坤，而皆阴类，故亲下。天尊地卑，故有上下之别。表记亦云：父尊而不亲，母亲而不尊也。　二五至其类。　此总结上义。物类相感，如声气之类是也。下应上，谓圣人作而万物睹也。言二之应五，如子之亲上亲下，以类相从，所以释利见之义也。

　　上九曰："亢龙有悔。"何谓也？子曰："贵而无位，【注】天尊故贵。以阳居阴，故无位。**高而无民，**【注】坤为民。骄亢失位，故无民。**贤人在下位而无辅，**【注】上应三，三阳德正，故曰贤人。别体在下，故曰在下位。两阳无应，故无辅。**是以动而**

有悔也。"【注】动于上不应于下，故有悔。【疏】天尊至无位。　此虞义也。上于三才为天道，是天尊，故贵也。上本阴位，以阳居之，故无位。无位犹失位。荀云：在上故贵，失位故无位。亦此义也。

坤为至无民。　广雅曰：亢，高也。越语曰：天道盈而不溢，盛而不骄。上九骄亢，又处非其位，民不与之，故无民也。　上应至无辅。　此荀义也。知贤人为九三者，上传云在下位而不忧，故知三也。乾凿度有一圣、二庸、三君子之目，谓复初阳正为圣人，临二阳不正为庸人，泰三阳正为君子。乾为贤人，故又称贤人也。三在下卦，故云别体。三上敌应，故无辅也。　动于至有悔。　此淮南义，见缪称篇也。

"潜龙勿用"，下也。【注】下谓初。"见龙在田"，时舍也。【注】暂舍于二，以时升坤五。"终日乾乾"，行事也。【注】坤为事。以乾通坤，故行事。"或跃在渊"，自试也。【注】求阳正位而居之，故自试。"飞龙在天"，上治也。【注】画八卦以治下，故曰上治。"亢龙有悔"，穷之灾也。【注】卦穷于上，知进忘退，故灾。乾元"用九"，天下治也。【注】正元以成化，故天下治。【疏】下谓至下治。　易气从下生，故谓下为初。二非其位，故云暂舍。虞氏亦云：非王位，时暂舍也。以时升坤五，故经云见龙在田。田谓坤，非谓舍于田也。坤为事，谓泰坤。震为行。以乾通坤，故曰行事，进德修业是也。四非上居五则当下居初，或之，故云自试也。白虎通曰：伏戏仰观俯察，画八卦以治下。下服而化之，故谓之伏戏。孟喜章句曰：伏，服也。戏，化也。是画卦治下之事。上对下言，故云上治也。王肃注上九曰：知进忘退，故悔。盖卦穷于上，当退之三，上不知退，亢极灾至，故曰灾也。春秋元命包曰：天不深正其元不能成其化。九者变化之义，以元用九，六爻皆正。王者体元建极，一以贯之，而君臣上下各得其位，故天下治也。

"潜龙勿用"，阳气潜藏。【注】阳息初，震下有伏巽，故曰潜藏。"见龙在田"，天下文明。【注】二升坤五，坤为文；坤五降二体离，离为明，故天下文明。"终日乾乾"，与时偕行。【注】震为行，因时而惕，故与时偕行。书曰："时之徒也勤以行。""或跃在渊"，乾道乃革。【注】二上变体革，故乾道乃革。"飞龙在天"，乃位乎天德。【注】体元居正，故位乎天德。书曰："其惟王位在德元。""亢龙有悔"，与时偕极。【注】阳将负，其极弱，故与时偕极。乾元"用九"，乃见天则。【注】六爻皆正，天之法也。在人则为王度。易说："易六位正，王度见矣。"

【疏】阳息至潜藏。　系下曰：龙蛇之蛰，以存身也。虞彼注云：蛰，潜藏也。龙潜而蛇藏。十一月阳息初，震为龙，巽为蛇，故曰潜藏也。　二升至文明。　二升坤五，观乎人文，以化成天下。坤离皆指在下而言，故云天下文明。　震为至以行。　息至三体震，震为行。书曰者，周书周祝文。孔晁注云：谓与时偕行也。　二上至乃革。　二升坤五，上降坤三，是二上变也。乾二上变，其象为革，故体革。而云四体革者，革之既济，较九四一爻耳，四变成既济。革彖云元亨利贞，与乾用九同，故发其义于九四爻，而云乾道乃革耳。　体元至德元。　易有天位、天德，天位，九五也；天德，乾元也。中庸曰：虽有其位，苟无其德，不敢作礼乐焉。虽有其德，苟无其位，亦不敢作礼乐焉。郑注云：言作礼乐者必圣人在天子之位。体元居正者，以乾元之德，而居九五之位，故云位乎天德也。书洛诰文。引之者，证天德之为乾元也。　阳将至偕极。　阳穷于上，则阴复于下，故云阳将负。<u>伏生</u><u>鸿范五行传</u>曰：王之不极，是谓不建。厥咎瞀，厥罚恒阴，厥极弱。<u>郑彼</u>注云：天为刚德，刚气失，故于人为弱。<u>易说</u>亢龙之行曰：贵而无位，高而无民，贤人在下位而无辅。此之谓弱。<u>刘歆</u>说曰：君有南面之尊，而亡一人之助，故其极弱也。<u>广雅</u>曰：亢，极也。<u>蔡邕</u><u>月令章句</u>曰：极者，至而还之辞。阳道穷，刚反为弱，即与时偕极之义也。　六爻至见矣。　六爻皆正，谓既济也。刚柔正而位当，行事皆合于天，故曰天之法。<u>参同契</u>曰"用九翩翩，为道规矩"是也。<u>易说</u>者，<u>乾凿度</u>文。案<u>鸿范五行传</u>：射属王极。<u>郑氏</u>注云：射，王极之度也。射人将发矢，必先于此仪之，发矢则必中于彼矣。君将出政，亦先于朝廷度之，出则应于民心。故云王度见矣。

<u>乾</u>"元"者，始而亨者也。【注】<u>乾</u>始开通，以阳通阴，故始通。"利贞"者，情性也。【注】推情合性。<u>乾</u>始而以美利利天下，不言所利，大矣哉！【注】<u>乾</u>始，元也。美利谓云行雨施，品物流形，故利天下。"天何言哉，四时行焉，百物生焉"，故利之大者也。大哉<u>乾</u>乎！刚健中正，纯睟精也。【注】刚者，天德也。健者，天行也。中谓居五，正谓居初与三也。纯，兼统阴爻也。睟，不杂也。一气能变曰精。<u>系</u>曰："精气为物。"六爻发挥，旁通情也。【注】发，动；挥，变也。<u>乾</u>六爻发挥变动，旁通于<u>坤</u>，<u>坤</u>来入<u>乾</u>，以成六十四卦。"吉凶以情迁"，故曰旁通情也。时乘六龙，以御天也。云行雨施，天下平也。【注】言<u>乾</u>六爻乘时以居天位，<u>坤</u>下承之，成既济定，阴阳和均而得其正，故天下平。【疏】<u>乾</u>始至始通。　此<u>虞</u>义也。始即元也。<u>乾</u>知大始，故亦曰始。天地不变，不能通气，<u>乾</u>始交于<u>坤</u>，以阳通阴，故始通也。　推情合性。此<u>魏伯阳</u>义也。爻不正以归于正，故曰利贞。性，中也。情者，性之

发也。发而中节,是推情合性,谓之和也。易尚中和,故曰利贞者情性。圣人体中和,天地位,万物育,既济之效也。 乾始至大也。大哉乾元,万物资始。故知乾始,元也。美利以下,虞义也。始而亨,故云行雨施,品物流形,是利天下之事也。寻系下述咸至邅六日七分之义曰:过此以往,未之或知也。始而亨,成既济化育之功,天不言而岁功成,故天何言哉!四时行焉,百物生焉。所利者大,故利者大也。俗本作能以,今从古也。 刚者至为物。文五年春秋传曰天为刚德,故云:刚者,天德也。象曰天行健,故云:健者,天行也。若然,大有象传曰其德刚健,则健亦德也。而云天行者,乾刚坤柔,刚柔者,立本者也。健者运行,故曰天行。乾六爻唯五为中,初三为正,二中而不正,例居坤五,故云中谓居五。四上不正,四例居坤初,上例居坤三,故云正谓居初与三也。乾凿度曰:乾道纯而奇。郑彼注云:阳道专断,兼统阴事,故曰纯。纯,全也。阳画三,阴画六,乾兼坤则九,故云全也。乾,太玄准之以晬。荀子非相曰:晬而能容杂。刘渊林吴都赋注云:不杂曰晬。杂者晬之反,故云:晬,不杂也。管子心术曰:一气能变曰精,一事能变曰智。精者,清也。天轻清而上者,故董子曰:气之清者为精。系上曰精气为物,亦谓乾也。 发动至情也。 虞注说卦云:发,动;挥,变。乾六爻以下,陆义也。乾精粹气纯,故能发挥变动,旁通于坤。坤者,乾之反也。震与巽、坎与离、艮与兑及六十四卦皆然,故云:坤来入乾,以成六十四卦。各卦有旁通。法言:或问行。曰:旁通厥德。李轨注云:应万变而不失其正者,唯旁通乎。若然,旁通与用九、用六同义。乾、坤纯,故用九、六;余卦六爻相杂,谓之旁通也。吉凶以情迁,下系文。各卦旁通,有吉有凶,吉凶者易之情,故云旁通情也。 言乾至下平。 义见乾卦及彖传。阴阳和均以下,荀义也。

君子以成德为行，日可见之行也。【注】初，善也。"积善成德"，震为行，故以为行。"终日乾乾"，行事也，故日可见之行。"潜"之为言也，隐而未见，行而未成，是以君子弗"用"也。【注】阳见于二，成于三，今隐初，故未见。震为行，行而未成，是以弗用。【疏】初善至之行。　初，元也。元者善之长，故云善也。积善成德，劝学篇文。虞注坤文言曰：初乾为积善。善积于初，成于三，故汉议郎元宾碑云：乾乾积善。三终日乾乾，积善成德之象，故曰日可见之行也。德必三而成者，乾凿度曰：易始于一，分于二，通于三。至三而天地人之道备。故董子曰：天地与人，三而成德，天之大经也。　阳见至弗用。　九二见龙，故云阳见于二。春秋元命包曰：阳起于一，成于三。今阳在初，故隐而未见。体震，震为行，行而未成，谓德未成。成十八年古文春秋传曰：服谗蒐慝以诬成德。服虔曰：成德，成就之德。初德未成，故弗用也。此专释潜义，故云潜之为言。

君子学以聚之，问以辩之，【注】二阳在二，兑为口，震为言、为讲论，临坤为文，故学以聚之，问以辩之。兑象君子以朋友讲习。宽以居之，仁以行之。【注】震为宽仁、为行，居谓居五，谓宽以居上而行仁德也。易曰："见龙在田，利见大人。"君德也。【注】"德成而上"，故曰君德。【疏】二阳至讲习。　此虞义也。乾自坤来，阳在初为震，在二为兑，故兑为口，震为言、为讲论。临坤为文者，博学于文故也。兑象朋友讲习者，虞于彼注云：兑两口相对，故朋友讲习。汉博陵太守孔彪碑曰：龙德而学，学问所以成君德也。周书本典曰：王在东宫召周公，曰：朕闻武考，不知乃问，不得乃学，俾资不肖，永无惑。是人君有学问之事也。　震为至德也。　震为宽仁,虞义也。汉书五行志曰:传曰:思之不容,是谓不圣。容,宽也。孔子曰:居上不宽,吾何以观之哉!言上不宽大包容臣下,则不能居圣位也。 德成至君德。 德成而上,乐记文。皇侃注云:上谓堂也。德成谓人君礼乐。德成则为君,故居堂上南面尊之也。二德成而升坤五,故云德成而上。谓德已成而居君位,故云君德也。

九三重刚而不中,上不在天,下不在田,【注】重刚谓乾。天谓乾五。田谓坤田。**故"乾乾"因其时而"惕",虽危"无咎"矣。【注】**过中则惕。**【疏】**重刚至坤田。 乾刚坤柔,内外皆乾,故曰重刚。虞注云:以乾接乾,故重刚。位非二五,故不中。谓上不居乾五,而下不居坤田。二居坤田,龙德而正中者也。 过中则惕。此扬雄义也。法言曰:立政鼓众莫尚于中和。又云:甄陶天下,其在和乎。龙之潜亢,不获其中矣。是以过则惕,不及中则跃,其近于中乎。言三四求中,故云近于中。

九四重刚而不中,上不在天,下不在田,中不在人,【注】人谓三。**故"或"之。或之者,疑之也。故"无咎"。【注】**坎为疑,非其位,故疑之也。**【疏】**人谓三。 在人而称中者,系上曰:六爻之动,三极之道。极,中也。三不中,以三于三才为人道,得称中也。三犹得正,故云中不在人。 非其至之也。 二四变体坎,坎心为疑。以九居四,故曰非其位。豫九四亦非其位,以一阳据五阴,卦之所由以豫者也,故曰勿疑。与此异也。

夫"大人"者,【注】圣明德备曰大人。**与天地合其德,【注】**与天合德谓居五;与地合德谓居二。**与日月合其明,【注】**坤五之乾二成离,离为日;乾二之坤五为坎,坎为月。**与四时合其序,【注】**十二消息复加坎,大壮加震,姤加离,观加兑,故与四时合其序。**与鬼神合其吉凶,**【注】乾神合吉,坤鬼合凶,以乾之坤,故与鬼神合其吉凶。**先天而天弗违,后天而奉天时。**【注】乾九二在先,故曰先天;而居坤五,故天弗违。坤六五在后,故曰后天;降居乾二,故奉天时。**天且弗违,而况于人乎,况于鬼神乎!**【注】人谓三。知鬼神之情状,与天地相似,故不违。【疏】圣明至大人。　此易孟京说及乾凿度文。大人谓二五,执中含和,而成既济之功者也。故淮南泰族曰:大人者与天地合德,日月合明,鬼神合灵,四时合信。故圣人怀天气,抱天心,执中含和,不下庙堂而衍四海,变习万物;民化而迁善,若性诸己,能以神化。是言既济之事也。　与天至居二。　此荀义也。二五皆称大人,故兼举之。三才之道,五为天,二为地也。　坤五至为月。　此荀义也。　十二消息至合其序。　十二消息,乾坤十二画也。四时,四正坎、离、震、兑也。刘洪乾象历曰:中孚加坎,解加震,咸加离,贲加兑,求次卦复加坎,大壮加震,姤加离,观加兑。卦气起中孚,故以复为坎卦也。　乾神至吉凶。　此虞义也。乾阳坤阴,阳为神,阴为鬼,故以神属乾,鬼属坤也。乾神坤鬼,以乾之坤,故与鬼神合其吉凶。　乾九至天时。　内外皆乾,乾,天也。内为先,九二在内,故曰先天;而居五,五为天位,故天弗违。外为后,六五在外,故曰后天;而居二,二承天时行,故奉天时也。　人谓至不违。　中庸论君子之道曰:建诸天地而不悖,质诸鬼神而无疑,百世以俟圣人而不惑。质诸鬼神而无疑,知天也;百世以俟圣人而不惑,知人也。郑彼注云:鬼神,从天地者也。易曰:故知鬼神之情状,与天地相似。圣人则百世同道,但不悖于天地,斯能质鬼神,俟后圣。故云:而况于人乎,况于鬼神乎。易学在孔氏,故中庸所论与文言一也。

"亢"之为言也，知进而不知退，【注】阳位在五，今乃在上，故曰知进而不知退。知存而不知亡，【注】在上当阴，今反为阳，故曰知存而不知亡。知得而不知丧。【注】得谓阳，丧谓阴。【疏】阳位至谓阴。　此荀义也。爻自下而上为进，自上而下为退。九本阳爻，当居阳位。阳位在五，今反在上，是知进而不知退也。阳为存，阴为亡，上宜阴爻，今九居之，是知存而不知亡也。乾阳为得，坤阴为丧，知九之为阳，而不知上之为丧，是知得而不知丧也。此专释亢义，故云亢之为言。

其惟圣人乎！知进退存亡而不失其正者，其惟圣人乎！【注】进谓居五，退谓居二，存谓五为阳位，亡谓上为阴位。再言圣人者，上圣人谓五，下圣人谓二也。此申用九之义，而用六之义亦在其中矣。【疏】进谓至二也。　此荀义也。豫六五曰：贞疾，恒不死。象曰：中未亡也。五中阳位，故云中未亡。五为存，则上为亡，又上为宗庙，故云亡谓上也。九五生知之圣，故首曰圣人。九二学知之圣，以时升坤五，故云知进退存亡而不失其正，言学而后至于圣也。　此申至中矣。　曰进曰存，用九之义；曰退曰亡，用六之义。此兼释之，故坤文言不再申也。

坤至柔而动也刚，【注】纯阴至顺，故柔。阴动生阳，故动也刚。至静而德方，【注】"其静也翕"，故至静。"其动也辟"，故德方。虞氏谓：阴开为方也。后得主而有常，【注】初动成震，阳为先，阴为后，"后顺得常"，故后得主而有常。含万物而化光。【注】坤承乾施，"含弘光大，品物咸亨"，故化光。坤称化也。坤道其顺乎，承天而时行。【注】顺者，顺于乾。坤承乾，故称道。

"贞于六月未,间时而治六辰",故承天而时行也。【疏】纯阴至故柔。　此荀义也。杂卦曰:乾刚坤柔。虞彼注云:坤阴和顺,故柔。与荀同义。　阴动至也刚。　此九家义也。阴动生阳,谓初、三、五也。说卦曰立地之道曰柔与刚,义同于此。　其静至方也。　系上曰:其静也翕。翕则静之至者,故云至静。其动也辟,辟,开也。阴动辟而广生,方犹广也。坤六二直方大,虞注云:方谓辟。阴开为方,故云德方。坤承乾,故云德也。　初动至有常。　阳先乎阴,犹天先乎地,男先乎女,故云:阳为先,阴为后也。　坤承至化也。乾,天也。天施地生,故曰乾施。坤道承天,故承乾施。系上曰坤化成物,故坤称化也。　顺者至行也。　说卦曰:坤,顺也。虞注云:纯柔承天时行,故顺。是顺者,顺于乾也。乾承道,坤承乾,故亦称道。系上坤道成文,亦谓承乾而称道也。贞于六月未,间时而治六辰者,乾凿度文。彼文云:乾贞于十一月子,左行阳时六;坤贞于六月未,右行阴时六,以奉顺成其岁。即承天时行之义也。

积善之家必有余庆,积不善之家必有余殃。【注】初乾为积善,以坤牝阳灭,出复震为余庆。坤积不善,以乾通坤,极姤生巽为余殃。**臣弑其君,子弑其父,**【注】坤消至二,艮子弑父;至三成否,坤臣弑君。"上下不交,天下无邦",故子弑父,臣弑君。**非一朝一夕之故,其所由来者渐矣。**【注】刚爻为朝,柔爻为夕。渐,积也。阳息成泰,君子道长;阴消成否,小人道长,皆非一朝一夕之故,由积渐使然,故君子慎所积。易曰:"正其本,万物理。君子慎始。差若毫厘,缪以千里。"谓此爻也。**由辩之不早辩也。**【注】辩,别也。初动成震体复,则别之早矣。系上曰:复小而辩于物。**易曰:"履霜,坚冰至。"盖言顺也。**【注】顺犹驯也。恶恶疾其始。【疏】初乾至余殃。　此虞义也。乾为善,自一乾以至三乾成,故为积善。乾,坤之牡也,故云以坤牝。阳丧灭于乙,至三日而复出震,彖曰乃终有庆,故曰余庆,阳称庆也。坤为恶,故积不善。以乾通坤,至十六日为姤,巽象见辛,故云极姤生巽。巽者,坤一索所得之女,故曰余殃。此据纳甲也。书曰:三载考绩,三考黜陟幽明。伏生书传曰:积善至于明,五福以类升,故陟之;积不善至于幽,六极以类降,故黜之。考绩者,日计月计岁计,至于三载,极而至于三考九载,亦言积也。五福、六极,余庆、余殃之谓。郑注礼运曰:殃,祸、恶也。家谓乾家、坤家也。　坤消至弑君。　此虞义也。坤本乾也。说卦曰:乾为君、为父。上乾为君,下乾为父。坤消至二体艮,艮子道,至三乾,下体灭,故子弑父;至三成否体坤,坤臣道,消至五乾,上体坏,故臣弑君。上下不交,天下无邦,否彖传文。否之匪人,无父无君,是禽兽也。故引彖传以明之。　刚爻至爻也。　刚爻为朝,柔爻为夕,此虞义也。虞本系上曰:昼夜者,刚柔之象也。故以朝夕属刚柔。王逸注楚辞曰:稍积曰渐。何休注公羊曰:渐者,物事之端,先见之辞。故云:积,渐也。乾积善成泰,故君子道长;坤积恶成否,故小人道长。一朝谓初乾,一夕谓初坤。积之久而泰、否成,故君子慎所积。易曰者,易传十翊之逸篇也。初爻为本,又谓之元。董子对策曰:谓一为元者,视大始而欲正本是也。初正则万事举,故曰:正其本,万物理。君子慎始,亦谓初爻,初最微,故曰豪厘。诗曰:德輶如毛。谓初九也。初九积善成名,初六积恶灭身,故曰差以豪厘,缪以千里。史记太史公自叙曰:春秋弑君三十六,亡国五十二,察其所以,皆失其本已。故易曰:差以豪厘,缪以千里。故曰:臣弑君,子弑父,非一旦一夕之故,其渐久矣。盖古文周易,太史公犹见其全,而大小戴礼、察保傅经解及易通卦验亦引之。或遂以为纬书之文,非也。 辩别至于物。 辩,别也。郑氏义。穀梁传曰:灭而不自知,由别之而不别。是辩与别同义也。坤别之不早别,故恶积而不可弇,罪大而不可解。复初九不远复,是别之早矣。有不善未尝不知,知之未尝复行,是辩于物也。物谓阳物、阴物。 顺犹至其始。 象曰驯致其道,与顺同义。皆谓阴顺阳之性,而成坚冰也。管子七法曰:渐也,顺也,靡也,久也,服也,习也,谓之化。上言渐,下言顺,象言驯,中孚言靡,恒象言久,皆谓服习积贯而化,其义一也。恶恶疾其始,僖十七年穀梁传文。易著戒于初爻,是疾其始。

"**直**"其正也。"**方**"其义也。【注】正当为敬,字之误也。乾为敬,故直其敬也。坤为义,故方其义也。**君子敬以直内,义以方外,敬义立而德不孤。**【注】乾二在内,故直内;而居五,是敬立也。坤五在外,故方外;而居二,是义立也。五动二应,阴阳合德,故德不孤。**易曰:"直方大,不习,无不利",则不疑其所行也。**【注】得位得中,故不疑其所行。【疏】正当至义也。 下云敬以直内,故知正当为敬。乾为敬,虞义也。坤为义,义见上也。 乾二至不孤。 立犹见也。五自二往在内,故直内。进居五,是敬之发于外者,故敬立也。二自五来在外,故方外。退居二,是义之裁于中者,故义立也。二五相应,乾升坤降,成既济定,故德不孤也。 得位至所行。 阴居阴是得位也,六居二是得中也。得位得中,爻之最善者,故不疑其所行。

阴虽有美,含之,【注】阳称美。**以从王事,弗敢成也。地道也,**【注】坤为地。**妻道也,**【注】系曰:"天一,地二;天三,地四;天五,地六;天七,地八;天九,地十。"水一,火二,木三,金四,土五。"妃以五成",故水六,火七,木八,金九,土十。"水以天一为火二牡，木以天三为土十牡，土以天五为水六牡，火以天七为金四牡，金以天九为木八牡。阳奇为牡，阴耦为妃。故曰妻道。"春秋传曰："水，火之牡也。"又曰："火，水妃也。"**臣道也。**【注】天尊地卑，乾为君，故坤为臣。虞氏以坤为臣也。**地道"无成"，而代"有终"也。**【注】"坤化成物"，实终乾事。【疏】阳称美。阳称美，虞义也。三下有伏阳，故有美含之。系曰至土十。系曰者，上系文。妃以五成，昭九年春秋传文。皇侃礼记义疏曰：金木水火得土而成，土数五，故妃以五成也。水以至妻道。此皆刘氏三统历文也。郑注鸿范云：木克土为妻，金克木为妻。与此义同也。阳奇为牡者，牡，雄也；阴耦为妃者，妃，配也。阴阳之书有五行妃合之说：木畏金乙为庚妃，金畏火辛为丙妃，火畏水丁为壬妃，水畏土癸为戊妃，土畏木己为甲妃。是阳为牡，阴为妃也。春秋至妃也。水，火之牡也。昭十七年春秋传文。火，水妃也。昭九年传文。所以证妃牡之义。天尊至臣也。乾六爻皆有君象，说卦曰：乾以君之，故知乾为君。坤与乾绝体，故知坤为臣。虞氏注遯九三、蹇六二、损上九、小过六二皆云坤为臣也。坤化至乾事。坤化成物，上系文。周语单襄公曰：成，德之终也。是成与终同义。物始于乾而成于坤，今坤曰弗敢成、曰无成者，坤奉乾道而成物，代乾终事，不居其名，董子所谓"昌力而辞功"是也。

天地变化，草木蕃。【注】在天为变，在地为化。乾息坤成泰，天地交而万物通，故草木蕃。**天地闭，贤人隐。**【注】泰反成否，乾三称贤人，隐藏坤中，以俭德避难，不可营以禄，故贤人隐。**易曰："括囊，无咎无誉。"盖言谨也。**【注】谨犹慎也。【疏】在天至木蕃。此虞义也。阳变阴化，故在天为变，在地为化。坤与乾旁通,从旁通变,故乾息坤成泰。泰彖传曰:天地交而万物通。万物出震,震为草木,故草木蕃也。　泰反至人隐。　此虞义也。否泰反其类,故泰反成否。汉樊毅修西岳庙记云"泰气推否"是也。乾文言曰:贤人在下位而无辅。注谓九三,故知乾三称贤人也。六三含章,是隐藏坤中。否象君子,亦谓三也。　谨犹慎也。　象曰慎不害也,故曰谨犹慎也。

君子"黄"中通理,正位居体,【注】地色黄,坤为理。五之下中,故曰黄中。乾来通坤,故称通理。正位居体者,谓九正阳位,而六居下体也。一说上体。仪礼丧服传曰:"正体于上。"**美在其中,而畅于四支,发于事业,美之至也。【注】**九正阳位,故美在其中。四支谓股肱。书曰:"臣作朕股肱。"六居下体,故畅于四支。坤为事、为业,故发于事业。中美能黄,上美为元,下美则裳,故曰美之至也。乾为美,坤承乾,故为美。**【疏】**地色至于上。　地色黄,坤为理,虞义也。乾凿度曰:天动而施曰仁,地静而理曰义。故知坤为理也。地色黄而居中,是下中也。乾来通坤,故称通理,亦虞义。乾来通坤,谓乾二居五。虞又云:五正阳位,故曰正位。孟子曰:立天下之正位。赵岐云:正位谓男子纯乾正阳之位也。盖二升坤五,故曰五正阳位。坤五降二,故居下体。九六者,谓九二、六五也。二升五,故虞谓五。一说上体,谓居五。上体,体指五也。引丧服传证体谓五。　九正至为美。　乾为美,二居上中,故美在其中。四支谓两股两肱。周书武顺曰:左右手各握五、左右足各履五曰四枝。引书者,虞夏书皋陶谟文也。坤为臣,为乾之股肱,而居下体,故畅于四支。坤为事、为业,虞义也。中美能黄,上美为元,下美则裳,昭十三年春秋传文。二,中也。故曰中美能黄。元,乾元。二居五,故曰上美为元。五降二,故曰下美则裳。三美尽备,故曰美之至也。美谓乾而云坤者,坤承乾故也。

  阴凝于阳必"战",【注】初始凝阳,至十月而与乾接。**为其兼于阳也,故称"龙"焉。【注】**阴阳合居,故曰兼阳。尔雅曰:"十月为阳。"俗作嫌于无阳,今从古。**犹未离其类也,故称血焉。【注】**坤十月卦,故曰未离其类。**夫"玄黄"者,天地之杂也。天玄而地黄。【注】**"乾坤气合戌亥",故曰杂。天者,阳始于东北,色玄。地者,阴始于西南,色黄。**【疏】**初始至乾接。阴凝阳自午始,故象曰:履霜坚冰,阴始凝也。战者,接也。建亥之月,乾之本位,故十月而与乾接也。今本疑于阳,荀、虞、姚、蜀才本皆作凝,故从之。 阴阳至从古。 消息坤在亥,亥,乾之位也,故曰阴阳合居。此荀义也。尔雅者,释天文。诗枤杜曰日月阳止,亦谓十月为阳月。俗作谓王弼作也。荀、郑、虞、陆、董皆云兼于阳,郑本费氏,故云古也。 坤十月至其类。 据消息。 乾坤至色黄。

  乾坤气合戌亥,乾凿度文。消息戌亥为坤之月,亥,乾本位。乾凿度曰:乾渐九月,故云气合戌亥。陆续注京易传曰:乾坤并处,天地之气杂,称玄黄。天者阳以下,荀义也。乡饮酒义曰:天地温厚之气始于东北,而盛于东南。故云:天者,阳始于东北。东北天位,故色玄。说文曰:黑而有赤色者为玄。乡饮酒义曰:天地严凝之气始于西南,而盛于西北。故云:地者,阴始于西南。西南坤位,故色黄。考工记曰:天谓之玄,地谓之黄。

周易述卷二十

说卦传

昔者圣人之作**易**也,【注】圣人谓**庖牺**。幽赞于神明而生蓍,【注】幽,阴;赞,助也。**乾**为神明、为蓍,谓**乾**伏坤初。圣人作**易**,"探赜索隐,钩深致远","无有远近幽深,遂知来物",是幽赞于神明而生蓍也。参天两地而倚数,【注】参,三;倚,立也。谓分天象为三才,以地两之,立六画之数,故倚数也。观变于阴阳而立卦,【注】谓"立天之道曰阴与阳"。乾坤刚柔,立本者;卦谓六爻阳变成震、坎、艮,阴变成巽、离、兑,故立卦。六爻三变,三六十八,则"十有八变而成卦,八卦而小成"是也。系曰:"阳一君二民,阴二君一民。"不道乾坤者也。发挥于刚柔而生爻,【注】谓"立地之道曰柔与刚"。发,动;挥,变也。变刚生柔爻,变柔生刚爻,以三为六也。"因而重之,爻在其中",故生爻。和顺于道德而理于义,【注】谓"立人之道曰仁与义"。和顺谓坤,道德谓乾。以**乾**通坤,谓之理义也。穷理尽性以至于命。【注】以**乾**推坤谓之穷理,以坤变**乾**谓之尽性。性尽理穷,故至于命。巽为命。昔者圣人之作**易**也,【注】重言昔者,明谓**庖牺**。将以顺性命之理,

【注】谓"乾道变化,各正性命"。以阳顺性,以阴顺命。阴与阳,柔与刚,仁与义,所谓理也。**是以立天之道曰阴与阳,**【注】阴谓坤,阳谓乾。**立地之道曰柔与刚,**【注】柔谓阴爻,刚谓阳爻。**立人之道曰仁与义。**【注】乾为仁,坤为义。**兼三才而两之,故易六画而成卦。**【注】谓"参天两地"。乾坤各三爻,而成六画之数也。**分阴分阳,迭用柔刚,故易六画而成章。**【注】阴阳,位也。柔刚,爻也。迭,递也。章谓文理。乾三画成天文,坤三画成地理。【疏】圣人谓庖牺。 庖牺始作八卦,故圣人谓庖牺。圣人作,故不言庖牺,而言圣人也。庖牺时未有易名,而称作易者,据后言也,犹太卜三易矣。 幽阴至著也。 此虞义也。幽,阴,谓坤初。太玄曰幽遇神,范望注云"一称幽"是也。中庸曰:可以赞天地之化育。郑彼注云:赞,助也。乾为神明,乾伏坤初。太玄曰:昆仑天地而产蓍。在昆仑之中,故曰幽赞。以通神明之德,故幽赞于神明。荀子劝学曰:无冥冥之志者,无昭昭之明。说文曰:冥,幽也。是幽赞之义也。圣人作易,探赜索隐,钩深致远者,赜,初也。初隐未见,故探赜索隐。初深故曰钩深;致远谓乾。无有远近幽深,遂知来物者,远谓天,近谓地,幽谓阴,深谓阳。乾为物,神以知来,故知来物。褚先生据传曰:天下和平,王道得而蓍茎长丈,其丛生满百茎。是幽赞为赞化育之本。庖牺幽赞于神明而生蓍,创为揲蓍之法,四营而成易,十有八变而成卦,八卦而小成;引信三才,触长爻策至万一千五百二十,所谓以通神明之德,以类万物之情也。太衍之数五十,其用四十有九。其一太极以一持万,其初幽赞于神明,其极至于赞化育,参天地,皆是物也。 参三至数也。 此虞义也。参读为三,故云:参,三也。倚,立。广雅文。虞注系上极其数云:数谓

六画之数。揲蓍之法分而为二以象两，挂一以象三，是分天象为三才也。五岁再闰，再扐而后挂，以成一爻之变。耦以承奇，故云：以地两之，立六画之数。谓乾坤各三爻，为六画也。参两之说，诸儒不同。马融、王肃等据天数五，地数五，五位相得而各有合云：五位相合，以阴从阳。天得三合，谓一、三与五也；地得两合，谓二与四也。一、三、五凡三，参之而九；二、四凡二，两之而六。谓参天两地而立九六之数也。郑氏云：天地之数备于十，三之以天，两之以地，而倚托大衍之数五十。是诸说不同也。　谓立至者也。　此虞义也。三画称卦，卦有阴阳，故云立天之道曰阴与阳。下系云：刚柔者，立本者也。虞彼注云：乾刚坤柔，为六子父母。乾天称父，坤地称母，本天亲上，本地亲下，故立本者也。乾坤各三爻，合为六爻，而成六子，故卦谓六爻阳变成震、坎、艮，谓之阳卦；阴变成巽、离、兑，谓之阴卦。故观变于阴阳而立卦也。震、坎、艮，乾三索而得；巽、离、兑，坤三索而得。故六爻三变，三六十八，所云十有八变而成卦也。乾坤与六子俱名八卦，而小成谓天三爻，故云小成也。阳一君二民，谓震、坎、艮；阴二君一民，谓巽、离、兑。揲蓍之时，尚未有画，止称阴阳，故云不道乾坤者也。若然，天有八卦之象，圣人因天制作，震巽已下六子亦从后名之也。　谓立至生爻。　此虞义也。六画称爻，爻有刚柔，故云立地之道曰柔与刚。道有变动，故曰爻。故云：发，动；挥，变也。刚柔相推，变在其中，谓九六相变，故云：变刚生柔爻，变柔生刚爻。参重三才以为六爻，故云以三为六，谓六画以成六十四卦。爻在重卦之中，故生爻也。　谓立至义也。　此虞义也。乾凿度曰：易始于一，分于二，通于三。大衍之数五十，三才之合，效三才为六画。爻辞有仁义，故立人之道曰仁与义。阴阳相应为和，坤，顺也，故和顺谓坤。乾为道、为德，故道德谓乾。以坤顺乾，是和顺于道德。乾凿度曰：天动而施曰仁，地静而理曰义。以乾通坤，故谓之理义也。　以乾至为命。　此虞义也。坤为理，以乾推坤，故谓之穷理。乾为性，以坤变乾，故谓之尽性。乾伏坤初，巽为命，性尽理穷，故至于命。谓赞天地之化育也。系上曰：易简而天下之理得矣。天下之理得，而易成位于其中矣。虞彼注云：乾坤变通，穷理以尽性，故天下之理得；天下之理得，而易成位乎其中。天地位，万物育，此既济之事，盖为下陈明堂大道张本也。　重言至庖牺。　此虞义也。　谓乾至理也。　坤下有伏乾，所谓性也。乾下有伏巽，所谓命也。乾变坤化，参天两地，六耦承奇，是各正性命。乾为性，故以阳顺性。巽为命，故以阴顺命。此上虞义也。韩非子曰：理者，方圆、短长、麤靡、坚脆之分也。立天之道曰阴与阳，不言阴阳而言阴与阳，是阴阳之理。立地之道曰柔与刚，是柔刚之理也。立人之道曰仁与义，是仁义之理也。阴阳、柔刚、仁义原本于性命，所谓性命之理。下云兼三才而两之，是顺性命之理也。　阴谓至为义。　阴谓坤，阳谓乾者，谓坤三画为阴，乾三画为阳也。柔谓阴爻，刚谓阳爻者，谓以三为六，二、四、上为阴爻，初、三、五为阳爻也。管子曰天仁地义，故乾为仁，坤为义。　谓参至数也。　此虞义也。上云参天两地而倚数，是天地本有兼才之理，圣人设卦，因而重之，以地两三而成六画，所谓顺性命之理也。　阴阳至地理。　位有阴阳，故云：阴阳，位也。爻有刚柔，故云：刚柔，爻也。迭，递也已下，虞义也。释言曰：递，迭也。递、迭同训，故云：迭，递也。刚柔更用事，故云迭用柔刚。系上曰：仰以观于天文，俯以察于地理。故章谓文理。文理者，间杂之义。昭廿五年春秋传曰：五章。杜预注云：青与赤谓之文，赤与白谓之章，白与黑谓之黼，黑与青谓之黻，五色备谓之绣。所谓五章是也。韩非子曰：理者，成物之文也。天地人各有阴阳、刚柔、仁义，即上文性命之理也。

天地定位，山泽通气，雷风相薄，水火不相射。八卦相错。【注】此明二篇之次也。天地定位，乾坤、泰否也。山泽通气，雷风相薄，咸恒、损益也。水火不相射，坎离、既未济也。薄，入也。射，厌也。所陈凡八卦，相错而成上下二篇也。易说："阳道纯而奇，故上篇三十，所以象阳也。阴道不纯而偶，故下篇三十四，所以法阴也。"上经象阳，故以乾为首，坤为次，先泰而后否。下经法阴，故以咸为始，恒为次，先损而后益。又曰："离为日，坎为月，日月之道，阴阳之经，所以终始万物，故以坎离为终。""既济、未济为下篇终者，所以明戒慎而全王道。"数往者顺，知来者逆，是故易逆数也。【注】坤为数往，乾为知来，坤消从午至亥，上下故顺；乾息从子至巳，下上故逆。易气从下生，故云易逆数也。雷以动之。风以散之。雨以润之。日以暄之。艮以止之。兑以说之。乾以君之。坤以藏之。【注】暄，干也。乾坤三索而得六子，六子自下生，六子既成，各任生物之功。乾为之君，坤受而藏之，以成十二辟卦也。【疏】此明至王道。　此承参两来释文王分上下二经，乾坤、泰否、坎离，咸恒、损益、既未济终始相次之义，而六十四卦之序亦可知矣。故云二篇之次也。天地定位，天地，乾坤也。乾下坤上为泰，坤下乾上为否，故云乾坤、泰否也。山泽通气，雷风相薄，山上有泽咸，山下有泽损，雷风恒，风雷益，故云咸恒、损益也。水火不相射，水火，坎离也。水在火上既济，火在水上未济，故云坎离、既未济也。薄，入。马、郑义。射，厌。虞、陆义也。射，厌。释诂文。以上所陈凡八卦耳。因参重三才之后，故相错杂而成六十四卦，为上下二篇也。易说者，乾凿度文。所以释二篇诸卦之次，正与此合,故引之。彼文云:阳三阴四,位之正也。故易六十四分而为上下,象阴阳也。阳道纯而奇者,郑注谓:阳道专断,兼统阴事,故曰纯也。三法天,故上篇三十,所以象阳也。阴道不纯而偶者,阴制于阳,故不纯。四法地,故下篇三十四,所以法阴也。上篇象阳,乾阳坤阴,故乾为首,坤为次。乾凿度又云:乾坤者,阴阳之本始,万物之祖宗,故为上篇始者,尊之也。泰阳息卦,否阴消卦,故先泰而后否。郑注谓:先尊而后卑,先通而后止者,所以类阳事也。下篇法阴,郑注谓:咸则男下女,恒则阳上而阴下,故以咸为始,恒为次。先阴而后阳者,以取类阴事也。乾凿度曰:损者阴用事,益者阳用事,故先损而后益。郑注谓:损象阳用事之时,阴宜自损以奉阳者,所以戒阴道以执其顺者也。益当阴用事之时,阳宜自损以益阴者,所以戒阳道以弘其化者也。郑知然者,损自泰来,故象阳用事之时,阴自损以奉阳;益自否来,故当阴用事之时,阳当自损以益阴也。日月之道,阴阳之经,所以终始万物者,五六三十,乃天地之数,故曰阴阳之经。乾彖传曰:大明终始。荀注云:乾起坎而终于离,坤起离而终于坎,离、坎者,乾、坤之家而阴阳之府,故终始万物。是上篇终坎、离之义也。云既济未济为下篇终者,所以明戒慎而全王道者,上篇天道,下篇人事,王者体中和,赞化育,而成既济定。既济象传曰:君子以思患而豫防之。荀注云:六爻既正,必当复乱。故君子象之,思患而豫防之。治不忘乱,故云所以戒慎而全王道。序卦曰:物不可穷也,故受之以未济终焉。是下篇终既未济之义也。　坤为至数也。　系上曰:神以知来,知以藏往。虞彼注云:乾神知来,坤知藏往,故坤为数往,乾为知来。坤消已下,虞义也。坤消自午,右行至亥,从上而下,故顺。乾息自子,左行至巳,从下而上,故逆。易气从下生,乾凿度文。郑彼注云:易本无形,自微及著,气从下生,以下爻为始。故十二辰之法,坤虽自上而下,然消遘及遂,亦自下生,故云易逆数也。
晅干至卦也。　晅,干。京义也。乾道成男,一索、再索、三索而得
震、坎、艮;坤道成女,一索、再索、三索而得巽、离、兑。皆自下而上,
以明易之为逆数也。九家云:乾坤交索,既生六子,各任其才往生
物。故云:六子既成,各任生物之功。谓动之、散之之类是也。乾为
之君,谓息卦自子至巳;坤受而藏之,谓消卦自午至亥,是谓十二辟
卦。著此者,为下陈明堂十二月之法也。

　　**帝出乎震,齐乎巽,相见乎离,致役乎坤,说言乎兑,
战乎乾,劳乎坎,成言乎艮。【注】**帝,上帝也。上帝五帝在太
微之中,迭生子孙,更王天下,故四时之序,五德相次。圣人法之,以
立明堂,为治天下之大法也。神农曰天府,黄帝曰合宫,唐曰五府,
虞曰总章,夏曰世室,殷曰重屋,周曰明堂。明堂者有五室四堂,二、
九、四,七、五、三,六、一、八,四正四维皆合于十五。室以祭天,堂以
布政。王者承天统物,各于其方以听事,谓之明堂。有月令,虞夏商
周四代行之,今所传月令是也。古之圣人生有配天之业,没有配天
之祭。故太皞以下,历代所禘,太皞以木德,炎帝以火德,黄帝以土
德,少昊以金德,颛顼以水德。王者行大享之礼于明堂,谓之禘祖
宗。其郊则行之于南郊。禘郊祖宗四大祭而总谓之禘者,禘其祖之
所自出故也。一帝配天,功臣从祀,故禘礼上溯远祖,旁及毁庙,下
逮功臣。圣人居天子之位,以一德贯三才,行配天之祭,推人道以接
天,天神降,地祇出,人鬼格。夫然而阴阳和,风雨时,五谷熟,草木
茂,民无鄙恶,物无疵厉,群生咸遂,各尽其气,威厉不试,刑措不用,
风俗纯美,四夷宾服,诸福之物,可致之详,无不毕至,所谓既济定
也。庖牺画八卦,以赞化育,其道如此。**万物出乎震。震,东方**

也。【注】出,生也。东方者,青阳太庙也。**齐乎巽。巽,东南也。齐也者,言万物之絜齐也。**【注】东南者,东青阳个,南明堂个也。巽阳藏室,故絜齐。**离也者,明也,万物皆相见,南方之卦也。**【注】离为日、为火,故明。日出照物,以日相见,故万物皆相见。南方者,明堂太庙也。**圣人南面而听天下,向明而治,盖取诸此也。**【注】负斧扆南面而立,故南面而听天下。听,听朔也。乾为治,天子当阳,故向明而治。盖取诸此者,言明堂之法取诸此也。蔡氏谓:"人君之位莫正于此,故虽有五名,而主以明堂也。"**坤也者,地也,万物皆致养焉,故曰:致役乎坤。**【注】坤位未而王四季,故用事于西南,而居中央。西总章个,南明堂个,中央太庙太室也。明堂月令中央土,土爱稼穑,故万物皆致养。役,事也。坤为事。王者四时迎气于四郊,其中央之帝乃方泽也,合圜丘之帝为六天。**兑,正秋也,万物之所说也,故曰:说言乎兑。**【注】兑主西,故正秋,总章太庙也。兑为雨泽,故说万物。震为言,震二动成兑,言从口出,故说言也。**战乎乾。乾,西北之卦也,言阴阳相薄也。**【注】西北者,西总章个,北玄堂个也。坤十月卦,乾消剥入坤,故阴阳相薄也。**坎者,水也,正北方之卦也,劳卦也,万物之所归也,故曰:劳乎坎。**【注】正北方者,玄堂太庙也。劳,动也。水性动而不舍,故曰劳卦。归,藏也。**艮,东北之卦也,万物之所成终,而所成始也,故曰:成言乎艮。**【注】东北者,东青阳个也,故曰成始;北玄堂个也,故曰成终。**神也者,妙万物而为言者也。**【注】神谓易,即一也。妙,微也。圣人饬明堂以一偶万,明者以为法,微者以是行,不见其事而见其功,故妙万物而为言。**动万物者莫疾乎雷,挠万物者莫疾乎风,燥万物者莫熯乎火,说万物者莫说乎泽,润万物者莫润乎水,终万物始万物者莫盛乎艮。**【注】四时分而效职。**故水火相逮,雷风不相悖,山泽通气,**【注】六子合而成物。**然后能变化,既成万物也。**【注】变化谓乾坤。乾道变化,各正性命,成既济定,故既成万物矣。不言乾坤而言变化者,以见神之所为。【疏】帝上至如此。 此陈明堂之法。六子成而生物之功备,十二消息具而乾坤之用宏。夫然而既济之治可得而言矣。帝即五帝。五帝称上帝者,孝经曰:周公宗祀文王于明堂,以配上帝。周以木德,谓配木德之帝。是五德之帝皆称上帝也。上帝五帝在太微之中,迭生子孙,更王天下者,此何休义也。刘歆七略曰:王者师天地,体天而行,是以明堂之制内有太室象紫微,南出明堂象太微。援神契亦谓:五精之神实在太微。故知五帝在太微之中。乾象传曰:大哉乾元,万物资始,乃统天。郊特牲曰:万物本乎天。圣人而为天子,尤天所笃生者,故云:迭生子孙,更王天下。如下所云五德相次是也。四时之序,木火土金水五行之德用事者王,所生相,故王废,胜王囚,王所胜死,故云五德相次。家语孔子曰:天有五行木火金水土,分时化育以成万物,其神谓之五帝。又曰:五行用事,先起于木,木东方,万物之初皆出焉。是故王者则之,而首以木德王天下,其次则以所生之行转相承也。大戴礼盛德云:明堂天法,故圣人法之以立明堂。谓庖牺作八卦,圣人法之。故宇文恺据黄图曰:堂方百四十四尺,法坤之策也,方象地。屋圆楣径二百一十六尺,法乾之策也,圆象天。室九宫法九州,太室方六丈,法阴之变也。十二堂法十二月,三十六户法极阴之变数,七十二牖法五行所行日数,八达象八风法八卦。通天台径九尺,法乾以九履六;高八十一尺,法黄钟九九之数。二十八柱象二十八宿。堂高三尺,土阶三等,法三统。堂四向五色法四时五行。水四周于外象四海,圆法阳也。水阔二十四丈,象二十四气。水内径三丈,应觐礼经。是言所法之事,蔡氏明堂月令论其说略同。寻明堂之制备于冬官,冬官亡,故黄图、月令论所称不尽与古合,为袁准所驳。然其取法于易,则同也。又先儒戴德、戴圣、韩婴、孔牢、马宫、刘歆、贾逵、许慎、服虔、卢植、颍容、蔡雍、高诱诸人,皆以明堂上有灵台,下有辟雍,四门有太学。故蔡氏论云:谨承天顺时之令,昭令德宗祀之礼,明前功百辟之劳,起养老敬长之义,顺教幼海稚之学,明诸侯选造士于其中,以明制度。生者乘其能而至,死者论其功而祭,故为大教之宫。周书大匡曰:明堂所以明道,明道惟法。是言治天下之大法也。大戴礼盛德曰:明堂者,古有之也。卢辩注云:案淮南子言神农之世祀于明堂。明堂有盖四方,盖始于此。尸子曰:黄帝曰合宫,有虞曰总章,周人曰明堂,皆所以明休其善。又曰:欲观黄帝之行于合宫,观尧、舜之行于总章。故知黄帝曰合宫,虞曰总章。尚书帝命验曰:帝者承天立五府,以尊天重象。注云:象五精之神也。天有五帝,集居太微,降精以生圣人。故帝者承天立五帝之府,是为天府。桓谭新论曰:明堂,尧谓之五府。府,聚也。言五帝之神聚于此。古文尚书尧典曰:正月上日受终于文祖。郑彼注云:文祖,五府之大名,如周之明堂。故知唐曰五府,皆明堂异名也。考工记曰:夏后氏世室,殷人重屋,周人明堂,是三代明堂亦异名也。五室谓中太室,东青阳,南明堂,西总章,北玄堂,四堂各有室,兼中央为五,故有五室四堂也。二、九、四、七、五、三、六、一、八者,大戴礼盛德文。坤二,离九,巽四,故云二、九、四。兑七,中央五,震三,故云七、五、三。乾六,坎一,艮八,故云六、一、八。凡九,谓之九宫。一、二、三、四得五为六、七、八、九,故乾凿度曰:太一取其数以行九宫,四正四维皆合于十五。郑彼注云:太一主气之神,四正四维以八卦神所居,故亦名之曰宫。太一下行犹天子出巡狩省方岳之事,每卒〔一〕则复;太一下行八卦之宫,每四乃还于中央。中央者,北辰之所居,故因谓之九宫。始坎,次坤,次震,次巽,次中央,次乾,次兑,次艮,次离,行则周矣,乃反于紫宫。出从中男,入从中女,亦因阴阳男女之偶为终始,云坎、离、震、兑为四正,乾、坤、艮、巽为四维。一九、六四、二八、七三,乘五皆为十五,故云皆合于十五。室以祭天,堂以布政者,后魏封轨明堂议文。轨又云"依行而祭,故室不过五;依时布政,故堂不逾四"是也。王者承天统物,各于其方以听事者,礼记明堂阴阳录文。彼文云:明堂之制,周旋以水,水左旋以象天,内有太室象紫垣,南出明堂象太微,西出总章象五潢,北出玄堂象营室,东出青阳象天市。上帝四时各治其室,故王者法之也。统物,统万物也。蔡氏章句曰:月令所以顺阴阳,奉四时,效气物,行王政也。成法具备,各从时月,岁之明堂,所以示承祖考神明。明不敢泄渎之义,故以明堂冠月令。虞、夏、商、周四代行之,故礼记明堂位兼陈四代之服器,其文在周书五十三。大戴采以为明堂月令。马氏附月令于小戴而删明堂字,故止谓之月令也。中庸言"唯天下至圣为能聪明睿知,足以有临也"下云:凡有血气者,莫不尊亲,故曰配天。是生有配天之业也。古文尚书伊训篇曰:惟太甲元年十有二月乙丑朔,伊尹祀于先王,诞资有牧方明。刘歆释之曰:言太甲虽有成汤、太丁、外丙之服,以冬至越茀祀先王于方明,以配上帝。方明者,放明堂之制。太甲行吉禘之礼,

---

〔一〕"卒",皇清经解本作"率"。

宗祀成汤于明堂,以配上帝,是没有配天之祭也。夏少康中兴,伍员亦云祀夏配天。三代受命,中兴之主及继世有德之君没,皆行配天之祭。禹、汤、文、武,受命之主也。夏之少康,周之宣王,中兴之主也。殷之三宗,周之成、康,继世有德之君也。云太皞以下历代所禘者,礼运云:大道之行也,天下为公。郑注祭法云:有虞氏以上尚德,禘郊祖宗,配用有德者而已;自夏已下稍用其姓氏代之。礼运所谓大道既隐,天下为家;禹、汤、文、武、成王、周公由此其选。言禹、汤以下虽用明堂之法,而大道稍隐也。若然,太皞、炎帝当亦黄帝以下所禘。其黄帝以下乃四代所禘,见于鲁语及祭法也。蔡氏独断曰:易曰帝出乎震,震者,木也。言宓牺氏始以木德王天下也。木生火,故宓牺氏没,神农氏又以火德继之。火生土,故神农氏没,黄帝以土德继之。土生金,故黄帝氏没,少昊氏以金德继之。金生水,故少昊氏没,颛顼氏以水德继之。是言五德相次,自太皞以下也。独断又云:水生木,故颛顼氏没,帝喾以木德继之。木生火,故帝喾氏没,帝尧以火德继之。火生土,故帝舜氏以土德继之。土生金,故夏禹氏以金德继之。金生水,故殷汤氏以水德继之。亦皆五德相次。故帝喾虽不列五帝,商周以下禘之,尧、舜、禹、汤、文、武咸列祖宗之祭也。若明堂月令以太皞相次者,盖唐、虞已前之制,其实历代皆有损益也。礼器曰:大飨其王事与?三牲鱼腊,四海九州之美味也;笾豆之荐,四时之和气也;内金,示和也;束帛加璧,尊德也;龟为前列,先知也;金次之,见情也;丹、漆、丝、纩、竹、箭,与众共财也;其余无常货,各以其国之所有,则致远物也。礼器云大飨其王事,大飨者,明堂之大禘也。王者行大飨之礼于明堂,谓之禘祖宗。禘者,圜丘之大禘,与春夏之时禘,及丧毕之吉禘也。祖者,如周之祖文王也。宗者,如周之宗武王也。皆配天之祭,又皆蒙禘之名,谓禘其祖之所自出故也。后稷之祀在南郊。郊特牲曰：兆于南郊，就阳位也。又云：于郊，故谓之郊。故云唯郊行之于南郊。其三大祭皆在明堂也。尔雅祭名曰：禘，大祭。禘郊祖宗四大祭而总谓之禘者，楚语：禘，郊郊也。郑注大传不王不禘及诗长发大禘，笺皆云郊祀天，是郊称禘也。周颂雍序云：禘，大祖也。郑笺云：大祖谓文王。是祖称禘也。刘歆云大禘则终王，是宗称禘也。禘者，禘其祖之所自出。董子曰：天地者，先祖之所出也。故四大祭皆蒙禘之名也。盘庚曰：兹予大享于先王尔祖，其从与享之。故云：一帝配天，功臣从祀。禘礼上溯远祖者，谓如周始祖之上，又有远祖誉。虞喜曰：终禘及郊宗，石室是也。旁及毁庙者，谓四庙二祧之外又及毁庙，皆升合食，序昭穆。故韩诗内传曰“禘取毁庙之主，皆升，合食于太祖”是也。下逮功臣者，谓功臣从祀。周书大匡曰：勇如害上，不登于明堂。高堂隆释之云：谓有勇而无义，死不登堂而配食。故蔡氏据礼记太学志曰：善人祭于明堂，其无位者祭于太学。是言禘祭下逮功臣之事也。圣人居天子之位，谓如文言所云“飞龙在天，乃位乎天德”，有天德而居天位者也。说文曰：董仲舒云：古之造文者，三画而连其中谓之王。三者，天地人也；而参通之者，王也。孔子曰一贯三为王，故云以一德贯三才。行配天之祭者，谓上四大祭也。天道远，故推人道以接天，禘礼之灌是也。以孙格祖，以祖格天，故天神降，地祇出，人鬼格，即大司乐所云“若乐六变则天神皆降，八变则地祇皆出，九变则人鬼可得而礼”是也。夫然而阴阳和以下，既济之事也。民皆仁厚，故无鄙恶。缁衣所谓“禹立三年，百姓以仁遂焉”是也。六沴不作，故物无疵厉。鸿范五行传所谓“五福乃降，用章于下”是也。群生咸遂，各尽其气者，谓毕其寿命之气也。诸福之物，可致之祥，无不毕至者，此皆董子对策文。诸福之物，谓如凤皇麒麟皆在郊棷、龟龙在宫沼之类是也。可致之祥,谓如天降甘露、地出醴泉、山出器车、河出马图之类是也。既济则各正性命,保合太和。中庸曰:致中和,天地位焉,万物育焉。言明堂之大道本于易,故云:伏羲画八卦,以赞化育,其道如此也。　出生至庙也。　出,生,虞义。广雅曰:生,出也。此下言明堂之序。首称万物出乎震者,明堂所以赞化育,月令记时候,则及草木鸟兽虫鱼之类,故下屡言万物也。震东方者,青阳太庙在东,故曰东方也。以下八卦,四正四维当明堂十二室,知者以鸿范五行传云:孟春之月御青阳左个,索祀于艮隅;仲春之月御青阳正室,索祀于震正;季春之月御青阳右个,索祀于巽隅;孟夏之月御明堂左个,索祀于巽隅;仲夏之月御明堂正室,索祀于离正;季夏之月御明堂右个,索祀于坤隅。中央之极,自昆仑中至太室之野,土王之日,迎中气于中室。孟秋之月御总章左个,索祀于坤隅;仲秋之月御总章正室,索祀于兑正;季秋之月御总章右个,索祀于乾隅;孟冬之月御玄堂左个,索祀于乾隅;仲冬之月御玄堂正室,索祀于坎正;季冬之月御玄堂右个,索祀于艮隅。隅,角也。高诱注淮南云:四角为维。是四正四维当十二室之事也。今唯坤当太庙太室,其左明堂个;兑当总章太庙,其左总章个为异耳。　东南至絜齐。　巽言东南者,巽之东震也,其南离也。故曰:东青阳个,南明堂个也。巽阳藏室,故絜齐,虞义也。阳伏巽初,故巽阳藏室。古人齐戒必于寝,而后会于太庙。齐之言齐也,齐不齐以致齐者也。巽阳藏室,神明之德在内,故系上云:圣人以此齐戒,以神明其德。祭统亦云:专致其精明之德,尽性以尽物性。故云万物之絜齐也。　离为至庙也。　离为日、为火,火日外景,故明离。明照于四方,故日出照物。以日相见,故万物皆相见。此上虞义也。离言南方者,明堂在南,故云明堂太庙也。　负斧至堂也。　负斧扆南面立,周书明堂文。其文曰:明

堂之位,天子之位,负斧依南面立,群公卿士侍于左右。是南面之事
也。云听,听朔也者,周礼太宰云:正月之吉始和,布治于邦国都鄙,
乃县治象之法于象魏,使万民观治象,浃日而敛之。干宝注云:周正
建子之月,告朔日也。此即玉藻之听朔矣。案玉藻云天子听朔于南
门之外,谓明堂南门之外。天子受朔于南郊,还于明堂告时,帝配祖
考,县六象之法于象魏,退而居太庙及左右个,闰月居门。故周礼春
官太史云:颁告朔于邦国。闰月诏王居门,终月听朔之礼当在冬官
匠人职,冬官亡,故明堂之制不详。诸儒郑玄等咸有异说,惟二戴、
马宫、孔牢、贾逵、卢植、颍容、许慎、服虔、蔡雍、高诱诸儒知有此制,
而蔡氏之说尤备,具于月令章句,今依用之。乾为治,虞义也。天子
当阳,文四年春秋传文。彼谓诸侯朝正于王,亦是明堂班朔之事。
天子当阳,诸侯用命,所谓向明而治也。言八卦九宫之法,明堂太庙
正值离位,故云盖取诸此也。　坤位至六天。　乾凿度曰:坤位在
未。参同契曰:土王四季,罗络始终。青黑赤白,各居一方。皆禀中
宫,戊己之功。未在西南,彖传曰西南得朋,故用事于西南。青黑赤
白,皆禀中中[一],故居中央。白虎通谓:土王四季,居中央,不名时
也。明堂月令中央土当季夏,故用事于西南而居中央也。坤西南
卦,故西为总章个,南为明堂个。明堂月令中央土,天子居太庙太
室,故云中央太庙太室也。鸿范曰:土爱稼穑。稼穑所以养人者,故
万物皆致养焉。僖十五年春秋传曰此一役也,杜预训役为事。坤为
事,故曰:役,事也。王者四时迎气于郊,谓迎苍帝、赤帝、白帝、黑帝

[一]下"中"字,依上下文意当作"宫"。

也。其黄帝则中央之帝，即周礼之方泽也。周礼大司乐：以日夏至降神于方泽。故月令无中央迎气之文。必知中央为太室者，鸿范五行传曰：中央之极，自昆仑中至太室之野，帝黄帝，神后土，司之太室之野。即中央之土，降神于方泽，迎之于太庙太室。故称方泽为太室之野也。系上曰：大衍之数五十，其用四十有九。京氏章句云：其一不用者，天之主气。郑注乾凿度云：太一主气之神。太一即北辰，北辰即皇天大帝，与五帝为六，故明堂有六天，谓四郊中央，合圜丘之帝，为六天也。其神谓之六宗，觐礼谓之方明，即下传"神也者，妙万物而为言"、月令"其神勾芒"等是也。周礼大宗伯以玉作六器以礼天地四方：以苍璧礼天，谓上帝也；以黄琮礼地，谓中央帝也；以青圭礼东方，苍帝也；以赤璋礼南方，赤帝也；以白琥礼西方，白帝也；以玄璜礼北方，黑帝也。皆有牲币，各放其器之色，此六天也。其神谓之六宗，古文尚书虞、夏书曰：禋于六宗。伏生、马融云：万物非天不覆，非地不载，非春不生，非夏不长，非秋不收，非冬不藏，禋于六宗，此之谓也。觐礼曰：诸侯觐于天子，为宫方三百步，四门坛十有二寻，深四尺，加方明于其上。方明者，木也。方四尺，设六色：东方青，南方赤，西方白，北方黑，上玄下黄。设六玉，与周礼同。方明者，放乎明堂之制也。王者觐诸侯，或巡狩四岳，则有方明，亦谓之明堂。荀子所谓"筑明堂于塞外，以朝诸侯"是也。塞外，境外。战国时齐有泰山。明堂即方明也。周书朝诸侯则于明堂，仪礼觐诸侯则设方明，故虞禋六宗而觐四岳群牧。周礼：方明而觐公侯伯子男六宗。方明即明堂。六天之神，郑氏谓天之司盟，非也。其制详于冬官，冬官亡，而明堂之制不详，禘礼亦废。郑氏知圜丘、方泽之为禘，而不知为明堂六帝。王肃又误据春秋鲁禘，改禘为宗庙之祭，无配天之事，故魏明帝谓：汉氏四百余年废无禘祀也。但禘礼行于明堂,明堂之法本于易,明堂之法亡,而后之人遂不知以易赞化育矣。　兑主至言也。　兑,四正卦,辰在酉,故正秋,于明堂为总章太庙也。兑为雨泽以下,虞义也。兑为泽,坎象半见,故为雨泽。震为言,阳息震成兑,兑为口,言从口出,兑又为说,故说言也。　西北至薄也。　言西北者,乾之西兑也,其北坎也,故曰西总章个,北玄堂个也。坤十月卦以下,虞义也。薄,入也。乾位在亥,消息坤亦在亥,故十月卦。乾消剥上入坤,故阴阳相入。阳言出,阴言入,不言阴阳相出入者,据乾入坤,故言入也。　正北至藏也。　坎位正北,故云正北方之卦,于明堂为玄堂太庙也。坎,太玄准之以动,故云:劳,动。水性动而不舍,谓不舍昼夜也。郑氏谓水性劳而不倦,义亦同也。归,藏,虞义也。月令言天地闭藏,故云:归,藏也。　东北至成终。　艮之东震也,故曰青阳个。其北坎也,故曰玄堂个也。坎者万物之所归,故曰成终。万物出乎震,故曰成始也。　神谓至为言。　神谓易,虞义也。系上曰:非天下之至神,其孰能与于此。虞注云:至神谓易隐初入微。太玄曰:生神莫先乎一。吕氏春秋曰:知精则知神,知神之谓得一。凡彼万形,得一后成。下云既成万物,乃神之所为,故云即一也。荀悦申鉴曰理微谓之妙,字亦作眇。曹大家注幽通赋云:眇,微也。眇、妙同物耳。吕氏春秋曰妙而难见,荀子曰精微而无形,则微、妙亦同义耳。圣王饬明堂,大戴礼盛德文。彼文为饰,饰古文饬。其言曰:圣王之盛德,人民不疾,六畜不疫,五谷不灾,诸侯无兵而正,小民无形而治,蛮夷怀服。明堂者古有之,凡九室,一室有四户八牖,以茅盖,上圆下方,外水曰辟雍,赤缀户,白缀牖;堂高三尺,东西九仞,南北七筵;其宫方三百步。凡人民疾,六畜疫,五谷灾,生于天道不顺;天道不顺生于明堂不饰。故有天灾则饰明堂是也。以一偶万,太玄文。董子对策曰:一者,万物之所从始也。故为人君者正心以正朝廷，正朝廷以正百官，正百官以正万民，正万民以正四方。所谓以一偶万，即<u>论语</u>"吾道一以贯之"之义也。明者以为法，微者以是行，<u>越语</u>文。<u>范蠡</u>曰：天道皇皇，日月以为常，明者以为法，微者以是行。圣人建明堂取诸<u>离</u>，离者明也。<u>大戴盛德</u>曰明堂天法，故明者以为法。上文所陈是也。微谓独行，时若日月之晦夕朔旦也。<u>荀子</u>曰：执一如天地，行微如日月。日月之行，人所不见，似乎细微，无怠止之时，犹至诚之无息，故微者以是行。不见其事而见其功，<u>荀子</u>文。<u>中庸</u>曰：不见而章，不动而变，无为而成。不见、不动、无为，不见其事也；章、变、动者，见其功也。<u>荀子</u>谓之神，故云妙万物而为言也。　四时至成物。　承上明堂大法而言。六子循四时之序而效职，所谓明者以为法也。水火、雷风、山泽，一阴一阳合而成物，所谓微者以是行也。　变化至所为。乾变坤化，故变化谓<u>乾坤</u>。乾道变化，各正性命，成既济定，故既成万物。此<u>虞</u>义也。四时分而郊职，六子合而成物，皆是乾变坤化之事，一阴一阳变化不测。子曰：知变化之道者，其知神之所为。故不言<u>乾坤</u>而言变化者，以见神之所为也。此言既济之功，既济之功始于一，造于微，成于变化，所谓大道也。<u>孔子三朝记</u>曰：<u>孔子</u>曰：所谓圣人者，知通乎大道，应变而不穷，能测万物之情性者也。大道者，所以变化而凝成万物者也。情性也者，所以理然否取舍者也。故其事大配乎天地，参乎日月，杂于风云，总要万物。穆穆纯纯，其莫之能循，若天之司莫之能职，百姓淡然不知其善，是其事也。<u>易</u>之微言尽于是矣。以下皆后师所益也。

乾，健也。坤，顺也。震，动也。巽，入也。坎，陷也。离，丽也。艮，止也。兑，说也。【注】自此而下皆易后师所益。此训彖传神明之德也。**乾为首。坤为腹。震为足。**

巽为股。坎为耳。离为目。艮为手。兑为口。【注】训近取诸身。外传曰：平八索以成人。故春秋时或名易为八索。乾为马。坤为牛。震为龙。巽为鸡。坎为豕。离为雉。艮为狗。兑为羊。【注】训远取诸物。王弼本误刊"乾为首"上，今从古。乾，天也，故称乎父。坤，地也，故称乎母。震一索而得男，故谓之长男。巽一索而得女，故谓之长女。坎再索而得男，故谓之中男。离再索而得女，故谓之中女。艮三索而得男，故谓之少男。兑三索而得女，故谓之少女。【注】训乾道成男，坤道成女，及易逆数之义。索，数也。乾为天，为圜，为君，为父，为玉，为金，为寒，为冰，为大赤，为良马，为老马，为瘠马，为驳马，为木果。坤为地，为母，为布，为釜，为吝啬，为均，为子母牛，为大舆，为文，为众，为柄；其于地也为黑。震为雷，为龙，为玄黄，为尃，为大涂，为长子，为决躁，为苍筤竹，为萑苇；其于马也为善鸣，为馵足，为作足，为的颡；其于稼也为反生；其究为健，为蕃鲜。巽为木，为风，为长女，为绳直，为工，为白，为长，为高，为进退，为不果，为臭；其于人也为宣发，为广颡，为多白眼，为近利市三倍；其究为躁卦。坎为水，为沟渎，为隐伏，为矫揉，为弓轮；其于人也为加忧，为心病，为耳痛；为血卦，为赤；其于马也为美脊，为极心，为下首，为薄蹄，为曳；其于舆也为多眚，为通，为月，为盗；其于木也为坚多心。离为火，为日，为电，为中女,为甲胄,为戈兵;其于人也为大腹;为乾卦,为鳖,为蟹,为蠃,为蚌,为龟;其于木也为折〔一〕上槁。艮为山,为径路,为小石,为门阙,为果蓏,为阍寺,为指,为拘,为鼠,为黔喙之属;其于木也为多节。兑为泽,为少女,为巫,为口舌,为毁折,为附决;其于地也为刚卤;为妾,为羊。【注】训二篇卦爻之象。九家乾后有四:为龙,为直,为衣,为言;坤后有八:为牝,为迷,为方,为囊,为裳,为黄,为帛,为浆;震后有三:为王,为鹄,为鼓;巽后有二:为杨,为鹳;坎后有八:为宫,为律,为可,为栋,为丛棘,为狐,为蒺藜,为桎梏;离后有一:为牝牛;艮后有三:为鼻,为虎,为狐;兑后有二:为常,为辅颊。虞氏逸象又备焉。易者,象也,其是之谓与?【疏】自此至德也。 说卦先说著数、卦爻、重卦之义,二篇之次及消息六子,以明易之为逆数,然后叙明堂之法,而终之以既济,圣人作易以赞化育,其义已尽。故自乾健也已下,皆后师所益。后师者,七十子之徒是也。必知非孔子所作者,乾健也已下,或训象传,或训系辞,或训上下篇卦爻之象,皆为训诂之体,且上陈大道,下厕义训,其文不次。又如归藏易亦云乾为天、为君、父、为天赤、为辟、为卿、为马、为禾、为血卦之类,亦是训卦爻之象,与此略同。故知非孔子作也。云训象传八卦之德者,泰象传曰内健而外顺,健顺是乾坤也;屯传动乎险中,动是震也;需传刚健而不陷,陷是坎也;离传重明以丽乎正,柔丽乎中正,晋传顺而丽乎大明,丽是离也;蒙传险而止,止是艮也;履传说而应乎乾,说是兑也。独巽卦之义,象传不易其文。其训入者,唯见于序卦,则巽有

〔一〕“折”,通行本周易作“科”。

入义,故不云:巽,巽也。坎或训险,离或训明,易含万象,言岂一端?
其所训之义,则虞注云:精刚自胜,动行不休,故健。纯柔承天时行,
故顺。动者阳出动行,入者乾初入阴,陷者阳陷阴中,丽者日丽乾
刚,阳位在上故止,震为大笑,阳息震成兑,震言出口,故说也。　训
近至八索。　系下云:庖牺氏近取诸身,远取诸物。于是始作八卦。
乾为首已下,皆近取诸身也。故乾凿度孔子曰:八卦之序成立,则五
气变形,故人生而应八卦之体,得五气以为五常是也。周书武顺曰:
元首曰末首。谓上也。乾阳唱,故乾上为首。腹谓四也。坤为富,
释名曰:腹,富也。其中多品,似富者也。足谓初也。震在下能动,
故为足。股谓二也。下开似股。耳谓五也。鸿范坎北方属听,故为
耳。目亦谓五也。鸿范南方属视,故为目。淮南精神曰:耳目者,日
月也。离日坎月,离目坎耳,故云:耳目者,日月也。手谓三也。艮
为拘,以手拘物,故为手。口谓上也。郑云:上开似口。外传者,郑
语文。韦昭云:八索谓八体,以应八卦。昭十二年春秋传曰:左史倚
相能读三坟、五典、八索、九丘。马融注云:八索,八卦。是当时名易
为八索也。　训远至从古。　鸿范五行传曰:王之不极,时则有马
祸。郑彼注云:天行健。马,畜之疾行者也,属王极。乾为王,马属
王极,故为马。又曰:思之不容,时则有牛祸。郑注云:牛,畜之任重
者也,属皇极。坤为土,思心曰土,牛属皇极,故坤为牛。震为龙者,
震初九也。鸿范五行传曰:王之不极,时则有龙蛇之孽。郑注云:
龙,虫之生于渊,行于无形,游于天者,属天。乾为龙,乾息自初,初
九潜龙勿用,乾初即震初,故震为龙。一曰:震东方,岁星木,木为青
龙,故为龙也。巽为鸡者,巽为木,五行传鸡属木。九家据易生人
曰:巽应八风也。风应节而变,变不失时,鸡时至而鸣,与风相应也。
二九十八,主风精为鸡,故鸡十八日剖而成雏。二九顺阳历,故鸡知

时而鸣也。坎为豕者，坎为耳主听，五行传曰：听之不聪，时则有豕祸。郑注云：豕，畜之居闲卫而听者也，属听。九家曰：豕污辱卑下也。六九五十四，主时精为豕，豕怀胎四月而生，宜时理节。是其义也。离为雉者，刘向五行传说曰：书序高宗祭成汤，有蜚雉登鼎耳而雊。雉雊鸣者，以赤色为主，于易离为雉，雉南方，近赤祥也。刘歆视传以为羽虫之蘖。又离为文明，雉有文章，故离为雉。艮为狗者，郑氏云：艮卦在丑，艮为止，以能吠守止人，则属艮。九家云：艮数三、七、九、六、十三，三主斗，斗为犬，故犬怀胎三月而生。斗运行十三时日出，故犬十三日而开目。斗屈，故犬卧屈也。斗运行四匝，犬亦夜绕室也。犬之精畏水不敢饮，但舌舐水耳。犬斗，以水灌之则解也。斗近奎星，故犬淫当路不避人者也。兑为羊者，兑正秋也。易是类谋曰：太山失金鸡，西岳亡玉羊。羊是西方之畜，故兑为羊。又兑为刚卤，郑氏谓：其畜好刚卤也。此一节王氏误刊"乾为首"上，今从郑氏古文也。　训乾至数也。　系上曰：乾道成男，坤道成女。荀氏云：男谓乾初适坤为震，二适坤为坎，三适坤为艮，以成三男也；女谓坤初适乾为巽，二适乾为离，三适乾为兑，以成三女也。三男即长男、中男、少男也，三女即长女、中女、少女也。是训乾道成男，坤道成女之义也。震、巽一索，坎、离再索，艮、兑三索，皆自下而上。是又训易逆数之义也。索，数。马义也。　训二至谓与。　训二篇六十四卦三百八十四爻之象。卦爻皆取象于八卦，故分属之八卦也。乾为天者，乾，健也，天行健，故乾为天。为圜者，大戴礼天圆曰：夫子曰：天道曰圆，地道曰方。考工记曰：盖之圜也以象天也。吕氏春秋曰：何以说天道之圜也？精气一上一下，圜周复匝，无所稽留，故曰天道圜。为君者，虞氏云：贵而严也。为父者，虞氏云：成三男，其取类大，故为父也。为玉、为金者，玉取其刚，金取其明。鼎上九鼎玉铉,六五金铉,皆谓<u>乾</u>也。为寒、为冰者,<u>乾</u>位西北,西北寒冰之地也。为大赤者,<u>虞氏</u>云:天阳为赤。<u>释名</u>曰:赤者,赫也,太阳之色。<u>白虎通</u>谓:赤者盛阳之气,故周为天正,色尚赤也。为良马者,<u>乾</u>为马,<u>虞氏</u>云:<u>乾</u>善故良也。为老马者,四月<u>乾</u>已老也。为瘠马者,<u>郑氏</u>云:凡骨为阳,肉为阴,<u>乾</u>阳皆骨,故为瘠马也。为驳马者,<u>宋衷</u>云:天有五行之色,故为驳马。案考工记:画绘之事杂五色,东方谓之青,南方谓之赤,西方谓之白,北方谓之黑,天谓之玄,地谓之黄。凡五而目有六者,玄与黑同而异也。五方之色单,而天之玄乃全乎五方之色,故云天有五行之色也。为木果者,<u>宋衷</u>云:群星著天似果实著木,故为木果。　坤为地者,<u>虞</u>云:柔道静也。为母者,<u>荀</u>云:阴位之尊。<u>虞</u>云:成三女能致养,故为母也。为布者,<u>虞</u>云:坤道广布,不止一方也。为釜者,取其化成物也。为吝啬者,阳吉阴凶,以阴化阳,吉趋于凶,故吝也。啬者鄙也,啚与鄙同。<u>乾</u>为仁,仁主施,坤为鄙,鄙主敛,故为啬也。<u>太玄</u>曰"圜则杌棿,方则啬夐"是也。一曰:坤田为啬。<u>说文</u>云:啬,爱涩也。从来从啚,来者啚而藏之。故田夫谓之啬夫。古文作畬,从田,故坤为啬。义亦通也。为旬者,<u>说文</u>云:十日为旬。坤数十,故为旬。<u>释言</u>曰:旬,均也。今易亦有作均者,当读为旬也。为子母牛者,昭四年<u>春秋传</u>曰:纯离为牛。离,坤之子也。坤离皆牛,故为子母牛也。为大舆者,取其载物。<u>许慎</u>曰:舆,地道也。<u>汉世有舆地图</u>,其取诸此与? 为文者,<u>九家</u>云:万物相杂,故为文。<u>楚语</u>:左史倚相曰地事文。<u>逸礼三正记</u>曰:质法天,文法地。<u>白虎通</u>曰:天为质,地受而化之,养而成之。故为文也。为众者,<u>虞</u>云:物三称群,阴为民,三阴相随,故为众也。为柄者,<u>虞氏</u>曰:柄,本也。一说:柄当从古文作枋,枋与方通,<u>乾</u>为圜,故坤为方。<u>象传</u>曰"至静而德方"是也。其于地也为黑者,据消息十月北方之色,至十一月一阳生,则为玄。故说文曰:黑而有赤色曰玄也。
震为雷者,虞云:太阳火得水有声,故为雷也。为駹者,虞云:駹苍
色,震东方,故为駹。旧读作龙,上已为龙,非也。案,今本作龙,郑
读为厖,云:取日出时色杂也。为玄黄者,虞云:天玄地黄,震天地之
杂物,故为玄黄。为尃者,虞云:阳在初隐静,未出触坤,故尃,则乾
静也尃。延叔坚说以尃为尃大布,非也。案尃古布字,故云大布。
今本作旉。干宝注云:花之通名。铺为花儿谓之蔽,义亦通也。为
大涂者,郑云:国中三道曰涂。上值房、心,涂而大者,取房有三涂
焉。案,王制云:道路男子由右,妇人由左,车从中央。是道有三也。
震在卯,卯上值房、心。鸿范五行传曰:出入不节。郑注云:房有三
道,出入之象。三涂即三道也。王廙云:大涂万物所出也。为长子
者,虞云:乾一索,故为长子也。为决躁者,变至三体兑,兑为决,震
外体为躁,故决躁也。为苍筤竹者,九家云:苍筤,青也。震阳在
下,根长坚刚,阴爻在中,使外苍筤也。为萑苇者,郑云:竹类。其于
马也为善鸣者,乾为马,震得乾之初。虞云:为雷,故善鸣也。为馵
足者,虞云:马白后左足为馵,震为左、为足,初阳白,故为馵足。为
作足者,作,起也,震足起,故为作足。王劭云:马行先作弄四足也。
为的颡者,虞云:的,白颡额也。震反生,以初为颡,初阳白,故为的
颡。其于稼也为反生者,宋云:阴在上,阳在下,故为反生。谓枲豆
之类戴甲而生。一曰:震春为生,乾阳反初,故曰反生也。其究为
健、为蕃鲜者,虞云:震巽相薄,变而至三,则下象究。与四成乾,故
其究为健、为蕃鲜。巽究为躁卦,躁卦则震,震雷巽风无形,故卦特
变耳。案,变至三则成巽,故云下象究。二至四体乾,故与四成乾。
乾,健也。蕃鲜,白也。巽为白,故云耳。　巽为木者,柔爻为草,刚
爻为木。震为苍筤竹、为萑苇、为稼,皆柔爻也。巽为木,谓刚爻也。

为风者,陆云:风,土气也。巽,坤之所生,故为风。亦取静于本而动于末也。为长女者,荀云:柔在初。为绳直者,翟玄云:上二阳共正一阴,使不得邪辟,如绳之直也。为工者,荀云:以绳木故为工。为白者,虞云:乾阳在上,故白也。为长、为高者,虞云:乾阳在上,长故高。为进退者,二阳为进,初阴为退。巽为木,说文引易曰:地可观者莫可观于木。木于五事属貌,容止可观,进退可度,是其义也。为不果者,巽,兑之反也;兑为决,故巽为不果。为臭者,虞云:臭,气也。风至知气,巽二入艮鼻,故为臭。其于人也为宣发者,郑云:头发颁落曰宣。取四月靡草死,发在人体犹靡草在地。虞云:为白,故宣发。马君以宣为寡发,非也。案,古宣、鲜字皆读为斯。诗瓠叶云:有兔斯首。郑笺云:斯,白也。今俗斯、白之字作鲜,齐鲁之间声近斯。宣二年春秋传云:于思于思。贾逵曰:头白貌。思、斯同音,宣读如斯,故训为白也。为广颡者,虞云:变至三,坤为广,四动成乾为颡,故为广颡。为多白眼者,虞云:为白,离目上向则白眼见,故多白眼。为近利市三倍者,虞云:变至三成坤,坤为近,四动成乾,乾为利,至五成噬嗑,故称市,乾三爻为三倍,故为近利市三倍。其究为躁卦者,虞云:震内体为专,外体为躁,变至五成噬嗑,动上成震,故其究为躁卦。八卦诸爻,惟震巽变耳。　　坎为水者,说文曰:水,准也。北方之行象众水并流,中有微阳之气也。为沟渎者,虞云:以阳辟坤,水性流通,故为沟渎也。为隐伏者,虞云:阳藏阴中,故为隐伏也。为矫揉者,宋云:使曲者更直为矫,直者更曲为揉。水流有曲直,故为矫揉也。为弓轮者,虞云:可矫揉,故为弓轮。坎为月,月在庚为弓,在甲象轮,故为弓轮也。案,虞据纳甲为言。又坎在丁上弦,在丙下弦,故参同契曰:上弦兑数八,下弦艮亦八。贾谊新书曰"古之为路舆三十辐以象月"是也。其于人也为加忧者,虞云:两阴失心为多眚,故加忧。案,两阴谓三初也。为心病者,<u>虞</u>云:为劳而加忧,故心病。亦以坎二折坤为心病也。为耳痛者,坎为耳、为疾,故为耳痛也。为血卦者,血阴类,坎流坤,故为血卦。为赤者,<u>白虎通</u>曰:十一月之时,阳气始养根株黄泉之下,万物皆赤,故为赤也。其于马也为美脊者,<u>宋</u>云:阳在中央,美脊之象。为极心者,<u>荀</u>云:极,中也。乾为马,坎中爻乾也,故为极心。为下首者,乾为首,阳陷坤中,故为下首。为薄蹄者,蹄,震也;薄,迫也。阳不在初,行则迫地,故为薄蹄。为曳者,初足不正,故为曳也。其于舆也为多眚者,<u>虞</u>云:眚,败也。坤为大轝,坎折坤体,故为车多眚也。为通者,坎为大川、为沟渎,以达于川,故为通也。为月者,<u>虞</u>云:坤为夜,以坎阳光坤,故为月也。为盗者,<u>虞</u>云:水行潜窃,故为盗也。其于木也为坚多心者,<u>虞</u>云阳刚在中,故坚多心,棘属也。 离为火者,<u>说文</u>曰:火,毁也。南方之行,炎而上也。为日者,<u>荀</u>云:阳外光也。为电者,<u>郑</u>云:取火明也。多明似日,暂明似电也。为中女者,<u>荀</u>云:柔在中也。为甲胄者,<u>虞</u>云:外刚故为甲。乾为首,巽绳贯甲而在首上,故为胄。胄,兜鍪也。为戈兵者,<u>虞</u>云:乾为金,离火断乾,燥而炼之,故为戈兵也。其于人也为大腹者,<u>虞</u>云:象日常满如妊身妇,故为大腹。乾为大,坤为腹也。为乾卦者,<u>虞</u>云:火日熯燥物,故为乾卦。<u>郑</u>云:乾当为干,阳在外能干正也。<u>董遇</u>作干。列子曰木叶干壳,<u>张湛</u>读为乾。若然,乾、干同物,故读从之。为鳖、为蟹、为蠃、为蚌、为龟者,<u>虞</u>云:此五者皆取外刚内柔也。<u>郑</u>云:皆骨在外。其于木也为折上槁者,<u>虞</u>云:巽木在离中体大过死,巽虫食心,则蠹虫食木,故上槁。或以离火烧巽,故折槁。案,巽虫者,巽为风,<u>易本命</u>曰:二九十八,八主风主虫,故虫八日化。<u>王充论衡</u>曰:夫虫,风气所生,<u>仓颉</u>知之,故凡虫为风之字,取气于风。故云:巽,虫也。 艮为山者,<u>周语</u>

曰：山，土之聚也。坤为土，阳止坤上，故为山。为径路者，虞云：山中径路，震阳在初，则为大涂，艮阳小，故为径路。郑云：田间之道曰径路。艮为之者，取山间鹿兔之蹊。为小石者，陆云：刚卦之小，故为小石也。为门阙者，虞云：乾为门，艮阳在门外，故为门阙。两小山，阙之象也。为果蓏者，果，上也；蓏，二阴也。宋云：木实谓之果，草实谓之蓏。梅李瓜瓞之属，皆出山谷也。为阍寺者，宋云：阍人主门，寺人主巷。艮为止，此职皆掌禁止者也。为指者，虞云：艮手多节，故为指。为拘者，虞云：指屈信制物，故为拘。拘旧作狗，上已为狗，字之误。为鼠者，虞云：似狗而小，在坎穴中，故为鼠，晋九四是也。为黔喙之属者，马云：黔喙，肉食之兽，谓豺狼之属。黔，黑也。阳元在前。郑云：取其为山兽。其于木也为多节者，虞云：阳刚在外，故多节，松柏之属。　　兑为泽者，虞云：坎水半见，故为泽。为少女者，虞云：坤三索，位在末，故少也。为巫者，乾为神，兑为通，与神通气，女故为巫。案，山泽通气，故兑为通也。为口舌者，虞云：兑得震声，故为口舌。为毁折者，虞云：二折震足，故为毁折。为附决者，虞云：乾体末圜，故附决，则果蓏之属也。其于地也为刚卤者，虞云：乾二阳在下，故刚；泽水润下，故咸。为妾者，虞云：三少女位贱，故为妾。为羊者，虞云：羔，女使，皆取位贱，故为羔。旧读羔为羊，非也。郑本作阳，云此阳读为养。无家女行赁炊爨，今时有之，贱于妾也。　　以上八卦取象犹未备，故又取九家及虞氏，以该易之象焉。九家所载，乃说卦之逸象。乾六爻称六龙，故为龙。其动也直，故为直。黄帝、尧、舜垂衣裳而天下治，盖取诸乾坤。上曰衣，下曰裳，故乾为衣，坤为裳。震为言，谓乾初也。阴阳之义，辟诸雌雄，牝以合牡，犹坤以配乾，故坤为牝。经利牝马之贞，是其义也。坤先迷，故为迷。上已为枋，传写讹为柄，故重出方也。六四括囊，故为囊。天玄而地黄,故为黄。庄二十二年春秋传曰:庭实旅百,奉之以玉帛,天地之美具焉。杜预注云:乾为玉,坤为帛。是为帛也。酒主阳,浆主阴,坤阴故为浆。帝出乎震,今之王古之帝,故震为王。鹄,声之远闻者,故为鹄。考工记曰:凡冒鼓必于启蛰之日。郑彼注云:蛰虫好闻雷声而动,所以取象。太玄云:三八为木,为东方,为春,为鼓。注云:如雷声也。震为雷,故为鼓。大过体巽,九二枯杨生梯,巽为木,故为杨。巽为风,鹳水鸟知风雨者,故为鹳。坎十一月,律中黄锺,黄锺为宫,为声调之始,故坎为宫。释言曰:坎,律铨也。樊光注云:坎卦水,水性平,律亦平,铨亦平也。六律为万事根本,黄锺又为六律之本,故为律。为可者,可,河字磨灭之余,又石鼓文河作可,盖古文也。坎为大川,故为河。为栋未详。或云:当为栋。大过栋桡,谓坎也。案,虞氏注大过,以巽木为栋,疑不能明也。为丛棘者,坎于木为坚多心,故为丛棘。坎上六"示于丛棘"是也。坎为鬼,说文曰狐者鬼所乘,故为狐。子夏曰坎为小狐,干宝亦云坎为狐也。蒺藜,棘类。困六三据于蒺藜,虞氏亦云坎也。蒙初六曰:用说桎梏。虞注云:坎为穿木,震足艮手互与坎连,故为桎梏。昭四年春秋传曰:纯离为牛。坤为牝,坤二五之乾成离,故为牝牛。艮为鼻者,管宁曰:鼻者,艮天中之山。裴松之案,相书谓鼻之所在为天中,鼻有山象,故曰天中之山。噬嗑六二噬肤灭鼻,鼻谓艮也。为虎者,艮无虎象,虎当为肤字之误也。虞氏亦云艮为肤也。为狐者,未济卦辞曰:小狐汔济。虞注云:否艮为狐。僖十四年春秋传曰:其卦遇蛊,曰获其雄狐。蛊上体艮为狐也。坎为狐,取其形之隐也;艮为狐,取其喙之黔也。兑为常者,九家注云:常,西方之神也。辅颊者,兑上也。咸上曰咸其辅颊舌,故为辅颊也。以上逸象凡三十一,讹一羡一,实三十也。 虞氏传其家五世孟氏之学,八卦逸象十倍于九家。

如<u>乾</u>逸象六十一：为王，为神，为人，为圣人，为贤人，为君子，为善人，为武人，为行人；为物，为敬，为威，为严，为道，为德，为信，为善，为良，为爱，为忿，为生，为庆，为祥，为嘉，为福，为禄，为积善，为介福；为先，为始，为知，为大，为盈，为肥，为好，为施，为利，为清，为治，为高，为宗，为申，为旧，为久，为古，为畏，为大明，为昼；为远，为郊，为野，为门，为大谋，为道门，为百，为岁，为朱，为顶，为圭，为蓍。

<u>坤</u>象八十一：为妣，为民，为刑人，为小人，为鬼，为户，为形，为自，为我，为躬，为身，为拇；为至，为安，为康，为富，为财，为积，为重，为厚，为基，为致，为用，为包，为寡，为徐，为营，为下，为裕，为虚，为书，为永，为迩，为近；为思，为默，为恶，为礼，为义，为事，为类，为闭，为密，为耻，为欲，为过，为丑，为恶，为怨，为害，为终，为丧，为死，为杀，为乱，为丧期，为积恶；为冥，为晦，为夜，为暑，为乙，为年，为十年；为盍，为户，为阖户；为庶政，为大业，为土，为田，为邑，为国，为邦，为大邦，为鬼方；为器，为缶，为辐；为虎，为黄牛。<u>震</u>象四十九：为帝，为主，为诸侯，为人，为行人，为士，为兄，为夫，为元夫；为行，为征，为出，为逐，为作，为兴，为奔，为奔走，为惊卫；为百，为言，为讲，为议，为问，为语，为告，为响，为音，为应，为交，为惩，为后，为世，为从，为守，为左，为生，为缓，为宽仁，为乐，为笑，为大笑；为陵，为祭，为卣，为草莽，为百谷，为麋鹿，为筐，为趾。<u>坎</u>象四十七：为云，为玄云，为大川；为志，为谋，为惕，为疑，为恤，为逖，为悔，为涕洟，为疾，为灾，为破，为罪，为悖，为欲，为淫，为狱，为暴，为毒，为虚；为渎，为孚，为平，为则，为经，为法，为蘽，为聚，为习，为美，为后，为入，为纳；为臀，为腰，为膏；为阴夜，为岁，为三岁；为酒，为鬼，为校，为穿木，为弧，为弓弹。<u>艮</u>象三十七：为弟，为小子，为贤人，为童，为童仆，为官，为友；为道，为时；为小狐，为狼；为硕，为硕果，为

慎,为顺,为待,为执,为厚,为求,为笃实;为穴居,为城,为宫,为庭,为庐,为牖,为居,为舍,为宗庙,为社稷;为星,为斗;为沫,为肱,为背,为尾,为皮。巽象二十:为命,为诰,为号,为随,为处,为利,为商,为同,为归,为交;为白茅,为草莽,为草木,为薪,为帛,为墉,为床,为桑;为蛇,为鱼。离象十九:为黄,为见,为飞,为明,为光,为甲,为孕,为戎,为刀,为斧,为资斧,为矢,为黄矢,为罔;为鹤,为鸟,为飞鸟;为瓮,为瓶。兑象九:为友,为朋,为刑,为刑人;为小,为密,为见,为右,为少知。以上逸象共三百二十三,义备疏中,不复训也。

周易述卷二十一

全卷阙

周易述卷二十二

易微言上

元

易上经曰："乾,元亨利贞。"述曰:元,始也。乾初为道本,故曰元。六爻发挥,旁通于坤,故亨。利贞者,六爻皆正,成既济定也。

彖传曰:"大哉乾元,万物资始,乃统天。"述云:资,取。统,本也。"大衍之数五十,其用四十有九",其一元也。故六十四卦万一千五百二十策,皆取始于乾元。策取始于乾,犹万物之生本乎天。

又曰:"至哉坤元,万物资生,乃顺承天。"述云:乾坤相并俱生,合于一元,故万一千五百二十策,皆受始于乾,由坤而生也。天地既分,阳升阴降,坤为顺,故顺承天。

文言曰:"元者,善之长也。"述云:始息于子,故曰善之长。外传曰:震雷长也。故曰元。

尚书召诰曰:"其维王位在德元。"

公羊:"元年春,王正月。元年者何?君之始年也。"何休注云:"变一为元,元者,气也。无形以起,有形以分,造起天地,天地之始也。"疏云:"春秋说云:'元者端也,气泉。'注云:'元为气之始,如水之有泉,泉流之原,无形以起,有形以分,窥之不见,听之不闻。'宋氏云:'无形以起,在天成象;有形以分,在地成形也。'"疏又云:"春秋说云:'王不上奉天文以立号,则道术无原,故先陈春,后言王。天不深正其元,则不能成其化,故先起元,然后陈春矣。是以推元在春上,春在王上矣。'"文选注引元命包曰:元年者何?元宜为一,谓之元;何曰君之始年也。

"公何以不言即位。"何休注云:"即位者,一国之始。政莫大于正始,故春秋以元之气正天之端,春秋以下,皆元命包文。以天之端正王之政,以王之政正诸侯之即位,以诸侯之即位正竟内之治。诸侯不上奉王之政,则不得即位,故先言正月,而后言即位。政不由王出,则不得为政,故先言王,而后言正月也。王者不承天以制号令,则无法,故先言春,而后言王。天不深正其元,则不能成其化,故先言元,而后言春。五者同日并见,相须成体,乃天人之大本,万物之所系,不可不察也。"疏云:"元年春者,天之本。王正月,公即位者,人之本。故曰天人之大本也。"

吕氏春秋名类曰:"黄帝曰:芒芒昧昧,因天之威,一作道。与元同气。芒芒昧昧,广大之貌。天之威无不敬也。非同气不协。故曰:同气贤于同义,同义贤于同力,同力贤于同居,同居贤于同名。帝者同气,同元气也。王者同义,同仁义也。霸者同力,同武力也。勤者同居,则薄矣;同居于世。亡者同名,同名则觕矣。同名不仁不义。恸，恶也。其智弥恸者，其所同弥恸；其智弥精者，其所同弥精。精，微妙也。故凡用意不可不精。夫精，<u>五帝</u><u>三王</u>之所以成也。”

又<u>名类</u>曰：“元者，吉之始也。”案，此与“几者动之微，吉之先见者也”同义。

<u>易通卦验</u>曰：“天皇之先，与乾曜合元。”

<u>庄子</u><u>大宗师</u>曰：“<u>伏戏</u>得之，以袭气母。”<u>司马彪</u>云：“袭，入也。气母，元气之母也。”<u>崔撰</u>云：“取元气之本。”

<u>通典</u><u>魏侍中缪袭</u>议曰：“元者，一也，首也，气之初也。是以<u>周文</u>演<u>易</u>以冠四德，<u>仲尼</u>作<u>春秋</u>以统三正。”

<u>春秋命历序</u>曰：“元气正，则天地八卦孳也。”<u>文选</u>注一。

<u>元命包</u>曰：“水者，五行始焉，元气之所凑液也。”同上。

<u>说题辞</u>曰：“元，清气以为天，浑沌无形体。”<u>宋均</u>注云：“言元气之初如此也。浑沌，未分也。言气在<u>易</u>为元，在<u>老</u>为道，义不殊也”。<u>文选</u>注卅四。

<u>说文</u>“无”字下云：“奇字：‘无，通于元者。’”　案，奇字，<u>卫宏</u>所撰<u>古文奇字</u>也。

<u>老子</u><u>道经</u>曰：“道可道，非常道。”<u>河上公</u>注云：“夫道者，一元之至理，有经术政教之道，有自然长生之道。常道当以无为养神，无事安民，含光藏曜，灭迹匿端，不可称道。”

<u>董子</u><u>繁露</u>曰：“惟圣人能属万物于一，而系之元也。故〔一〕不及本所从来而承之，不能遂其功。是以<u>春秋</u>变一谓之元，元犹

────────

〔一〕“故”，<u>凌曙</u><u>繁露</u>注本作“终”。

原也,其义以随天地终始也。系上曰:原始反终。故人惟有终始也。而生死[一]必应四时之变。原始反终,故知死生之说。说,舍也。故元者为万物之本,而人之元在焉。"

礼统曰:"天地者,元气之所生,万物之祖。"后汉书班固传注及庄子释文。 元即太极。太极生两仪,故云:天地者,元气之所生。

三统历曰:"太极元气,函三为一。极,中也。元,始也。"又曰:"阴阳合德,气锺于子,化生万物者也。"又曰:"元典历始曰元。传曰:'元,善之长也。'共养三德为善。"孟康注云:谓三统之微气也,当施育万物,故谓之德。又曰:"元,体之长也。合三体而为之原,故曰元。于春三月,每月书王,元之三统也。三统合于一元,故因元而九三之以为法。"又曰:"经元一以统始,易太极之首也。"

何休公羊成八年注云:"王者,号也。德合元者称皇。孔子曰:'皇象元,逍遥术,无文字,德明谥。'德合天者称帝,河洛受瑞可放。仁义合者称王,符瑞应,天下归往。"疏云:"谓元气是总三气之名,三气谓天地人。三统历:太极元气,函三为一。 三气谓西戌亥。是故其德与之相合者谓之皇。皇者,美大之名。孔子曰至明谥,皆春秋说文。宋氏云:宋均注。'言皇之德象合元矣。逍遥犹勤动,行其德术,未有文字之教,其德盛明者为其谥矣。'天者,二仪分散以后之称。子仲。故其德与之相合者谓之帝,帝者,谛也,言审谛如天矣。当尔之时,河出图,洛出书,可以受而行之,则施于天下。故曰:河洛受瑞可放耳。二仪既

〔一〕"死",凌曙繁露注本作"不"。

分,人乃生焉。人之行也,正直为本。正直即中行。行合于仁义
者谓之王,行合人道者符瑞应之,而为天下所归往耳。是以王
字通于三才,得为归往之义。"

白虎通曰:"皇,君也,美也,大也;天之总美大称也,时质
故总之也。号之为皇者,煌煌人莫违也。烦一夫,扰一士,以
劳天下,不为皇也。不扰匹夫匹妇,故为皇。虚无寥廓,与天
地通灵也。"

又曰:"德合天地者称帝,仁义合者称王,别优劣也。"礼记
谥法曰:"德象天地称帝,仁义所生称王。帝者,天号;王者,五
行之称也。"

淮南泰族曰:"黄帝曰:芒芒昧昧,因天之威,与元同气。
故同气者帝,同义者王,同力者霸,无一焉者亡。"

易乾凿度曰:"易一元以为元纪。"郑注云:"天地之元,万
物所纪。"

河图曰:"元气阊阳为天。"后汉方术传序云:其流又有风角、遁甲,
七政、元气。注:元气谓开辟阴阳之书也。

体　元

文言曰:"元者,善之长也。君子体仁足以长人。"述云:乾
为善,始息于子,故曰善之长。外传曰:震雷长也,故曰元。易
有三才,故举君子,初九仁也。元为体之长,君子体仁,故为人
之长。

又曰:"乾元用九,天下治也。"述云:正元以成化,故天下
治。疏云:春秋元命包曰:"天不深正其元,不能成其化。"九

者,变化之义,以元用九,六爻皆正。王者体元建极,而君臣上下各得其位,故天下治也。

又曰:"飞龙在天,乃位乎天德"。<u>述</u>云:体元居正,故位乎天德。

又曰:"乾元用九,乃见天则。"<u>述</u>云:六爻皆正,天之法也。在人则为王度。<u>易说</u>:"<u>易</u>六位正,王度见矣。"

<u>书</u>曰:"其惟王位在德元。小民乃惟刑用于天下,越王显。"

<u>晋语</u>:<u>悼公</u>言于诸大夫曰:"抑人之有元君,将禀命焉。若禀而弃之,是焚谷也。谷,善也。二三子为令之不从,故求元君而访焉,孤之不元,废也。其谁怨元而以虐奉之?二三子之制也。若欲奉元以济大义,将在今日;若欲暴虐以离百姓,反易民常,亦在今日。"

无

<u>中庸</u>:"<u>子</u>曰:'声色之于以化民,末也。'声色德之显者,故曰末也。<u>诗</u>曰:'德辖如毛。'德辖如毛,德之微者,故诗云:民鲜克举。毛犹有伦。'上天之载,无声无臭',至矣!"

<u>孔子闲居</u>:<u>孔子</u>曰:"以致五至而行三无。"<u>子夏</u>曰:"敢问何谓三无?"<u>孔子</u>曰:"无声之乐,无体之礼,无服之丧,此之谓三无。"<u>子夏</u>曰:"三无既得,略而闻之矣。敢问何诗近之?"<u>孔子</u>曰:"'夙夜其命宥密',无声之乐也。'威仪棣棣,不可选也',无体之礼也。'凡民有丧,匍匐救之',无服之丧也。"

六经无有"以无言道"者,唯<u>中庸</u>引诗"上天之载,无声

无臭",及孔子闲居论"三无",此"以无言道"也。说文
"无"字下引王育说曰:"天阙西北为无。乾西北之卦,
西北乾元也。天不足西北,故言无。"又引古文奇字曰:
"无通于元者。"若然,则无与元同义也。系上曰:"易有
太极。"北史梁武帝问李业兴云:"易有太极,极是有
无?"业兴对曰:"所传太极是有,愚谓太极即乾之初九,
又谓之元,故不可言无。无通于元,故元为道之本。"三
统历曰:"道据其一,一即元也。"知元之为道本,则后世
先天无极之说,皆可不用也。

隐元年公羊传曰:"元年者何? 君之始年也。"何休注云:
"变一为元,元者,气也。无形以起,有形以分,造起天地,天地
之始也。"疏云:"春秋说云:'元者端也,气泉。'注云:'元为气
之始,如水之有泉,泉流之原,无形以起,有形以分,窥之不见,
听之不闻。'宋氏云:'无形以起,在天成象;有形以分,在地成
形也。'然则有形与无形,皆生乎元气而来,故言造起天地,天
地之始也。"

刘巘周易义曰:"自无出有曰生。"文选六。

老子道经曰:"视之不见名曰夷,听之不闻名曰希。"王弼
注云:"无象无声无响,无所不通,无所不往。"又曰:"搏之不得
名曰微。"河上公注云:"无色曰夷,无声曰希,无形曰微。"又
曰:"此三者不可致诘,故混而为一。"河上注云:"混,合也。故
合于三,名之而为一。"

德经曰:"天下万物生于有,有生于无。"河上注云:"万物
皆从天地生,天地有形位,故言生于有也。天地神明,蜎飞蠕

动,皆从道生,道无形,故言生于无。"

淮南说山曰:"有形出于无形,未有天地能生天地者也。至深微广大矣。"高诱注云:"未有天地生天地,故无形生有形也。"

孙绰游天台山赋曰:"太虚辽廓而无阂,运自然之妙有。"李善注云:"妙有谓一也。言大道运彼自然之妙,一而生万物也。谓之为妙有者,欲言有,不见其形,则非有,故谓之妙;欲言其无,物由之而生,则非无,故谓之有也。斯乃无中之有,谓之妙有也。"文选十一。

又曰:"忽即有而得玄。"注云:"王弼以凡有皆以无为本,无以有为功,将欲寤无,必资于有。故云即有而得玄也。"同前。系辞曰:"一阴一阳之谓道。"韩伯注云:"道者何? 无之称也。"详见本书。

王弼老子注云:"凡有皆始于无。"又曰:"有之所始,以无为本。"又曰:"玄,冥嘿无有也。"文选十一。

世说文学篇曰:"王辅嗣弱冠,诣裴徽。徽问曰:'夫无者,诚万物之所资,圣人莫肯致言,而老子申之无已,何耶?'弼曰:'圣人体无。无又不可以训,故言必及有。老庄未免于有,恒训其所不足。"何劭为弼传曰:老子是有者也,故恒言无所不足。 文章叙录曰:自儒者论,以老子非圣人,绝礼弃学。何晏说与圣人同,著论行于世。

北史:梁武帝问李业兴云:"易有太极,极是有无?"业兴对曰:"所传太极是有。" 案,系辞言易有太极,不可言无。

潜

乾初九曰:"潜龙勿用。"象曰:"潜龙勿用,阳在下也。"文言曰："龙德而隐者也。"又曰："潜之为言也,隐而未见,行而未成,是以君子弗用也。"

中庸曰："诗云:'潜虽伏矣,亦孔之昭。'故君子内省不疚,无恶于志。君子之所不可及者,其惟人之所不见乎?"

释言曰："潜,深也。潜,深测也。"郭注云："测亦水深之别名。"

法言问神篇曰："或问神,曰:心。请闻之,曰:潜天而天,潜地而地。天地,神明而不测者也。心之潜也,犹将测之,况于人乎? 况于事伦乎?"　案,潜天而天,潜地而地,所谓知情天地,即神也。心之潜也,犹将测之,所谓形不测也。天地神明不测,而心能测之,伏羲、文王、孔子是也。知情天地,形不测,人与事伦不足言矣。

又曰："敢问潜心于圣。曰:昔仲尼潜心于文王矣,达之;颜渊亦潜心于仲尼矣,未达一闻当作间。耳。神在所潜而已矣。天神天明,照知四方;天精天粹,万物作类。人心其神矣乎! 操则存,舍则亡。能常操而存者,其惟圣人乎? 圣人存神索至,至诚如神。成天下之大顺,致天下之大利,大和。和同天人之际,天地位,万物育。使之而无间者也。"此既济之功能。

隐

文言曰："初九,潜龙勿用,何谓也? 子曰:龙德而隐者也。"潜阳隐初,故隐者也。又曰："潜之为言也,隐而未见,行而未成,是以君子弗用也。"初隐二见,故隐而未见。

系上曰："易无思也,无为也,寂然不动,感而遂通天下之故。非天下之至神,其孰能与于此。"虞注云:"寂然不动,谓隐藏坤初,故不动者也。至神,谓易隐初入微,知几其神乎。"

又曰:"探赜索隐。"虞注云:"探,取;赜,初也。初隐未见,故探赜索隐,则幽赞神明而生蓍。"

中庸曰:"莫见乎隐,莫显乎微,故君子慎其独也。"言隐必见,微必显,诚中形外,故君子慎独。

又曰:"是故君子不赏而民劝,不怒而民威于铁钺。诗曰:'不显维德,百辟其刑之。'" 案,不显谓隐也。

诗烝民曰:"人亦有言,德辅如毛,民鲜克举之。我仪图之,维仲山甫举之,爱莫助之。"毛传曰:"爱,隐也。" 案,如毛犹微也。民鲜克举,言慎独者少。毛训爱为隐,谓隐微也。隐微之间,非人所能助,故爱莫助之。荀子曰:"能积微者速成。诗曰:'德辅如毛,民鲜克举',此之谓也。"荀子,毛公之师也,故其说与荀同。郑笺不识圣人微言,训爱为惜,失之远矣。

表记曰:"子言之,归乎君子,隐而显,不矜而庄,不厉而威,不言而信。" 案,归乎君子读归乎田成子之义,言人当以君子为法也。篇名表记而先言隐而显,由内而达外也。君子从事于慎独之功,诚中形外,故隐而显。诚则不矜而庄,不厉而威,不言而信也。

汉书司马相如赞曰:"司马迁称春秋推见至隐,推见至隐,故乱臣贼子惧。易本隐以之显。"李奇注云:"隐犹微也。"

初九、初六从下而生,自微及著,如初潜龙,隐也;九二见龙,则显矣。所谓本隐以之显也。初乾为积善,积善成德,故初为龙德而隐,二为龙德而正中。中庸言夫微之显，又云知微之显，<u>系下</u>云知微之彰，皆是义也。

<u>扬子太玄</u>曰："玄者，神之魁也。魁，首也，犹言始。天以不见为玄，地以不形为玄，人以心腹为玄。天奥西北，郁化精也；地奥黄泉，隐魄荣也；人奥思虑，含至精也。"

<u>荀子劝学</u>曰："昔者<u>瓠巴</u>鼓瑟而流鱼出听，<u>伯牙</u>鼓琴而六马仰秣。故声无小而不闻，行无隐而不形。玉在山而草木润，渊生珠而岸不枯。为善不积邪，安有不闻者乎？"<u>说文</u>云："幽，隐也。从山中丝。"丝，微也。

<u>老子德经</u>曰："道隐无名。"注云："道潜隐，使人无能指名也。"<u>文言</u>：初九曰不成名。

爱字义　附

<u>烝民诗</u>曰："爱莫助之。"<u>毛传</u>曰："爱，隐也。言隐微之际，己所独制，人莫能助也。"<u>诗静女</u>曰："爱而不见。"<u>韩诗</u>曰："爱，隐也。"<u>释言</u>曰："爱，隐也。"<u>毛韩</u>义本此。<u>郭氏</u>不识字，改为薆。

微

<u>系下</u>曰："几者，动之微，吉之先见者也。"<u>虞</u>注云："阳见初成震，故动之微。复初元吉，吉之先见者也。"　几即一也。一古文作壹。<u>说文</u>壹从壶吉，即吉之先见之义。<u>朱子</u>据刘向传作"吉凶之先见"，失其义矣。

又曰："君子知微知彰。"<u>姚信</u>注云："二下交初，故曰知微；上交于三，故曰知彰。"

又曰:"子曰:颜氏之子,其殆庶几乎。"虞注云:"几,微也。颜子知微,故殆庶几。孔子曰:回也,其庶几乎。"

又曰:"夫易章往而察来,而微显阐幽。"虞注云:"神以知来,知以藏往。微者显之,谓从复成乾,是察来也;阐者幽之,谓从姤之坤,是章往也。"

又曰:"其初难知。"侯果注云:"初则事微,故难知。"

又曰:"能说诸心,能研诸侯之虑。定天下之吉凶,成天下之亹亹者。"荀注曰:"亹亹者,阴阳之微,可成可败也。"王弼曰:亹亹,微妙之意也。

中庸曰:"莫见乎隐,莫显乎微,故君子慎其独也。"在易隐微为乾坤之初爻。

又曰:"夫微之显,诚之不可揜如此夫。"诚则形,故不可揜。

又曰:"致广大而尽精微。"荀子赋篇曰:精微而无形。

又曰:"知微之显,可与入德矣。"夫微之显,诚者,天之道也。知微之显,诚之者,人之道也。

又曰:"子曰:'声色之于以化民,末也。'对本故言末。诗曰:'德𪎈如毛。'" 案,毛犹微也。

经解曰:"絜静精微,易教也。" 案,絜静,坤也;精微,乾也。乾元絜静,坤元精微,故云易教也。

易乾凿度曰:"孔子曰:乾坤,阴阳之主也。阳始于亥,形于丑。乾位在西北,阳祖微据始也。"

又云:"易气从下生。"郑注云:"易本无形,自微及著,故气从下生,以下爻为始也。"

又曰:"天气三微而成著,三著而成体。"郑注云:"五日为一微,十五日为一著,故五日有一候,十五日成一气也。冬至阳始生,积十五日至小寒为一著,至大寒为二著,至立春为三著,凡四十五日而成一节。故曰三著而成体也。正月则泰卦用事,故曰成体而郊也。”

淮南齐俗曰:“易曰:履霜坚冰至。圣人之见终始微言。”

吕览有始曰:“天地有始,天微以成,地塞以形。”高注云:“始,初也。天,阳也。虚而能施,故微以生万物。地,阴也。实而能受,故塞以成形兆也。”

后汉书鲁恭传:恭议奏曰:“孝章皇帝深惟古人之道,助三正之微,定律著令。”注:“三正,三微也。”前书音义曰:“言阳气始施,万物微而未著,故曰微。”

荀子劝学曰:“春秋之微也。”　案,春秋推见至隐,故云微。

越语曰:“天道皇皇,日月以为常。皇皇,著明也。常,象也。明者以为法,微者则是行。阳至而阴,阴至而阳。日困而还,月盈而匡。”困,穷也。匡,亏也。

荀子曰:“行微如日月。”微谓晦夕、朔旦,至谓二至。说文曰:“征,召也。从微省壬为征。行于微而文达者,即征之。”荀子曰:“行微如日月。”忠诚盛于内,贲于外,形于四海,所谓行于微,而文达者也。

荀子强国篇曰:“积微月不胜日,时不胜月,岁不胜时。言积微从日始。财物货宝以大为重,政教功名反是,能积微者速成。诗曰:‘德辅如毛,毛犹微也。民鲜克举。’此之谓也。”

又解蔽篇曰:“处一之危,其荣满侧;韦昭注晋语曰:荣者,有色貌也。养一之微，荣矣而未知。危谓戒惧。处心之危有形，故其荣满侧可知也；养心之微无形，故虽荣而未知。　大学曰：富润屋，德润身。此养一之荣也。故道经曰：'人心之危，道心之微。'危、微之几，惟明君子而后能知之。"荀子成相曰：思之精，志乃荣，好而一之神以成。精神相反，而不二为圣人。

　　又曰："空石之中有人焉，其名曰觙。其为人也，善射以好思。耳目之欲接，则败其思；蚊虻之声闻，则挫其精。是以辟耳目之欲，而远蚊虻之声，闲居静思则通。思仁若是，可谓微乎？言静思仁，如空石之人思射，则可谓微乎？假设问之词也。孟子恶败而出妻，可谓能自强矣；有子恶卧而淬掌，可谓能自忍矣，未及好也。未及善射好思。辟耳目之欲〔一〕。蚊虻之声闻则挫其精，可谓危矣，未可谓微也。愚谓，危如乾之九三，微如乾之初九。夫微者至人也。至人也，至人即中庸之至诚。何强，何忍，何危！故浊明外景，愚谓，火为浊明，水为内景。清明内景。圣人纵其欲，兼其情，而制焉者理矣。兼犹尽也。纵欲尽情而不过。制犹纵心所欲不逾矩。夫何强，何忍，何危！故仁者之行道也，无为也；圣人之行道也，无强也。仁者之思也，恭；圣人之思也，乐。"恭谓乾乾夕惕也。乐谓性与天道无所不适也。

　　说文曰："危，在高而惧也。"

　　战国策：苏子谓秦王曰："语曰：识乎微之，为著者强。"

　　大略篇曰："雨水〔二〕汉故潜。汉溢为潜，自小至大。人〔三〕尽小

〔一〕此下脱"可谓能自强矣，未及思也"句。
〔二〕"水"，荀子作"小"。
〔三〕"人"，荀子作"夫"。

者大,积微者著,德至者色泽洽,泽洽,荣也。杨注:谓德润身。行尽而声闻远。”

董子繁露曰:“春秋至意有二端,小大、微著之分也。夫览求微细于无端之处,诚知小之为大也,微之将为著也。‘吉凶未形,圣人所独立也。不见不闻,故曰独立。虽欲从之,末由也已。’德辅如毛,民鲜克举。此之谓也。故王者受命,改正朔,不顺数而往必迎,迎读为逆。来而受之者,授受之义也。故圣人能系心于微而致之者也。是故春秋之道,以元之气正天之端,以天之端正王之政,以王之政正诸侯之位。五者俱正而化大行。”

扬子太玄曰:“思心乎一。”又云:“生神莫先乎一。夫一者,思之微也。”注云:“思始于内,故微也。”

后汉书章帝纪:元和二年诏曰:“春秋于春每月书王者,重三正慎三微也。”郎颛七事曰:君子远览,防微虑萌。

周书曰:“慎微以始而敬终,乃不困。”

论语撰考谶曰:“子夏等七十二人共撰仲尼微言。”文选注四十三。

淮南子修务曰:“书传之微者,惟圣人能论之。”注云:“微,妙;论,叙也。”

韩非子难言曰:“总微说约。”

汉书艺文志曰:“昔仲尼没而微言绝,七十子丧而大义乖。”李奇注云:“隐微不显之言也。”师古曰:“精微要妙之言耳。” 案,精微要妙与隐微不显义同。唐人不识字,更立一义。

又春秋家有左氏微、铎氏微、张氏微、虞氏微传,师古曰:

"微谓释其微指。"

后汉方术传：秦密曰："董扶褒秋豪之善，贬纤介之恶。"谢承书曰：李咸奏曰：春秋之义，贬纤介之恶，采毫末之善。

法言问明篇曰："或问明，曰：微。或曰：微，何如其明也？曰：微而见之，明其悖乎？聪明其至矣乎？宋咸云：言穷微乃聪明至极之美也。　子云识微字。敢问大聪明？咸曰：既知微义，复问大者。曰：眩眩乎！惟天为聪，惟天为明。眩眩，幽深也。夫能高其目而下其耳者，匪天也夫。"

太玄曰："一也者，思之微也。"

老子道经曰："搏之不得名曰微。"无形曰微，言一无形体。

孙子曰："微乎微，微至于无形；言其微妙，所不可见。神乎神，神至于无声。"

韩诗外传曰："至精而妙乎天地之间者，德也。诗曰：'德輶如毛，民鲜克举之。'"

慎子曰："夫德清疑作精。微而不见，聪明而不发，是故外物不累其内。"文选注。

淮南本经曰："夫至大，天地弗能含也；至微，神明弗能领也。"注云："领，理也。"

范子、计然曰："见微知著。"文选四十二。

鹖冠子曰："精微者，天地之始也。"又曰："远之近，显乎隐，大乎小，众乎少，莫不从微始。"

说苑敬慎篇曰："韩平子问于叔向曰：刚与柔孰坚？对曰：臣年八十矣，齿再堕而舌尚存。老聃有言曰：'天下之至柔，驰骋天下之至坚。'又曰：'人之生也柔弱，其死也刚强。万物草木之生也柔脆，其死也枯槁。因此观之，柔弱者生之徒也，刚强者死之徒也。'夫生者，毁而必复；死者，破而愈亡。吾是以知柔之坚于刚也。平子曰：善哉！然则子之行何从？叔向曰：臣亦柔耳，何以刚为？平子曰：柔无乃脆乎？叔向曰：柔者纽而不折，廉而不缺，何为脆也？天下之道微者胜。是以两军相加，而柔者克之；两仇争利，而弱者得焉。"

三统历曰："传曰：'元，善之长也。'共养三德为善。"孟康注云："谓三统之微气也。当施育万物，故谓之德。"

赵岐孟子注云："微，小也。"高诱吕览注云："微，要眇，睹未萌之萌也。"

说文曰："尾，微也。易以下为尾，上为角。"

说文曰："微，隐行也。春秋传曰：'白公其徒微之。'"

又曰："散，妙也。从人从攴。岂省声。"然则微妙之微当作散。

荀子致仕篇曰："知微而论，可以为师。"

诗烝民曰："人亦有言，德辅如毛，民鲜克举之。我仪图之，维仲山甫举之，爱莫助之。"毛传：爱，隐也。隐微之地，故人莫能助。

中庸曰："是故君子笃恭而天下平。诗云：'予怀明德，不大声以色。'子曰：'声色之于以化民，末也。'诗曰：'德辅如毛。'毛犹有伦。'上天之载，无声无臭。'至矣。"

礼器曰："礼有以少为贵者，以其内心也。德产之致也精微，观天下之物，无可以称其德者，如此则得不以少为贵乎？是故君子慎其独也。" 案，"德产之致也精微"，所谓"德辅如毛"也。"观天下之物,无可以称其德者",故"民鲜克举之"也。"君子慎其独",故"爱莫助之"也。

管子白心曰:"道之大如天,其广如地,其重如石,其轻如羽。"

荀子不苟曰:"操而得之则轻,诗曰:德辖如毛。轻则独行。"爱莫助之。

庄子齐物曰:"天下莫大于秋豪之末,而太山为小。"

淮南原道曰:"神托于秋豪之末,高注:言微妙也。而大与宇宙之总。"高注:宇宙谕天地总合也。

又曰:"贵虚者,以豪末为宅也。"高注:虚者,情无所念虑也。以豪末为宅者,言精微也。

俶真曰:"夫秋豪之末沦于无间,而复归于大矣。"高诱注云:"秋豪微妙,故能入于无间。间,孔。言道无形。以豪末比道,犹复为大也。"

意林引太公金匮曰:武王问五帝之戒。"太公曰:'道自微而生,祸自微而成。慎终与始,完如金城。'"

三　微　附

易乾凿度曰:"天气三微而成著,三著而成体。"郑注云:"五日为一微,十五日为一著,故五日有一候,十五日成一气也。冬至阳始生,积十五日至小寒为一著,至大寒为二著,至立春为三著,凡四十五日而成一节。故曰三著而成体也。正月则泰卦用事,故曰成体而郊也。"

后汉书鲁恭传:恭议奏曰:"孝章皇帝深惟古人之道,助三正之微,定律著令。"注云:"三正,三微也。"前书音义曰:"言阳气始施,万物微而未著,故曰微。"

陈宠传:"汉旧事断狱报重,常尽三冬之月,是时帝始改用冬初孝章。十月而已。元和二年,长水校尉贾宗上言,以为断狱不尽三冬,故阴气微弱,阳气发泄,招致灾旱,事在于此。帝以其言下公卿议,宠奏曰:'夫冬至之节,阳气始萌,故十一月有兰、射干、芸、荔之应。易通卦验曰:十一月广莫风至,则兰夜干生。时令曰:诸生荡,安形体。仲冬一阳爻生,草木皆欲萌动。天以为正,周以为春。正、春皆始也。十一月万物微而未著,天以为正而周以为岁首。十二月阳气上通,雉雊鸡乳,地以为正,殷以为春。十二月二阳爻生,阳气上通。十三月阳气已至,天地已交,万物皆出,蛰虫始振,人以为正,夏以为春。十三月,今正月也。万物皆出于地,人始初见,故曰人以为正。三微成著,以通三统。统者,统一岁之事。栋案,何休公羊注云:统者,始也。周以天元,殷以地元,夏以人元。若以此时行刑,则殷、周岁首皆当流血,不合人心,不稽天意。月令曰:孟冬之月,孟冬当作季秋。趣狱刑,无留罪。明大刑毕在立冬也。秦为虐政,四时行刑。圣汉初兴,改从简易。萧何草律,季秋论囚,俱避立春之月,而不计天地之正、二王之春,实颇有违。言萧何不论天地之正及殷、周之春,实乖正道。陛下探幽析微,允执其中,革百载之失,建永年之功,上有迎承之敬,下有奉微之惠,三正之月不用断狱,敬承天意,奉顺三微也。稽春秋之文,春秋于春每月书王,所以统三统。当月令之意,圣功美业,不宜中疑。'书奏,帝纳之。"白虎通述三微与此略同。

白虎通曰:"正朔有三,何本? 天有三统,谓三微之月也。

明王者当奉顺而承之,故受命各统一正也。敬始,重本也。朔者,苏也,革也,言万物革更,于是故统焉。"

汉书刘向传:向疏曰:"王者必通三统,明天命所授者博,非独一姓也。"应劭曰:"二王之后,与己为三统也。"孟康曰:"天地人之始也。"

知微之显

中庸曰:"莫见乎隐,莫显乎微,故君子慎其独也。"又云:"知微之显,可与入德矣。"太史公史记赞曰:"易本隐以之显。"愚谓,隐者乾初九也,至二则显矣,故云隐以之显。文言释九二云:"闲邪存其诚。"二阳不正,故曰闲邪。存诚谓慎独也。荀子曰:"不诚则不能独,独则形隐,犹曲也。"中庸曰:"其次致曲,曲能有诚,诚则形,形则著。"孝经纬:"天道三微而成著。"皆是义也。唯天下至诚,谓九五也。其次致曲,谓九二也。唯天下至诚,诚者也;其次致曲,诚之者也。 致曲即孟子思诚。二升坤五,所谓及其成功一也。乾善九五,坤善六二。乾二中而不正,三正而不中,四不中不正;二养正,三求中,兼之四也。以中庸言之,二、三,学知利行者也;四,困知勉行者也;五,生知安行者也。及其知之,及其成功,则一也。

几

虞书皋陶谟曰:"兢兢业业,一日二日万几。"注云:"几,微也。言当戒惧万事之微。"

又曰："安女止，惟几惟康。"注云："念虑几微，以保其安。"

又曰："帝庸作歌曰：'敕天之命，惟时惟几。'"注云："奉正天命以临民，惟在顺时，惟在慎微。"

顾命："王曰：思夫人自乱于威仪，尔无以钊冒贡于非几。"几者，吉之先见，非几不善也。

系上曰："夫易圣人之所以极深而研机也。"郑注云："机当为几。几，微也。"_{包咸注论语云}：几者，微也。_{说文同}。

又曰："子曰：知几其神乎。君子上交不谄，下交不渎，其知几乎。几者，动之微，吉之先见者也。君子见几而作，不俟终日。"虞注云："几谓阳也，阳在复初称几。"王弼曰："几者，去无入有。"易正义曰："几者，去无入有，有理而未形之时。"文言曰："知至至之，可与几也。"述云："至谓初；几者，动之微。知微知章，故可与几。"

尚书皋陶谟曰："无教佚欲有邦。兢兢业业，一日二日万几。"伪孔氏注云："几，微也。言当戒惧万事之微。"_{荀子云：善日者王。又云：王者敬日。与书义同}。

尚书大传曰："在旋机玉衡，以齐七政。"_{玉衡，斗也}。旋机者何也？传曰："旋者，还也；机者，几也，微也。其变几微，而所动者大，谓之旋机。是故旋机谓之北极。"

说文曰："几，微也，殆也。从丝_{说文：丝，微也}。从二幺。从戍。戍，兵守也。丝而兵守者，危也。"_{荀子人心之危，与几同义}。

邵子击壤集诗云："何者谓之机，天根理极微。今年初尽处，明日起头时。此际易得意，其间难下辞。人能知此义，何事不能知。”

孝经钩命决曰：“道机合者称皇。”<small>文选注一。</small>

荀子解蔽篇曰：“道经曰：‘人心之危，道心之微。’危微之几，惟明君子而后能知之。”注云：“几，萌兆也。与机同。”

虚

咸象传[一]曰：“山上有泽，咸。君子以虚受人。”

祭义曰：“孝子将祭，虑事不可以不豫，比时具物不可以不备，虚中以治之。”

管子心术篇曰：“虚无无形谓之道。”又曰：“虚之与人也无间，唯圣人得虚道。”注云：“虚能贯穿人形，故曰无间。”又曰：“天之道虚，地之道静。虚则不屈，静则不变。”又曰：“虚者，万物之始也。”注云：“有形生于无形也。”

贾子新书道术曰：“道者，所从接物也。其本者谓之虚，其末者谓之术。虚者，言其精微也，平素而无设施也；术也者，所从制万物也，动静之数也。凡此皆道也。”

韩非子外储说：“郑长者有言曰：夫虚静无为而无见也。”

太史公自序曰：“虚者，道之常也。”

荀子解蔽篇曰：“人何以知道？曰：心。心何以知？曰：虚壹而静。心未尝不臧也，<small>臧读为藏。</small>然而有所谓虚；心未尝不满也，<small>满读为两。</small>然而有所谓一；心未尝不动也，然而有所谓静。人生而有知，知而有志，志也者，<small>臧藏。</small>也；然而有所谓虚，不以

––––––––––––

〔一〕“彖传”当作“象传”。

所已臧害所将受谓之虚。心生而有知，知而有异，异也者，同时兼知之；同时兼知之，两也，然而有所谓一，夫不以[一]一害此一谓之壹。心卧则梦，偷则自行，使之则谋，故心未尝不动也；然而有所谓静，不以梦剧乱知谓之静。未得道而求道者，谓之虚壹而静。知道察，知道行，体道者也。虚壹而静，谓之大清明。”

独

易履初九：“素履，素始也。往无咎。”象曰：“素履之往，独行愿也。”述曰：“初微谓之独，震为行，使四变而已应之，故独行愿。”疏云：“初为隐、为微，隐微于人为独。”

观初六曰：“童观。”马融注云：“童犹独也。”

复六四曰：“中行独复。”虞注云：“中谓初，震为行，初一阳爻故称独。”

大过象曰：“君子以独立不惧。”虞注云：“君子谓乾初阳伏巽中，体复一爻潜龙之德，故称独立不惧。”疏云：“初为独。”晋初六：“晋如摧如，贞吉。”象曰：“晋如摧如，独行正也。”虞注云：“失位故摧如，动得位故贞吉。初动震为行，初一称独也。”方言曰：一，蜀也。南楚谓之独。郭注云：蜀犹独也。是独即一，故云初一称独。

诗思齐曰：“不显亦临，无射亦保。”朱子曰：“言文王虽居幽隐，亦常若有临之者；虽无厌射，亦常有所守焉。其纯亦不已如是。”

〔一〕“夫不以”，荀子作“不以夫”。

诗烝民曰:"人亦有言,德辑如毛,民鲜克举之。我仪图之,维<u>仲山甫</u>举之,爱莫助之。"<u>毛传</u>曰:"仪,宜也。爱,隐也。"<u>正义</u>云:"<u>毛</u>以为德辑如毛,民寡能举行之者。我以人之此言实得其宜,乃图谋之,观谁能行德,维<u>仲山甫</u>独能举此德而行之;其德深远而隐,莫有能助行之者。<u>山甫</u>既无人助,独行之耳。"<u>栋</u>谓:德辑如毛,言微也;民鲜克举,言慎独者少。唯<u>仲山甫</u>能慎独,故克举之;隐微之中神明独运,非人所能助,故云爱莫助之。<u>荀子</u>曰:"能积微者速成。"引此诗为证。又曰:"操之则得之,舍之则失之。操而得之则轻,轻则独行,独行而不舍,则济矣。"<u>栋</u>谓:德辑如毛,故操而得之则轻;爱莫助之,故云轻则独行。行而不舍则至诚也,故云则济矣。<u>毛公</u>用师说,故训爱为隐。<u>郑氏</u>不明古义,改训为惜。七十子丧而大义乖,<u>康成</u>大儒,犹未免也。

<u>礼器</u>曰:"礼之以少为贵者,以其内心也。<small><u>郑</u>注:内心,用心于内,其德在内。</small>德产之致也精微,<small><u>郑</u>注:致,致密也。<u>卢</u>注:天地之德所生至精至微也。</small>观天下之物,无可以称其德者,如此则得不以少为贵乎? 故君子慎其独也。"<small>独则象天。</small>

<u>中庸</u>曰:"君子戒慎乎其所不睹,恐惧乎其所不闻。莫见乎隐,莫显乎微,故君子慎其独也。"

<u>大学</u>曰:"欲正其心者,先诚其意。""所谓诚其意者,毋自欺也。如恶恶臭,如好好色,此之谓自谦,故君子必慎其独也。小人闲居为不善,无所不至,见君子而后厌然,揜其不善,而著其善。人之视己,如见其肺肝然,则何益矣? 此谓诚于中,形于外,故君子必慎其独也。<u>曾子</u>曰:十目所视,十手所指,其严

乎？富润屋，德润身，心广体胖，故君子必诚其意。"郑注云：严乎，言可畏敬也。胖犹大也。三者言实于内，显见于外。

大学、中庸皆言慎独。荀子曰："不诚则不能独。"大学释诚意则言慎独，不诚则不能独。此大学义疏也。诚，实也。独，中外一也。大学曰："此谓诚于中，形于外。"中庸曰："诚则形。"尧、舜率天下以仁而民从之，桀、纣率天下以暴而民从之，皆独之效也。故曰：其所令反其所好，而民不从。初疑桀纣之民从暴语，及观王莽、魏阉时，而其言始验。

荀子不苟篇曰："君子养心莫善于诚，即正心先诚意之义。致诚则无他事矣。唯仁之为守，唯义之为行。诚心守仁则形，形则神，神则能化矣；诚心行义则理，理则明，明则能变矣。变化代兴，谓之天德。天不言而人推高焉，地不言而人推厚焉，四时不言而百姓期焉：夫此有常，以至其诚者也。君子至德，嘿然而喻，未施而亲，不怒而威：夫此顺命，天命。以慎其独者也。善之为道者，不诚则不独，不诚则欺，安能独？不独则不形，诚则形。不形信不由中。则虽作于心，见于色，出于言，民犹若未从，其所令反其所好而民不从。虽从必疑。天地为大矣，不诚则不能化万物；圣人为知矣，不诚则不能化万民；父子为亲矣，不诚则疏；君上为尊矣，不诚则卑。夫诚者，君子之所守也，而政事之本也。"

韩非子扬权曰："道无双，故曰一。是故明君贵独道之容。"

淮南缪称曰："独专之意，乐哉忽乎，日滔滔以自新，忘老之及己也。始乎叔季，归乎伯孟，必此积也。自少至长。不身遁，斯亦不遁人，遁，隐。故若行独梁，一木之水桥。不为无人，不竟其容。故使人信己者易,而蒙衣自信者难。"

庄子庚桑曰:"为不善乎显明之中者,人得而诛之;为不善乎幽闲之中者,鬼得而诛之。明乎人,明乎鬼者,然后能独行。"注云:幽显无愧于心,则独行而不惧。

法言修身篇曰:"天下有三门:由于情欲,入自禽门;由于礼义,入自人门;由于独智,入自圣门。"司马光曰:生而知之,独运明智,极深研几,非常人所能逮。

问神篇曰:"龙蟠于泥,蚖其肆矣。龙蟠于泥,独也。以况君子肆恣也。蚖其肆,不慎独也。以况小人闲居为不善也。蚖哉!蚖哉!恶睹龙之志也欤?"确乎不拔,潜龙之志。

孝至篇曰:"或曰:何以处伪?曰:有人则作之,无人则辍之,之谓伪。"注云:道不可须臾离,所以君子慎其独。

韩非子扬权曰:"道无双,故曰一。是故明君贵独道之容。"注云:"道以独为容。" 案,独道之容即独也。大戴礼武王践祚带之铭云:"火灭修容。"刘子新论云:"颜回不以夜浴改容。"所谓独道之容。

扬子太玄曰:"阴不极则阳不生,乱不极则德不形。君子修德以俟时,不先时而起,不后时而缩。动止微章,不失其法者,其唯君子乎!"注云:"君子谓阳也。修德于黄泉,候春而兴。" 案,修德于黄泉,即独也。君子慎独,有隐德者必阳报,故莫见乎隐,莫显乎微。

老子道经曰:"有物混成,先天地生。寂兮寥兮,独立而不改。"河上公注云:"独立者,无匹双;不改者,化有常。" 案,独即一也。道独行,故君子慎独;道不改,故不可须臾离。

淮南原道曰："所谓无形者,一之谓也。所谓一者,无匹合于天下者也。卓然独立,块然独处,上通九天,下贯九野。"

蜀独同义

尔雅释山:"独者,蜀。"注云:"蜀亦孤独。"方言:"一,蜀也。南楚谓之独。"管子云:"抱蜀不言,而庙堂既修。"半农人云:"抱蜀即老子抱一。"

始

恒初六:"浚恒,贞凶,无攸利。"象曰:"浚恒之凶,始求深也。"虞注云:"乾为始,故曰始求深也。"

乾象传曰:"大哉乾元,万物资始。"荀注云:"谓分为六十四卦,万一千五百二十策,皆受始于乾也。"

系上曰:"原始反终,故知死生之说。"说,舍也。

大学曰:"物有本末,事有终始。"

乾凿度曰:"乾渐九月。乾者,天也。终而为万物始,北方万物所始也。故乾位在于十月。"注云:"乾御戌亥,在于十月,而渐九月也。"

又云:"乾位在西北,阳祖微据始也。"

又云:"太初者,气之始也。太始者,形之始也。郑注云:形,见也。天象,形见之所本始也。　案,太始生于戌仲。太素者,质之始也。"

周书:周祝曰:"天为古,地为久,察彼万物,名于始。"

尔雅释诂曰:"初、哉、首、基、肇、祖、元、胎、俶、落、权、舆,始也。"

老子道经曰:"无名天地之始。"注云:"无名者谓道,道无形,故不可名也。始者,道本也。吐气布化,出于虚无,为天地本始也。"

吴子曰:"夫道者,所以反本复始。"吴起,曾申弟子,传左氏春秋。

吕览召类曰:"元者,吉之始也。"

扬雄羽猎赋云:"于是玄冬季月天地隆烈,万物权舆于内,徂落于外。"注:尔雅曰:"权舆,始也。"

昏义曰:"夫礼始于冠,本于昏。"郑注云:"始犹根也,本犹干也。"

素

乾凿度曰:"太素者,质之始也。"郑注云:"地,质之所本始也。"又云:"太素有质,始形也。"案,太素生于亥仲。

文选注:"方言曰:素,本也。"

履初九曰:"素履,往无咎。"述云:初为履始,故云素,疏云:乾凿度曰:"太素者,质之始。"郑注:"尚书大传云:'素犹始也。'"初为履始,故云素。素亦始也。

象上传曰:"素履之往,独行愿也。"述云:初微谓之独。

张衡灵宪注曰:"太素之前,幽清玄静,寂寞冥默,不可为象。厥中惟灵,厥外惟无,如是者永久焉,斯为冥茫,一作涬。盖乃道根。道根既建,由无生有,太素始萌,萌而未兆,并体同色,坤屯不分。"原注云:坤屯音浑沌。 御览一。

深

恒初六："浚恒,贞凶。"象曰："浚恒之凶,始求深也。"虞注云："浚,深也。庄九年公羊传曰:浚之者,何深之也。初下称浚,故曰浚恒。乾初为渊,故深矣。失位变之,正乾为始,故曰始求深也。"乾为始,亦据初,初为始、为元。大哉乾元,万物资始,故乾为始也。

系上曰："无有远近幽深。"虞注云："远谓天,近谓地,深谓阳,幽谓阴。"又曰："夫易,圣人之所以极深而研几也。"又曰："钩深致远。"虞注云："初深,故曰钩深。致远谓乾。"又曰："精义入神。"姚信注云："入在初也。阴阳在初,深不可测,故谓之神。"

论语子贡曰："夫子之言性与天道,不可得而闻已矣。"何晏注云："性者,人之所受以生也。天道者,元亨日新之道深微,故不可得而闻之。"

后汉陈忠传："自顺帝即位,盗贼并起,郡县更相饰匿,莫肯纠发。更相文饰,隐匿盗贱。忠上疏曰:'臣闻轻者重之端,小者大之源,故堤溃蚁孔,气泄针芒。扬雄语。是以明者慎微,智者识几。书曰:小不可不杀。康诰。诗云:无纵诡随,以谨无良。大雅。盖所以崇本绝末,钩深之虑也。'"栋案,虑之初,故曰钩深。此与仲翔义合。

老子道经曰："古之善为士者,微妙玄通,深不可识。"

德经曰："玄德深矣,远矣。"

庄子天地曰："视乎冥冥,听乎无声。冥冥之中,独见晓焉;无声之中,独闻和焉。故深之又深而能物焉,穷其原而后能物物。神之又神而能精焉。"

缮性曰："当时命而大行乎天下，则反一无迹；不当时命而大穷乎天下，则深根宁极而待，此存身之道也。"

> 系下曰："龙蛇久蛰，以存身也。"虞注云："潜，藏也，龙潜而蛇藏。阴息初，巽为蛇；阳息初，震为龙。十月坤成，十一月复生。遯巽在下，龙蛇俱蛰。初坤为身，故龙蛇之蛰以存身。庄子言存身之义通于易。"

天下曰："以深为根。"注云："理根为太初之极，不可谓之浅也。"

释言曰："潜，深也。"初为深，易潜龙勿用亦在初。

太玄曰："夫一一所以摹始而测深也。"

初

易上经曰："初九，潜龙勿用。"述云：易气从下生，故以下爻为始。乾为龙，潜藏在下，故曰潜龙。其初难知，故称勿用。太衍之数虚一不用，谓此爻也。

又曰："初六，履霜坚冰至。"

系下曰："其初难知，其上易知，本末也。初辞拟之，卒成之终。"

系下曰："小人以小善为无益而弗为也，以小恶为无伤而弗去也。"虞注云："小善谓复初，小恶谓遯初。"

公羊隐五年传云："初者何？始也。"

参同契曰："元精云布，因气托初。"

乾凿度曰："太初者，气之始也。"郑注云："元气之所本始，太易既是寂然无物矣,焉能生此太初哉? 则太初者,亦忽然而自生。”又曰:“太初之气,寒温始生也。”　案,太初生于酉仲。

京房杂试对后汉律历志。曰:“宓牺作易,纪阳气之初以为律法,建日冬至之声,以黄锺为宫,大簇为商,姑洗为角,林锺为徵,南吕为羽,应锺为变宫,蕤宾为变徵。此声气之元,五音之正也。”

淮南俶真曰:“圣人之学也,欲以反性于初。”高诱注云:“人受天地之中以生,孟子曰:‘性无不善而情欲害之。’故圣人能反其性于初。”

本

易大过:“栋桡。”彖传曰:“栋桡,本末弱也。”虞注云:“初上阴柔,本末弱,故栋桡也。”

系下曰:“复,德之本也。”虞注云:“复初,乾之元,故德之本也。”又曰:“其初难知,其上易知,本末也。”侯果注云:“本末,初上也。”

周礼:“师氏以三德教国子,一曰至德以为道本。”郑注云:“至德,中和之德,覆焘持载含容者也。孔子曰:‘中庸之为德,其至矣乎!’”

诗简兮曰:“执辔如组。”毛传曰:“组,织组也。御众有文章,言能治众,动于近,成于远也。”正义曰:“御者,执辔于此,使马骋于彼。织组者,总纰于此,而成文于彼。皆动于近,成于远。”吕览先己曰:百仞之松,本伤于下,而末槁于上。商因之困,谋失于胸,令困于彼。诗曰:执辔如组。孔子曰:审此言也,可以为天下。子贡曰:何其躁也？孔子曰：非谓其躁也，谓其为之于此，而成文于彼也。圣人组修其身，而成文于天下矣。高诱曰：胸犹内，彼亦外也。

大戴礼保傅曰："易曰：正其本，万物理。"本谓初。

大学曰："物有本末，事有终始，知所先后则近道矣。古之欲明明德于天下者，先治其国；虞夏书尧典曰：克明俊德，以亲九族。九族既睦，平章百姓。百姓昭明，协和万邦，黎民于变时雍。由本达末，原始及终，一以贯之之道也。欲治其国者，先齐其家；欲齐其家者，先修其身；欲修其身者，先正其心；欲正其心者，先诚其意；荀子曰：养心莫善于诚。欲诚其意者，先致其知。郑注云：知谓知善恶，吉凶之所终始也。致知在格物。仓颉篇曰：格，量度之也。栋案，此谓知所先。物格而后知至，知至而后意诚，意诚而后心正，心正而后身修，身修而后家齐，家齐而后国治，国治而后天下平。栋案，此谓知所后。自天子以至于庶人，壹是皆以修身为本。朱子曰：正心以上，皆所以修身也。其本乱而末治者否矣，其所厚者薄，而其所薄者厚，未之有也。此谓知本，此谓知之至也。"栋案，物有本末，事有终始，格物之事也。知所先后，致知之事也。此谓知本。物格，知止之事也。

孟子曰："人有恒言，皆曰：天下国家。天下之本在国，国之本在家，家之本在身。"

又曰："徐子曰：仲尼亟称于水曰：'水哉！水哉！何取于水也？'孟子曰：'原泉混混，不舍昼夜，盈科而后进，放乎四海。'有本者如是，是之取尔。苟为无本，七八月之间雨集，沟浍皆盈；其涸也，可立而待也。故声闻过情，君子耻之。"又曰："有大人者，正己而物正者也。"

仲舒对策曰："臣谨案，春秋谓一元之意，一者万物之所从始也,元者辞之所谓大也。谓一为元者,视大始而欲正本也。春秋探其本而反,自贵者始,故为人君者,正心以正朝廷,正朝廷以正百官,正百官以正万民,正万民以正四方。四方正,远近莫敢不壹于正,而亡有邪气奸其间者。"

吕览孝行曰:"凡为天下,治国家,必务本而后末。詹何曰:身治而国不治者,未之有也。故曰必务本。所谓本者,非耕耘种植之谓,务其人也。务犹求也。务其人,非贫而富之,寡而众之,众,多也。务其本也。务本莫贵于孝。孝为行之本,故圣人贵之。夫孝,三皇五帝之本务,而万事之纪也。纪犹贯也。夫执一术而百善至、百邪去,天下从者,其惟孝也。一术,孝术。故论人必先以所亲,而后及所疏;先本后末,先近后远。必先所重,而后及所轻。所重谓其亲,所轻谓他人。今有人于此行于亲重,而不简慢于轻疏,孝于亲以及人之亲。则是笃谨孝道,厚慎孝道。先王之所以治天下也。先王以孝治天下。故爱其亲不敢恶人,敬其亲不敢慢人。爱敬尽于事亲,光耀加于百姓,加,施也。究于四海,此天子之孝也。"此孝经义疏也。圣治章曰:"圣人因严以教敬,因亲以教爱。圣人之教不肃而成,其政不严而治,其所因者本也。"注:"本谓孝也。"

吕览执一曰:"楚王问为国于詹子。詹何,隐者。詹子对曰:'何闻为身,不闻为国。'詹子岂以国可无为哉? 以为为国之本在于为身,身为而家为,家为而国为,国为而天下为。故曰:以身为家,以家为国,以国为天下。此四者异位同本,故圣人之事,广之则极宇宙,穷日月,穷亦极也。约之则无出乎身者也。"

老子德经曰:"善建者不拔。"文言初九曰:确乎其不可拔。屯初九

曰:利建侯。<u>虞仲翔</u>引<u>老子</u>为证。又曰:"修之于身,其德乃真。"<u>淮南</u>
<u>道应</u>曰:"<u>楚庄王</u>问<u>詹何</u>曰:'治国奈何?'对曰:'何明于治身,
而不明于治国。'<u>楚王</u>曰:'寡人得立宗庙社稷,愿学所以守
之。'对曰:'臣未尝闻身治而国乱者也,未尝闻身乱而国治者
也。故本任于身,不敢对以末。'<u>楚王</u>曰:'善。'故<u>老子</u>曰:'修
之身,其德乃真也。'"

<u>徐幹修本篇</u>曰:"<u>孔子</u>之制<u>春秋</u>也,详内而略外,急己而宽
人。故于<u>鲁</u>也小恶必书,于众国也大恶始笔。夫见人而不自
见者谓之蒙,闻人而不自闻者谓之聩,虑人而不自虑者谓之
瞀。故明莫大乎自见,聪莫大乎自闻,睿莫大乎自虑。此三者
举之甚轻,行之甚迩,而莫之知也。故知者举甚轻之事,以任
天下之重;行甚迩之路,以穷天下之远。故德弥高而基弥固,
胜弥众而爱弥广。<u>易</u>曰:'复,亨,出入无疾,朋来无咎。'其斯
之谓欤?"

<u>法言吾子</u>曰:"请问本。曰:黄锺以生之,中正以平之。确
乎<u>郑</u>、<u>卫</u>不能入也。"以乐喻本,坚树在始,故云确乎。

<u>法言先知</u>曰:"或曰:<u>齐</u>得<u>夷吾</u>而霸,<u>仲尼</u>曰小器,请问大
器?曰:大器其犹规矩准绳乎!先自治而后治人之谓大器。"<u>吴</u>
<u>祕</u>注云:规矩先自方圆,准绳先自平直,然后能为器,器出于是,大器者也。<u>管子</u>
不知礼,安能以礼正国哉!

<u>尧舜</u>性之也,<u>汤武</u>身之也,此先自治而后治人者也。五
霸假之也,故器小。此王霸之辨也。以<u>大学</u>言之,诚
意、正心、修身,规矩准绳也,所谓先自治也;齐家、治
国、平天下,所谓治人也。先诚意、正心、修身,而后齐

家、治国、平天下，所谓先自治而后治人也。由本达末，原始反终，一以贯之之道也。

庄子天地曰："以本为精，以物为粗。"关尹、老聃之学。

至

坤文言曰："至哉坤元，万物资生，乃顺承天。"晋语曰：民之疾心固皆至矣。韦昭云：至，深也。

系辞上曰："显诸仁，藏诸用，鼓万物而不与圣人同忧，盛德大业至矣哉！"又曰："易，其至矣乎。"

襄二十九年春秋传曰：季札观乐，见舞韶乐者，曰"德至矣哉"云云。

大学曰："在止于至善。"

表记曰："道有至，至道以王。"

孔子闲居：孔子曰："以致五至而行三无。"子夏曰："敢问何谓五至？"孔子曰："志之所至，诗亦至焉；诗之所至，礼亦至焉；礼之所至，乐亦至焉；乐之所至，哀亦至焉。哀乐相生，是故正明目而视之，不可得而见也；倾耳而听之，不可得而闻也。志气塞乎天地，此之谓五至。"

贾谊新书修政："语曰：帝颛顼曰：至道不可过也，至义不可易也。"

孝经：子曰："先王有至德要道，以顺天下，民用和睦，上下无怨。"注云："孝者，德之至，道之要也。"

周礼："师氏以三德教国子，一曰至德以为道本。"郑注云："至德，中和之德，覆焘持载含容者也。孔子曰：'中庸之为德，其至矣乎！'"

论语：子曰："中庸之为德，其至矣乎！民鲜久矣。"中庸曰：子曰：中庸其至矣乎！民鲜能久矣。中庸曰："苟不至德，至道不凝焉。"

荀子君道曰："至道大形，百姓易俗，小人变心，奸怪之属莫不反悫，夫是之谓政教之极。故天子不视而见，不听而聪，不虑而知，不动而功，块然独坐而天下从之，如一体如四支之从心，夫是之谓大形。"

司马法："有虞氏不赏不罚，而民可用，至德也。"

要

孝经：子曰："先王有至德要道，以顺天下，民用和睦，上下无怨。"殷仲文注云："穷理之至，以一管众为要。"

孝子道经曰："常无欲以观其妙。"河上公注云："妙，要也。人常无欲，则可以观道之要妙。"

庄子大宗师曰："道可传而不可受，可得而不可见。狶韦氏得之，以挈天地。"司马彪注云："挈，要也，得天地要也。"

约

论语：子曰："君子博学于文，约之以礼。"

又颜渊曰："夫子循循然善诱人，博我以文，约我以礼。"孔安国注云：言夫子既以文章开博我，又以礼节节约我。

孟子曰："博学而详说之，将以反说约也。"赵岐注云：博，广；详，悉也。广学悉其微言而说之者，将以约说其要意，不尽知则不能要言之也。

章指言广寻道意,详说其事,要约至义,还反于朴,说之美者也。

荀子王霸曰:"人主者,守至约而详,事至佚而功,垂衣裳不下簟席之上,而海内之人莫不愿得以为帝王。夫是之谓至约。"

韩非子难言曰:"总微说约。"

后汉范升曰:"夫学而不约必叛道也。颜渊曰:'博我以文,约我以礼。'孔子谓知教。颜渊可谓善学矣。老子曰:'学道日损。'损犹约也。"

极

列子黄帝曰:"机发于踵。"注:"郭象曰:常在极上起。"

阮籍通老论曰:"道者,法自然而为化,侯王能守之,万物将自化。易谓之太极,春秋谓之元,老子谓之道。"

一

一在易为太极,在爻为初。凡物皆有对。一者至善,不参以恶,参以恶则二矣。又为独,独者至诚也,不诚则不能独;独者隐也,爱莫助之,故称独。一则贯,二则乱,故云其为物不贰。得一善则拳拳服膺,并一而不贰,所以为积也。

恒六五象传曰:"妇人贞吉,从一而终也。"虞注云:"一谓初。"

系下曰:"天下之动,贞夫一者也。"虞注云:"一谓乾元,万物之动各资天一阳气以生,故天下之动,贞夫一者也。"又曰:

"天下同归而殊途,一致而百虑。"又曰:"天地絪缊,万物化醇。男女构精,万物化生。易曰:'三人行则损一人,一人行则得其友。'言致一也。"

左传襄廿一年:臧武仲曰:"夏书曰:'念兹在兹,释兹在兹,名言兹在兹,允出兹在兹。惟帝念功,将谓由己壹也,信由己壹,而后功可念也。'" 案,兹,此也。壹即一。念、释、名言、允出皆在于此,故云由己壹也。

诗曹风云:"鸤鸠在桑,其子七兮。淑人君子,其仪一兮。其仪一兮,心如结兮。"大戴礼引此诗云:"君子其结于一也。"

中庸曰:"天下之达道五,所以行之者三。曰:君臣也,父子也,夫妇也,昆弟也,朋友之交也。五者天下之达道也。知、仁、勇三者,天下之达德也,所以行之者一也。"朱子曰:一则诚而已矣。

又曰:"凡为天下国家有九经,所以行之者一也。"朱子曰:一者,诚也。

又曰:"天地之道,可壹言而尽也。其为物不贰,则其生物不测。"荀子曰:"并一而不贰,所以为积也。"

孟子曰:"梁襄王曰:'天下恶乎定?'吾对曰:'定于一。''孰能一之?'对曰:'不嗜杀人者能一之。'"赵岐注云:"孟子谓仁政为一也。"又曰:"章指言定天下者一道而已,不贪杀人则归之,是故文王视民如伤,此之谓也。"不嗜杀人,仁也。仁即一也。故曰:不嗜杀人者能一之。

礼器曰:"礼有大有小,有显有微。大者不可损,小者不可益,显者不可揜,微者不可大也。故经礼三百,曲礼三千,其致一也。郑注:致之言至也,一谓诚也。未有入室而不由户也。"郑注:三百、三千皆由诚也。

正义曰:"其致一也者,致,至也;一,诚也。虽三千、三百之多,而行之者皆须至诚,故云一也。若损大益小,撝显大微,皆失至诚也。"

孟子曰:"滕文公为世子,将之楚过宋,而见孟子。孟子道性善,言必称尧舜。世子自楚反,复见孟子。孟子曰:'世子疑吾言乎? 夫道一而已矣。'"

荀子儒效曰:"道出乎一。曷谓一? 曰:执神而固。曷谓神? 曰:尽善挟洽之谓神,万物莫足以倾之之谓固,神固之谓圣人。"

乾凿度曰:"易变而为一。"郑注云:"一主北方,气渐生之始,此即太初之气所生也。"

又曰:"易始于一。"郑注云:"易本无体,氤变而为一,故气从下生也。"

春秋元命包曰:"阳数起于一,成于三。"又曰:"元年者何? 元宜为一谓之元。"何曰:"君之始年也。"文选注。

扬子太玄曰:"生神莫先乎一。"注云:"玄始于一,玄道生神,故生神无先一也。"

扬子太玄曰:"常初一,戴神墨,履灵武[一],以一耦万,终不稷。测曰:戴神墨,体一形也。"

案,稷,测也。一,中也。以一耦万,故不偏侧。"

〔一〕"武",太玄作"式"。

老子道经曰："少则得,多则惑。是以圣人抱一为天下式。"

老子德经曰："道生一。"王弼注云："一,数之始,而物之极也。"又曰："一生二,二生三,三生万物。"高诱淮南注云："一谓道也。三者,和气也。或说:一者,元气也。生二者,乾坤也。二生三,三生万物,天地设位,阴阳流通,万物乃生。"愚谓:一,太一,天也。二,阴阳也。太一分为两仪,故一生二;二与一为三,故二生三;三合然后生,故三生万物。

说文曰："惟初太始,道立于一,造分天地,化成万物。"又丙部云："阴气初起,阳气将亏。从一入门。一者,阳也。"又甘部云:"从口含一。一,道也。"

三统历曰："太极元气,含三为一。"后汉书郎𫖮曰:含元包一。又曰:"始于一而三之。"又曰:"十一月,乾之初九,阳气伏于地下,始著为一。"又曰:"经元一以统始,易太极之首也。春秋二以目岁,易两仪之中也。于春每月书王,易三极之统也。于四时虽亡事,必书时月,易四象之节也。是故元始有象一也,春秋二也,三统三也,四时四也,合而为十,成五体。以五乘十,大衍之数也;而道据其一,其余四十九所当用也。"

家语本命解曰:"分于道谓之命,形于一谓之性。"

吕览论人曰:"游意于无穷之次,事心于自然之涂,若此则无以害其天矣。无以害其天则知精,知精则知神,知神之谓得一。凡彼万形,得一后成。"高注云:"天,身也。一,道也。道生万物,万物得一乃后成也。"

淮南原道曰:"道者一立而万物生矣。是故一之理施,四海一之,解达也。际天地。"至也。又天文曰:"道曰规,始于一,一而不生,故分而为阴阳,阴阳合和而万物生。"又精神曰:"一生二,二生三,三生万物。"高诱曰:"一谓道也,二曰神明,三曰和气也。或说:一者,元气也。生二者,乾坤也。二生三,三生万物,天地设位,阴阳通流,万物乃生。"又曰:"心志专于内,通达耦于一。"一者,道也。又诠言曰:"一也者,万物之本也,无敌之道也。"文子敌作适,后人训为主一者无他适,失之。

春秋元命包曰:"阴阳之性,以一起。人副天道,故生一子。"

春秋保乾图曰:"阳起于一,天帝为北辰。"

韩非子扬权曰:"用一之道,以名为首,名正物定,名倚物徙。倚,偏倚。故圣人执一而静。"又曰:"道无双,故曰一。"

荀子劝学曰:"蟥无爪牙之利,筋骨之强,上食埃土,下饮黄泉,用心一也;蟹六跪而二螯,非蛇蟺之穴无所寄托者,用心躁也。是故无冥冥之志者,无昭昭之明;无惛惛之事者,无赫赫之功。行衢道者不至,事两君者不容。目不能两视而明,耳不能两听而聪。螣蛇无足而飞,梧鼠五技而穷。诗曰:'鳲鸠在桑,其子七兮。淑人君子,其仪一兮。其仪一兮,心如结兮。'故君子结于一也。"

又解蔽曰:"故好书者众矣,而仓颉独传者,一也;好稼者众矣,而后稷独传者,一也;好乐者众矣,而夔独传者,一也;好义者众矣,而舜独传者,一也;倕作弓,浮游作矢,而羿精于射;奚仲作车,乘杜作乘马,而造父精于御:自古及今,未尝有两而能精者也。"荀子言一而后精。后出古文云:惟精惟一,先精后一。非古义也。

管子兵法曰:"明一者王,察道者帝,通德者王。"

仲舒对策曰:"春秋大一统者,天地之常经,古今之通谊也。"师古曰:"一统者,万物之统皆归于一也。"

班固述律历志曰:"元元本本,数始于一,产气黄锺,造计秒忽。"张晏曰:"数之元本,起于初九之一也。"

老子道经曰:"圣人抱一为天下式。"河上公注云:"抱,守也。守一乃知万事,故能为天下法式。"王弼注云:"一,少之极也。式犹则也。"文选注。

吕览大乐曰:"道也者,至精也。精微。不可为形,不可为名,强为之谓之太一。故一也者制令,两也者从听。从听,听从。先圣择择读为释。两法一,择,弃也。法,用也。是以知万物之情。故能以一听政者,乐君臣,和远近,说黔首,合宗亲;能以一治其身者,免于灾,终其寿,全其天;天,身。能以一治其国者,奸邪去,贤者至,成大化;能以一治天下者,寒暑适,风雨时,为圣人。故知一则明,明两则狂。"

管子内业曰:"一物能化,谓之神;一事能变,谓之智。化不易气,变不易智。惟执一之君子能为此乎?执一不失,能君万物。"

庄子天地曰:"泰初有无,无有无名;一之所起,有一而未形。注云:一者,有之初,至妙者也。至妙,故未有物理之形耳。夫一之所起,起于至一,非起于无也。然庄子之所以屡称无于初者,何哉?初者,未生而得生,得生之难,而犹上不资于无,下不待于知,突然而自得此生矣。物得以生,谓之德;天地之大德曰生。未形者有分,且然无间,谓之命;留动而生物,物成生理,谓之形;形体保神,各有仪则,谓之性。注云:夫德、形、性、命因变立名,其于自尔一也。性修反德,德至同于初。"谓复于初。

缮性曰:"古之人在混芒之中,_{崔撰云:混混芒芒,未分时也。}与一世而得澹漠焉。当是时也,阴阳和静,鬼神不扰,四时得节,万物不伤,群生不夭,人虽有知,无所用之,此之谓至一。当是时也,莫之为而常自然。"

天下曰:"圣有所生,王有所成,皆原于一。"注云:"使物各得其根,抱一而已,无饰于外。斯圣王所以生成也。"

又曰:"以本为精,以物为粗,以有积为不足,淡然独与神明居,古之道术有在于是者。关尹、老聃闻其风而悦之,建之以常无有,主之以太一。"

又曰:"至大无外,谓之大一;至小无内,谓之小一。"司马彪注云:"无外不可一,无内不可分,故谓之一也。"

说文甘字下云:"美也。从口含一。一,道也。"

老子德经曰:"昔之得一者,天得一以清,地得一以宁,神得一以灵,谷得一以盈,万物得一以生,侯王得一以为天下贞。"王弼注云:"一者,数之始,物之极也。各是一物,所以为生也。各以其一,致此清宁贞。"天地之一,即乾坤之元也。清,轻清上升也。宁,安贞也。神亦乾也,谷亦坤也。万物资始于乾元,资生于坤元,故得一以生。侯王得一以为天下贞,乾元用九,而天下治也。

春秋元命包曰:"常一不易,玉衡正。"_{文选注九。}

文子曰:"一也者,无適之道也。" 案,適读为敌。一者,道之本,故云无適。论语曰:"君子之于天下也,无適也。"荀子君子曰:"天子四海之内无客礼,告无適也。"適皆读为敌。后儒有"主一无适"之语,读适如字,训为之殊,非古义。淮南诠言曰:一者,万物之本也,无敌之道也。义与文子同。

一亦作壹,古壹字从壶吉。一之初,几也。几者,动之微,吉之先见者也。以此见性之初,有善而无恶。恶者,善之反,不与善对,故云无敌,亦曰独。君子慎独,无恶于志也,恶读如字。几有善而无恶。周子言"几善恶",非也。

鬼谷子阴符曰:"道者,天地之始,一其纪也。"又曰:"道者,神明之源,一其化端。"

鹖冠子曰:"有一而有气。"陆佃注云:"一者,元气之始。"

六韬:武王问太公曰:"兵道何如?"太公曰:"凡兵之道,莫过乎一。一者,能独往独来。黄帝曰:'一者,阶于道,几于神,用之在于几,显之在于势,成之在于君。'故圣王号兵为凶器,不得已而用之。"

致 一 附

易林补遗引京房占变:"一爻动则变,乱动则不变。"补遗所据,当在火珠林。易曰:"三人行则损一人,一人行则得其友。"系辞曰:"言致一也。"又:"天下之动,贞夫一者也。"故左传占卦皆一爻变。

贯

离骚经曰:"贯薜荔之落蕊。"王逸注云:"贯,累也。"左传宣六年：中行桓子曰："使疾其民，以盈其贯。"以盈其贯，是其贯将满，所谓恶积而不可弇，罪大而不可解也。韩非子曰："是其贯将满也。贯皆有积义，道积于一。"论语：子谓曾参曰："吾道一以贯之。"释诂云："贯，习也。习者，重习，亦有积义。"荀子曰："服习积贯。"又曰："贯日而治详之。"

一　贯

一贯之道，三尺童子皆知之，百岁老人行不得。宋儒谓唯颜子、曾子、子贡得闻一贯，非也。"吾道一以贯之"，自本达末，原始及终。老子所谓"甚易知，甚易行，天下莫能知，莫能行"也。下云言有宗，事有君，即一也。忠即一也。恕而行之，即一以贯之也。韦昭注周语"帅意能忠"曰："循己之意，恕而行之为忠。"

论语：子曰："参乎！吾道一以贯之。"曾子曰："唯。"子出。门人问曰："何谓也？"曾子曰："夫子之道，忠恕而已矣。"以忠行恕，谓之一贯。

系下曰："天下之动，贞夫一者也。"虞注云："一谓乾元。"

论语：子贡问曰："有一言而可以终身行之者乎？"子曰："其恕乎！己所不欲，勿施于人。"以忠恕之道终身行之，以絜矩之道平天下，所谓一以贯之也。大学言平天下，而云明明德；中庸言至诚尽性，而可以赞化育，皆所谓一以贯之者也。

中庸曰："忠恕违道不远。施诸己而不愿，亦勿施于人。子曰：'君子之道四，丘未能一焉：所求乎子，以事父，未能也；

所求乎臣，以事君，未能也；所求乎弟，以事兄，未能也；所求乎朋友，先施之，未能也。'"

大学曰："所恶于上，毋以使下；所恶于下，毋以事上；所恶于前，毋以先后；所恶于后，毋以从前；所恶于右，毋以交于左；所恶于左，毋以交于右。此之谓絜矩之道。"荀子曰：五寸之矩，尽天下之方也。

右申忠恕之义。

尧典曰："克明俊德，以亲九族。九族既睦，平章百姓。孔注：百姓，百官。百姓昭明，协和万邦，黎民于变时雍。"

大学曰："知止而后有定，定而后能静，静而后能安，安而后能虑，虑而后能得。物有本末，事有终始，知所先后则近道矣。释格物。古之欲明明德于天下者，先治其国；欲治其国者，先齐其家；欲齐其家者，先修其身；欲修其身者，先正其心；欲正其心者，先诚其意；欲诚其意者，先致其知。致知即中庸之明善。致知在格物。苍颉篇：格，量度之也。物格而后知至，知至而后意诚，意诚而后心正，心正而后身修，身修而后家齐，家齐而后国治，国治而后天下平。自天子以至于庶人，壹是皆以修身为本。天下之动贞夫一。其本乱而末治者否矣，不明俊德而欲亲九族。其所厚者薄，而其所薄者厚，不亲九族而欲平章百姓。未之有也。此谓知本，此谓知之至也。"释致知。

右申一贯之道。

尧典之"克明俊德"，大学之"欲明明德"，即一也。"明俊德"以及九族、百姓、万邦、黎民，"明明德"以修身、齐家、治国、平天下，即一以贯之也，一即本也。故云："壹是皆以修身为本。”“物有本末,事有终始”,由本达末,原始及终,一贯之义也。忠,一也。以忠行恕,即一以贯之也;以忠行恕,即中庸、大学所陈是也。

系下曰:“天下之动,贞夫一者也。”虞注云:“一谓乾元,万物之动各资天一阳气以生,故天下之动,贞夫一者也。”又曰:“易曰:‘憧憧往来,朋从尔思。’子曰:‘天下何思何虑? 天下同归而殊途,一致而百虑。刘熙曰:虑,旅也;旅,众也。一致百虑,虑及众物,以一定之也。天下何思可虑?’”韩伯注云:夫少则得,多则惑,涂虽殊,其归则同;虑虽百,其致不二。苟识其要,不在博求,一以贯之,不虑而尽矣。

子曰:“赐也,女以予为多学而识之者与?”对曰:“然。多原于一,故曰然。非与?”一以贯多,故曰非。曰:“非也。蒙上非与。予一以贯之。”何晏曰:善有元,事有会,天下殊途而同归,百虑而一致,知其元则众善举矣。

孟子曰:“博学而详说之,将以反说约也。”

孝经:“仲尼曰:先王有至德要道,以顺天下,民用和睦,上下无怨。”殷仲文注云:孝经疏。“穷理之至,以一管众为要。”

荀子不苟曰:“君子位尊而志恭,心小而道大;所听视者近,而所闻见者远。是何耶? 是操术然也。故千人万人之情,一人之情是也;是以君子有絜矩之道。天地始者,今日是也;百王之道,后王是也。君子审后王之道,而论于百王之前,若端拜而议。百王谓尧、舜、禹、汤,后王谓文、武。端,元端,朝服也。推礼义之统,统,本。分是非之分,总天下之要,治海内之众,若使一人。故操弥约,约,要。而事弥大。五寸之矩,尽天下之方也。大学絜矩义疏。故君子不下室堂,堂,明堂。而海内之情举积此者,则操术然也。"

非相曰:"以近知远,以一知万,以微知明。"

儒效曰:"道出乎一。曷谓一? 曰:执神而固。曷谓神? 曰:尽善挟洽之谓神,万物莫足以倾之之谓固,神固之谓圣人。圣人也者,道之管也。天下之道管是矣,百王之道一是矣。"

又曰"以浅持博,以古持今,注云:当作以今持古。以一持万"云云,是大儒者也。

庄子天地曰:"记曰:通于一而万事毕,无心得而鬼神服。"郭注云:"一无为而群理都举。记,书名也,云老子所作。"案,此论一贯与宋儒同,与孔子异。道家以一为终,故庄子曰:"得其一而万事毕。"圣人以一为始,故夫子曰:"吾道一以贯之。"此儒与道之别也。

后汉书范升传:升奏曰:"孔子曰:'博学约之,弗叛矣夫。'夫学而不约,必叛道也。颜渊曰:'博我以文,约我以礼。'孔子可谓知教,颜渊可谓善学矣。老子曰:'学道日损。'损犹约也。又曰:'绝学无忧。'绝末学也。"

又曰:"天下之事所以异者,以不一本也。易曰:'天下之动,贞夫一也。'又曰:'正其本,万事理。'五经之本,自孔子始。"

说文士字下云:"数始于一,终于十。从一从十。孔子曰:'推十合一为士。'" 案,一,道也。一以贯之,故推十得合一也。

法言吾子曰:"多闻则守之以约,多见则守之以卓;寡闻则无约也,寡见则无卓也。"此论语义疏,即颜子之一贯也。

春秋繁露曰:"古之造文者,三画而连其中谓之王。三画者,天地与人也;而连其中,通其道也。取天地与人之中,以为贯而参通之,非王者孰能当是?"

淮南俶真曰:"夫道有经纪条贯,得一之道连千枝万叶。"高诱注云:"一者,道之本也。得其根本,故能连千枝万叶,以少正多也。"

子

易上经曰:"乾,初九,潜龙勿用。"马融曰:"初九,建子之月,阳气始动于黄泉,故曰潜龙。"

明夷六五曰:"其子之明夷,利贞。"象曰:"其子之贞,明不可息也。"述曰:其读曰亥。坤终于亥,乾出于子,故明不可息。参同契曰:含元虚危,播精于子。

广雅释天曰:"太初,气之始也;生于酉仲,清浊未分也。太始,形之始也;生于戌仲,八月酉仲,为太初,属雄;九月戌仲,为太始,属雌。清者为精,浊者为形。太素,质之始也;生于亥仲,已有素朴而未散也。三气相接,至于子仲,剖判分离,轻清者上为天,重浊者下为地,中和为万物。"

说文包字下云:"元气起于子。子,人所生也。"

三统历曰:"太极元气,含三为一。"孟康曰:"元气起于子。未分之时,天地人混合为一,故子数独一也。"

又曰:"阴阳合德,气锺于子,化生万物。"虞注易曰:阴阳合德,谓天地杂,保太和,日月战。

又曰:"天统之正,始施于子半。"苏林曰:"子之西,亥之东,其中间也。"案,子半犹子仲也。

易纬稽览图曰:"甲子卦气起中孚,六日八十分日之七。"郑注云:"六,以候也。八十分为一日。日之七者,一卦六日七分也。"

乾凿度曰:"中孚为阳,贞于十一月子。"

藏

系上曰:"坤以简能。"虞注云:"阴藏为简。简,阅也。坤阅藏物,故以简能矣。"

又曰:"显诸仁,藏诸用,鼓万物而不与圣人同忧。盛德大业至矣哉!"

又曰:"圣人以此洗[一]心,退藏于密。"虞注云:"阳动入巽,巽为退伏,坤为闭户,故藏密。谓齐于巽,以神明其德。"

又曰:"神以知来,知以藏往。"虞注云:"乾神知来,坤知藏往。来谓洗[二]心,往谓藏密也。"

说卦曰:"坤以藏之。"

汉书翼奉对曰:"诗之为学,情性而已。五性不相害,六情更兴废。观性以历,性,五行;历,甲己之数。观情以律,情,六情;律,十二律。明主所宜独用,难与二人共也。故曰:'显诸仁,藏诸用。'露之则不神,独行则自然矣。"易之用在坎、离,而其本在震、巽。

说卦曰:"齐乎巽,齐也者,言万物之絜齐也。"虞注云:"巽

〔一〕"洗",系辞上传惠氏作"先",通行周易、皇清经解本同。
〔二〕"洗",系辞上传惠氏作"先",通行周易、皇清经解本同。

阳藏室,故絜齐。”

列子黄帝曰:“圣人藏于天。”注:郭象曰:“不窥性分之外,故曰藏也。”

乾凿度曰:“易者,以言其德也。通精无门,藏神无内也。”神在内,故藏神无内。有内不可言藏。内,易正义作穴。郑注云:“效易无为,故天下之性莫不自得也。”效,古文佼。郑氏云:佼,易也。

韩诗外传曰:“子夏读诗已毕。夫子问曰:‘尔亦何大于诗矣?’子夏对曰:‘诗之于事也,昭昭乎若日月之光明,燎燎乎如星辰之错行,上有尧、舜之道,下有三王之义,尚书大传作论书事为是。弟子不敢忘。虽居蓬户之中,弹琴以咏先王之风,有人亦乐之,无人亦乐之,亦可以发愤忘食矣。诗曰:衡门之下,可以栖迟;泌之洋洋,可以乐饥。’夫子造然变容曰:‘嘻!吾子始可以言诗已矣。然子已见其表,未见其里。’显诸仁,见其表也;藏诸用,故未见其里也。颜渊曰:‘其表已见,其里又何有哉?’孔子曰:‘窥其门,不入其中,安知其奥藏之所在乎?然藏又非难也。丘尝悉心尽志,已入其中,前有高岸,后有深谷,泠泠然如此,既立而已矣。不能见其里,未谓精微者也。’”藏神无内,可谓精微。

老子德经曰:“道者,万物之奥。”注云:“奥,藏也。道为万物之藏,无所不容也。”文选注引苍颉篇曰:奥,藏也。

心

复象传曰:“复,其见天地之心乎。”荀注云:复者,冬至之卦,阳起初九,为天地心,万物所始,吉凶之先,故曰见天地之心。

说卦曰:“坎为亟心。”

乾凿度曰:"易历曰:'阳纪天心。'"阳当作易。

参同契曰:"天符有进退,诎伸以应时。故易统天心,复卦建始萌。"

诗桑柔曰:"君子实维,秉心无竞。"郑笺云:"君子谓诸侯及卿大夫也。其执心不强于善,而好以力争。"春秋传:师旷曰:臣不心竞而力争。

大学曰:"欲修其身,先正其心。"又曰:"所谓修身云云。"

孟子曰:"惟大人为能格君心之非。君仁莫不仁,君义莫不义,君正莫不正。一正君,而国定矣。"

赵岐孟子尽心篇章指曰:"尽心者,人之有心为精气主,思虑可否,然后行之,犹人法天,天之执持纲维,以正二十八舍者,北辰也。论语曰:'北辰居其所,而众星拱之。'心者,人之北辰也。苟存其心,养其性,所以事天也。"

仲舒对策曰:"为人君者,正心以正朝廷,正朝廷以正百官,正百官以正万民,正万民以正四方。四方正,远近莫敢不一于正,而亡有邪气奸其间者。"

说苑辨物曰:"易曰:'仰以观于天文,俯以察于地理,是故知幽明之故。'夫天文、地理、人情之效,存于心则圣智之府。"

法言问神曰:"或问神。曰:心。请闻之。闻当作问。曰:潜天而天,乾元。潜地而地。坤元。天地,神明而不测者也。心之潜也,犹将测之,况于人乎?况于事伦乎?心之潜,即神也。天地,神明而不测,潜天而天,潜地而地,是与天地合德者也,故曰犹将测之。人与事伦不足言矣。伏羲、文王、孔子其人也。

庄子庚桑曰:"万恶不可内于灵台"。司马彪注云:"心为神灵之台也。"

养　心

大学曰:"欲正其心者,先诚其意。"故荀子曰:"养心莫善于诚。"大学释诚意而归于慎独,故荀子曰:"不诚则不独,不独则不形。"此大学"诚于中,形于外"、中庸"诚则形"之义也。荀子所言见不苟篇。七十子之徒所传之大义,与宋儒旨趣不同。

孟子言"存心",故云"养心莫善于寡欲";荀子言"慎独",故云"养心莫善于诚"。或据孟子以驳荀子之非,是驳大学也。

周易述卷二十三

易微言下

道

系上曰:"一阴一阳之谓道。"

越纽录:范子曰:"道者,天地先生不知老,曲成万物不名巧,故谓之道。道生气,气生阴,阴生阳,阳生天地,天地立然后寒暑燥湿、日月星辰、四时而万物备。术者,天意也。"淮南天文曰:"道曰规,始于一,一而不生,故分而为阴阳,阴阳合和而万物生。"

韩非子主道曰:"道者,万物之始,是非之纪也。是故明君守始以知万物之源,治纪以知善败之端。故虚静以待令。令名,自命也;令事,自定也。虚则知实之情,静则知动者正。"

解老曰:"道者,万物之所然也。"

郑长者曰:"体道,无为无见也。"汉书艺文志:郑长者二篇,在道家。

管子四时曰:"道生天地。"

管子白心曰:"道者,一人用之,不闻有余;天下行之,不闻不足。此谓道矣。"注云:多少皆足者,道也。

正篇曰:"阴阳同度曰道。"

内业曰:"夫道者,所以充形也,而人不能固。其往不复,其来不舍。谋乎莫闻其音,卒乎乃在于心,冥冥乎不见其形,淫淫乎与我俱生。不见其形,不闻其声,而序其成,谓之道。"注云:虽无形声,常依序而成,故谓之道。

文选注引管子曰:"虚而无形谓之道。"

形势解曰:"道者,扶持众物使得生育,而各终其性命者也。"

韩非子扬权曰:"夫道者,弘大而无形;德者,核理而普至。至于群生,斟酌用之。"又曰:"道无双故曰一,是故明君贵独道之容。"又曰:"虚静无为,道之情也。参伍比物,事之形也。参之以比物,伍之以合虚。喜之则多事,恶之则生怨。故去喜去恶,虚心以为道舍。"

又曰:"道者,万物之所然也,万理之所稽也。理者,成物之文也;道者,万物之所成也。故曰:道,理之者也。物有理不可以相薄,故理之为物之制。万物各异理,万物各异理而道尽稽万物之理,故不得不化。不得不化,故无常操。是以生死气禀焉,万智斟酌焉,万事废兴焉。天得之以高,地得之以藏,维斗得之以成其威,日月得之以恒其光;五常得之以常其位,列星得之以端其行,四时得之以御其变气;轩辕得之以擅四方,赤松得之与天地统,圣人得之以成文章。道与尧、舜俱智,与接舆俱狂,与桀、纣俱灭,与汤、武俱昌。以为近乎,游于四极;以为远乎,常在吾侧;以为暗乎,其光昭昭;以为明乎,其物冥冥。而功成天地,和光雷霆,宇内之物恃之以成。凡道之情,不制不形,柔弱随时,与理相应;万物得之以死,得之以生;万物得之以败,得之以成。道譬诸若水,溺者多饮之即死,渴者适饮之即生;譬之若剑戟,愚人以行忿则祸生,圣人以诛暴则福成。故得之以死,得之以生,得之以败,得之以成。"

庄子天地曰:"夫子曰:夫道,覆载万物者也。洋洋乎大哉!"

贾子新书道术曰:"道者,所从接物也。其本者谓之虚,其末者谓之术。虚者,言其精微也,平素而无设施也。术也者,所从制物也,动静之数也。凡此皆道也。"

又道德说曰:"道疑〔一〕而为德。神载于德。德者,道之泽也。道虽神,必载于德。"

阮籍通老子论曰:"道者,自然。易谓之太极,春秋谓之元,老子谓之道。"文选十一。

远

虞注易曰:"乾为远。"

老子德经曰:"玄德深矣,远矣。"

玄

文言曰:"夫玄黄者,天地之杂也。天玄而地黄。"

〔一〕"疑"上有阙文,新书原为"冰"字,浙江书局本以为古凝字,下"疑"字为旧校者注。

说卦曰："震为玄黄。"虞注云："天玄地黄,震天地之杂物,故为玄黄。"

考工记曰："天谓之玄,地谓之黄。"广雅曰:乾、玄,天也。

月令曰："季冬天子居玄堂右个。"蔡邕章句曰:"玄,黑也,其堂尚玄。"文选注八。

越语曰："至于玄月,王召范蠡而问焉。"韦昭注云:"谓鲁哀十六年九月。"

尔雅月名曰："九月为玄。"乾凿度曰:乾渐九月。注云:乾御戌亥,在于十月,而渐九月。天谓之玄,故九月为玄。

夏小正传曰："玄也者,黑也。"

说文曰："玄,幽远也。黑而有赤色者为玄,象幽而入覆之也。"汉书郊祀志:"年始冬十月,色外黑内赤。"服虔曰:"十月阴气在外,故外黑;阳气尚伏在地,故内赤也。"朱氏震曰:"坎,北方也。其色玄者,赤黑也。赤者,乾阳也。黑者,坤阴也。"栋谓:乾御戌亥,戌亥之月,乾坤合居,故赤黑为玄。

章怀张衡传注云："玄,深也。"

考工记:锺氏曰:"三入为纁,五入为緅,七入为缁。"郑注云:"染纁者,三入而成。又再染以黑,则为緅。緅,今礼俗文作爵,言如爵头色也。又再染以黑,乃成缁矣。凡玄色者,在緅、缁之间,其六入者与。"贾疏云:"以緅入黑汁即为玄。六入为玄,但无正文,故此注与士冠礼注皆云:玄则六入与。更以此玄入黑汁,则名七入为缁矣。"

文选注引锺会注老子曰："幽冥晦昧故称为玄。"王弼曰:"玄,冥嘿无有也。"文选十一。

桓谭新论曰:"扬雄作玄书,以为玄者,天也,道也。言圣贤制法作事,皆引天道以为本统,而因附续万类、王政、人事、法度。故宓牺氏谓之易,老子谓之道,孔子谓之元,而扬雄谓之玄。"解嘲曰:"知玄知默,守道之极。"

老子道经曰:"无名,天地之始;有名,万物之母。故常无欲以观其妙,常有欲以观其徼。小也。此两者同出而异名。同出于道。王弼注云:两者,谓始与母也。同出于玄也。异名,所施不同也。在首则谓之始,终则谓之母也。训畅令尽也。同谓之玄。玄,天也。玄之又玄,上天之载,无声无臭。众妙之门"。徼亦妙也,故曰众妙。又曰:"生而不有,为而不恃,长而不宰,是谓玄德。"王弼注云:玄德者,皆有德不知其至,出于幽冥者也。王弼注俱见文选注中。

淮南原道曰:"舜执玄德于心,而化驰若神。"高注云:"玄,天也。驰,行也。"

又览冥曰:"夫物类之相感,玄妙深微。" 案,阳在地下称玄,坤上六其血玄黄。是妙古文眇。眇,小也,犹微也。阳在下故言深。

太玄曰:"天以不见为玄,地以不形为玄,人以心腹为玄。天奥西北,郁化精也;地奥黄泉,隐魄荣也;人奥思虑,含至精也。"

张衡玄图曰:"玄者,无形之类,自然之根。作于太始,莫之与先。包含道德,构掩乾坤。橐篇元气,禀受无原。"御览一。

老子道经曰:"古之善为士者,微妙玄通。"河上公注云:"玄,天也。言其节志精微,与天通也。"文选注:精微今作玄妙。

神

系上曰："神无方而易无体。"变化故无方，自微及著故无体。又曰："阴阳不测之谓神。"神无方故不测。又曰："知变化之道者，其知神之所为乎？"虞注云：在阳称变，乾五之坤；在阴称化，坤二之乾。阴阳不测之谓神，知变化之道，故知神之所为。又曰："易无思也，无为也。"虞注云：天下何思何虑？同归而殊途，一致而百虑。故无为，谓其静也专。寂然不动，谓隐藏坤初，机息矣。专故不敢动者也。感而遂通天下之故。感，动也。以阳变阴，通天下之故，谓发挥刚柔而生爻者也。非天下之至神，其孰能与于此？至神谓易隐初入微，知几其神乎。又曰："唯神也，故不疾而速，不行而至。"神谓易也，谓日月斗在天，日行一度，月行十三度，从天西转，故不疾而速；是寂然不动，随天右周，感而遂通，故不行而至者也。又曰："利用出入，民咸用之，谓之神。"又曰："鼓之舞之以尽神。"虞注云：神，易也。阳息震为鼓，阴消巽为舞，故鼓之舞之以尽神。

系下曰："于是始作八卦，以通神明之德。"汉书赞曰："易本隐以之显。"张揖曰："作八卦以通神明之德，是本隐也；有天道焉，有地道焉，有人道焉，以类万物之情，是之显也。"

又曰："精义入神，以致用也。"姚信曰：阳称精，阴为义，入在初也。阴阳在初，深不可测，故谓之神。变为姤、复，故曰致用也。

说卦曰："神也者，妙万物而为言者也。"说文神字下云：天神，引出万物者也。妙万物者，引出万物也。

孟子曰："大而化之谓圣，圣而不可知之谓神。"庄子外物曰：圣人之所以骇天下，神人未尝过而问焉。郭注云：神人即圣人也。圣言其外，神言其内。

又曰:"所存者神。"

大戴礼哀公问孔子曰:"所谓圣人者,知通乎大道,应变而不穷,能测万物之情性者也。大道者,所以变化而凝成万物者也。情性也者,所以理然不取舍者也。"

吕览君守曰:"至神逍遥倏忽,而不见其容;至圣变习移俗,而莫知其所从。"

荀子儒效曰:"道出乎一。曷为一?曰:执神而固。曷谓神?曰:尽善浃洽之谓神,万物莫足以倾之之谓固,神固之谓圣人。"

又天论曰:"万物各得其和以生,各得其养以成,不见其事而见其功,夫是之谓神。"

大戴礼劝学曰:"神莫大于化道。"

史记律书曰:"气始于冬至,周而复生。神生于无形,精微故无形。成于有形,正义曰:天地既分,二仪已质,万物之形成于天地之间,神在其中。然后数形而成声。正义曰:数谓天数也,声谓五声也。言天数形则能成其五声也。故曰神使气,气就形。形理知类有可类。或未形而未类,或同形而同类,类而可班,班,别也。义与辨同。类而可识。圣人知天地识之别,故从有以至未有,正义曰:从有,万物形质也。未有谓天地未形也。以得细若气,微若声。正义曰:气谓大易之气,声谓五声之声。然圣人因神而存之,因神而存之,故谓之神。虽妙必效,妙,微眇。效犹见也。情核其华道者明矣。华,荣华,有色貌也;道,心之微,故曰荣道。非其圣心以乘聪明,孰能存天地之神,而成形之情哉!情核其华道者明,故成形之情。神者,物受之而不能知。

日用而不知。及〔一〕其去来，夫微之显，故有去来。故圣人畏而欲存之。诚不可掩，故畏而欲存之。唯欲存之，神之亦存。神其神故神存。其欲存之者，故莫贵焉。积微月不胜日，时不胜月，岁不胜时，故莫贵焉。孟子曰：所存者神。管子曰：神者，至贵也。

诗汜历枢曰："卯酉为革政，午亥为革命。神在天门，出入候听。"宋均注云："神，阳气，君象也。天门，戌亥之间，乾所据者。"郎颛传。

墨子公输曰："治于神者，众人不知其功；争于明者，众人知之。"

法言问神曰："或问神，曰：心。请问之，不知神在心，故复问。曰：潜天而天，潜地而地。如乾之初九。天地，神明而不测者也。心之潜也，犹将测之，况于人乎？况于事伦乎？敢问潜心于圣，曰：昔仲尼潜心于文王矣，达之；颜渊亦潜心于仲尼矣，未达一间耳。神在所潜而已矣。天神天明，照知四方；天精天粹，万物作类。乾元用九而天下治。人心其神矣乎？操则存，舍则亡。中庸其至矣乎！民鲜能久。能常操而存者，其惟圣人乎？至诚无息。圣人存神索至，注云：存其精神，探幽索微。成天下之大顺，致天下之大利，和同天人之际，使之而无间者也。"

先知曰："先知其几于神乎？"注云：神以知来，先知近于神。

扬雄解嘲曰："爱清爱静，游神之庭。"

班固宾戏曰："锐思于豪芒之内，潜神默记，恒以年岁。"师古曰：豪芒喻纤微也。

―――――

〔一〕"及"，中华书局标点本史记无，"其去来"属上读。

管子心术曰:"去欲则宣,_{宣,通也。}宣则静,静则精,精则独立矣。独则明,明则神矣。神者,至贵也。故馆不辟除,则贵人不舍焉。故曰:不洁则神不处。"

内业曰:"一物能化谓之神,一事能变谓之智。化不易气,变不易智。"

荀子不苟曰:"诚信生神。"注:"中庸曰:'至诚如神。'"

淮南泰族曰:"故大人者与天地合德,日月合明,鬼神合灵,与四时合信。故圣人怀天气,抱天心,执中含和,不下庙堂而衍四海,变习易俗,民化而迁善,若性诸己,能以神化也。"

后汉书:"李固上疏曰:'臣闻气之清者为神,人之清者为贤。'"

幽　赞

乐记曰:"明则有礼乐,幽则有鬼神。圣人作易,其始也幽赞于神明,其终也明赞于天地。幽赞,一也。赞天地之化育,与天地参,一贯三也。

幽　明　附

系辞曰:"知幽明之故。"幽,北方也,坎也。明,南方也,离也。尚书尧典:"宅南郊曰明都,宅朔方曰幽都。"檀弓曰:"葬于北方,北首之幽之故也。"说卦曰:"离也者,明也,南方之卦也。"此幽明之故也。

妙

理微谓之妙,妙犹眇也。自广雅训妙为好,而其义始晦。

系下曰:"子曰:'颜氏之子其殆庶几乎?'"虞注云:"几者,神妙也。颜子知几,故殆庶几。"案,妙古文眇。眇,小也,犹微也。荀悦申鉴曰:"理微谓之妙。"章怀后汉书训妙为美,此俗训。

说卦曰:"神也者,妙万物而为言者也。"董遇本妙作眇。眇,小也。系曰:"非天下之至神,其孰能与于此?"又曰:"知几其神乎?"虞注云:"至神谓易,隐初入微。"又云:"阳在复初称几,隐初入微,阴阳不测。故神也者,妙万物而为言者也。"师古汉书昭帝纪注曰:眇,微也。

中庸曰:"故君子语大,天下莫能载焉;语小,天下莫能破焉。"朱子注云:"其大无外,其小无内。"案,淮南精神曰:"无外之外,至大也;无内之内,至贵也。"高诱注云:"言天无有垠外而能为之外,谕极大也。无内言其小,小无内而能为之内,道尚微妙,故曰至贵。"又曰:"能知大贵,何往而不遂。"高诱注云:"大贵谓无内之内,言道至微能出入于无间。"

老子道经曰:"常无欲,以观其妙。"注云:"妙,要也。人常能无欲,则可以观道之要。要,谓一也。"钟会注云:文选注。"妙者,极之微也。"

庄子庚桑曰:"夫全其形生之人藏其身也,不厌深眇而已矣。"

淮南时则曰:"仲夏之月,日长至,阴阳争,死生分。"高诱曰:"至,极也。阳尽午中,而微阴妙重渊矣,此阳阴争辨之际。"

汉书张敞传:"敞上封事曰:'夫心之精微,口不能言也。言之微眇,书不能文也。"

扬雄解难曰:"抗辞幽说,闳意眇指。"师古曰:眇读为妙。 曹大家幽通赋注云:眇,微也。

又曰:"声之眇者,不可同于众人之耳。"注同前。

淮南齐俗曰:"朴至大者无形状,道至眇者无度量。"

吕氏春秋谨听曰:"贤者之道,牟而难知,妙而难见。"高诱云:"牟犹大也。贤者之道,坴落不凡,惟义所在,非不肖所及,故难知也。其仁爱物,本于中心,精妙幽微,亦非不肖所及,故难见也。"

吕览用兵曰:"有巨有微。"高诱曰:"巨、觕、略、微、要、妙,睹未萌之萌也。"

诚

文言曰:"闲邪存其诚。"又曰:"修辞立其诚。"虞注云:"乾为诚。"大学曰:"欲正其心者,先诚其意。"又曰:"所谓诚其意者,毋自欺也。如恶恶臭,如好好色,此之谓自谦,故君子必慎其独也。小人闲居为不善,无所不至,见君子而后厌然,揜其不善而著其善,人之视己,如见其肺肝然,则何益矣?此谓诚于中,形于外,故君子必慎其独也。"

中庸曰:"子曰:'鬼神之为德,其盛矣乎!视之而不见,听之而不闻,体物而不可遗。使天下之人,齐明盛服以承祭祀,洋洋乎如在其上,如在其左右。'诗曰:'神之格思,不可度思,矧可射思。'夫微之显,诚之不可揜如此夫!

又曰:"诚者,天之道也。诚之者,人之道也。诚者不勉而中,不思而得,从容中道,圣人也。诚之者,择善而固执之者也。"

又曰:"自诚明,谓之性;自明诚,谓之教。诚则明矣,明则诚矣。"

又曰:"唯天下至诚,为能尽其性。能尽其性,则能尽人之性。能尽人之性,则能尽物之性。能尽物之性,则可以赞天地之化育。可以赞天地之化育,则可以与天地参矣。"

又曰:"故至诚无息。不息则久,久则征,征则悠远,悠远则博厚,博厚则高明。"

又曰:"唯天下至诚,为能经纶天下之大经,立天下之大本,知天地之化育。夫焉有所倚! 肫肫其仁,渊渊其渊,浩浩其天。"

荀子曰:"养心莫善于诚。"又曰:"不诚则不独。"大学言诚意而归之慎独,则诚犹独也。易乾凿度论易之义云:"移物致耀,至诚专密。"郑注云:"移,动也。天确尔至诚,故物得以自动;寂然专密,故物得以自耀也。"若然,则存诚犹慎独,独即至诚也。

乾凿度曰:"孔子曰:易者,易也,变易也,不易也。易者以言其德也。虚无感动,清静昭哲,移物致耀,至诚专密。"

汉书孔光传:光对策曰:"书曰:'天既付命,正厥德。'言正德以顺天也。又曰:'天棐谌辞。'谌,诚也。谌辞,至诚之辞也。言有诚道,天辅之也。明承顺天道在于崇德、博施、加精、致诚、孳孳而已。"

孟子曰:"居下位而不获于上,民不可得而治也。获于上有道,不信于友,弗获于上矣。信于友有道,事亲弗悦,弗信于友矣。悦亲有道,反身不诚,不悦于亲矣。诚身有道,不明乎善,不诚其身矣。是故诚者,天之道也;思诚者,人之道也。此上述其师子思之语。至诚而不动者,未之有也;不诚,未有能动者也。"

韩诗外传曰:"唐虞之法可得而考也,其喻人心不可及矣。诗曰:'上天之载,无声无臭。'其孰能及之!"

又曰:"勇士一呼,而三军皆避,士之诚也。昔者楚熊渠子夜行,寝石以为伏虎,弯弓而射之,没金饮羽,下视知其为石。石为之开,而况人乎?夫倡而不和,动而不偾,中心有不全者矣。夫不降席而匡天下者,求之己也。孔子曰:'其身正,不令而行;其身不正,虽令不从。'先王之所以拱揖指麾而四海来宾者,诚德之至也,色以形于外也。诗曰:'王猷允塞,徐方既来。'"

吕览精通曰:"人或谓兔丝无根。兔丝非无根也,其根不属也,伏苓是。属,连也。慈石召铁,或引之也;石,铁之母也。以有慈石故能引之,石之不慈者亦不能引也。树相近而靡,或軵之也。圣人南面而立,以爱利民为心,心在利民。号令未出而天下皆延颈举踵矣,则精通乎民也。精诚通洞于民,使之然也。夫贼害于人,人亦然。今夫攻者,砥厉五兵,发且有日矣;所被攻者不乐,非或闻之也,神者先告也。非闻将见攻也,神先告之,令其志意愁戚不乐。身在乎秦,所亲爱在于齐死,而志气不安,精或往来也。德也者,万民之宰也。宰，主也。月者，群阴之本也。月望则蚌蛤实，群阴盈；月晦则蚌蛤虚，群阴亏。夫月形乎天，而群阴化乎渊；圣人形德乎己，而四荒咸伤乎仁。所谓诚乎此而谕乎彼。养由基射虎中石，矢乃饮羽，诚乎虎也；伯乐学相马，所见无非马者，诚乎马也；宋之包丁好解牛，所见无非死牛者，三年而不见生牛，用刀十九年，刀若新磨研，磨，砥也。顺乎理诚乎牛也。故君子诚乎此而谕乎彼，感乎己而发乎人。”

庄子渔父曰：“孔子愀然曰：问渔父。‘请问何谓真？客曰：真者，精诚之至也。不精不诚，不能动人。故强哭者虽悲不哀，强怒者虽严不威，强亲者虽笑不和；真悲无声而哀，真怒未发而威，真亲未笑而和。真在内者，神动于外，是所以贵真也。真者，所以受于天也，真即诚也。诚者天之道，故真亦受于天。自然不可易也。”

吕览具备曰：“三月婴儿，轩冕在前，弗知欲也；斧钺在后，弗知恶也。慈母之爱谕焉，诚也。故诚有又诚，乃合于情；当作精。精有又精，乃通于天；乃通于天，水木石之性皆可动也。中孚信及豚鱼，吕梁忠信亦尔。又况有血气者乎？故凡说与治之务莫若诚。以诚说则信著之，以诚治则化行之。听言哀者，不若见其哭也；听言怒者，不若见其斗也。说与治不诚，其动人心不神。”

淮南泰族曰：“夫蛟龙伏寝于渊，而卵割于陵；螣蛇雄鸣于上风，雌鸣于下风，而化成形，精之至也。故圣人养心莫善于诚，至诚而能动化矣。”又曰：“圣主在上位，廓然无形，寂然无声，官府若无事，朝廷若无人，无隐人，无轶民，无劳役，无冤刑，四海之内莫不仰上之德，象主之指，夷狄之国重译而至，非户辨而家说之也,推其诚心,施之天下而已矣。诗曰:'惠此中国,以绥四方。'内顺而外宁矣。"

班固幽通赋曰:"精通灵而感物兮,神动气而入微。曹大家注云:言人参于天地,有生之最神灵也。诚能致其精诚,则通于神灵,感物动气,而入微者矣。养流睇而猿号兮,李虎发而石开。养由基、李广。非精诚其焉通兮,苟无实其孰信。操末技犹必然兮,矧耽躬于道真。"师古曰:躬,亲也。射者微技,犹能精诚感于猿、石,况立身种德,亲耽大道,而不倦者乎?

仁　附

子曰:"水火,吾见蹈而死者矣,未见蹈仁而死者也。"此语合于易理。仁乃乾之初生之道也,故未见蹈仁而死。极其变,如求仁得仁,杀身成仁,乃全而归之之义,不可言死。礼记:君子曰终,小人曰死。

中　甲子卦气起中孚,大玄准之为中。

大舜执其两端,用其中于民;周公设官分职,以为民极。极,中也。虞、周皆既济之世,赞化育之功同也。

复象曰:"复,其见天地之心乎。"　案,冬至复加坎,坎为亟心。亟,古文极,中也。然则天地之心,即天地之中也。董子繁露曰:"阳之行,始于北方之中,而止于南方之中;阴之行,始于南方之中,而止于北方之中。阴阳之道不同,至于盛而皆止于中,其所起皆必于中。中者,天地之太极也,日月之所至而郤也。长短之隆,不得过中,天地之制也。"如董子之言,则

天地之心兼二至也。_{象至日闭关,兼二至。}

系上曰:"易简而天下之理得矣。天下之理得,而易成位乎其中矣。"<u>荀爽</u>注云:"易谓坎离,阳位成于五,五为上中。阴位成于二,二为下中。故易成位乎其中。"　案,易简即天地之中也。

成十三年<u>左传</u>:"<u>刘子</u>曰:吾闻之,民受天地之中以生,所谓命也。是以有动作、礼义、威仪之则,以定命也。"

<u>明道程子</u>曰:"民受天地之中以生,天命之谓性也。"

<u>荀爽</u>对策曰:"昔者圣人建天地之中而制礼。"

<u>中庸</u>曰:"天命之谓性。"又曰:"喜怒哀乐之未发,谓之中。"又曰:"中也者,天下之大本也。"又曰:"立天下之大本。"

<u>周语</u>曰:"王将铸无射,问律于<u>伶州鸠</u>。对曰:'律,所以立均出度也。古之神瞽考中声而量之以制,_{考,合也。谓合中和之声而量度之,以制乐也。}度律均钟,百官轨仪,纪之以三,_{天地人。}平之以六,_{六律。}成于十二,_{律吕。}天之道也。夫六,中之色也,故名之曰黄钟,_{十一月曰黄钟,乾初九也。}六者,天地之中。_{天有六气,降生五味;天有六甲,地有五子。十一而天地毕矣,而六为中,故六律、六吕而成天道。黄钟初九,六律之首,故以六律正色为黄钟之名,重元正始之义也。}所以宣养六气、九德也。"_{六气,阴、阳、风、雨、晦、明也。九德,九功之德,水、火、金、木、土、谷、正德、利用、厚生也。十一月阳伏于下,物始萌;于五声为宫,含元处中,所以遍养六气、九德之本。}

<u>三统历</u>曰:"四分月法,以其一乘章月,是为中法。朔不得中,是为闰月,言阴阳虽交,不得中不生。"_{独阴不生,独阳不生,独天不生。天者,中也。三合然后生,故云不得中不生。}

论语尧曰:"咨! 尔舜! 天之历数在尔躬,允执其中。四海困穷,天禄永终。舜亦以命禹。"

孟子曰:"汤执中。"

善

文言曰:"元者,善之长也。"又曰:"积善之家必有余庆。"虞注云:"初乾为积善。"

系上曰:"一阴一阳之谓道,继之者善也,成之者性也。"又曰:"子曰:颜氏之子,其殆庶几乎! 有不善未尝不知,知之未尝复行也。易曰:'不远复,无祗悔,元吉。'"虞注云:"复以自知。"

中庸曰:"子曰:'回之为人也,择乎中庸,得一善则拳拳服膺,而弗失之矣。'"一善谓乾初,即复初也。复初为中行,故云择乎中庸。得一善与系辞相发明。

大戴礼劝学曰:"积善成德。"案,初为善,三为成德,故文言曰:君子以成德为行。汉议郎元宾碑云:乾之积善,谓乾三也。阳成于三,积善成德,至三而成。

晋语宁庄子曰:"善,德之建也。"积善成德,故为德之建。

纯

文言曰:"大哉乾乎,刚健中正,纯粹精也。"

中庸曰:"诗曰:'维天之命,於穆不已。'盖曰天之所以为天也。'於乎不显,文王之德之纯。'盖曰文王之所以为文也,纯亦不已。"朱子曰:纯,纯一不杂也。

郑语〔一〕：史伯曰："建九纪以立纯德。"韦昭曰："建，立也。纯，纯一不龙驳也。"贾唐曰："九纪，九功也。"

乾凿度曰："易卦六十四分而为上下，象阴阳也。阳道纯而奇，故上篇三十，所以象阳也。阴道不纯而偶，故下篇三十四，所以法阴也。"郑注云："阳道专断，兼统阴事，故曰纯也。"

又曰："消息纯者为帝，不纯者为王。六子上不及帝，下有过王，故六子虽纯，不为乾坤。"

楚语：观射父曰："先王之祀也，以一纯二精。"韦昭注云："一纯，心一而洁也。二精，所用玉帛也。"又曰："圣王正端以其不违心，帅其群臣精物以临监享祀，无有苛慝于神者，谓之一纯。"韦昭注云："不违心，谓心思端正，服则端冕。"

礼投壶曰："二算为纯。"释文云："纯音全。"郑注仪礼如字，云："纯，全也。"　案，纯训全。乾为纯者，阳兼阴为一，故全。阳兼阴为一，故又训为一。

庄子刻意曰："纯也者，谓其不亏其神也。"

辨精字义

文言曰："大哉乾乎，刚健中正，纯粹精也。"

系上曰："精气为物。"虞注曰："乾纯粹精，故主为物。"郑注云："精气谓七八也。精气谓之神。"

又曰："是故君子将有为也，将有行也，问焉而以言。其受命也如向，无有远近幽深，遂知来物。非天下之至精，其谁能

〔一〕四库全书本自此以下至卷末均阙，据皇清经解本补。

与于此！"虞注云："神以知来，感而遂通，谓幽赞神明而生蓍也。至精谓乾纯粹精也。"

系下曰："精义入神，以致用也。"姚信曰："阳称精，阴为义，入在初也。阴阳在初，深不可测，故谓之神。变为姤、复，故曰致用也。"

又曰："男女构精。"虞注云："乾为精。"

中庸曰："致广大而尽精微。"

礼记礼器曰："德产之致也精微。"郑注："致，致密也。"

经解曰："絜静精微，易之教也。" 案，絜静，坤也；精微，乾也。

周语：内史过曰："先王知大事必众济也，故被除其心。"又云："被除其心，精也。精，絜也。然则长众使民之道，非精不和。今晋侯以恶，实弃其精也。"

公羊庄十年传曰："觕者曰侵，精者曰伐。"何休云："觕，麤也。精犹精密也。"吕览爱士曰：此兵之精者也。高注云：言能用兵，胜负死生之本所克败，故曰：此兵之精妙矣。

荀子成相云："大参乎天，精微而无形。"庄子秋水曰：河伯曰：世之议者皆曰：至精无形。

管子心术曰："静则精，精则独立矣。独则明，明则神矣。神者至贵也，故馆不辟除则贵人不舍焉。"

精、静同义，在乾为精，在坤为静，故经解曰："絜静精微。"

淮南天文曰："天地之袭精为阴阳，阴阳之专精为四时，四时之散精为万物。"高诱曰："袭，合精气也。"

又曰:"二阴一阳成气二,二阳一阴成气三。"<u>高诱</u>注云:"阴粗牭故得气少,阳精微故得气多。"

<u>吕览大乐</u>曰:"道也者,至精也,不可为形,不可为名,强为之谓之太乙。"<u>高诱</u>注曰:"精,微。"又云:"精,微妙也。"

又<u>君守</u>曰:"天无形而万物以成,至精无象而万物以化,大圣无事而千官尽能,此乃谓不教之教,无言之诏。"

又<u>博志</u>曰:"<u>孔某</u>、<u>墨翟</u>昼日讽诵习业,夜亲见<u>文王</u>、<u>周公旦</u>而问焉。_{夜则梦见<u>文王</u>、<u>周公</u>而问其道也。}用志如此其精也,_{精,微密也。}何事而不达,何为而不成。故曰:精而熟之,鬼将告之。非鬼神告之也,精而熟之也。"_{<u>史游</u>日积学,所致无鬼神,故曰有鬼告之。}

<u>三统历</u>曰:"铜为物之至精,不为燥湿寒暑变其节,不为风雨暴露改其形,介然有常,有似于士君子之行。"

<u>淮南本经</u>曰:"天之精,日月星辰雷电风雨也。"

<u>管子内业</u>曰:"凡物之精,此则为生,_{注云:精神之至,灵者得此则为生。}下生五谷,上为列星,流于天地之间谓之鬼神,藏于胸中谓之圣人。"

<u>心术</u>曰:"世人之所职者精也。去欲则宣,宣则静矣。_{宣,通也。}静则精,精则独立矣。"又曰:"形不正者德不来,中不精者心不治。"又曰:"一气能变曰精,一事能变曰智。"

<u>太玄</u>曰:"一六为水,为北方,为冬,侔精。"<u>范望</u>注云:"精者气之妙也,言微阳始生,气精妙也。"

<u>庄子天下</u>曰:"以本为精,以物为粗。"

<u>老子道经</u>曰:"窈兮冥兮,其中有精,其精甚真。"

韩诗外传曰:"凡治气养心之术,莫径由礼,莫优得师,莫慎一好。好一则博,博则精,精则神,神则化,是以君子务结心乎一也。诗曰:'淑人君子,其仪一兮。其仪一兮,心如结兮。'"

墨子公孟曰:"公孟子曰:实为善,人孰不知,譬若良玉处而不出,有余精。"公孟子即公明子,圣人之徒也。实为善即诚也。

冯衍德诰曰:"沈情幽思引六经之精微。"文选注四。

易 简

系上曰:"乾以易知,坤以简能。"虞注云:"阳见称易,阴藏为简,简,阅也。乾息昭物,天下文明,故以易知。坤阅藏物,故以简能矣。"阳见称易,谓初九。乾息,昭物谓九二。

又云:"易则易知,简则易从。"虞注云:"乾县象著明,故易知;坤阴阳动辟,故易从。"

又云:"易简而天下之理得矣。"虞注云:"易为乾息,简为坤消,乾坤变通,穷理以尽性,故天下之理得矣。"

系下曰:"夫乾确然示人易矣。夫坤隤又作退。然示人简矣。"虞注云:"阳在初弗用,确然无为,潜龙时也。不易世,不成名,故示人易者也。隤,安。简,阅也。坤以简能,阅内万物,故示人简者也。"

又曰:"夫乾天下之至健也,德行恒易以知险。夫坤天下之至顺也,德行恒简以知阻。"虞注云:"险谓坎也。乾二五之坤成坎离,日月丽天,天险不可升,故知险者也。阻,险阻也。坤二五之乾,艮为山险,坎为水,巽高兑下,地险山川邱陵,故以知阻也。"

越语:范蠡曰:"节事者与地,与地,法地。唯地能包万物以为一,其事不失。为一,不偏也。不失,不失时也。

坤以简能,阴藏为简能。包万物以为一,所谓简能也。

乾凿度曰:"孔子曰:易者,易也,变易也,不易也,管三成为道德苞籥。易者以言其德也。系曰:德行恒易。通行无门,藏神无内也。简易无为,故天下之性莫不自得。光明四通,简易立节,简易者,寂然无为之谓也。天地烂明,日月星辰布设,八卦错序,律历调列,五纬顺轨,四时和栗孳结。四渎通情,优游信洁。根著浮流,气更相实。此皆言易道无为,故天地万物各得以自通也。虚无感动,清静昭哲。移物致耀,至诚专密。不烦不挠,淡泊不失,此其易也。"

郑玄易赞曰:即易序。"易之为名也,一言而函三义:简易一也,变易二也,不易三也。故系辞云:'乾坤其易之蕴耶。'又曰:'易之门户耶。'又曰:'夫乾确然示人易矣,夫坤隤然示人简矣。易则易知,简则易从。'此言其简易之法则也。"

法言五百曰:"或问:天地简易而圣人法之,何五经之支离?曰:支离盖其所以为简易也。由博而约。已简已易,焉支焉离?"约则简易。

易

系上曰:"乾以易知。"郑注云:"易,佼易也。"今本乾凿度曰效易立节,效即佼也。

简　缺

性　命

文言曰：“乾道变化，各正性命，保合太和，乃利贞。”

说卦曰：“穷理尽性以至于命。”虞注云：“乾为性。”

诗烝民曰：“天生烝民，有物有则。民之秉彝，好是懿德。”郑笺曰：“天之生众民，其性有物象，谓五行仁义礼智信也；其情有所法，谓喜怒哀乐好恶也。然而，民所执持有常道，莫不好有美德之人。”正义曰：因经物则异文，故笺分性情为二。性谓五性，情谓六情以充之，五性本于五行，六情本于六气。洪范：五行，水火木金土。礼运曰：人者，天地之心，五行之端。是人性法五行也。昭元年左传曰：六气，阴阳风雨晦明也。昭二十五年左传：民有好恶喜怒哀乐，生于六气。是六情法六气也。五行谓仁义礼智信者，郑礼记之说，以为木行则仁，金行则义，火行则礼，水行则智，土行则信是也。六情有所法者，服虔左传之注以为好生于阳，恶生于阴，喜生于风，怒生于雨，哀生于晦，乐生于明是也。栋案，翼奉之说以六情通十二律：北方之情好也，好行贪狼，申子主之；东方之情怒也，怒行阴贼，亥卯主之。二阴并行，是以王者忌子卯也。南方之情恶也，恶行廉贞，寅午主之；西方之情喜也，喜行宽大，巳酉主之。二阳并行，是以王者忌午酉也。上方之情乐也，乐行奸邪，辰未主之；下方之情哀也，哀行公正，戌丑主之。辰未属阴，戌丑属阳，万物各以其类应。又云：诗之为学，情性而已。五性不相害，六情更兴废。观性以历，观情以律。张晏曰：性谓五行也。历谓日也。晋灼曰：翼氏五性，肝性静，静行仁，甲己主之；心性躁，躁行礼，丙辛主之；脾性力，力行信，戊癸主之；肺性坚，坚行义，乙庚主之；肾性智，智行敬，丁壬主之也。

大戴本命曰：“分于道谓之命，形于一谓之性，春秋元命苞曰：

阴阳之性以一起,人副天道,故生一子。化于阴阳,象形而发谓之生。"

太玄曰:"察性知命,原始见终。"又曰:"一生一死,性命莹矣。"莹,明也。又曰:"考终命存乎成。"

吕览贵当曰:"治欲者不于欲,欲,贪欲也。于性。性者,万物之本也。不可长不可短,因其固然而然之,此天地之数也。"

春秋元命苞曰:"阴阳之性以一起,人副天道,故生一子。"

性反之辨

尧舜,性之也;乾元用九,一以贯之也。汤、武,反之也;不远复,无祇悔,元吉也。尧、舜生知,安行也。汤、武学知,利行也。及其知之,及其成功,一也。

三　才

系上曰:"六爻之动,三极之道也。"陆绩注云:"此三才极至之道。"　案,极,中也。三极谓天地人之中也。

系下曰:"易之为书也,广大悉备,有天道焉,有人道焉,有地道焉。兼三才而两之,故六者非它也,三才之道也。"

说卦曰:"昔者圣人之作易也,将以顺性命之理,是以立天之道曰阴与阳,立地之道曰柔与刚,立人之道曰仁与义。兼三才而两之,故易六画而成卦。"虞注云:谓参天两地,乾坤各三爻而成六画之数也。

系上曰:"大衍之数五十。"述曰:大衍之数五十,三才五行之数也。三才者,日十、辰十二、星二十八,合五十;日合于天统,月合于地统,星主斗,斗合于人统。故曰:三才五行者,天地之数五十有五。土生数五,成数五,本扬子太玄。月令五行举成数,中央土其数五,与太玄合。五十有五减五,故五十。此五行之数也。系曰:"参五以变。"汉人解参五皆谓三才五行。

中庸曰:"唯天下至诚为能尽其性,能尽其性则能尽人之性,能尽人之性则能尽物之性,能尽物之性则可以赞天地之化育,可以赞天地之化育则可以与天地参矣。"

越语:范蠡曰:"夫人事必将与天地相参,然后乃可以成功。"韦昭曰:"参,三也。天地人事三合,乃可以成大功。"

左传昭十一年"三坟",马融注云:"三坟,三气,阴阳始生天地人之气也。"左传正义。

易乾凿度曰:"易始于一,郑注云:易本无体,气变而为一,故气从下生。分于二,清浊分于两仪。通于三。阴阳气交,人生其中,故为三才。

刘歆三统历曰:"三统者,天旋地化人事之纪也。十一月乾之初九,阳气伏于地下,始著为一,万物萌动,锺于太阴,故黄锺为天统,律长九寸。九者,所以究极中和为万物元也。易曰:'立天之道曰阴与阳。'六月坤之初六,阴气受任于太阳,继养化柔,万物生长,楙之于未,令种刚强大,故林锺为地统,律长六寸。六者,所以含阳之施,楙之于六合之内,令刚柔有体也。'立地之道曰柔与刚。''乾知大始,坤作成物。'正月乾之九二,万物棣通,族出于寅,人奉而成之,仁以养之,义以行之,令事物各得其理。寅木也为仁,其声商也为义,故太蔟为人统,律长八寸,象八卦。宓戏氏之所以顺天地、通神明、类万物之情也。'立人之道曰仁与义。'春秋元命苞曰:天人同度,正法相受,垂文象人行其事谓之教。教之为言效也,道之始也。'在天成象,在地成

形。’‘后以裁成天地之道,辅相天地之宜,以左右民。’此三律
之谓矣,是为三统。其于三正也,黄锺子为天正,林锺未之冲
丑为地正,太蔟寅为人正。三正正始,是以地正适其始纽于
阳,东北丑位。易曰:‘东北丧朋,乃终有庆。’答应之道也。”论
语疏曰:统者本也,谓天地人之本。

又曰:“太极元气,函三为一。极,中也。元,始也。”孟康
曰:“元气始起于子,未分之时,天地人混合为一,故子数独
一也。”

又曰:“三统合于一元。”王砅元珠密语曰:天地人俱生于太初。

董子繁露曰:“古之造文者,三画而连其中谓之王。三画
者,天地与人也,而连其中者,通其道也。取天地与人之中以
为贯而参通之,非王者孰能当是。”说文曰:三者,天地人也。而参通之
者,王也。孔子曰:一贯三为王。字林曰:王者,天地人一贯三为王,天下所法
也。法言君子曰:通天地人曰儒,通天地而不通人曰伎。

又曰:“唯人道可以参天。”

周书小开武曰:“周公曰:三极,一维天九星,二维地九州,
三维人四虞。”

扬子太玄曰:“夫玄也者,天道也,地道也,人道也,兼三道
而天名之。”注云:“天地人三者俱谓之玄。玄,天也,故以天名
也。”又曰:“君臣、父子、夫妻之道。”注云:“此三者人伦之大
纲,俱行于天也。”

才

孟子论性而及才,才者天之所降,故曰降才,即说卦之

三才也。在天曰阴阳,在地曰柔刚,在人曰仁义,故<u>孟子</u>论为不善云"非才之罪"。因举仁义礼智,而云"或相倍蓰而无算者,不能尽其才者也"。继而言天之降才,又言存乎人者有仁义,而云牿亡之后未尝有才。知才为天之所降明矣。

情

<u>孟子</u>曰:"乃若其情则可以为善矣。"又云:"若夫为不善,非才之罪也。"继又云:"人见其禽兽也,而以为未尝有才焉者,是岂人之情也哉!"<u>孟子</u>言性而及情,情犹性也。故<u>文言</u>曰:"利贞者,情性也。"_{俗本云:利贞者,性情。}<u>王弼</u>注遂有性其情之语,是性善而情恶,非<u>孟子</u>义也。

<u>彖传</u>屡言天地之情,情犹性也。<u>中庸</u>曰:"喜怒哀乐之未发谓之中,发而皆中节谓之和。情和而性中,故利贞者,情性也。"_{利贞故中和,六爻不皆中故云贞。}

积

<u>易中庸</u>皆言积,<u>荀子</u>亦言积,<u>学记</u>比年入学一段,乃学之积也。记蛾子时术之,<u>郑氏</u>以为其功,乃复成大垤,此积之效也。

<u>易乾</u>初九_{上经}"潜龙勿用",<u>干宝</u>注曰:"初九甲子,天正之位,而乾元所始也。"<u>文言</u>曰:"元者,善之长也。"

坤初六"履霜坚冰至",<u>象</u>曰:"履霜坚冰,阴始凝也。顺至其道,至坚冰也。"

文言曰："积善之家必有余庆,虞注云:谓初乾为积善,以坤牝阳灭,出复震为余庆,谓东北丧朋,乃终有庆也。积不善之家必有余殃。坤积不善,以臣弑君,以乾通坤,极姤生巽为余殃。臣弑其君,子弑其父,坤消至二,艮子弑父,至三成否,坤臣弑君。非一朝一夕之故,其所由来者渐矣。刚爻为朝,柔爻为夕。由辨之不早辨也。郑云:辨,别也。述云:复小而辨于物,则辨之早矣。易曰:'履霜坚冰至',盖言顺也。"

系上曰："鸣鹤在阴,其子和之。子曰:君子居其室,出其言善,则千里之外应之,况其迩者乎。居其室,出其言不善,则千里之外违之,况其迩者乎。言出乎身,加乎民;行发乎迩,见乎远。言行,君子之枢机,枢机之发,荣辱之主也。言行,君子所以动天地也,可不慎乎!"

甲子卦气起中孚,互艮为居,巽阳隐室,故居其室。震为出、为言,善谓复初,震巽同声相应,故千里之外应之。迩谓坤,不善谓姤复,差以豪厘,缪以千里,故千里之外违之。坤为身、为民、为迩,震为行,乾为远。枢主阖辟,机主发动。乾阳为荣,坤阴为辱,故枢机之发,荣辱之主。中孚二变成益,巽风动天,震雷动地,故云:言行,君子之所以动天地也。艮为慎,故可不慎乎?

系下曰："善不积不足以成名,虞注云:乾为积善,阳称名。恶不积不足以灭身。坤为积恶、为身,以乾灭坤,故灭身者也。小人以小善为无益而弗为也,小善谓复初。以小恶为无伤而弗去也,小恶谓姤初。故恶积而不可弇,谓阴息姤至遁,子弑其父,故恶积而不可弇。罪大而不可解。阴息遁成否,以臣弑君,故罪大而不可解。易曰:'何校灭

耳,凶。’”吕览别类曰:义小为之则小有福,大为之则大有福;于祸则不然,小
有之不若其亡也。高注云:祸虽微小,积小成大,故不若亡。

扬子太玄曰:“君子在玄则正,在福则冲,在祸则反;小人
在玄则邪,在福则骄,在祸则穷。” 案,在玄则正,慎独也;在
易为乾初九。在玄则邪,闲居为不善也;在易为坤初六。

贾子新书修政语曰:“颛顼曰:功莫美于去恶而为善,罪莫
大于去善而为恶。故非吾善善而已也,善缘善也;非吾恶恶而
已也,恶缘恶也。吾日慎一日,其此已也。”

大戴礼保傅曰:“易曰:‘正其本而万物理。本谓初。范升传:
正其本万物理。刘向说苑:建其本而万物理。失之毫厘,初尚微,故云毫厘。
诗云:德輶如毛。差之千里。积善余庆,积恶余殃,故差之千里。故君子
慎始也。辨之早。栋案,此语本诸日法。后汉书太史令虞恭曰:日法所该通
远无已,损益毫厘,差以千里是也。

礼记经解曰:“礼之教化也微,其止邪也于未形,使人日徙
善远罪而不自知也。易曰:‘君子慎始,差以毫厘,缪以千里。’
故曰:‘臣弑君,子弑父,非一朝一夕之故,其渐久矣。’”周易述疏
云:古文周易太史公犹见其全,而大小戴礼察、保傅、经解及易纬通卦验亦引
之,或遂以为纬书之文,非也。

韩非子外储说曰:“患之可除,在子夏之说春秋。子夏曰:
春秋之记臣杀君、子杀父者以十数矣,皆非一日之积也,有渐
而至矣。凡奸者行久而成积,积成而力多,力多而能杀,故明
主蚤绝之。”又曰:“子夏曰:善持势者蚤绝奸之萌。”

管子权修曰:“欲民之正,则微邪不可不禁也。微邪者,大
邪之所生也。微邪不禁,而求大邪之无伤国,不可得矣。”

尚书大传曰:"书曰:'三岁考绩,三考,黜陟幽明。'其训曰:一之三以至九年,夫数穷矣,阳德终矣。积不善至于幽,六极以类降,故黜之;积善至于明,五福以类升,故陟之。皆所自取,圣无容心也。"扬子太玄曰:阳推五福以类升,阴幽六极以类降,升降相关大贞乃通。盖画卦与衍畴其理一也。

淮南缪称曰:"易曰:'剥之不可遂尽也,故受之以复。'积薄为厚,积卑为高,故君子日孳孳以成辉,小人日怏怏以至辱。其消息也,离朱弗能见也。"消息微,故离朱弗能见。

徐幹中论修本曰:"先民有言,明出乎幽,著生于微,故宋井之霜以基升正之寒,黄芦之萌以兆大中之暑。事亦如之。故君子修德始乎笄呰,终乎鲐背,创夷原,成乎乔岳。易曰:'升,元亨,用见大人,勿恤,南征吉。'积小至大之谓也。"

韩非子喻老曰:"扁鹊见蔡桓公,立有间,扁鹊曰:'君有疾在腠理,不治将恐深。'故良医之治病也,攻之于腠理,此皆争之于小者也。夫事之祸福亦有腠理之地,故圣人早从事焉。"

汉书:仲舒对策曰:"册曰:上嘉唐虞,下悼桀纣,浸微浸灭、浸明浸昌之道,虚心以改。臣闻众少成多,积小致钜,故圣人莫不以腌暗至明,以微至显。是以尧发于诸侯,舜兴于深山,非一日而显也,盖有渐以致之矣。言出乎己,舜察迩言。不可塞也;行发于身,不可揜也。言行治之大者,君子所以动天地也。易卦气起中孚,始著为一,初九是也。初九体震,与姤旁通,震为言、为行,震雷动地,巽风动天,故动天地。乾为积善,初尚微小,故尽小者大,慎微者著。诗云:'惟此文王,小心翼翼。'故尧兢兢日行其道,而舜业业日致其孝,善积而名显,德章而身尊。此其浸明浸昌之道也。积善在身,犹长日加益而人不知也;积恶在身,犹火之销膏而人不见也。非明乎情性,察乎流俗者,孰能知之。"又云:"夫暴逆不仁者,非一日而亡也,亦以渐至。故桀纣虽亡道,然犹享国十余年。此其浸微浸灭之道也。"

汉书:枚乘书曰:"福生有基,祸生有胎。纳其基,绝其胎,祸何自来? 纳犹藏也。泰山之溜穿石,单极之统断干。孟康曰:西方人名屋梁为极。单,一也。一梁谓井鹿卢也。言鹿卢为绠索,久鍥断井干也。水非石之钻,索非木之锯,渐靡使之然也。靡,尽也。我有好爵,我与尔靡之。与此靡同。夫十围之木始生如蘖,足可搔而绝,手可擢而拔,据其未生,先其未形也。磨礱底厉不见其损,有时而尽;底,柔石也。厉,皂石也。种树畜养不见其益,有时而大;积德累行不知其善,有时而用;弃义背理不知其恶,有时而亡。"此当有成文,传自圣人之徒。

法言修身曰:"君子微慎厥德,悔吝不至,何元憝之有。"注云:微,纤也。悔吝,小疵也。元憝,大恶也。

贾谊新书审微曰:"善不可谓小而无益,不善不可谓小而无伤。非以善为一足以利天下,小不善为一足以乱国家也。当夫轻始而傲微,则其流而令于大乱,是故子民者谨焉。夫事有逐奸,势有召祸。老聃曰:'为之于未有,治之于未乱。'管仲曰:'备患于未形,上也。语曰:焰焰弗灭,炎炎奈何。萌芽不伐,且折斧柯。智禁于微,次也。'事之适乱,如地形之惑人也。机渐而往,俄而东西易面,人不自知也。故墨子见衢路而哭之,悲一跬而缪千里。"

老子德经曰："为之于未有,治之于未乱。合抱之木生于毫末,九层之台起于累土,千里之行始于足下。"

荀子大略曰："夫尽小者大,积微者著,德至者色泽洽,_{德润身}。行尽而声闻远。小人不诚于内,而求之于外。"

文子曰："积道德者,天与之,地助之。"<u>文选注</u>廿九。

<u>张衡东京赋</u>曰："坚冰作于履霜,寻木起于蘖栽。"<u>薛综</u>注云："言事皆从微至著,不可不慎之于初,所以寻木起于牙蘖,洪波出于涓泉。"

<u>吕东莱</u>曰："<u>乾</u>之初九曰:潜龙勿用。<u>坤</u>之初六曰:履霜坚冰至。阳者善之类也,坤者恶之类也。善端初发且要涵养,恶念初生便须翦除。"

天地尚积

<u>京房易传</u>曰："积阳为天,积阴为地。"

<u>中庸</u>曰："天地之道,可一言而尽也。其为物不贰,_{不贰,一也。荀子曰:并一而不贰,所以成绩也;并一而不贰,则通于神明,参于天地矣。案,积善成德而神明自得,故通于神明。}则其生物不测。_{详下文。}天地之道博也,厚也,高也,明也,悠也,久也。_{覆出以起下文。今夫天以下言积。}斯昭昭之多,及其无穷也,日月星辰系焉,万物覆焉;今夫地一撮土之多,及其广厚,载华而不重,振河海而不泄,万物载焉;今夫山一卷石之多,及其广大,草木生之,禽兽居之,宝藏兴焉;今夫水一勺之多,及其不测,鼋鼍蛟龙鱼鳖生焉,货财殖焉。_{郑注云:此言天之高明本生昭昭,地之博厚本由撮土,山之广大本起卷石,水之不测本从一勺,皆合少成多,自小致大。为至诚者亦如此乎。}诗

曰:'维天之命,於穆不已。'盖曰天之所以为天也。'於乎不显,文王之德之纯。'盖曰文王之所以为文也,纯亦不已。"郑注云:天所以为天,文王所以为文,皆由行之无已,为之不止,如天地山川之云也。易曰:君子以慎德,积小以成高大是与。正义曰:此一节明至诚不已,则能从微至著,从小至大。

圣学尚积

诗敬之曰:"日就月将,学有缉熙于光明。"郑笺云:"日就月行,言当习之以积渐也。"

学记曰:"古之教者,比年入学,中年考校。一年视离经辨志,三年视敬业乐群,五年视博习亲师,七年视论学取友,谓之小成。九年知类通达,强立而不反,谓之大成。夫然后足以化民易俗,近者悦服而远者怀之,此大学之道也。记曰:蛾子时术之。其此之谓乎!"注云:蛾,蚍蜉也。蚍蜉之子,微虫耳。时术,蚍蜉之所为,其功乃复成大垤。

又曰:"三王之祭川也,皆先河而后海,或源也或委也。此之谓务本。"郑注云:"源,泉所出也;委,流所聚也。始出一勺,卒成不测。"正义曰:"犹学初为积渐,后成贤圣也。"

大戴劝学曰:"积土成山,风雨兴焉;积水成渊,蛟龙生焉。积善成德,在易乾初为善,乾三成德。而神明自得,圣心循焉。故不积跬步无以至千里,不积小流无以成江河。骐骥一跃不能十步,驽马十驾功在不舍。锲而舍之,朽木不折;锲而不舍,金石可镂。"荀子同。

荀子儒效曰:"人无师法,则隆性〔一〕矣;有师法,则隆积〔二〕矣。而师法者,所得乎积,原本作情,注云:当作积。非所受乎性,不足以独立而治。性也者,吾所不能为也,然而可化也;积也者,非吾所有也,然而可为乎。注错习俗,所以化性也;并一而不贰,所以成积也。与中庸"其为物不贰"义同。习俗移志,安久移质,并一而不贰,则通于神明,参于天地矣。积善成德而神明自得,故通于神明。故积土而为山,积水而为海,旦暮积之而为岁;至高谓之天,至下谓之地,宇中六指谓之极,六指,上下四方。尽六指之远则为六极,言积近以成远。涂之人百姓,积善而全尽谓之圣人。彼求之而后得,为之而后成,积之而后高,尽之后圣。故圣人也者,人之所积也。"

性恶曰:"积善而不息,则通于神明,参于天地矣。故圣人者,人之所积而致也。"

尸子曰:"水积则生吞舟之鱼,土积则生豫章之木,学积亦有生焉。"

王者尚积

诗皇矣序曰:"皇矣,美周也。天监代殷,莫若周。周世世修德,莫若文王。"

家语好生曰:"周自后稷积行累功以有爵土,公刘重之以仁,及至大王亶父敦以德让,其树根置本备豫远矣。"汉书娄敬传

〔一〕"性"原作"情",据荀子原文改。
〔二〕"积"原作"性",据荀子原文改。

敬曰:周之先自后稷,尧封之邰,积德累善十余世。

荀子强国曰:"积微,月不胜日,时不胜月,岁不胜时。愚谓,此言积微自日而月,自月而时,自时而岁,不从微始,非积也,故曰不胜。凡人好敖慢小事,大事至然后兴之务之,如是则常不胜夫敦比于小事者矣。以小至大,故月不胜日。敦原本作熟,先子从宋本改。是何也?则小事之至也数,其县日也博,其为积也大;杨注:博谓所县系时日之多,大谓积小以成大,若蚁蛭然也。大事之至也希,其县日也浅,其为积也小。愚按,此所谓月不胜日,时不胜月,岁不胜时也。故善日者王,善时者霸,善日谓敦比于小事者也。月不胜日,故善日者王。善时谓兴务于大事者也。时不胜月,故善时者霸。补漏者危,杨注:不能累功累业,至于弊漏然后补之也。大荒者亡。杨注:都荒废不治者。故王者敬日,霸者敬时,一日二日万机,王者敬日也;声色化民,霸者敬时也。敬日者隐微幽独,敬时者在政教号令。仅存之国危而后戚之,亡国至亡而后知亡,至死而后知死,亡国之祸败不可胜悔也。霸者之善,著焉可以时托也;王者之功名,不可胜日志。善积成名,故功名不可胜日志也。财物货宝以大为重,政教功名反是,能积微者速成。诗曰:'德辎如毛,毛犹微也。民鲜克举之。'此之谓也。"

以易言之,微即乾之初九也。初九,元也。乾元用九而天下治,故"德辎如毛,民鲜克举"。

大戴礼礼察曰:"凡人之知能见已然,不能见将然。礼者禁于将然之前,而法者禁于已然之后。礼云礼云,贵绝恶于未萌,而敬起于微眇,敬起当从治安策作起敬。使民日徙善远罪而不自知也。孔子曰:'听讼吾犹人也,必使无讼乎。'此之谓也。为人主计者,莫如安审取舍,所谓辨之早。取舍之极定于内,安危之萌应于外也。师古曰:极,中也。萌,始生也。安者非一日而安也,危者非一日而危也,皆以积然,治安策云:皆以积渐然。不可不察也。善不积不足以成名,恶不积不足以灭身,而人之所行各在其取舍,以礼义治之者积礼义,以刑罚治之者积刑罚。刑罚积而民怨倍,礼义积而民和亲。故世主欲民之善同,而所以使民之善者异,或道之以德教,或驱之以法令。道之以德教者,德教行而民康乐;驱之以法令者,法令极而民哀戚。哀乐之感,祸福之应也。我以为秦王之欲尊宗庙而安子孙与汤武同,然汤武能广大其德,久长其后,行五百岁而不失,秦王亦欲至是,而不能持天下十余年,即大败之。此无他故也,汤武之定取舍审,而秦王之定取舍不审也。此即积善恶之应,而其原皆在于微眇。易曰:'君子慎始。差若毫厘,缪以千里。'取舍之谓也。"

淮南缪称曰:"君子不谓小善不足为也而舍之,小善积而为大善;不谓小不善为无伤也而为之,小不善积而为大不善。是故积羽沈舟,群轻折轴。故君子禁于微,壹快不足以成善,积快而为德;壹恨不足以成非,积恨而成怨。故三代之善,千岁之积誉也;桀纣之谤,千岁之积毁也。"

汉书叔孙通传:鲁两生曰:"礼乐所由起,百年积德而后可兴也。"

孟子言积善

孟子公孙丑篇曰:公孙丑问曰"敢问何为浩然之气"云云,至"而又害之,是集义所生者,非义袭而取之也",朱注:"集义,由言积善。"此语最当。非义袭而取之也,袭与习同。袭,重习也。义须积,如苗之长,义袭而取,犹助长也。故下言助长之害。"必有事焉而勿正心,勿忘勿助长也",顾氏炎武谓:"正心,心乃忘字之并也。谓必有事焉而勿忘。申之曰:勿忘勿助长也。"当从其读。义袭而取,犹一蹴而至圣人之域。夫子曰:非求益者也,欲速成者也。即助长之义。集义之功,中庸所谓"不息"也。"不息则久,久则征,征则悠远,悠远则博厚,博厚则高明。'维天之命,於穆不已',天之所以为天也。'於乎不显,文王之德之纯',文王之所以为文也,纯亦不已。"在圣人为不已,在学者为勿忘。"必有事焉而勿正",朱注"谓预期也",引公羊传曰:"战不正胜。"此言良是。

三　五

系上曰:"大衍之数五十。"述云:大衍之数五十,三才五行之数也。三才者,日十、辰十二、星二十八,凡五十。日合于天统,月合于地统,星主斗,斗合于人统。故曰三才之数。五行者,天地之数五十有五,土生数五,成数五,五十有五减五,故五十,此五行之数。

又曰:"参伍以变。"

尚书大传曰:"天地人之道备,而三五之运兴矣。"

春秋合诚图曰:"至道不远,三五而反。"宋均注云:"三,三正也;五,五行也。三正五行,王者改代之际会也。能于此际自新如初,则道无穷矣。"

春秋保乾图曰:"阳起于一,天帝为北辰。气成于三,以立五神,三五展转,机以运动,故三百岁斗历改宪也。"

应劭风俗通曰："三统者,天地人之始,道之大纲也。五行者,品物之宗也。道以三兴,德以五成,故三皇五帝,三王五伯。至道不远,三五复反。譬若循连镮,顺鼎耳,穷则反本,终则复始也。"

史记天官书曰："为天数者必通三五。"索隐云："三辰五行。"

三统历曰："三代各据一统,明三统常合而迭为首,登降三统之首,周还五行之道也。故三五相包而生天统之正,始施于子半,苏林曰:子之西,亥之东,其中间也。地统受之于丑初,人统受之于寅初,孟仲季迭用事为统首。三微之统既著,而五行自青始,其序亦如之。五行与三统相错。传曰:'天有三辰,地有五行。'然则三统五星可知也。易曰:'参伍以变,错综其数。'太极运三辰五星于上,而元气转三统五行于下,其于人皇极统三德五事。故三辰之合于三统也。日合于天统,月合于地统,斗合于人统,五星之合于五行,三辰五星相经纬也。"

淮南泰族曰："昔者五帝三王之莅政施教,必用参五。何谓参五?仰取象于天,俯取度于地,中取法于人,乃立明堂之朝,行明堂之令,明堂布令之宫有十二月之政令。以调阴阳之气,以和四时之节,以辟疾病之灾。俯视地理以制度量;察陵陆水泽肥硗高下之宜,立事生财,以除饥寒之患。中考乎人德以制礼;行仁义之道,以治人伦而除暴乱之祸。乃澄列金木水火土之性。故立父子之亲而成家;别清浊五音六律相生之数,以立君臣之义而成国;察四时季孟之序,以立长幼之礼而成官。此之谓参。制君臣之义,父子之亲,夫妇之辨,长幼之序,朋友之际,此之谓五。"

乾元用九天下治义

周易述疏云:易者,五经之原也。孔子修春秋,书"元年春王正月",盖用"乾元用九"之义。故董子繁露曰:"春秋何贵乎元而言之?元者,始也,言本正也。道,王道也。王者,人之始也。王正则元气和顺,风雨时,景星见,黄龙下;王不正则上变天,贼气并见。五帝三皇之治天下,不敢有君民之心,什一而税,教以爱,使以忠,敬长老,亲亲而尊尊,不夺民时,使民不过岁三日。民家给人足,无怨望忿怒之患,强弱之难,无强贼蛊疾之人。民修德而美好,被发衔哨而游,不慕富贵,耻恶不犯,父不哭子,兄不哭弟,毒虫不螫,猛兽不搏抵,不触虫。故天为之下甘露,朱草生,醴泉出,风雨时,嘉禾兴,凤凰麒麟游于郊。图圄空虚,画衣裳而民不犯,四夷传译而朝,民情至朴而不文。郊天祀地秩山川以时,至封于泰山,禅于梁父。立明堂宗祀,先帝以配天。天下诸侯各以其职来祭,贡土地所有,先以入宗庙;端冕盛服而后见,先德恩之报,奉元之应也。"

董子对策曰:"臣谨案,春秋谓一元之意,一者,万物之所从始也;元者,辞之所谓大也。谓一为元者,视大始而欲正本也。春秋深探其本,而反自贵者始,故为人君者正心以正朝廷,正朝廷以正百官,正百官以正万民,正万民以正四方。四方正,远近莫敢不一于正,而亡有邪气奸其间者。是以阴阳调而风雨时,群生和而万民殖,五谷熟而草木茂,天地之间被润泽而大丰美,四海之内闻盛德而皆徕臣,诸福之物,可致之祥,莫不毕至,而王道终矣。孔子曰：'凤鸟不至,河不出图,吾已矣夫!' 自悲可致此物,而身卑贱不得致也。"

大

乾彖传曰："大哉乾元,万物资始,乃统天。"

老子道经曰："有物混成,先天地生,不知其名,字之曰道,强为之名曰大。"

理

理字之义,兼两之谓也。人之性禀于天性,必兼两,在天曰阴与阳,在地曰柔与刚,在人曰仁与义,兼三才而两之,故曰性命之理。乐记言天理,谓好与恶也。好近仁,恶近义,好恶得其正谓之天理,好恶失其正谓之灭天理。大学谓之拂人性。天命之谓性,性有阴阳、刚柔、仁义,故曰天理。后人以天人理欲为对待,且曰天即理也,尤谬。格物致知,穷理之事；正心诚意,尽性之事。性尽理穷,乃天下至诚也,故至于命。上天之载,无声无臭,至矣此也!

系上曰："易简而天下之理得矣。天下之理得,而易成位乎其中矣。"又曰："仰以观于天文,俯以察于地理。"

说卦曰："穷理尽性以至于命。"虞注云："以乾推坤谓之穷理。"俯以察于地理,故坤属理。

案,"易简而天下之理得",此述天命而及中和；"穷理尽性以至于命",此由中和而溯天命。

又曰：“昔者圣人之作易也，将以顺性命之理，是以立天之道曰阴与阳，立地之道曰柔与刚，立人之道曰仁与义。”述曰：阴与阳、柔与刚、仁与义，所谓理也。

中庸曰：“文理密察足以有别也。”理者，分别之意。

乐记曰：“音者，生于人心者也。乐者，通伦理者也。”郑注：“理，分也。”

又曰：“人生而静，天之性也；感于物而动，性之欲也。_{欲，史记作颂，徐广读为容。}物至知知然后好恶形焉，好恶无节于内，知诱于外，不能反躬，天理灭矣。夫物之感人无穷，而人之好恶无节，则是物至而人化物也。人化物也者，灭天理而穷人欲者也。”

乐由天作，乐者通伦理者也，故谓之天理。理，分也，犹节也。汉律逆节绝理谓之不道。康成、子雍〔一〕以天理为天性，非是。理属地不属天，一阖一辟、一动一静谓之天理。上云人生而静天之性，感于物而动性之容也，是之谓天理。

韩非子曰：“凡物之有形者，易裁也，易割也。何以论之？有形则有短长，有短长则有大小，有大小则有方圆，有方圆则有坚脆，有坚脆则有轻重，有轻重则有白黑。长短、大小、方圆、坚脆、轻重、白黑之谓理，理定而物易割也。故欲成方圆而随于规矩，则万事之功形矣。而万物莫不有规矩，圣人尽随于万物之规矩，则事无不事，功无不功。”_{此释理字最分明。}

〔一〕“子雍”疑为“邵雍”之误。

又曰："道者万物之所然也,万理之所稽也。理者成物之文也。易阴阳刚柔为性命之理,兼三才而两之,故易六位成章,所谓成物之文也。道者万物之所以成也,万物各异理。万物各异理而道尽稽万物之理,故不得不化。不得不化故无常操,是以生死气禀焉,万智斟酌焉,万事废兴焉。天得之以高,地得之以藏,坤以藏之。维斗得之以成其威,斗有威仪。日月得之以恒其光,五帝得之以常其位,列星得之以端其行,四时得之以御其变气,轩辕得之以擅四方,赤松得之与天地统,圣人得之以成文章。凡道之情,不制不形,柔弱随时,与理相应。"

又曰："凡理者,方圆、长短、麤靡,靡,细也。坚脆之分也。故理定而后物可得道也。"

　　道理二字说得分明。宋人说理与道同,而谓道为路,只见得一偏。

　　管子君臣曰："别交正分之谓理,顺理而不失之谓道。"注:"别上下之交,正君臣之分。"

　　心术曰:"德者道之舍,物得以生。德者得也。以无为之谓道,舍之之谓德。故道之与德无间,故言之者不别也。间之,理者,谓其所以舍也;道德之理可间者,则以有所舍、所以舍之异也。义者,谓各处其宜也;礼者,因人之情,缘义之理,而为之节文者也。故礼者,谓有理也;理也者,明分以谕义之意也。故礼出乎义,义出乎理,理因乎宜者也。"

人心道心　附

"人心之危",中庸所谓"诚之者"也,所谓"慎独"也。

"道心之微"，中庸所谓"诚者"也，荀子所谓"独"也。

诚独之辨　　附

诚之者功之始也，独者功之全也，故荀子曰："不诚则不能独。"

生安之学　　附

后人谈孔学者，止及困勉之学，而未及生安。六经之书，生安之学为多。谈困勉之学未尝不亲切而有味，以示学者则善，以之训诂六经则离者多矣。此七十子丧而大义乖之故，非后人之过也。

精一之辨　　附

精者精微，一者道本。得一而加功焉，然后精。伪尚书"惟精惟一"，此误解荀子也。吾闻一而后精，不闻精而始一。盖后人以为精察之精，故误耳。

附

周易述提要

周易述二十三卷，国朝惠栋撰。栋字定宇，号松崖，元和人。其书主发挥汉儒之学，以荀爽、虞翻为主，而参以郑康成、宋咸、干宝诸家之说，皆融会其义，自为注而自疏之。其目录凡四十卷。自一卷至二十一卷皆训释经文；二十二卷、二十三卷为易微言，皆杂采经典论易之语；二十四卷至四十卷凡载易大义、易例、易法、易正讹、明堂、大道录、禘说六名，皆有录无书。其注疏尚缺下经第[一]四卷，及序卦、杂卦两传。盖未完之书。其易微言二卷，亦皆杂录旧说，以备参考。他时藏书，则此为当弃之糟粕，非欲别勒一篇，附诸注疏之末。故其文皆随得随书[二]，未经诠次。栋没之后，其门人过尊师说，并未定残稿而刻之，寔非栋本意也。自王弼易行，汉学遂绝，宋元儒者类以意见揣测，去古浸远。中间言象数者又岐为图书一派，其

〔一〕"第"，中华书局影四库总目作"十"。

〔二〕"随得随书"四字，中华书局影四库总目无。

说愈衍愈繁,莫不言之有故,执之成理[一],而未必皆四圣之本旨。故说经之家,莫多于易与春秋,而易尤总[二]杂。栋独一一原本汉儒,推阐考证,虽掇拾散佚,未能备睹专门授受之全,要其引据古义,具有根柢,视空谈说经者则相去远矣。乾隆四十三年九月恭校上。

(录自文渊阁四库全书总目)

〔一〕"莫不"至"成理"句,中华书局影四库总目无。

〔二〕"总",中华书局影四库总目作"丛"。

附录

惠栋传

栋,字定宇。元和学生员。自幼笃志向学,家多藏书,日夜讲诵。于经、史、诸子、稗官野乘及七经毖纬之学,靡不津逮。小学本尔雅,六书本说文,余及急就章、经典释文、汉魏碑碣,自玉篇、广韵而下勿论也。乾隆十五年,诏举经明行修之士,陕甘总督尹继善、两江总督黄廷桂交章论荐。会大学士、九卿索所著书,未及呈进,罢归。

栋于诸经熟洽贯串,谓诂训古字古音,非经师不能辨,作九经古义二十二卷。尤邃于易,其撰易汉学八卷,掇拾孟喜、虞翻、荀爽绪论,以见大凡。其末篇附以己意,发明汉易之理,以辨正河图、洛书、先天、太极之学。易例二卷,乃镕铸旧说以发明易之本例,实为栋论易诸家发凡。其撰周易述二十三卷,以荀爽、虞翻为主,而参以郑康成、宋咸、干宝之说,约其旨为注,演其说为疏。书垂成而疾革,遂阙革至未济十五卦及序卦、杂卦两传。虽为未善之书,然汉学之绝者千有五百余年,至是而粲然复明。撰明堂大道录八卷、禘说二卷,谓禘行于明堂,明堂法本于易。古文尚书考二卷,辨郑康成所传之二十四篇为孔壁真古文,东晋晚出之二十五篇为伪。又撰后汉书补注二十四卷、王士禛精华录训纂二十四卷、九曜斋笔记、松崖文钞诸书。嘉定钱大昕尝论:"宋元以来说经之书盈屋充栋,高者蔑古训以夸心得,下者袭人言以为己有。独惠氏世守古学,而栋所得尤精。拟诸前儒,当在何休、服虔之间,马融、赵岐辈不及也。"

卒,年六十二。其弟子知名者,余萧客、江声最为纯实。

(录自清史稿卷四百八十一)